Gérard Donnadieu

MANAGER AVEC LE SOCIAL

L'approche systémique appliquée à l'entreprise

Directeur de collection : Jean-Marc Dubois

EDITIONS LIAISONS

1, avenue Edouard-Belin 92856 RUEIL-MALMAISON

ISBN 1997 : 2.87880.194.6

DU MÊME AUTEUR

Demain les cadres
Le Centurion, 1970

Citoyens dans l'entreprise
Resma, 1974

Jalons pour une autre économie
Le Centurion, 1978

Du salaire à la rétribution
Éditions Liaisons (2e édition), 1993

Classification/Qualification
en collaboration avec Philippe Denimal
Éditions Liaisons (2e édition), 1994

Réguler le social dans l'entreprise
en collaboration avec Jean Dubois
Éditions Liaisons, 1995

SOMMAIRE

INTRODUCTION

Ce livre est né au triple carrefour d'une démarche de chercheur, de consultant et d'enseignant:

– d'un chercheur que les hasards d'un itinéraire intellectuel ont conduit à passer des sciences «dures» aux sciences «molles». Physicien de formation, et par goût, j'eus d'abord le bonheur d'être initié dans les années 70 aux théories de la régulation économique par le grand économiste François Perroux. Puis, dans les années 80, je passais progressivement à l'étude des sciences sociales et humaines qui sont devenues aujourd'hui mon terrain d'élection;

– d'un consultant qui exerce, depuis 1984, une fonction d'étude et d'aide à l'action au sein de l'Institut Entreprise & Personnel, association d'entreprises qui en regroupe près de 120 parmi les plus importantes. A ce titre, j'ai été conduit à réaliser un grand nombre d'interventions dans les domaines les plus divers de la gestion des Ressources Humaines. Ces interventions ont bien entendu nourri et développé mon expérience;

– d'un enseignant enfin; responsable depuis 1991 du module de gestion des Ressources Humaines du CAAE (Certificat d'Aptitude à l'Administration des Entreprises) au sein de l' IAE de Paris (Université Panthéon-Sorbonne). Cet ouvrage est pour l'essentiel la reprise et l'enrichissement du cours que j'y professe et qui sert de support théorique à l'étude des cas d'entreprises menée ensuite dans les groupes de travaux dirigés.

C'est dire que les préoccupations pédagogiques ne sont pas étrangères à cet ouvrage. Elles sont même centrales si l'on veut bien considérer le type de problème auquel je me suis trouvé confronté lorsque j'ai accepté, en 1991, d'assurer cet enseignement.

La population du CAAE, et c'est particulièrement vrai de l'IAE de Paris, est pour plus des deux tiers composée d'étudiants qui ont une formation d'ingénieur ou de scientifique (de niveau au moins égal à la maîtrise). Ils viennent acquérir à l'IAE une formation complémentaire dans les domaines de la gestion et du management. C'est dire qu'au départ ils n'ont pas une sensibilité particulière aux questions sociales, perçues souvent comme une source de complications et d'ennuis pour le gestionnaire. Ils ne maîtrisent pas davantage les sciences humaines – souvent assimilées péjorativement à de la «littérature» – dont les rudiments leur permettraient pourtant d'entrer avec succès dans l'étude de ces questions (1). Rien d'étonnant dans ces conditions qu'ils se précipitent d'abord sur des enseignements aux contenus plus «durs», comme la finance ou le marketing, qui ont aussi l'avantage de mieux correspondre aux tendances de la mode managériale actuelle.

Comment structurer alors un enseignement de GRH à l'usage de futurs généralistes du management pour que cet enseignement ne leur apparaisse pas une simple pièce rapportée, une discipline, certes légitime, mais secondaire et périphérique dans leur cursus de formation?

La manière classique de répondre à cette question ne me satisfait pas car elle ne fait, le plus souvent, que déplacer le problème et même l'aggraver. Elle consiste en effet à concevoir le module de GRH comme une sorte de «modèle réduit», un abrégé de la formation des futurs professionnels de la fonction Personnel, telle que dispensée par exemple dans le cadre d'un DESS. Un peu de droit du travail, un peu de gestion de l'emploi, un peu d'analyse du travail, un peu de politique des rémunérations, un peu de relations sociales... bref, un saupoudrage disciplinaire dont l'utilité est problématique. Espère-t-on vraiment, sur chacune de ces questions qui atteignent aujourd'hui un haut niveau d'expertise, rendre l'étudiant réellement compétent et opérationnel? Ce dernier en est d'ailleurs conscient, aussi modère-t-il à juste titre son implication dans un enseignement dont l'utilité ne lui paraît pas évidente. Il se dit que le jour où il aura un vrai problème de gestion de personnel, il sera toujours possible de s'adresser au professionnel de service, soit à l'intérieur de l'entreprise (à la Direction des Ressources Humaines par exemple), soit à l'extérieur où foisonnent les cabinets conseils en matière de droit social, recrutement, communication, etc.

Or, cette attitude est justement celle qu'il conviendrait d'éviter à tout prix. Elle marginalise la discipline en en faisant une affaire de spécialiste, donc peu importante. Bien entendu, cette situation est difficilement acceptable pour le professeur chargé de l'enseigner. Mais surtout, elle confirme l'étudiant dans un comportement de retrait

(1) Une distinction est sans doute à faire entre étudiants du cycle court et du cycle long. Ces derniers, qui viennent avec une expérience professionnelle de l'ordre de 7/10 ans, ont une connaissance vécue des réalités sociales. Ils sont donc davantage réceptifs à ce type d'enseignement.

particulièrement dommageable pour sa future carrière. En cho de suivre le cursus de formation générale d'un IAE, l'étudiant se tine normalement à une fonction de manager généraliste et non de spécialiste ou d'expert. Demain, il sera sans doute chef de service, chef d'agence, chef d'unité, directeur d'établissement ou d'usine, peut-être directeur d'entreprise. Dans ces diverses fonctions, il n'est pas certain qu'il ait chaque fois besoin de recourir aux connaissances acquises dans les domaines de la finance, du droit des affaires, du marketing. En revanche, il sera toujours dans l'obligation de diriger des hommes et des équipes, d'exercer sur eux une influence, de les mobiliser sur des objectifs communs, d'entretenir et de développer leurs compétences, de les récompenser... Bref, la question des hommes est au cœur de tout problème de management quel qu'il soit. Oublier le social, ne pas lui reconnaître sa juste place, voire manager contre lui, c'est se condamner à peu près sûrement à ce que le social se rappelle un beau jour à notre bon souvenir de la pire des manières.

Cette dernière remarque donne l'esprit de la réponse à la question que je posais au début de cette introduction quant à la nature d'un enseignement de la GRH pour de futurs managers. Il ne doit pas viser d'abord l'acquisition du maximum de connaissances disciplinaires, mission au demeurant impossible vu l'immensité du champ et le peu de temps dont on dispose, mais l'acquisition de réflexes intellectuels, d'une autre manière de regarder et de sentir le fonctionnement de l'entreprise. L'entreprise doit en permanence être perçue dans sa complexité technique, économique, organisationnelle et sociale. Dans toute décision, chacun de ces aspects doit être pris en compte, dès l'amont, au moment de l'instruction du problème... et non de manière séquentielle, comme c'est trop souvent le cas, lorsque le social est considéré comme simple variable d'ajustement pour réparer les dégâts quand le mal est déjà fait. Ce réflexe consiste à penser le social au même titre que le technique, le commercial ou le financier, dès l'amont de chaque décision quelle qu'elle soit; il faut le faire acquérir par le futur manager. Pour beaucoup d'étudiants, façonnés jusqu'alors par une pensée logique étroitement analytique, juxtaposant sans jamais les connecter les connaissances disciplinaires, on conçoit qu'une telle démarche puisse faire figure de révolution mentale.

On me dira que la formation au management s'était accommodée jusqu'alors de ce cloisonnement disciplinaire; que chacun réussissait ensuite, une fois plongé dans l'action, à réaliser sa propre synthèse;

qu'au final les résultats n'étaient pas si mauvais. C'était sans doute vrai; les individus ont heureusement assez d'intelligence et de bon sens pour réussir à faire jouer ensemble ce qui dans un premier temps leur a été présenté séparément. Il faut cependant ajouter que la situation professionnelle dans laquelle ils se trouvaient restait bien souvent marquée par l'organisation taylorienne de spécialisation des fonctions et des métiers, par le poids des règles et des procédures, par la répétitivité des décisions. Dans un tel contexte, l'exigence de transdisciplinarité, l'obligation de prendre à bras-le-corps la complexité, n'étaient pas des impératifs aussi forts qu'aujourd'hui. C'est tout cela qui a changé. Une autre entreprise est née... qui appelle une autre conception du métier de manager. Et ce qui était jusqu'à présent tolérable le devient de moins en moins.

L'entreprise de cette fin de siècle n'est plus celle de la décennie 70, encore toute imprégnée des certitudes techniques et organisationnelles des «trente glorieuses». Ce n'est pas non plus celle de la décennie 80, époque où les Français découvraient, non sans une certaine naïveté, les vertus et les mérites de l'entreprise performante, créatrice de richesses, donneuse d'emploi, lieu d'intégration sociale. Écrivant à la fin de cette période, le sociologue Renaud Sainsaulieu (1) pouvait dire: «*les entreprises ne sont plus de simples appareils de production, de complexes isolats professionnels ou organisationnels: elles deviennent, elles aussi, de véritables institutions sociales comme l'école, la commune ou l'Église*». Ce propos reste encore vrai, il doit simplement être enrichi et complété par les données nouvelles survenues depuis: mondialisation des marchés, différenciation des produits, développement des réseaux, rapidité extrême des communications, exigences de flexibilité, dématérialisation du travail, poids croissant des compétences... Or, tout cela se traduit par davantage de complexité, d'incertitude et, par voie de conséquence, par une demande accrue d'intelligence et donc de savoir-faire en management des hommes.

Comment former alors des managers à cette vision globale et transdisciplinaire, à cette plongée heureuse dans la complexité? Le défi pourrait paraître impossible si l'intelligence humaine n'avait fort à propos mis à notre disposition les outils intellectuels pour le relever. Comme c'est souvent le cas dans l'histoire des hommes, dans le même

(1) Renaud Sainsaulieu, Sociologie de l'organisation et de l'entreprise, *Dalloz 1988.*

moment où science et technique, par leurs avancées, créent bien des problèmes, elles fournissent aussi les moyens pour tenter de les résoudre. Cette méthode pour entrer dans la complexité, la comprendre, s'y orienter, acquérir un autre regard, a depuis longtemps un nom: l'approche systémique. C'est donc elle que j'utiliserai de manière quasi obsessionnelle tout au long de cet ouvrage. Elle fournira chaque fois des sortes de «cartes» organisationnelles et sociologiques pour décrire une situation, la comprendre, engager une action efficace.

Avec ce parti pris méthodologique, le plan du livre s'éclaire de lui-même.

Le premier chapitre est naturellement consacré à présenter l'outil – l'approche systémique – que j'utilise pour penser l'entreprise, plus particulièrement dans sa dimension sociale.

Les quatre chapitres suivants (2 à 5) proposent une description systémique approfondie de l'entreprise, d'abord dans sa globalité (chapitre 2) puis au niveau de chacun des sous-systèmes – technico-économique, organisationnel, social – qui la composent. Le système social (chapitre 5) fait naturellement l'objet des développements les plus abondants, tant en ce qui concerne le niveau individuel (l'homme au travail) que le niveau collectif (les acteurs sociaux et leur culture).

Les trois derniers chapitres ont une orientation plus gestionnaire. Ils visent à faire comprendre au futur manager sa position d'acteur dans le système de gestion des personnes (chapitre 6) et de régulation sociale (chapitre 7) ainsi que le rôle de soutien normalement dévolu à une Direction du personnel (chapitre 7).

L'objet et la nature de ce livre font qu'il peut intéresser ainsi un public plus large que celui des étudiants des IAE et des Écoles Supérieures de Gestion. Au sein des entreprises, tout manager ou futur manager devra être de plus en plus familier de cette démarche systémique qui permet de penser la complexité et de mieux orienter l'action. Les nombreux séminaires que j'ai animés pour cadres supérieurs m'ont chaque fois montré que ces derniers adhéraient spontanément à cette manière de voir les choses. Ils y retrouvent leur vécu quotidien, leur problématique de responsable, mais aussi une conceptualisation rigoureuse, claire et sécurisante, ce qui n'est pas sans valeur pour des hommes qui ont très souvent une formation d'ingénieur. Pour eux et plus largement pour tous ceux qui se trouvent en position de commandement, de gestionnaire de grands systèmes, de responsable de projet, de consultant interne, de professionnel de la fonction personnel, je crois que cet ouvrage sera utile. Il leur permettra de théoriser, et donc de mettre en œuvre plus efficacement, une pratique de management que beaucoup suivent déjà empiriquement par simple effet d'expérience et de bon sens. A ce titre, on peut sans doute considérer ce livre comme un outil au service de la professionnalisation des managers.

POUR PENSER L'ENTREPRISE: L'APPROCHE SYSTÉMIQUE

«Notre problème est la complexité. Elle caractérise un état, un système, dont le nombre des éléments et celui des liaisons en interactions est immensément grand ou inaccessible. Ainsi de n'importe quelle chose du monde, ainsi des systèmes du monde, ainsi d'un lieu quelconque du savoir, ainsi de l'encyclopédie et du langage, ainsi de nos groupes et des sociétés, ainsi de l'économie, ainsi de cette multiplicité spatio-temporelle en transformation, et qui est, sans doute, la plus fortement complexe, qu'on appelle l'histoire.»

Michel Serres. Le passage du Nord-Ouest.

Depuis plusieurs années apparaissent, dans des articles consacrés aux orientations modernes de la biologie, de la sociologie, de l'économie, de l'organisation... les expressions: «analyse des systèmes», «approche systémique», «théorie des systèmes», et d'autres analogues. Que signifient ces formules, plutôt rébarbatives *a priori*?

Rien moins qu'une nouvelle manière de déchiffrer la réalité complexe qui nous entoure, pour tenter de la mieux comprendre et, le cas échéant, d'agir sur elle avec plus de pertinence.

En fait, il s'agit à la fois d'un nouveau progrès de l'épistémologie (philosophie des connaissances) et de l'apparition d'une «boîte à outils» intellectuels mieux adaptés que les concepts de la logique cartésienne pour penser la «complexité organisée», telle qu'on la rencontre dans les grands systèmes biologiques, économiques, sociaux.

Portée par le grand brassage des hommes et des idées qui a suivi la seconde guerre mondiale, la systémique est née dans les grands centres universitaires de l'Amérique des années 50 de l'interfécondation de

disciplines scientifiques différentes. Elle se trouve en effet à la confluence de plusieurs courants de pensée:
– le courant de la cybernétique, dont le mathématicien Norbert Wiener peut être considéré comme l'un des artisans;
– le courant de la biologie représenté au départ par Von Bertalanffy (1), puis par Warren McCulloch et Ross Ashby. C'est en biologie que l'on a commencé à découvrir qu'il n'y avait pas exactement une matière vivante mais des systèmes vivants, c'est-à-dire des éléments en relation entre eux et en relation avec l'extérieur; ces relations étant plus importantes pour comprendre le fonctionnement du système que l'étude des éléments eux-mêmes;
– le courant de la théorie de l'entreprise, avec Jay Forrester, ancien ingénieur électronicien et professeur de management au M.I.T. *(Massachusetts Institute of Technology).*

Ces trois courants ont eux-mêmes bénéficié du cadre général de réflexion fourni par la nouvelle axiomatique des mathématiques (théorie des ensembles, théorie des graphes, recherche opérationnelle). La notion de structure, si importante dans la pensée mathématique moderne, trouve dans la systémique une utilisation immédiate et féconde.

La nouvelle grille d'interprétation du réel a ensuite gagné l'économie, la psychologie, la sociologie, l'histoire.

En France, parmi les penseurs qui ont mis en valeur l'intérêt de cette approche, on peut citer les biologistes Henri Laborit (2), Joël de Rosnay (3), Henri Atlan (4), les économistes François Perroux, Jacques Lesourne (5), René Passet (6), et moi-même (7), le sociologue Edgar Morin (8), l'épistémologue Jean-Louis Le Moigne (9), le théoricien des organisations Jacques Mélèse (10).

(1) Ludwig Von Bertalanffy, Théorie Générale des Systèmes, *Dunod 1972 (traduit de «General System Theory» Braziller, NY, 1968).*
(2) Henri Laborit, La nouvelle grille, *R. Laffont, 1974.*
(3) Joël de Rosnay, Le macroscope, *Seuil, 1975.*
(4) Henri Atlan, Entre le cristal et la fumée, *Seuil, 1979.*
(5) Jacques Lesourne, Les systèmes du destin, *Dalloz Économie.*
(6) René Passet, L'économique et le vivant, *Payot, 1981.*
(7) Gérard Donnadieu, Jalons pour une autre économie, *Centurion, 1978.*
(8) Edgar Morin, La Méthode, *Seuil, 1977 et suivants.* Le paradigme perdu: la nature humaine, *Seuil, 1973.*
(9) Jean-Louis Le Moigne, La théorie du système général, *PUF, 1984.*
(10) Jacques Mélèse, Approches systémiques des organisations, *Hommes et Techniques, 1979.*

Le lecteur désireux d'acquérir une bonne connaissance de ce qu'est l'application de la systémique à ces différents domaines spécialisés pourra se reporter utilement à ces ouvrages.

Mon optique ici est plus limitée: donner de l'approche systémique une vue simplifiée mais suffisante pour pouvoir l'utiliser à une étude générale de l'entreprise, principalement dans sa dimension socio-organisationnelle.

L'approche systémique: de quoi s'agit-il?

Selon Edgar Morin, l'approche systémique est beaucoup moins un nouveau savoir scientifique qu'une nouvelle attitude d'esprit. Il s'agit d'une «*problématique, au sens fort ou exact du terme, c'est-à-dire une façon de découvrir des problèmes qui pourraient ne pas être perçus autrement. Elle n'a pas, en elle-même, la force de trouver une solution à ces problèmes*».

Née à l'époque des grands ensembles organisés – techniques, économiques, sociaux – l'approche systémique constitue en quelque sorte un fil d'Ariane pour s'orienter dans la complexité foisonnante du réel. Nous sommes en effet en train de découvrir que tout notre univers – matière, vie, humanité, société, culture – n'est qu'un gigantesque système dont tous les éléments sont interdépendants. Il y a déjà trois siècles, un esprit stupéfiant de lucidité, Blaise Pascal, avait pressenti cette situation:

«*Toutes choses étant causées et causantes, aidées et aidantes, médiates et immédiates, et toutes s'entretenant par un lien naturel et insensible, qui lie les plus éloignées et les plus différentes, je tiens pour impossible de connaître les parties sans connaître le tout, non plus que de connaître le tout sans connaître particulièrement les parties.*» (1)

Apprendre à regarder la complexité pour pouvoir ensuite s'y orienter, tel apparaît en définitive le principal intérêt de l'approche systémique. C'est pourquoi on peut parler à son sujet *d'éducation du regard* ou *d'hygiène de l'intelligence...* beaucoup plus que de connaissances nou-

(1) *Blaise Pascal,* **Correspondance, «Lettre au Père Mersenne».**

velles et de savoirs théoriques. Cette éducation du regard suppose cependant l'acquisition d'un minimum de notions, puis de concepts et de schémas de représentation que l'on peut désigner par le terme *d'imagerie systémique.*

➢ *La notion de système*

C'est à partir du thème bien banal de *système* que le nouvel outil élabore ses constructions. Mais qu'est-ce qu'un système? Comme toute notion induite de l'observation des objets naturels, la définition reste quelque peu incertaine. Dans sa version la plus générale, «*un système est un ensemble d'éléments en interaction dynamique*».

C'est à cette définition que se rattache Jacques Lesourne lorsqu'il écrit (1):

«*Rien de plus facile que de trouver des exemples: un gaz, une cellule, un ordinateur, un dinosaure, le foie, un homme, une entreprise, une agglomération urbaine, un pays, le "système nerveux", l'économie nationale.*»

Mais cette première définition se voit restreinte par la plupart des systémiciens qui précisent: «*un système est un ensemble d'éléments en interaction dynamique* ORGANISÉ EN FONCTION D'UN BUT».

En fait, de telles définitions sont trop générales pour être vraiment utiles et rendre compte de tout le contenu du concept de système, dont la richesse ne se dévoile que par l'utilisation qui en est faite. Néanmoins, elles ont le mérite de faire apparaître déjà quelques idées force; celles:

– de complexité, liée à la pluralité des éléments et à leur interaction;
– de mouvement, car l'équilibre d'un système est dynamique et ses parties ne sont pas inertes les unes par rapport aux autres;
– de finalité, encore que cette notion puisse surprendre lorsqu'il s'agit de systèmes naturels qui n'ont pas été construits par l'homme. Mais les systèmes biologiques ont bien un but: survivre et se multiplier! Suivant la remarque de Jacques Monod (2), ils sont *téléonomes.*

(1) *Jacques Lesourne,* **Les systèmes du destin,** *Dalloz Économie.*
(2) *Jacques Monod,* **Le hasard et la nécessité,** *Seuil, 1970.*

C'est justement parce que ces systèmes ont une finalité, que se pose dans toute son ampleur le problème de leur pilotage et de leur régulation.

➢ *Variété et complexité*

Comme l'observe Henri Atlan (1): «*de la façon la plus immédiate, le sentiment de complexité naît d'abord de la rencontre d'un grand nombre d'éléments constitutifs différents*». Sa mesure est repérée par la variété au sens du mathématicien et biologiste Ross Ashby, c'est-à-dire le nombre de configurations différentes qui peuvent être prises par le système.

Donnons tout de suite un exemple simple pour illustrer ce concept, celui du placement des participants autour d'une table de réunion.

Si ce placement est totalement libre et ne résulte que du seul hasard, les configurations possibles pour N participants correspondent aux permutations de N objets, soit un nombre total donné par N! (fonction factorielle définie par $N! = 1 \times 2 \times 3... \times N$). Ce nombre prend très vite des valeurs extrêmement élevées. Ainsi pour 10 participants seulement, il y a près de 4 millions de configurations possibles.

Naturellement, le placement est rarement totalement libre. Des places peuvent être réservées par avance au président de séance, au secrétaire, aux principaux intervenants; deux participants venant du même service se mettront spontanément côte à côte, etc.

Il existe donc des *régularités* au sein du système, certains placements étant interdits, d'autres obligatoires. Ces régularités permettent de reconnaître dans la réunion une forme stable bien caractérisée (réunion d'information, d'échange, de brain-storming, etc.)... et non un simple magma. Pour qualifier ces régularités, on parlera de *redondance.*

La redondance intervient donc pour limiter le nombre de configurations théoriquement possibles, c'est-à-dire la variété. A la limite, s'il ne subsiste qu'une seule configuration possible, la redondance est maximale et la variété est nulle.

(1) *Henri Atlan,* Entre le cristal et la fumée, *Seuil, 1979.*

➢ *Organisation et complexification*

De l'atome au cerveau humain avec ses quinze milliards de neurones interconnectés, on pressent une fabuleuse montée de complexité. Et cette complexité résulte d'abord de la richesse et de la diversité des connexions, c'est-à-dire paradoxalement de l'existence de régularités au sein du réseau neuronique faisant justement que les connexions ne se réduisent pas à de simples interactions mécaniques de voisinage. C'est pourquoi un agrégat de quinze milliards d'atomes ne pourra jamais présenter des caractéristiques comparables à celles du cerveau... alors que théoriquement sa variété n'est pas limitée par la redondance.

Dans l'évolution du cosmos on passe de systèmes simples (la particule élémentaire, l'atome) à des systèmes hautement organisés (l'animal, la société) dont l'architecture interne à base de redondance est le plus souvent repérable. Ces *systèmes organisés* s'opposent aux agrégats (un tas de sable, un nuage, une étoile, une foule...) lesquels, bien que comprenant un grand nombre d'éléments, ne sont que faiblement organisés.

Parce qu'il n'y a pas d'organisation sans redondance, la réduction de la variété sera donc, dans un premier temps, l'effet habituel de l'organisation. Ainsi, l'ordre répétitif du cristal fige-t-il le corps en fusion, les molécules perdant la liberté de placement dont elles disposaient dans l'état liquide.

Mais dans un second temps, l'organisation fait apparaître des possibilités relationnelles nouvelles entre sous-ensembles stabilisés d'éléments. Cet accroissement de la richesse relationnelle permet à son tour des configurations nouvelles de l'état du système... d'où une augmentation correspondante de la variété.

Lorsque ce second effet l'emporte sur le premier, la complexité du système augmente. On dit que l'on a affaire à une *organisation complexifiante* ou *complexification.*

Dans l'évolution du vivant, puis dans l'évolution sociale et culturelle, c'est un phénomène de cette nature que nous observons. Au cours des temps géologiques puis historiques, apparaissent des systèmes de plus en plus complexes.

L'ensemble du phénomène a été décrit voici plus de cinquante ans par Pierre Theilhard de Chardin (1) sous le nom de *loi de complexification croissante.* A cette première loi, il en ajoutait une seconde, la *loi de complexification-conscience*, signifiant par là que l'hypercomplexité s'accompagne, à partir d'un certain seuil, de l'émergence de psychismes de plus en plus riches. Ce phénomène devient à son tour un facteur supplémentaire de variété dans le jeu relationnel... d'où de nouvelles possibilités d'accroissement de la complexité.

Autour des systèmes hypercomplexes

Plutôt que de m'essayer à une analyse abstraite de la complexité, je crois plus éclairant de la cerner par ses effets au niveau des systèmes les plus complexes qui sont offerts à notre observation – le vivant et le sociétal – et que j'appellerai pour cette raison Systèmes hypercomplexes (SHC). Je désigne sous le nom de sociétal les systèmes humains qui combinent, selon des proportions variables, des aspects économiques, sociaux, politiques, culturels. L'entreprise fait incontestablement partie du nombre.

Ce n'est qu'après avoir pris une perception générale des propriétés particulières des SHC que je m'efforcerai, dans les prochains paragraphes, d'énoncer quelques principes théoriques permettant de décrire et de comprendre leur fonctionnement.

➢ *Les SHC sont nécessairement ouverts*

Pour maintenir leur structure, et éventuellement l'améliorer, ils doivent échanger en permanence avec le milieu extérieur dont ils reçoivent énergie, matériaux, informations. Les flux d'informations échangés avec le milieu extérieur et entre les composants du système – ou *information circulante* (2) (d'autres auteurs parlent aussi *d'information message*) – jouent en courte période un rôle important de pilotage pour les flux d'énergie et de matière. De plus, ils contribuent en longue période, à enrichir l'*information structure* du système, c'est-à-

(1) Pierre Theilhard de Chardin, Le phénomène humain, *Seuil, 1955.*

(2) Ces notions ont été introduites par Henri Laborit dans son livre, La nouvelle grille, *R. Laffont, 1974.*

dire celle qui mesure son niveau de complexité fondant l'identité profonde et la spécificité de celui-ci (par exemple le code génétique contenu dans la molécule d'ADN pour une cellule vivante).

Faute de ces multiples échanges, le système ne peut évoluer que vers la sclérose et la mort, conformément au second principe de la thermodynamique. Cela veut dire, par exemple, que seules sont assurées de leur avenir les sociétés, économies, entreprises... ouvertes sur l'extérieur, et capables d'échanger avec leurs voisins non seulement des marchandises, mais aussi des hommes et des idées. *A contrario*, les systèmes peu ou faiblement communicants sont voués:
– au mieux, à la fixité répétitive de leurs structure;
– au pire, à une régression qui prend vite l'allure d'une décadence ou d'un déclin.

➢ *Les SHC sont relationnels*

Ils possèdent une grande variété de composants ou d'éléments différents et spécialisés. Ces éléments, ou ensemble d'éléments, sont eux-même reliés par une grande variété de liaisons. Il en résulte une haute densité d'interconnexion. De plus, leur jeu mutuel ne peut pas être compris hors de la durée dont il intègre les différentes empreintes. Il en résulte que les propriétés d'un système dépendent davantage des relations entre les parties que de la nature de ces parties. Autrement dit, la réunion suivant une structure donnée d'éléments différents fait apparaître des propriétés nouvelles qui n'étaient pas contenues dans chacun des éléments pris isolément. C'est le principe d'émergence qui s'énonce sous la forme bien connue formulée par Goethe: «*Le tout est plus que la somme des parties.*»

On peut préciser davantage ce principe en l'illustrant d'un exemple emprunté à Albert Szent-Gyorgyi, prix Nobel de physiologie et de médecine:

«*Le hasard est une propriété "extensive", peu importe combien de cure-dents vous assemblez au hasard: ce seront toujours des cure-dents. Mais, en assemblant le cure-dent et deux bouchons d'une certaine manière, on peut obtenir une silhouette de cheval, quelque chose d'entièrement nouveau. L'ordre est une "propriété intensive", c'est la même chose pour la science. En mettant en présence des protons et des neutrons, un obtient un noyau, donc quelque chose d'entièrement nouveau... Si l'on place des électrons autour de ce noyau, on obtient un atome... A partir de là on peut assembler des atomes en molécules, les molécules en macromolécules..., les cellules en individus et les individus en sociétés. Chaque fois on obtient quelque chose de nouveau...»*

Dans un SHC, chaque composant tire son identité au moins autant, sinon davantage, de ses relations avec les autres composants que de sa nature propre. Suivant la remarque de René Passet (1), le relationnel prime sur la rationalité de chaque composant.

➢ *Les SHC sont hiérarchisés*

Les composants d'un SHC ne se bornent pas à être étroitement interconnectés entre eux. Ils sont également hiérarchisés en *niveaux d'organisation* internes de complexité croissante et qui s'englobent les uns dans les autres sous forme de sous-systèmes, pour arriver finalement au niveau le plus englobant. Par exemple pour un animal déjà évolué, on peut distinguer entre les cellules, les organes (qui sont des ensembles organisés de cellules), les grandes fonctions (qui sont des systèmes d'organe), l'animal lui-même. Herbert Simon (2) désigne par *structure arborescente* cette propriété des systèmes à se hiérarchiser en niveaux d'organisation. Il écrit:

«*Ma thèse a été que l'une des routes menant à une théorie des systèmes complexes que nous observons dans la nature révèle une structure arborescente. Une analyse théorique nous permet de prévoir que les systèmes complexes seront arborescents dans un univers au sein duquel la complexité émerge de la simplicité. Dans leur dynamique, les arborescences ont une propriété, la quasi-décomposabilité, qui simplifie grandement l'analyse de leur comportement. La quasi-décomposabilité simplifie aussi la description d'un système complexe.*»

Ce modèle conceptuel va nous être d'une grande utilité pour l'analyse de la complexité. Il rend légitime la décomposition en sous-systèmes correspondant chacun à des niveaux d'organisation différents, mais sous la condition de garder à l'esprit le sage conseil donné par Szent-Gyorgyi, «*Ne pas mélanger ce qui convient à un niveau d'organisation et ce qui relève d'un autre niveau.*»

(1) *René Passet,* L'économique et le vivant, *Payot, 1981.*
(2) *Herbert Simon,* La science des systèmes, *Épi, 1979.*

On est ainsi conduit à concevoir le fonctionnement d'un système sociétal comme une organisation hiérarchisée de multiples sous-systèmes (équipes, groupes, unités, branches, institutions...) en relation les uns avec les autres.

➢ *Les SHC sont finalisés*

Ils sont d'abord des systèmes à «mémoire» et à «projet» dont les comportements ne peuvent s'expliquer sans faire référence à l'histoire. La finalité ou téléonomie selon l'expression de Jacques Monod (1) est même l'une de leurs caractéristiques principales. Cette finalité s'impose comme une sorte de principe transcendant aux différents composants. Elle se traduit de façon implicite par une sorte de vouloir exister ensemble. Elle se manifeste par les diverses procédures de régulation qui ont pour objet de maintenir, dans la stabilité, le système sur son cap. Les composants qui président à ces procédures constituent ensemble le *sous-système de pilotage* (ou de régulation ou de contrôle) du SHC.

Dans les grands systèmes sociétaux, une telle régulation peut rarement être assurée de façon centralisée et par des procédures administratives. Selon un théorème établi par Ross Ashby: «*La régulation d'un système n'est efficace que si elle s'appuie sur un système de contrôle aussi complexe que le système lui-même.*» Autrement dit, pour qu'une régulation centralisée fonctionne correctement, il faudrait que le système des contrôleurs ait à lui seul une complexité supérieure à celle de tous les agents du système réunis.

Pour un grand système sociétal comme une nation, cela est tout à fait impossible. Là se trouve d'ailleurs une des raisons de l'échec des économies à planification centralisée des pays communistes. Et là se trouve également la source des difficultés bien connues du fonctionnement des grosses structures (administrations, grandes entreprises...).

La seule façon de surmonter cette difficulté consiste à rendre partie prenante de la régulation chacun des éléments du système à réguler. Dans ce cas, le système de contrôle a exactement, et par construction, le même degré de complexité que le système à réguler, mais cela suppose que chacun des agents soit en mesure de comprendre le sens de ses interventions et puisse en évaluer, au moins approximativement, les résultats.

(1) *Jacques Monod,* Le hasard et la nécessité, *Seuil, 1970.*

Dans une société, cette fonction est remplie pour une large part par des règles de comportement (qu'on les appelle morale sociale, civisme, éthique publique... importe peu) intériorisées par l'immense majorité des citoyens. Cette intériorisation repose en définitive sur un noyau minimal de valeurs communes, reconnu comme tel par tous les nationaux et en dehors duquel il n'est pas possible d'assurer la cohésion du système et de maintenir durablement son identité.

L'existence de ce noyau commun est d'autant plus nécessaire que la fantastique montée de complexité des procédures de régulation observée dans les sociétés modernes exige de reconnaître par avance une certaine plage de liberté aux différents agents. C'est là, en effet, la seconde grande caractéristique des systèmes hypercomplexes, comme nous allons le voir maintenant.

➣ *Les SHC ont besoin de «variété»*

Pour pouvoir s'adapter en permanence aux modifications de leur environnement, les systèmes hypercomplexes doivent être inventifs et plastiques. Or, de telles propriétés sont incompatibles avec des liaisons trop rigides entre éléments, figeant de manière stricte et irréversible le rôle dévolu à chacun d'eux. L'adaptabilité implique qu'une certaine plage de liberté soit reconnue aux composants du système; leurs comportements présentent un certain «flou» et ne se laissent pas réduire à des déterminismes simples, notamment téléguidés par le niveau d'organisation plus englobant. C'est en cela que consiste le célèbre principe énoncé par Ross Ashby sous le nom de «loi de variété requise».

Au plan de l'organisation de l'entreprise, de l'économie, de la société, la loi de «variété requise» débouche sur une profonde modification de nos schémas culturels. Par opposition aux grands systèmes bureaucratiques qui ont vocation à tout régir, on affiche la supériorité des structures spécifiques et décentralisées. C'est le triomphe de la société pluraliste constituée par un réseau à foyers multiples, caractérisée par la richesse des échanges, des communications, des interactions latérales, façonnée par des sous-systèmes multiformes aux fonctions diversifiées. Mais, pour cela, il faut donner congé au modèle du système clos, à l'ultraspécialisation des tâches, au cloisonnement des fonctions, à l'organisation pyramidale.

Chaque fois qu'un SHC n'est pas capable de puiser en lui-même cette ressource en «variété», il perd progressivement ses qualités d'adaptation à l'environnement et se fragilise. Innombrables sont les exemples rencontrés quotidiennement de cette rigidité: individus n'ayant appris qu'un seul mode de comportement, entreprises monoproduits, structures inamovibles, informatique dont la lourdeur interdit toute adaptation, procédures intangibles, etc. Si l'on en croit Jacques Mélèse (1), le mal de nos entreprises, c'est d'abord leur «*déficit en complexité*».

➢ *Les SHC sont auto-organisateurs*

Au point de rencontre de la variété et de la finalité émerge la capacité auto-organisatrice des systèmes hypercomplexes, capacité manifestée à l'excellence par les systèmes vivants, puis par les systèmes sociétaux. «*Changer, tout en restant le même!*», c'est la manière pour le système de répondre au défi sans doute le plus difficile à relever.

Il s'agit de réconcilier l'indispensable autonomie des composants avec la nécessité de maintenir sans déchirure l'organisation interne du système et sa capacité à faire «exister ensemble» ses différentes parties. L'autonomie est indispensable comme générateur de variété; elle introduit au sein du système une source intarissable d'inventions, de changements, de luxuriances créatrices sans lesquels celui-ci se figerait et se fragiliserait, ne sachant pas affronter les turbulences importantes de son environnement. En systémique, ces différents phénomènes reposent sur un même mécanisme que nous analyserons plus en détail dans la prochaine section: la rétroaction positive. Toutefois, abandonnées à leur exubérance naturelle, ces rétroactions positives pourraient conduire à l'éclatement du système. D'où la nécessité de les encadrer par des rétroactions négatives qui jouent le rôle de gardiennes du cap et de l'ordre intérieur. Sans ces dernières, le système se désagrégerait vite, incapable de maintenir son identité.

Ainsi, entre l'ordre du cristal (par exemple celui de la bureaucratie centralisatrice) et l'ordre du cancer (celui d'une totale liberté telle que l'imagine aujourd'hui les zélateurs du néolibéralisme) se trouve pour les systèmes sociaux la voie étroite de l'équilibre et de l'évolution.

(1) Jacques Mélèse, **Approches systémiques des organisations,** *Hommes et Techniques, 1979.*

Dans cette difficile tentative de réconciliation entre la nécessaire liberté qui doit être laissée aux agents élémentaires et l'indispensable cohérence qui doit présider au fonctionnement de l'ensemble, on est conduit à imaginer, puis à mettre en place, des procédures de régulation de plus en plus élaborées et complexes. C'est en cela que consiste l'aspect le plus remarquable de l'auto- organisation. En quelque sorte, le système échappe à ses problèmes et à ses défis, qui pour la plupart ne sont pas solubles à leur propre niveau, par un nouveau saut dans la complexité.

Il récupère à cette fin les «innovations» aléatoires, les «erreurs», le «bruit», que laisse émerger un fonctionnement autorisant une certaine variété. Ce «bruit», ces «erreurs» deviennent des éléments pour la construction d'une organisation supérieure. Cette propriété a été théorisée par Von Fœrster sous le nom de principe «*order from noise*» (l'ordre sort du bruit).

Tel quel, ce principe qui est au cœur de l'auto-organisation se montre fondamentalement différent du principe d'invariance «l'ordre sort de l'ordre» qui domine la science classique. Il est complémentaire et antagoniste du célèbre second principe de la thermodynamique, ou principe d'entropie croissante «l'ordre se dégrade en désordre». Il suppose une sélection/organisation qui, dans le cas du vivant comme du sociétal, présente un *caractère informationnel* capable de mettre en œuvre un processus qui absorbe les plus basses formes d'ordre pour les convertir en formes d'ordre plus élevées.

Concepts et représentations

Après cette rapide incursion dans les SHC, il est temps de présenter les quelques concepts utilisés universellement en approche systémique. Je commencerai par la manière la plus générale de représenter un système pour finir par l'analyse des mécanismes les plus fins de son fonctionnement.

➢ *La représentation des systèmes*

La forme la plus habituelle pour se représenter un système est de la situer par rapport à son environnement avec lequel il échange énergie, matériaux, informations... C'est la représentation dite «boîte noire» (voir figure) dans laquelle le système apparaît comme un transformateur de variables d'entrée en variables de sortie, sans que l'on se préoccupe, dans un premier temps, de savoir ce qui se passe à l'intérieur de la boîte elle-même.

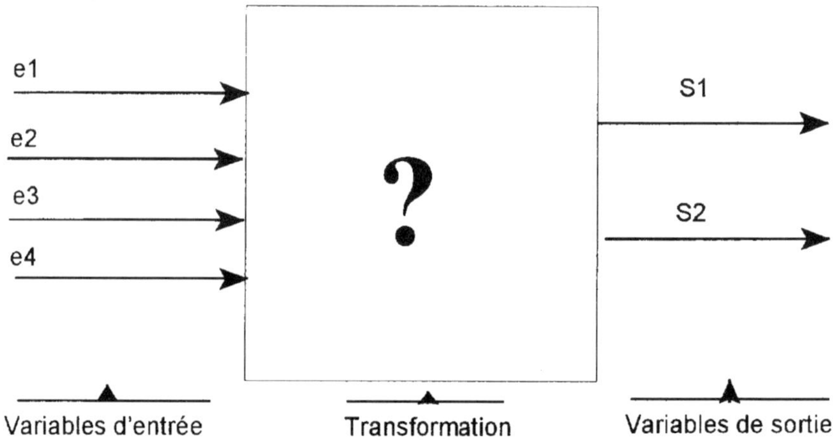

Mine de rien, cette représentation suppose l'existence de deux propriétés qui ne vont pas de soi:
- la possibilité de fixer clairement les limites du système,
- le caractère ouvert du système.

Sur le second point, j'ai déjà montré combien l'ouverture d'un SHC était une condition impérative de sa survie et de sa complexification.

Relativement au premier point, sur lequel je reviendrai dans le prochain paragraphe, il faut reconnaître que la distinction entre ce qui est intérieur au système et ce qui lui est extérieur n'est pas toujours évidente. Il y a dans le choix des limites une part de convention et d'arbitraire de l'observateur, notamment lorsqu'il s'agit de systèmes sociétaux. De plus, la limite est obligatoirement poreuse (puisqu'il s'agit d'un système ouvert) et son franchissement n'est pas toujours discernable avec précision.

Pour rendre compte de cet effet de halo, René Boirel (1) propose de distinguer trois niveaux concentriques d'espaces d'interaction dans le rapport du système à son environnement:

(1) *René Boirel, «Des interactions au système coexistant»,* **Revue internationale de Systémique,** *n° 3/1988.*

– le milieu intérieur, qui recouvre l'espace des relations pouvant être qualifiées à peu près sûrement d'internes,
– le milieu extérieur (ou espace d'intervention) qui a trait aux relations habituelles que le système entretient avec son environnement et dont le transit se fait par les limites,
– le milieu englobant qui désigne l'environnement dans son sens le plus large.

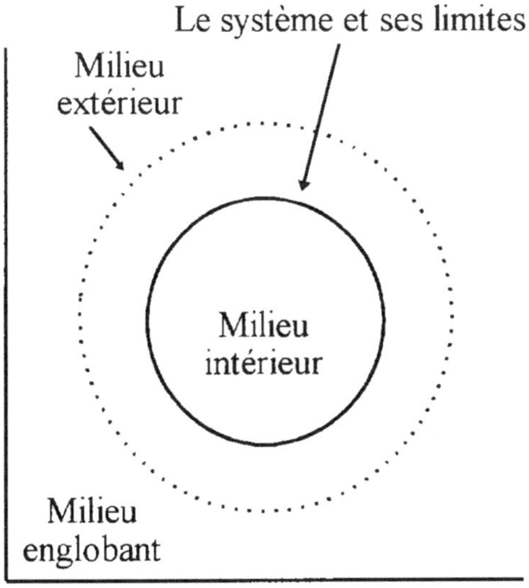

➢ *La structure des systèmes*

Peut-on entrer à l'intérieur de la « boîte noire » pour décrire sa nature et sa composition? En restant au niveau le plus général de l'analyse, il faut parvenir à exprimer les *limites* du système, les *éléments* qui le composent, les *relations* ou *liens* existant entre ces éléments, la manière dont ces relations sont en permanence *régulées* au service d'une même *finalité*.

La figure suivante propose une représentation schématique de la structure d'un système. Elle est suivie de l'énoncé de quelques concepts.
– Sous réserve des observations du paragraphe précédent, un système a une *limite* qui le sépare de l'environnement (membrane, peau, remparts d'une ville, frontière d'un pays...).

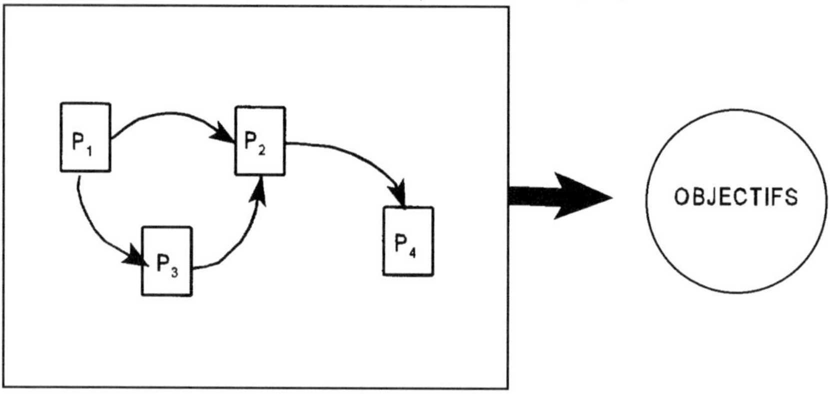

– Un système assemble des *parties*, ou éléments, ou composants de diverse nature (molécules, cellules, animaux, hommes, pièces mécaniques, machines, marchandises, monnaie, institutions...).
– Il existe entre les éléments des relations de nature diverse et qui se manifestent le plus souvent par un *réseau de communication* permettant l'échange (d'énergie, de matériaux, d'informations...) entre les principaux composants du système.
– Dans ce réseau, certaines des parties ou composants jouent un rôle de *réservoir* ou *réserve* (stockage d'énergie, de matériaux, d'informations, de monnaie...).
– D'autres parties ou composants jouent un rôle de *transformation* des produits échangés. On les appelle pour cette raison organes ou processeurs de transformation.
– D'autres composants enfin jouent le rôle de «vannes» et servent à *contrôler* les échanges. Ils sont les organes de base de la *régulation* et agissent selon le mécanisme de la rétroaction expliqué page 24.
– Tous ces éléments sont agencés pour atteindre un ou plusieurs *objectifs* communs.

➢ *Variables de flux, variables d'état*

Le comportement de tout système, quelle que soit sa complexité, dépend essentiellement de deux types de variables: les variables de flux et les variables d'état (ou de niveau, ou de stock).

Les variables de flux ne s'expriment qu'entre deux instants ou pendant une durée déterminée. Comme leur nom l'indique, elles traduisent un écoulement et intègrent donc le temps dans leur définition (elles sont généralement définies comme une dérivée par rapport au temps).

Les variables d'état traduisent au contraire la situation d'une des parties du système. Cette situation peut certes évoluer au cours du temps, mais à un instant donné, il s'agit d'un «absolu» qui se définit en lui-même et hors de toute notion de temps.

En mécanique des fluides, la variable de flux sera par exemple le débit d'eau dans une conduite, la variable d'état le niveau d'eau ou la pression du réservoir. En électricité, la variable de flux sera l'intensité électrique et la variable d'état la tension.

Dans le «système entreprise», la différence entre variables de flux et variables d'état est parfaitement illustrée par la différence entre compte d'exploitation et bilan. Le compte d'exploitation s'exprime entre deux instants (le plus souvent entre le début et la fin de l'année); il résulte d'une agrégation de variables de flux: salaires versés sur l'année, montant des achats, frais financiers, produits des ventes, etc. Par contre, le bilan s'exprime à une date fixe (en principe au 31 décembre); c'est un instantané de la situation patrimoniale de l'entreprise. Il est constitué de différentes variables d'état: *à l'actif*, immobilisations, stocks, disponible et réalisable; *au passif*, capital social, dettes à long terme, dettes à court terme.

Ces deux types de variables s'articulent en tous les points du système où s'effectue une transformation ou un échange. Ainsi, du déséquilibre entre flux résulte habituellement une modification pour une ou plusieurs variables d'état. Réciproquement, un déséquilibre de stock se traduit par une action sur les flux (en les augmentant ou en les réduisant).

Ces mécanismes n'interviennent pas à l'aveuglette; ils jouent en fonction d'informations fort précises, notamment par le moyen de la rétroaction qui remplit un rôle essentiel dans cet ajustement, comme nous allons le voir.

➢ *Rétroaction et finalité*

Le fonctionnement d'un SHC repose sur l'existence, au plus intime du système, de multiples *boucles de rétroaction*, notion tout à fait centrale en approche systémique et que l'on retrouve dans les domaines les plus divers, de la biologie à la gestion, de l'ingénierie à l'économie.

Comment représenter ce mécanisme de rétroaction? Dans un système ou sous-système siège d'une transformation, il y a comme déjà montré (page 20) des variables d'entrée et des variables de sortie.

Les entrées sont sous l'influence de l'environnement du système et les sorties résultent de son activité interne. On appelle alors boucle de rétroaction (feed-back en anglais) tout mécanisme permettant de renvoyer à l'entrée du système sous forme de données, des informations directement dépendantes des sorties.

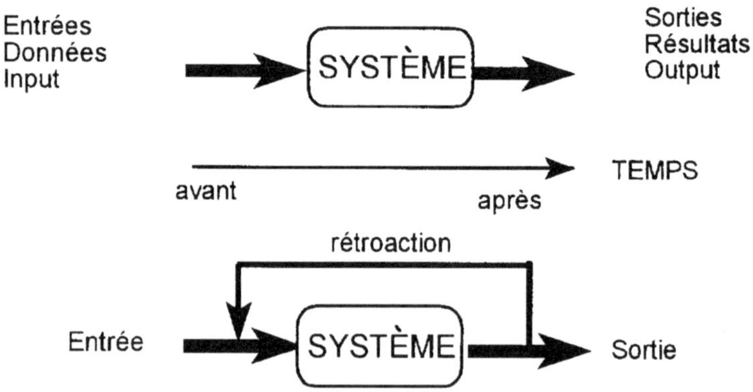

Il existe deux types de boucles de rétroaction:

a) Les boucles positives, sur lesquelles reposent la *dynamique du changement*. La réinjection sur l'entrée des résultats de la sortie contribue à faciliter et à amplifier la transformation déjà en cours. Les effets sont cumulatifs – effet «boule de neige» – et on obtient un comportement divergent:
– expansion indéfinie ou explosion (*runaway* vers l'infini);
– blocage total de l'activité (*runaway* vers zéro).

b) Les boucles négatives sur lesquelles reposent l'*équilibre* et la *stabilité*. La rétroaction agit en sens opposé de l'écart à l'équilibre de la variable de sortie. Il y a donc stabilisation du système qui se manifeste comme finalisé, c'est-à-dire tendu vers la réalisation d'un but: la constance d'une variable de sortie. Cette dernière oscille souvent autour de sa position d'équilibre avant de se stabiliser.

Rétroaction positive: l'accroissement des divergences

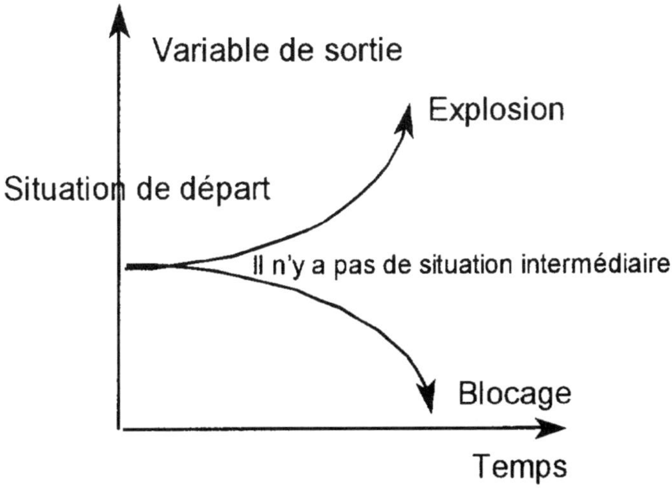

Rétroaction négative: la convergence vers un but

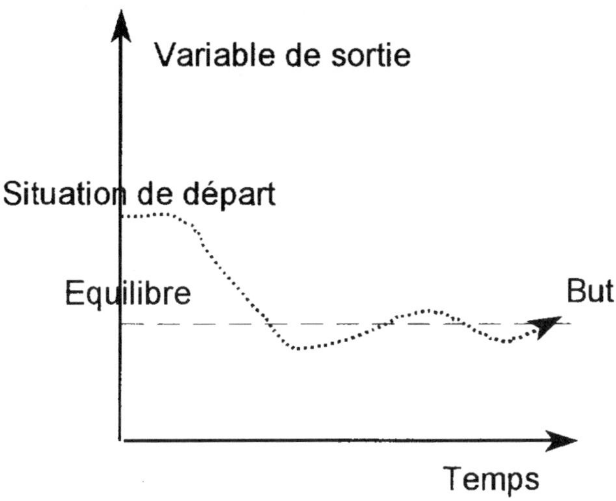

Certains auteurs (Joël de Rosnay) réservent à cette seule rétroaction négative le terme de régulation. D'autres auteurs (Jacques Lesourne) ne font pas cette distinction et utilisent le mot de régulation pour définir l'ensemble des mécanismes de rétroaction. Je retiendrai cette seconde définition.

C'est grâce à la combinaison de beaucoup de rétroactions négatives et de quelques rétroactions positives qu'un SHC arrive à sauvegarder ses équilibres internes tout en évoluant en permanence pour s'adapter aux modifications de son environnement. Cette finalité de la survie par évolution déborde largement, tout en la supposant implicitement réalisée, la finalité banale du simple maintien des équilibres, que cette dernière prenne le nom :
– d'état stationnaire ou de régime permanent dans les systèmes techniques,
– d'homéostasie dans les systèmes biologiques,
– d'équilibration dans les systèmes économiques et sociaux.

Le concept de rétroaction est absolument universel et trouve des applications dans les domaines les plus divers : ingénierie industrielle, gestion, biologie, économie, sociologie, politique...

➢ *En guise de synthèse*

La démarche scientifique classique s'est constituée au XIXe siècle, en référence au modèle alors dominant de la mécanique. C'est pourquoi :
– ses concepts ont été forgés à l'image du *solide* (conservation de la forme, conservation du volume, effets des forces, relations spatiales, dureté, solidité) ;
– le temps irréversible, celui de la durée vécue, de l'indéterminé, de l'aléatoire est rarement pris en compte ; seul prime *le temps de la physique* et des *phénomènes réversibles* ;
– la seule forme d'explication des phénomènes est la *causalité linéaire* ; c'est-à-dire un mode d'explication s'appuyant sur une chaîne logique de causes et d'effets, étalée le long de la flèche du temps :

cause → effet

avant → après

Par rapport à cette conception, l'approche systémique introduit une *rupture de paradigme*, tant au niveau des concepts que des représentations :
– la notion de fluide remplace celle de solide ;
– les concepts de flux et d'équilibre de flux se substituent à ceux de forces et d'équilibre de force ;

– le mouvant remplace le permanent;
– l'ouvert se substitue au fermé;
– la durée et l'irréversibilité deviennent des caractéristiques essentielles;
– la souplesse et l'adaptabilité du vivant remplacent la rigidité et la stabilité du cristal;
– par le mécanisme de la rétroaction, la causalité s'ouvre sur la finalité. Il arrive même que cause et effet semblent se confondre et ne puissent être dissociés dans le cours du temps. On parle alors de *causalité circulaire.*

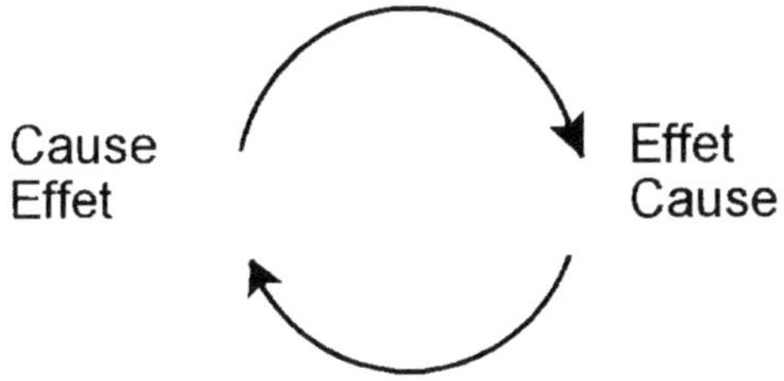

Une des conséquences de la causalité circulaire est de rendre le comportement des SHC imprévisible, de faciliter l'apparition de certaines réactions-réponses spontanées qui prennent la forme d'*effets pervers.* On dit alors que ces systèmes sont *contre-intuitifs.*

Le pilotage des systèmes

Articuler entre elles les diverses boucles de rétroaction constitue la base nécessaire de tout pilotage. Or, cette articulation ne va pas de soi et n'a rien de spontané. Elle suppose un regroupement des boucles de rétroaction en *niveaux d'organisation* concentriques, les plus englobant projetant en quelque sorte leur finalité, sous forme de valeurs de consigne (c'est ainsi qu'on les désigne dans la théorie de la régulation), sur les niveaux englobés. Ainsi que le note Henri Laborit (1) «*Chaque niveau d'organisation ne pourrait rien faire par lui-même s'il n'était régulé par une commande qui lui vient du niveau d'organisation qui l'englobe... Le réductionnisme consiste à couper la commande extérieure à un niveau d'organisation et à croire qu'en décrivant le fonctionnement de ce niveau d'organisation isolé, on a compris l'ensemble du fonctionnement du système.*»

(1) *Henri Laborit,* La vie antérieure, *R. Laffont, 1989.*

C'est à partir de cette remarque, tout à fait essentielle, sur les niveaux d'organisation que je vais m'essayer à une présentation, en forme de typologie, du pilotage des systèmes.

➢ *Une première distinction: Système opérant/Système de pilotage*

Très inspirée par l'approche cybernétique qui se développe aux USA après la seconde guerre mondiale, cette distinction est proposée en France, à la fin des années 60 par Jacques Mélèse dans un ouvrage de référence (1). Celui-ci suggère de distinguer «*dans tout processus de gestions ce qui gère (le système de pilotage) de ce qui est géré (le système physique ou opérant)*».

Jacques Mélèse introduit le terme de pilotage de l'entreprise par analogie avec la conduite des engins complexes: «*En effet, piloter un engin, c'est choisir un objectif, définir la meilleure trajectoire, lancer l'engin puis corriger en permanence ses écarts par rapport à la trajectoire, ou même l'objectif, lorsque les informations sur l'état de l'univers extérieur et sur le comportement de l'engin montrent que le plan initial ne peut être maintenu.*»

Ce découpage de nature fonctionnelle entre système de pilotage et système opérant conduit à la représentation classique d'un système, représentation connue aujourd'hui sous le nom de canonique ou cybernétique.

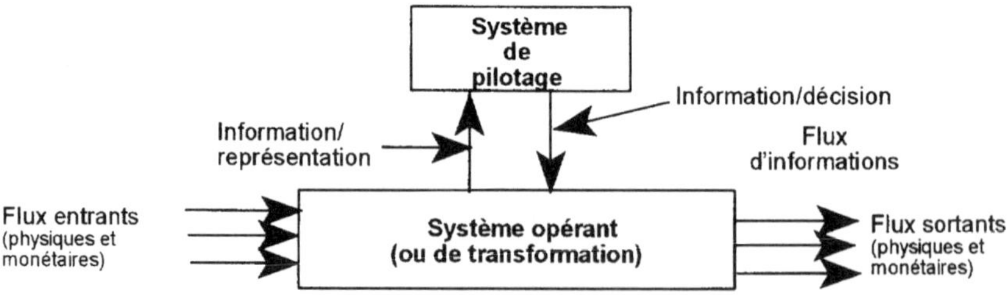

Les deux fonctions (pilotage et transformation) que l'on vient ainsi d'isoler renvoient toutes deux à une série de notions à la fois antagonistes et complémentaires, reprises dans le tableau de la page suivante.

(1) *Jacques Mélèse,* La gestion par les systèmes, *Hommes et Techniques, 1979.*

Fonction	Piloter (ou gouverner)	Transformer
Nature du système	Système de pilotage (ou de contrôle ou de commande)	Système opérant (ou de transformation)
Variables d'action	Flux d'informations	Flux physiques (et monétaires)
Énergie mise en œuvre	Énergie de commande (faible)	Énergie de puissance (forte)
Organes	Régulateurs Servo-mécanismes Processeurs décisionnels	Effecteurs Actionneurs

Cette première distinction est très générale et vaut pour tout système, dès lors qu'il commence à acquérir une certaine complexité et se manifeste comme doté de finalité.

Aux faibles niveaux de complexité, le système de pilotage apparaît comme composé de processeurs décisionnels simplement juxtaposés entre eux et faiblement communicants, chacun décidant de son action en fonction de sa valeur de consigne et d'informations de proximité, obtenues par ses capteurs, sur le système opérant et sur l'environnement (figure ci-après). Cela correspond au degré 1 de la complexité d'un système.

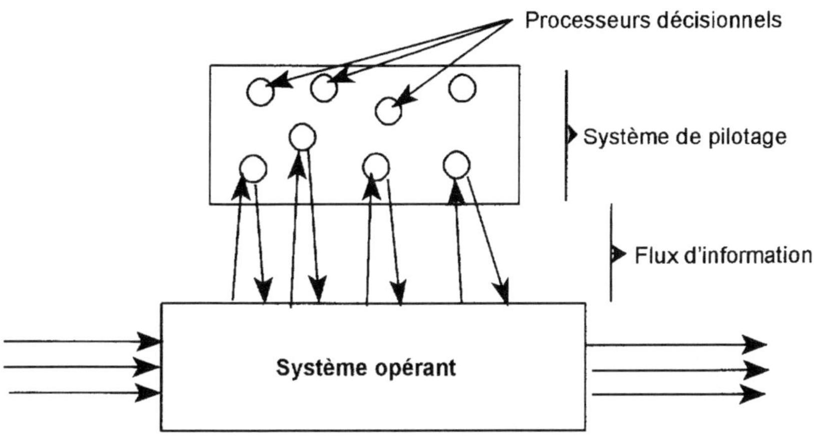

Le système apparaît alors comme essentiellement en recherche ou maintien de stabilité (équilibration ou homéostasie). Les processeurs décisionnels sont composés, pour l'essentiel, de boucles de rétroaction négative.

➢ *L'émergence du système d'information*

Dès 1969, Jacques Mélèse avait identifié la plupart des concepts qui viennent d'être présentés. Il n'avait toutefois pas ressenti la nécessité de définir le concept de *système d'information*, acquis fondamental de la fin des années 70 et qui a permis de faire un pas décisif dans la compréhension des SHC.

Comme l'observe Jean-Louis Le Moigne (1), tout système, dès lors qu'il s'organise pour manifester quelque capacité d'initiative et d'autonomie, doit mémoriser les informations qu'il produit. Or, mémoriser ce n'est pas simplement stocker les informations produites, c'est choisir ce que le système peut oublier, c'est bâtir les mécanismes de classement et d'agrégation de cette information. Dans un SHC, les décisions qui se prennent au niveau du système de pilotage ne résultent pas, en général, d'une simple réponse mécanique à un signal-information. Elles supposent, bien au contraire, une recherche/sélection d'informations présumées créées antérieurement et par là même disponibles.

Il n'y a pas d'intelligence sans mémorisation. Il importe donc, avant tout enrichissement des processus décisionnels, de mettre en place les conditions de production, sélection, classement, extraction, des informations signifiantes. On appelle informations signifiantes, toute information qui participe, dans le cadre d'un champ sémantique donné, aux échanges, relations, perceptions, représentations, décisions au sein du SHC.

Telle est la raison d'être du système d'information dont un schéma illustratif, repris dans la littérature spécialisée, est donné ci-après.

Partie prenante du système de pilotage, la vocation du système d'information est d'assurer le couplage entre le système opérant et le reste du système de pilotage ou système de décision. Comme l'écrit Jean-Louis Le Moigne (2) «*Sa fonction est de produire et d'enregistrer (mémoriser) les informations-représentations de l'activité du système opérant, puis de les mettre à la disposition, en général de façon aussi interactive que possible, du système de pilotage (ou de décision).*»

(1) *Jean-Louis Le Moigne, « Vers un système d'information organisationnel? »,* Revue française de gestion, *n° 60, novembre 1986.*

(2) *Jean-Louis Le Moigne, «Systémographie de l'entreprise»,* Revue internationale de systémique, *n° 1/04, 1987.*

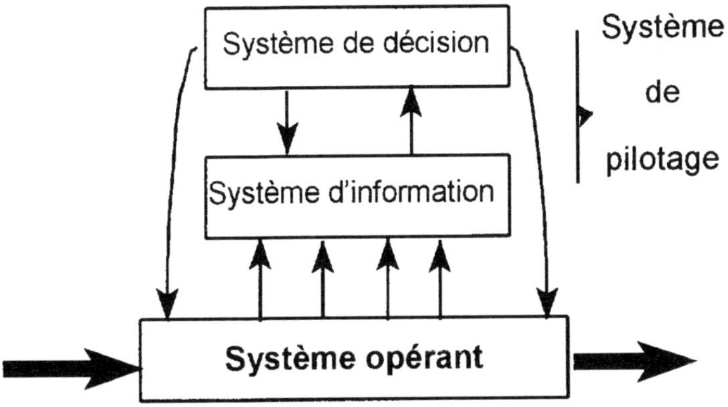

L'émergence du système d'information correspond au degré 2 de la complexité.

➢ *La recherche de l'intégration et de l'optimisation*

Avec l'apparition de la mémoire, le système devient capable de prendre en compte son histoire. Avec l'invention d'un «langage» homogène permettant de mettre en relation les diverses informations, le système devient également capable de se situer et de s'orienter dans un environnement élargi. Faut-il cependant que les différents processeurs décisionnels utilisent à plein les capacités relationnelles autorisées par l'existence du système d'information!

C'est ici que l'on peut situer le 3e degré de complexité d'un système. Il correspond à une haute densité d'interconnection des divers processeurs décisionnels composant le système de décision. Cette interconnection se caractérise par la diversité des réseaux imbriqués et ramifiés reliant chaque processeur, mais également par la multitude et la richesse des informations échangées, informations rendues homogènes et signifiantes par le système d'information. Ainsi le système de pilotage intègre-t-il progressivement les différents messages reçus du système opérant et de l'environnement et se met-il en mesure d'optimiser, au service de sa finalité, l'ensemble des décisions. Pour ce faire, il est conduit à hiérarchiser sur plusieurs niveaux d'intégration successifs les divers réseaux et boucles de rétroaction.

Entre les degrés 2 et 3, il n'y a donc pas coupure épistémologique, mais plus exactement différence de complexité, laquelle à partir d'un certain seuil s'accompagne de l'apparition de propriétés nouvelles. L'existence du système d'information rend possible l'intégration des décisions mais, réciproquement, la recherche d'intégration est un puissant aiguillon pour développer le système d'information. Complexification des systèmes de décision et d'information vont donc se conjuguer, ce que montre la figure suivante.

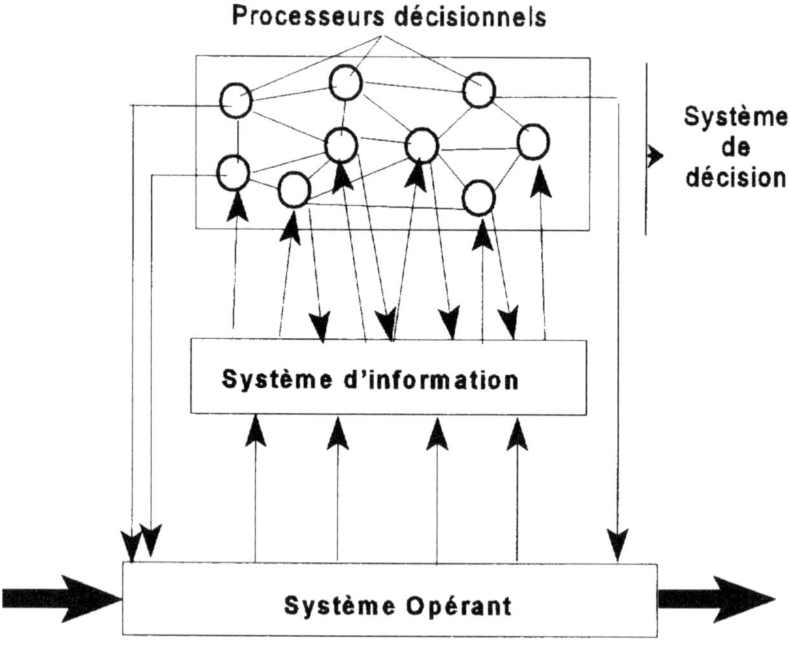

➢ *L'auto-organisation et l'autofinalisation*

Certains systèmes artificiels construits par l'homme, par exemple les chaînes de régulation d'une centrale électro-nucléaire ou d'une unité de fabrication de pétrochimie, atteignent aujourd'hui une complexité de degré 3. Cela autorise une large autonomie dans le pilotage automatique de ces systèmes. Toutefois, aucun n'a encore franchi cette barrière symbolique du degré 3 pour entrer dans des degrés de complexité supérieurs, caractéristiques pour le moment des seuls systèmes vivants et sociétaux.

Par quoi peut-on caractériser ces derniers systèmes; comment les identifier et les classer? Jean-Louis Le Moigne (1) propose la typologie suivante dont l'application à l'entreprise ne soulève pas de difficulté particulière.

a) Degré 4 ou d'auto-organisation

Le système imagine des solutions nouvelles et s'auto-organise pour mieux réaliser sa finalité. Il dispose pour cela de générateurs d'informations symboliques.

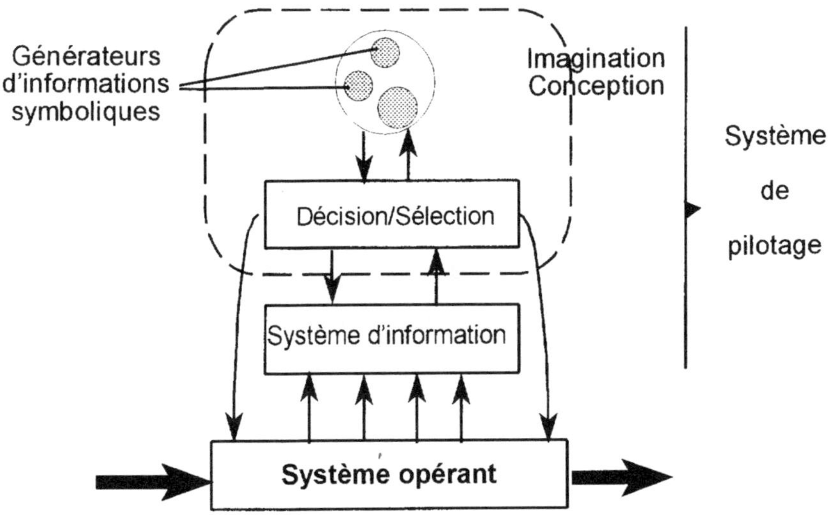

Ce degré 4 caractérise tous les êtres vivants, des plus simples (amibes, plantes) aux plus complexes (mammifères supérieurs et primates). L'auto-organisation exprime la propriété de ces systèmes à se transformer eux-mêmes pour se maintenir dans l'existence et sauvegarder leur finalité (la croissance et la reproduction).

b) Degré 5 ou d'autofinalisation

Le système se donne à lui-même ses objectifs et son projet. La propriété d'autofinalisation émerge avec la conscience réfléchie spécifique à l'homo sapiens. Elle caractérise dans un premier temps l'homme et lui seul, puis par extension les diverses constructions humaines dont l'homme est un composant: tribus, familles, nations, institutions...

(1) *Jean-Louis Le Moigne,* La théorie du système général, *PUF, 1984.*

L'entreprise, dernière née des systèmes sociétaux, possède également, et à un niveau élevé, cette propriété d'autofinalisation.

Le système de pilotage correspondant au degré 5 peut être représenté par le schéma suivant.

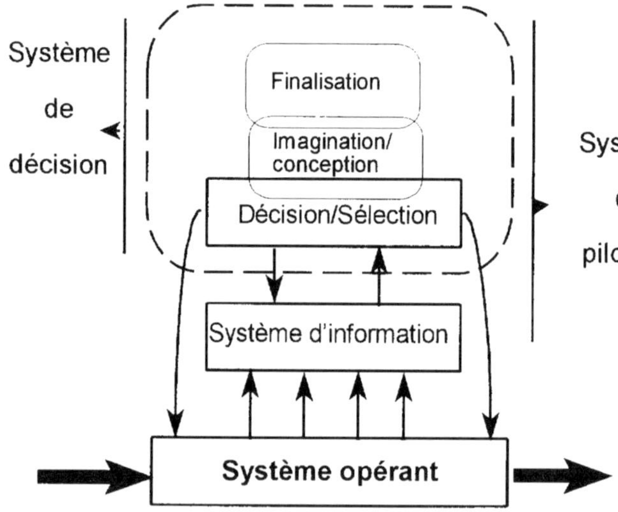

La méthode systémique

Variété, interconnexion, mémoire, projet, auto-organisation, finalité, tous ces concepts caractérisent, à des degrés divers, un système hypercomplexe. Comment les reconnaître, les combiner, les utiliser dans une démarche qui se veut simultanément d'observation et d'action?

Pour présenter cette démarche, je commencerai par rappeler à des fins de clarification la définition de quelques pratiques d'observation. Puis, j'énoncerai les quatre grandes règles méthodologiques qui sont au cœur de la démarche systémique. Je terminerai enfin par des conseils pratiques à usage de tous ceux qui se trouvent confrontés à l'analyse et à la compréhension du fonctionnement d'un objet complexe.

➢ *Clarification terminologique*

Dans la première section de ce chapitre, j'ai défini l'approche systémique comme une *éducation du regard.* Apprendre à mieux regarder... pour mieux agir. Cette conception très large et englobante convient bien au terme d'approche systémique et c'est la raison pour laquelle je le préfère à d'autres fréquemment usités, mais plus étroits:
– analyse systémique,
– dynamique des systèmes
– théorie générale des systèmes.

Par ailleurs, au moment de mettre en œuvre sur un plan méthodologique cette approche systémique, il n'est pas inutile de la situer également par rapport à des méthodologies voisines.

• *L'analyse de système* consiste à définir les limites du système à modéliser, à identifier les éléments importants et les types d'interactions entre ces éléments, puis à déterminer les liaisons qui les intègrent en un tout organisé, à classer et à hiérarchiser les éléments et les types de liaisons, à dégager et à identifier les variables de flux, les variables d'état, les boucles de rétroactions positives et négatives, les délais.

• *La modélisation* consiste, à partir des données de l'analyse de système, à construire une «carte» relativement fidèle et utilisable du système:
– en établissant tout d'abord un schéma pertinent des principales interactions entre les éléments des différents sous-systèmes,
– en exprimant ensuite en un langage approprié les équations décrivant les interactions et les liaisons entre ces différents éléments.

Très souvent pour un SHC, la modélisation s'arrêtera à la première phase par suite de l'impossibilité à quantifier les relations. On aura alors un modèle cognitif à usage principalement explicatif et pédagogique.

• *La simulation* étudie le comportement dans le temps d'un SHC à partir du ou des modèles utilisés pour le représenter. La modélisation est poussée là jusqu'à ses ultimes conséquences. Elle peut être de type logico-mathématique, la simulation étant alors réalisée sur ordinateur. Elle peut être aussi analogique, comme il sera présenté page 38, la simulation se ramenant alors à observer le comportement d'un «modèle réduit».

➢ *Axiome cartographique*

Plus que d'une règle méthodologique, il s'agit d'une condition préalable à toute étude sérieuse d'un SHC, d'où le terme d'axiome pour la désigner. L'axiome cartographique repose sur la distinction faite classiquement entre la carte de le territoire:
– la carte n'est pas le territoire, cela est trop évident pour avoir besoin d'un commentaire;
– mais la carte n'est pas sans rapport avec le territoire. La preuve: si je suis automobiliste, une bonne carte routière me permettra de trouver facilement ma route à travers le territoire.

La carte est une représentation «vraie», c'est-à-dire opératoire, du territoire. Cette représentation reste cependant limitée et partielle. Elle est en effet dépendante de l'objectif des futurs utilisateurs. Si je suis prospecteur de pétrole, la carte routière me sera d'un faible recours, alors que j'apprécierai fort de disposer d'une carte géologique.

Le rapport carte/territoire/utilisateur pose ainsi le problème plus général de la relation entre l'observateur et l'objet observé. En systémique, l'observateur est rarement extérieur à l'objet observé. Cette remarque, déjà vérifiée en microphysique (les célèbres relations d'incertitude d'Heisenberg), prend une importance déterminante dans les phénomènes sociétaux. L'observateur est toujours en interaction forte avec l'objet:
– D'une part, il est interpellé et modifié par l'objet. Selon l'expression de Gaston Bachelard (1) «*Si l'objet m'instruit, il me modifie. De l'objet comme principal profit, je réclame une modification spirituelle.*»
– D'autre part et surtout, l'observateur forge lui-même l'objet de son observation en fonction des buts qui sont les siens. Selon la nature et les caractéristiques de ces buts, le SHC observé pourra apparaître tout autre.

Toute modélisation d'un SHC est donc par essence imparfaite et partiellement subjective. C'est un «*construit*» *de l'observateur/acteur*, d'où le nom *d'axiome constructiviste* donné souvent par les systémiciens à ce que je préfère appeler, pour des raisons de simplicité du langage, axiome cartographique. Et il importe de rester en permanence conscient des limites de toute représentation d'un système concret.

(1) *Gaston Bachelard,* Le nouvel esprit scientifique, 1934.

➢ *Triangulation systémique*

Un SHC peut généralement être observé sous trois aspects, chacun lié à un point de vue différent de l'observateur.

L'aspect fonctionnel est surtout sensible à la finalité ou aux finalités du système. Il cherche spontanément à répondre aux questions: que fait le système dans son environnement? A quoi sert-il?

L'aspect structural cherche à décrire la structure du système, l'agencement de ses divers composants. On retrouve la démarche traditionnelle de la méthode scientifique, à la fois analytique et synthétique. Ce que j'ai appelé page 35 analyse de système s'inscrit dans cette démarche.

L'aspect historique (ou génétique) est lié à la nature évolutive du système, doté d'une mémoire et d'un projet, capable d'auto-organisation. Seule, l'histoire du système permettra bien souvent de rendre compte de certains de ses aspects de fonctionnement.

Naturellement, la méthode systémique se développera en combinant ces trois voies d'accès, ce que visualise, sur la figure suivante, le point S à l'intérieur du triangle. Plus exactement, on se déplacera d'un aspect à un autre au cours d'un processus en hélice qui permettra, à chaque passage, de gagner en approfondissement et en compréhension. Dans ce processus, l'observateur se trouve lui-même en interaction dynamique avec l'objet observé. D'une certaine manière, l'approche systémique l'englobe dans le processus: sa subjectivité fait aussi partie de l'ordre des choses! (axiome constructiviste).

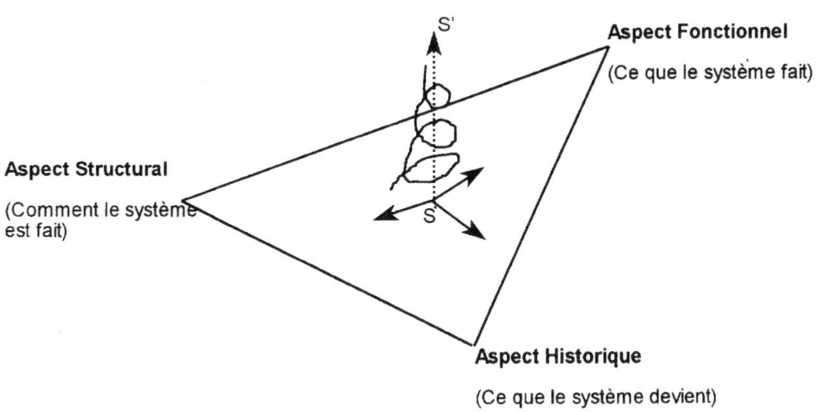

➢ *Règle d'arborescence ou effet de loupe (ou zoom)*

Il s'agit d'une technique d'observation qui consiste à «grossir», comme sous une loupe, la partie de l'objet que l'on souhaite étudier.

Cette démarche n'est bien entendu possible que si elle est limitée à quelques composants du système, ceux pour lesquels une observation approfondie est nécessaire.

Or, depuis Herbert Simon (1), nous savons que les SHC ont une structure arborescente. Les composants ou sous-systèmes correspondant à un niveau d'organisation donné se trouvent habituellement répliqués à de multiples exemplaires. Ainsi une cellule au sein d'un organisme vivant, une équipe de vente au sein d'une Direction commerciale, etc. Connaître un composant, c'est connaître du même coup tous les autres. Le composant ou sous-système, observé dans son environnement interne, peut alors faire l'objet d'une étude approfondie au moyen par exemple de la triangulation systémique.

Ce «grossissement» systémique ou effet de loupe est d'une large utilisation. Il importe néanmoins de rester conscient de ses limites. La démarche postule en effet l'existence dans le système de redondances ou de régularités communes à plusieurs unités ou sous-unités partiellement autonomes... bien que nécessairement reliées au Tout par une relation de circularité.

➢ *Règle d'analogie*

Largement utilisé par les philosophes de l'Antiquité et les théologiens médiévaux, ce mode de raisonnement s'est trouvé décrié au XIXe siècle, au nom d'un positivisme étroit... alors même qu'il continuait d'imprégner la démarche heuristique des chercheurs.

En matière d'analogie, trois niveaux peuvent être distingués:

• *La métaphore* établit une correspondance souvent tout extérieure entre deux séries de phénomènes différents ou deux systèmes de nature différente. Parce qu'elle se fonde sur l'apparence, la métaphore est dangereuse et tombe sous le coup de l'adage positiviste «comparaison n'est pas raison». Bien utilisée, la métaphore peut néanmoins constituer un premier pas vers l'homomorphisme.

(1) Herbert Simon, La science des systèmes, *Épi, 1974.*

• *L'homomorphisme* établit une correspondance surjective entre quelques traits du SHC étudié et les traits d'un modèle théorique ou d'un système concret plus simple ou plus commodément étudiable (que l'on appelle souvent modèle réduit). Par des observations effectuées sur le second système, il devient possible de prévoir certains aspects du comportement du premier.

• *L'isomorphisme* est la seule analogie acceptable par une démarche analytique de type cartésien. Il s'agit d'établir une correspondance bijective entre tous les traits de l'objet étudié et ceux d'un modèle censé reproduire une image de l'original où rien n'est oublié, ni dans la description, ni dans le fonctionnement.

Utilisable pour les systèmes à faible complexité de la physique et de la chimie, l'isomorphisme n'est guère tenable pour les SHC, et cela malgré la tentative d'augmenter considérablement le nombre de variables prises en compte. Par un glissement inévitable, on en est donc venu à accepter l'imperfection du modèle comme un mal nécessaire.

Le retournement de perspective apporté par l'approche systémique consiste à considérer que cette analogie honteuse, tout juste bonne pour les sciences humaines, est en réalité une condition indispensable de toute connaissance. Le modèle homomorphe est sans doute plus simple que le réel, mais c'est pourquoi nous le comprenons, pourquoi nous pouvons l'utiliser pour orienter nos actions. Comme l'écrit Claude Lévi-Strauss (1): «*La vertu intrinsèque du modèle réduit est qu'il compense la renonciation à des dimensions sensibles par l'acquisition de dimensions intelligibles.*»

Nous voilà ainsi parvenus à ce que Jean-Louis Le Moigne (2) appelle l'homomorphisme glorieux qui ouvre à la connaissance scientifique des chemins nouveaux. Le réel est accepté dans sa complexité; il n'est pas obligatoirement unique, invariant, quantifiable. Le *mou* prend sa revanche sur le *dur*. Suivant sa remarque, l'approche systémique «*substitue la spatule du concepteur-potier au scalpel de l'analyste-barbier*».

(1) Claude Lévi-Strauss, La pensée sauvage, *Plon, 1962.*
(2) Jean-Louis Le Moigne, La théorie du système général, *Communication au séminaire François Perroux du Collège de France le 30.11.1979.*

➢ *Quelques conseils de mise en œuvre*

Au-delà des règles générales qui viennent d'être exposées, peut-on donner davantage de précisions sur la mise en œuvre de la méthode systémique? De nombreux auteurs, comme Joël de Rosnay (1), le pensent, qui ont voulu énoncer une série de règles pratiques. C'est d'eux que je m'inspirerai pour donner les cinq conseils suivants dont ma pratique personnelle d'intervention en entreprise m'a montré l'utilité.

Maintenir la variété pour pouvoir l'utiliser

On est ici dans le droit fil de la «loi de variété requise» de Ross Ashby et du principe «*order from noise*» de Von Foerster.

Sous l'influence du raisonnement analytique, la tentation est grande d'isoler un facteur ou un enchaînement causal. Ainsi, pour obtenir une action à court terme, on coupe très souvent une boucle de rétroaction, ou un ensemble imbriqué de boucles; on croit ainsi agir directement sur les causes afin de mieux contrôler les effets. Le résultat est rarement à la hauteur des espérances et s'apparente plus souvent à celui de l'apprenti-sorcier.

Toute simplification introduit en effet au sein d'un SHC un risque de déséquilibre. Par suite de l'interdépendance de ses différentes parties et de son ouverture sur l'environnement, les effets d'une intervention sur un SHC ne peuvent se limiter à son seul voisinage dans l'espace et dans le temps. Des «effets pervers» sont toujours possibles.

La remarque vaut particulièrement en matière de gestion d'entreprise pour les politiques de centralisation. Toute centralisation excessive entraîne une simplification des canaux de communication, un appauvrissement des interactions entre acteurs, une moindre capacité d'adaptation à des situations rapidement changeantes. Certes, la centralisation permet en théorie une meilleure utilisation des moyens. Mais elle s'accompagne d'une lourdeur de gestion et d'effets pervers qui en rendent rapidement le coût social (malheureusement non chiffré) plus élevé que le gain économique (facilement chiffrable).

Ainsi, le rétablissement du fonctionnement équilibré et stable d'un système sociétal commence souvent par la reconnaissance de l'autonomie, au moins relative, des acteurs et par l'organisation de leur

(1) *Joël de Rosnay,* Le macroscope, *Seuil, 1975.*

coordination. Cela suppose que chacun des acteurs soit en mesure de comprendre le sens de ses interventions et puisse en évaluer approximativement les résultats.

A cette fin, il importe de diffuser largement les finalités et les objectifs du système et de pratiquer une large transparence de l'information.

En permettant que les écarts soient détectés aux endroits mêmes où ils se produisent et que l'action correctrice s'effectue de manière décentralisée, sans devoir remonter la décision jusqu'aux centres supérieurs, une telle disposition facilite, au moins dans un premier temps, le retour rapide à l'équilibre. Naturellement, il faut ensuite, dans un deuxième temps, savoir conduire les transformations désirées du système (ce qui va être l'objet des conseils suivants).

Différencier pour mieux intégrer

Toute intégration réelle se fonde sur une différenciation préalable; l'originalité, le caractère unique de chaque élément se révèle dans la totalité organisée; mais il n'y a pas de vraie union sans antagonisme, sans dualité. L'homogénéité, le mélange, le syncrétisme, c'est l'entropie. Seule, l'union dans la diversité est créatrice; elle accroît la complexité et conduit à des niveaux plus élevés d'organisation.

Ce conseil retrouve la vieille règle du «Distinguer pour unir» énoncée par le grand théologien médiéval Thomas d'Aquin.

Se pose alors le problème du choix du moment pour réaliser cette union créatrice regroupant les diversités.
– trop tôt: c'est un mélange homogénéisant et paralysant,
– trop tard: c'est l'affrontement mortel des diversités exacerbées.

Ici également, tout l'art de la systémique est dans la détermination de l'optimum.

Ce débat trouve un point d'application en matière de management d'entreprise. Il s'agit du choix entre management par les objectifs (et les résultats) et management par les procédures (et les moyens). Le taylorisme propose une programmation minutieuse et prétendument optimale de l'action (*the one best way*). Dans un environnement économique stable et relativement simple, cette réponse par le standard et les règles de procédure a fait la preuve de son efficacité. En revanche, en environnement turbulent et incertain, le management par les objectifs manifeste sa supériorité. Contre une programmation paralysante qui ne laisse aucune place à la créativité et à l'initiative, il permet à l'acteur local, dans un cadre défini de ressources, d'ajuster en permanence son action pour l'atteinte de ses objectifs.

Concentrer son action sur les points sensibles

Selon Michel Crozier (1), les systèmes socio-organisationnels possèdent des points sensibles au travers desquels il est possible d'exercer des effets de levier. Il s'agit généralement de boucles de rétroaction positive aptes à favoriser et développer certains comportements que l'on estime économiquement et socialement souhaitables. En agissant sur ces points sensibles, on peut déclencher soit des *amplifications*, soit des *inhibitions contrôlées.*

Tout l'art consiste alors à découvrir ces points sensibles, puis à agir sur eux. Les dirigeants des systèmes sociétaux, sans avoir nécessairement reçu une formation précise de systémique, ont bien souvent une connaissance intuitive de ces points sensibles et de la manière de les utiliser. Ils savent qu'un SHC est très homéostatique, c'est-à-dire résiste spontanément à toute mesure ponctuelle extérieure visant à le faire changer. En utilisant les boucles activatrices, ces dirigeants ont appris à travailler avec le système plutôt que contre lui. Ils utilisent alors un minimum d'énergie de commande (*cf.* page 29) pour déclencher et contrôler le maximum d'énergie de puissance.

Une autre méthode pour agir sur un SHC et le faire évoluer dans une direction choisie consiste à appliquer une *combinaison de mesures* soigneusement dosées les unes par rapport aux autres et portant simultanément sur différents points sensibles. Cet art de la combinatoire se trouve au cœur des processus de la régulation sociale de l'entreprise, comme je le développerai dans le chapitre 7.

Faire jouer les contraintes et pour cela ouvrir le système

Un système peut conserver son équilibre à la manière d'un cristal ou d'une cellule vivante:

– le cristal maintient sa structure grâce à l'équilibre des forces qui s'accumulent à chaque nœud du réseau cristallin et à la répétition des mêmes motifs. Cet équilibre statique, fermé sur l'extérieur, ne lui permet pas de résister, au-delà d'un certain seuil, aux perturbations de l'environnement;

(1) Michel Crozier, «La sociologie des organisations et la stratégie d'entreprise», Futurible, *septembre 1985.*

– la cellule, en revanche, est en équilibre dynamique avec son milieu. Son organisation est fondée sur la variété des éléments. Système ouvert, elle se maintient grâce au renouvellement continu de ses éléments. Cette variété et cette diversité permettent à la cellule de s'adapter au changement.

L'organisation du cristal évolue difficilement. L'organisation de la cellule est ouverte sur l'événement, la variété, le monde extérieur. La cellule ne craint pas une désorganisation passagère, condition d'une réadaptation plus efficace.

Les SHC sont de ce deuxième type. Aussi, si l'on veut les faire bouger, il faut accepter et même introduire des contraintes nouvelles à partir de l'environnement. Très souvent, un SHC ne peut évoluer que s'il est agressé par des événement venus du monde extérieur. Il doit donc être en mesure de capter ces germes de changement et de les utiliser dans son évolution.

Ouvrir le système sur son environnement, même si c'est de manière sélective, paraît sans doute une pratique paradoxale et tout à fait contre-intuitive. Elle rejoint pourtant l'observation la plus courante.

Pour une organisation sociale, cela consiste par exemple à accepter un renouvellement des hommes et des idées, ce que l'on appelle un apport de sang neuf. Cela peut passer également par une remise en cause de sa structure à l'occasion d'une opération de «benchmarking». Dans le domaine de la gestion des ressources humaines, l'intéressement au résultat peut s'avérer un excellent outil pour faire intérioriser par chaque acteur interne (le personnel en général, l'encadrement, les syndicats...) la contrainte économique de compétitivité.

Connaître et prendre en compte les temps de réponses

Les SHC intègrent la durée et l'histoire dans leur fonctionnement. Chaque système, sous-système ou chaîne de régulation ont des temps de réponse, ou constante de temps, qui leur sont propres. Ces temps de réponse sont très divers en raison des effets combinés des boucles de rétroaction, des délais dus aux réservoirs, des inerties inhérentes aux échanges de flux. Dans bien des cas, il est donc inutile de rechercher à tout prix la rapidité d'exécution, de faire pression pour obtenir des réponses ou pour recueillir un résultat. Il vaut mieux chercher à comprendre la dynamique interne du SHC et prévoir les délais de réponse, y compris ceux qui caractérisent ses dérives à long terme.

Jacques Mélèse a observé (1) que très souvent, dans les grandes entreprises et administrations dotées de nombreux niveaux hiérarchiques, les systèmes de contrôle de gestion ont des temps de réponse variant entre 5 et 9 mois, ce qui les disqualifie totalement en matière d'aide à la prise de décision conjoncturelle. Il en déduit que dans le travail de consultant, «*identifier un processus et afficher son temps de réponse est souvent un bon moyen de créer un choc salutaire*».

Savoir déclencher une action, ni trop tôt, ni trop tard, mais au moment où le système est prêt à réagir spontanément dans le sens souhaité, permet de tirer parti au maximum de son énergie interne au lieu de lui imposer, de l'extérieur, des directives contre lesquelles il se mobilise.

En guise de conclusion

Sans en avoir l'air, l'approche systémique fait basculer des habitudes de pensée, héritées de Descartes, mais aujourd'hui en procès. Le père de la science moderne nous avait enseigné quelques principes dont nous usons en toute chose et à tous moments, sans savoir qu'ils sont de lui et même sans jamais avoir lu le «*Discours de la Méthode*». Il nous avait appris que, pour connaître la réalité, il fallait d'abord la fractionner en autant de parties qu'il était possible de le faire; qu'ensuite, il fallait chercher les relations de cause à effet entre ces parties; tout cela en veillant à ne rien oublier, c'est-à-dire en étant exhaustif. Prodigieuse «méthode» d'où sont sorties toutes les sciences modernes!

Comment une manière de penser aussi efficace aurait-elle pu se tromper? Elle ne s'est pas réellement trompée; elle a seulement atteint les limites de ses possibilités. Le déterminisme, l'analyse «mécanique» de phénomènes «linéaires» (qui se déduisent les uns des autres) ne constituent pas des erreurs, mais une méthode insuffisante. C'est qu'en effet l'application de la procédure analytique dépend d'une condition essentielle: les interactions entre les «parties» doivent être linéaires et faibles. Or, si les objets étudiés par la physique et la chimie vérifient à peu près cette condition, il n'en va pas de même des SHC étudiés par la biologie, la psychologie, l'économie, la sociologie et l'histoire.

(1) Jacques Mélèse, «Interventions systémiques dans les organisations», **Revue internationale de systémique,** *n° 4, 1987.*

C'est pourquoi méthode cartésienne et méthode systémique sont plus complémentaires qu'opposées. Mais pourtant irréductibles l'une à l'autre car reposant sur des postulats différents ainsi que je l'ai montré. Il s'agit donc bien d'un nouveau discours de la méthode, particulièrement adapté à l'analyse et à la recherche d'intelligibilité des réalités complexes d'aujourd'hui, fournissant de surcroît quelques outils pour agir sur elles. Un contenu effectif peut ainsi être donné aux formules qui décrivent les remèdes dont notre société à besoin: participation, pluralisme, décentralisation, information, communication, etc. mais qui, faute de concept rigoureux et d'une méthodologie appropriée, restent trop souvent lettre morte.

Mais, à vrai dire, cette méthode n'est pas si nouvelle qu'il y paraît car elle fait déjà partie de l'expérience commune de chacun. Lorsqu'un ingénieur conçoit un système technologique, il sait très bien que son bon fonctionnement dépend de la position et du rôle respectif de chacun des rouages au moins autant que de la réalisation parfaite de ceux-ci. Et en ce qui concerne les systèmes sociaux, il suffit d'avoir fait partie d'une véritable équipe (professionnelle, sportive, politique, etc.) pour savoir que son efficacité est globalement supérieure à la somme des résultats qui seraient obtenus individuellement.

C'est bien pourquoi l'approche systémique s'avère remarquablement adaptée pour penser la complexité de l'entreprise et apporter à ceux qui s'y trouvent impliqués une vision enfin unifiante. En effet, cette approche:
– *combine rigueur conceptuelle et pragmatisme de l'action*. Elle sait ajuster ses démarches et ses outils au style et à la culture de chaque entité. De ce point de vue, son emploi peut être qualifié d'intervention en «sur-mesure» par opposition aux recettes de bonne gestion qui encombrent les ouvrages de management;
– *procure une vision pluridisciplinaire de l'entreprise*, par l'emploi d'un langage et de concepts communs qui pourront ensuite être repris par les divers acteurs: Direction, ingénieurs, commerciaux, financiers, élus du personnel, etc.;
– *intègre des méthodes et des techniques variées* (statistique, recherche opérationnelle, informatique, théorie de la décision, ergonomie...). Elle est davantage une théorie intégratrice de différentes techniques qu'une technique particulière. Elle reste de plus largement ouverte sur de nouveaux outils;

– *est tournée vers l'action.* Par son insistance sur les concepts de finalité, d'objectif, de résultat, l'approche systémique est spontanément adaptée à l'esprit de l'homme d'action, qu'il soit dirigeant, gestionnaire ou simple responsable d'encadrement. En identifiant les variables d'action, les points sensibles, les circuits d'information, elle leur procure le moyen d'agir efficacement sur le système;
– *est une théorie humaine.* Rationnelle mais non déterministe, elle propose une conception probabiliste de l'entreprise. Elle tient compte de l'aléa, et tout particulièrement de l'aléa humain. Elle recherche par ailleurs la place qu'il faut donner à l'homme en fonction de ses qualités propres sans viser à une organisation technocratique de la société.

LE SYSTÈME ENTREPRISE

«Pour comprendre les transformations de l'entreprise, il faut l'analyser à la fois comme autonome et en interdépendance avec la société globale... Combinaison de facteurs de production, l'entreprise doit inclure le facteur humain qui lui-même dépend largement des structures et des institutions de la société.»

Renaud Sainsaulieu. L'entreprise, affaire de société.

Que l'entreprise soit un système hyper complexe (SHC), voici ce qu'il convient d'abord de montrer même si cela peut paraître, pour la plupart de mes lecteurs, de l'ordre de l'évidence. Aussi, me suffira-t-il de vérifier rapidement que l'entreprise satisfait aux trois points de la définition précise d'un système telle que donnée page 10 du précédent chapitre.

- L'entreprise est bien un ensemble d'éléments nombreux et divers: équipements, machines, produits en cours de fabrication, stocks de matière première et de produits finis, travailleurs, informations, signes monétaires...
- Ces éléments sont bien en interaction dynamique. A partir d'informations reçues, les travailleurs transforment matière première et produits semi-finis en utilisant équipements et machines. Et ce process a sa contrepartie économique sous forme monétaire.
- Toute cette organisation fonctionne au service d'une finalité, ou plus exactement de plusieurs finalités ainsi que je le montrerai.

Comment examiner alors cet objet complexe, par quel bout le prendre? La méthode de triangulation systémique s'impose bien entendu, encore faut-il préciser l'ordre dans lequel on va faire appel aux différents points de vue.

Comme souvent lorsqu'il s'agit d'un phénomène social – et c'est le cas au moins partiellement de l'entreprise – le point de vue historique s'impose en premier (page 48). Il donne un début de connaissance de l'objet saisi dans sa dynamique évolutive, et il renseigne en même temps, au moins de manière globale et approximative, sur les aspects fonctionnel et structural.

Pour un SHC largement ouvert sur son environnement, comme l'est l'entreprise, le point de vue fonctionnel est sans doute le plus riche, le plus susceptible de ramener une moisson d'informations intéressantes. Aussi, lui consacrerai-je deux sections, dont la seconde tout entière réservée à l'épineux problème de la finalité de l'entreprise. Pour développer efficacement cette approche fonctionnelle, je serai naturellement conduit à l'éclairer par des emprunts à l'aspect historique.

Le point de vue structural sera présenté ensuite (page 72), lui aussi éclairé par l'histoire. Toutefois, il ne sera guère développé puisque c'est l'objet explicite des trois prochains chapitres. Il ne restera plus, pour enrichir ce premier tour de triangulation, qu'à revenir sur l'aspect fonctionnel à l'occasion d'une question classique mais essentielle: celle de l'efficacité de l'entreprise. Qu'est-ce qui fait qu'à un instant donné et en un lieu donné, une entreprise se montre plus efficace qu'une autre? L'aspect historique sera à nouveau mis à contribution pour éclaircir cette question.

Ainsi, tout au long de ce chapitre, aurai-je en permanence combiné les trois aspects – fonctionnel, structural et historique – pour acquérir un début de connaissance de cet étonnant objet complexe qui s'appelle une entreprise.

L'entreprise: un système en voie de complexification

L'activité économique a toujours existé, mais la conscience que l'homme en a pris est relativement récente. C'est seulement de la fin du XVIIIe siècle que datent les premières tentatives d'une pensée économique d'intention scientifique. Auparavant, il existe bien une réflexion économique mais elle est noyée au sein des disciplines politiques ou morales, quand ce n'est pas philosophiques ou religieuses. Aussi, pour bien situer l'état actuel de la problématique en l'insérant dans l'évolution séculaire des sociétés humaines, il convient d'abord de définir les acteurs de ce fantastique jeu millénaire. Il s'agit bien sûr d'hommes ou de groupes d'hommes, mais réunis d'une manière qui n'est pas arbitraire puisque engagés dans des activités de production et d'échange. Il convient ensuite de décrire brièvement les transformations successives de ces structures de production depuis la horde ancestrale de chasseurs/cueilleurs jusqu'aux entreprises de haute technologie de la fin de ce siècle.

➢ *La naissance de l'entreprise*

A l'origine, l'économie s'identifie à l'écologie. L'homme vit en équilibre avec son milieu naturel et attend de lui sa subsistance immédiate et sa survie biologique. Le comportement des premiers hommes paléolithiques n'est pas fondamentalement différent de celui des autres mammifères supérieurs vivant en société (grands ruminants, loups, primates...).

L'unité de production (ou unité active selon l'expression de François Perroux) est la horde de quelques dizaines d'individus vivant en entière autarcie, tirant par la chasse et la cueillette sa subsistance du milieu naturel et consommant quasi instantanément tout ce qu'elle a produit. C'est ce qui est symbolisé dans le petit schéma ci-dessous, à la compréhension immédiate et sur lequel on peut écrire:

P (production) = C (consommation)

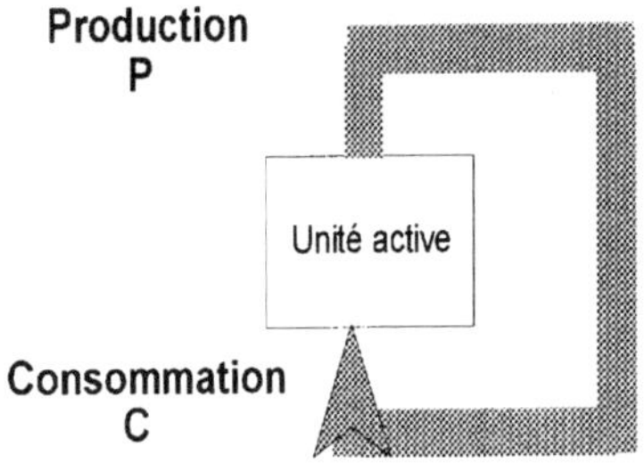

Mais très vite l'homme va se séparer de la nature grâce à sa capacité d'abstraire et de se projeter dans l'avenir. Au plan économique, cela se manifestera par deux inventions aux conséquences fantastiques et dont les effets cumulatifs éloigneront de plus en plus le mode d'existence humain de celui de l'animal.

L'invention de l'outil

Anticipant sur l'activité à venir, l'homme imagine d'abord des outils lui permettant de mener plus efficacement son activité. Ainsi du premier silex éclaté, façonné en vue de la chasse prochaine, pour remplacer avantageusement le caillou rencontré sous la main au dernier moment. Cette invention de l'outil a une importante implication: pour le façonner, l'homme doit distraire un certain temps, totalement non productif, de son activité de chasse et de cueillette. Certes, une fois fabriqué, l'outil permettra une chasse plus efficace, mais il n'empêche que, dans l'immédiat, il constitue une privation pour l'homme: la privation de ce qui aurait pu être chassé ou cueilli, puis consommé pendant le temps de façonnage de l'outil.

Cette privation momentanée de consommation est une épargne. Réalisée en vue de la constitution d'un outil de production, elle a de plus la signification d'un investissement. L'unité active s'adjoint un «capital-outil» O de plus en plus considérable, lui donnant une capacité de production accrue, et lui permettant d'améliorer à terme sa consommation. C'est ce qui est représenté sur le schéma suivant, dans lequel I désigne l'investissement. On vérifie:

$$P = C + I$$

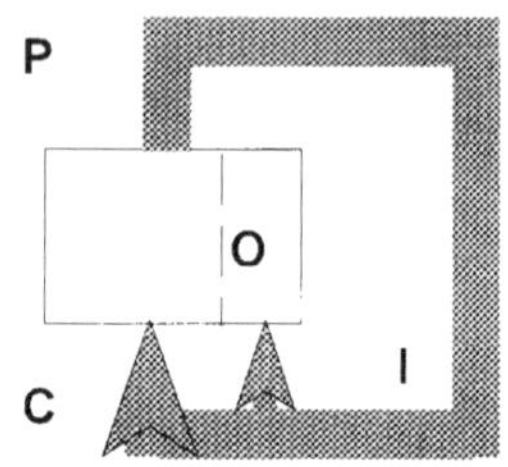

Ce comportement, invention fondamentale pour l'avancée de l'humanité, porte le nom de détour productif. Il constitue une boucle de rétroaction positive. Intimement lié à la nature de l'homme, il précède très largement dans l'histoire l'apparition de la monnaie.

Ce détour productif introduit une première rupture entre sociétés animales et sociétés humaines. Désormais pour l'homme, les activités de production et de consommation échappent au seul équilibre écologique pour entrer dans une sphère dont il a été le créateur. L'homme s'est sorti de la nature, il a inventé l'économie!

La mutation néolithique

L'homme avait certainement trouvé un équilibre avec la maîtrise primitive de l'outil et du troc, lorsque se produisit, dix à douze millénaires avant notre ère, un autre événement d'ampleur considérable: l'invention de l'agriculture et de l'élevage. Les préhistoriens le désignent sous le nom de grande mutation néolithique et pensent qu'il s'étendit sur quelques siècles seulement, faisant entrer l'humanité dans un nouvel âge: le néolithique.

Grâce à la domestication des plantes et des animaux, et même s'il doit toujours compter avec la nature (orages, sécheresses, etc.), l'homme assure sa survie et sa sécurité de manière beaucoup plus efficace. Mais ces avantages décisifs ne vont pas sans contreparties. La société néolithique implique en effet un perfectionnement important des techniques, un développement de l'outillage (tous les outils concernant le travail de la terre, le stockage des grains, la construction des habitations) et une planification de l'activité prenant appui sur le cycle des saisons. Pour récolter en août, le paysan doit semer en mars ou en novembre: un délai relativement long s'introduit entre l'effort productif et la consommation. De plus, pour améliorer la productivité de l'ensemble, chacun à intérêt à se spécialiser dans l'activité où il excelle. Le travailleur habile de ses mains sera affecté au façonnage des outils, des poteries, des armes, abandonnant aux autres le travail de la terre. La multiplication des produits et la complexité des techniques conduisent ainsi à la division du travail. Elles conduisent aussi à un fantastique développement des échanges... dont l'explosion finira par imposer l'usage de la monnaie.

Développement de l'outil et division du travail, telles sont les conditions qui rendent nécessaires l'invention de l'entreprise.

➢ *L'étonnante combinaison capital-travail*

Au niveau global, l'entreprise apparaît comme une combinaison complexe entre:
– un outil de production à base technologique,
– une communauté d'hommes aux qualifications professionnelles diverses.

L'outil sans les hommes reste inerte et se dégrade. Mais les hommes sans l'outil sont impuissants. L'outil implique l'immobilisation d'un capital, qui n'est le plus souvent rien d'autre que du travail épargné. L'apprentissage et la formation des hommes exigent également une épargne collective dont la constitution n'est rendue possible que par l'outil.

Capital et travail: voici les deux composants élémentaires de la molécule entreprise. La remarque est banale. Trop sans doute pour qu'elle puisse encore étonner. Et pourtant, a-t-on bien perçu toutes les conséquences de cette surprenante combinaison?

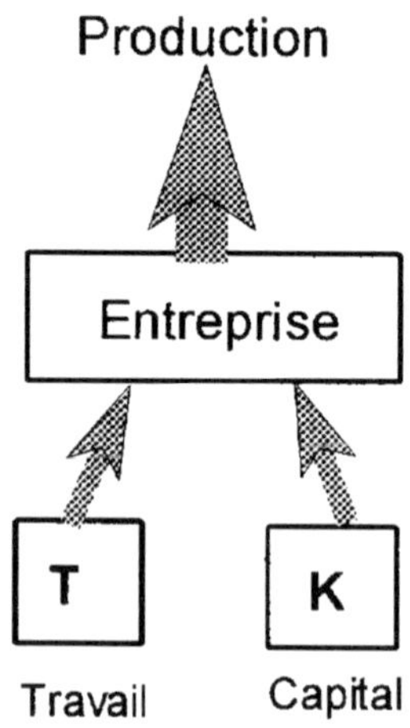

En premier lieu, il est impossible d'imputer de manière sérieuse le résultat de l'entreprise, c'est-à-dire sa production, à l'un des facteurs plutôt qu'à l'autre. Ils ont contribué tous deux, indissolublement, à la création des richesses produites. Si après la juste rémunération du travail et du capital il demeure un surplus (profit), il n'y a aucune justification économique pour l'attribuer à l'un plutôt qu'à l'autre. Seules les habitudes sociales prévalent en ce domaine et l'appropriation de la plus-value par le seul capital résulte, comme Marx l'avait bien vu, d'une habitude historique, non d'une nécessité économique.

Cette impossibilité d'isoler dans une production commune la part revenant à l'action de chaque facteur va même, dans le cas des fabrications liées comme il s'en trouve dans les industries chimiques, pétrolières, alimentaires, jusqu'à ne pas pouvoir calculer le prix de revient de chacun des produits. On y supplée certes par l'utilisation des coûts marginaux qui, eux, sont calculables, mais n'ont pas toujours une large plage de validité. Cette impuissance étonne généralement le profane, qui comprend mal que des industries puissantes et à technologies avancées ne sachent pas effectuer un calcul qui paraît aussi simple. Mais c'est justement parce que le processus de production est complexe et concerne des produits liés qu'il n'est pas possible d'affecter à chacun d'entre eux pris séparément une fraction déterminée du coût des facteurs.

En second lieu, la combinaison mystérieuse des deux facteurs, capital et travail, dégage un surplus économique qui n'a son explication ni dans la croissance de la quantité de travail, ni dans la croissance de la quantité de capital. Et ce résultat intéressant s'observe non seulement au niveau de l'entreprise, mais également au niveau de la production nationale, ce qui n'a d'ailleurs rien de surprenant, le PIB (Produit Intérieur Brut) n'étant rien d'autre que la somme des valeurs ajoutées des entreprises.

Le professeur Malinvaud a analysé la croissance française des « trente glorieuses » et l'a rapportée à la croissance de la main-d'œuvre et du capital (y compris la prise en compte des effets qualitatifs, comme l'élévation du niveau moyen de qualification ou le rajeunissement du capital). Il arrive au résultat suivant (1):

- taux de croissance annuel du PIB 5,1 %
- taux de croissance de la main-d'œuvre 0,6 %
- taux de croissance du capital 1,9 %
- facteurs résiduels 2,6 %

Ainsi au cours de cette période, plus de la moitié de la croissance française ne devait rien à l'augmentation en volume des moyens de production, mais a été principalement le résultat des gains de productivité obtenus par une meilleure organisation des structures productives, et plus généralement de la mise en œuvre de toutes les formes de progrès technique qui permettent d'obtenir une production plus élevée avec un nombre d'usines et de travailleurs à peu près invariable, sinon décroissant.

Ce surplus économique est d'abord le résultat d'un couplage réussi entre le capital et le travail; il est la manifestation de l'effet de complexité ou d'émergence.

(1) *Berthet, Carré, Dubois, Malinvaud,* Sources et origines de la croissance française au milieu du XXe siècle, *Insee.*

➢ *La montée en complexité*

Au niveau de chaque entreprise, cet effet de complexité s'est manifesté au cours des cinquante dernières années par une triple évolution : quantitative, qualitative et structurelle. Ce phénomène a marqué, à des degrés divers, l'ensemble des entreprises industrielles et de service, mais c'est naturellement dans les secteurs de haute technologie, comme l'informatique, qu'il a été le plus spectaculaire. C'est pourquoi je prendrai le secteur de l'informatique comme exemple.

L'évolution quantitative

Elle est simple à comprendre et se manifeste le plus souvent par un effet de volume ou de taille. Augmentation du chiffre d'affaires, du montant des immobilisations, des effectifs, du nombre de clients... les indicateurs économiques ne manquent pas pour caractériser cette évolution. Ils sont généralement liés à la croissance correspondante d'un marché qui de plus en plus se mondialise.

Pour prendre l'exemple de l'usage des ordinateurs personnels, on note ainsi que le taux de croissance des ventes aux particuliers s'est situé, en 1996, au voisinage de 35 % aux USA, ces ventes l'emportant désormais sur celles aux entreprises. Les taux de croissance européens sont un peu plus faibles, mais supérieurs à 20 %. Sur la période de dix ans, qui va de 1990 à 2000, on s'attend à un sextuplement du marché mondial, qui passerait de l'ordre de 20 millions d'unités en 90 à près de 120 millions en l'an 2000.

Cet effet de volume entraîne bien entendu, pour les entreprises, un effet mécanique de complexité lié tout simplement au nombre d'éléments en cause, qu'il s'agisse de produits en cours de fabrication, de machines ou de travailleurs.

L'évolution qualitative

Elle est plus subtile car elle concerne à la fois la nature des produits fabriqués, mais aussi la manière de les fabriquer.

Considérons d'abord un produit aussi banal que l'automobile. Entre 1960 et aujourd'hui, on a, semble-t-il, une relative stabilité d'apparence. Et pourtant ! L'automobile d'aujourd'hui, même s'il s'agit d'un véhicule bas de gamme, est bourrée d'électronique, de matériaux composites, d'équipements sophistiqués. Bref, le produit est beaucoup plus complexe dans sa conception, son architecture, ses principaux composants.

Et que dire du process, c'est-à-dire de la manière de le produire. En quarante ans, on est passé des chaînes de fabrication, dignes du film «les temps modernes», aux ensembles robotisés des ateliers de presse, tôlerie, peinture et même de certains sous-ensembles de montage. Ces ateliers sont à leur tour bourrés d'automatismes et d'électronique. Les opérateurs qui les conduisent n'ont plus rien de commun avec les ouvriers spécialisés des années 60; beaucoup d'entre eux ont de solides formations de techniciens et maîtrisent des savoirs complexes.

Cette évolution qualitative du produit/process, évidente pour ce qui est de l'automobile, a également concerné, à des degrés divers, l'ensemble des activités économiques. Pour ce qui est de l'informatique, cette évolution est même vertigineuse. Un indicateur parmi les plus spectaculaires a trait à la mesure de complexité du microprocesseur (ou puce), ce composant de base de tout ensemble électronique. En 1991, le microprocesseur 4004 d'Intel, qui est le premier fabricant mondial de ce produit, rassemblait 2300 transistors. Le dernier né de ce même Intel, le Pentium Pro, lancé sur le marché en 1996, contient de l'ordre de 5,5 millions de transistors. Et si l'on extrapole la courbe (voir figure), les microprocesseurs devraient contenir 50 à 100 millions de transistors en l'an 2000.

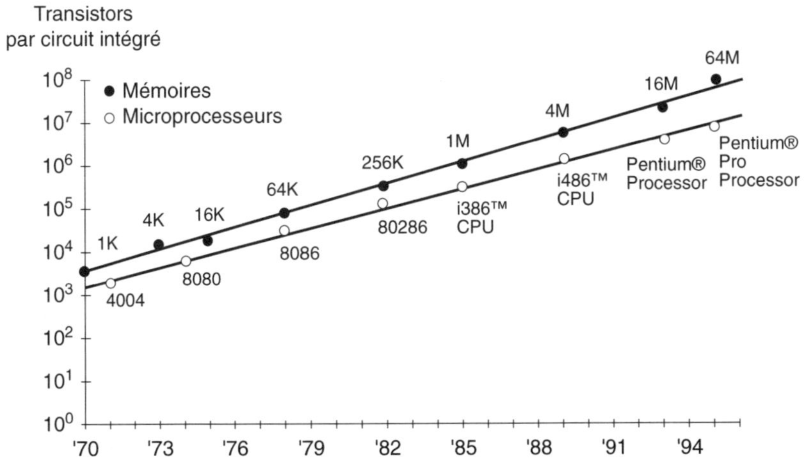

Une évolution semblable peut être dessinée (voir la même figure) pour ce qui concerne la capacité des mémoires en kilos puis Mégaoctets. Pour elles également, on est sur une loi de doublement tous les deux ans. Et la puissance de traitement et de calcul des ordinateurs fabriqués avec ces composants suit naturellement la même voie. En vingt-cinq ans, le nombre d'opérations effectuées par seconde a été multiplié par un facteur 5000.

Dans le champ des technologies avancées, on note aussi un glissement permanent vers l'immatériel avec une régression correspondante des parts de matière première et d'énergie requises par le produit. Un observateur (1) a pu écrire: «*Si l'industrie aéronautique avait fait des progrès aussi considérables, l'éléphant de l'air, le Boeing 767, ne coûterait que 500 dollars, il ferait le tour du monde en 20 secondes avec 20 litres de fuel et il tiendrait dans un dé à coudre...*»

L'évolution structurelle

C'est sans doute la plus décisive pour comprendre la transformation de l'entreprise. Cette évolution porte en effet sur l'organisation, l'agencement des grandes fonctions et les processus de coordination.

A l'origine, l'entreprise organisée suivant les principes dits de l'OST ou Organisation Scientifique du Travail (inspirés de F. Taylor et H. Fayol) peut se représenter par le schéma bien connu de la pyramide. Un patron tout puissant et supposé omniscient, éclairé par quelques services fonctionnels (administratif, comptabilité, paie, atelier d'essai...) exerce un commandement sans appel sur une armée d'exécutants passifs. Pour démultiplier son pouvoir, il s'appuie sur une troupe de contremaîtres et une poignée de cadres.

Ce modèle mécaniste, inspiré de la géométrie, convenait à un environnement stable, limité, homogène. Lorsque cet environnement s'élargit, se diversifie, devient instable et incertain, l'entreprise se doit d'adopter une structure plus flexible, adaptable, largement ouverte aux influences extérieures. Beaucoup plus que le modèle mécaniste, c'est alors le modèle biologique, schématisé par l'œuf, archétype du vivant, qui se montre le mieux adapté à cette représentation.

Dans ce nouvel environnement, la compétitivité se gagne d'abord par la valeur du rapport qualité/prix tel qu'il se construit dans les usines de la Direction industrielle, puis par le dynamisme des forces de vente de la Direction commerciale. Au-delà de cette performance immé-

(1) Michel Richonnier, Futuribles, *avril 1989, page 42.*

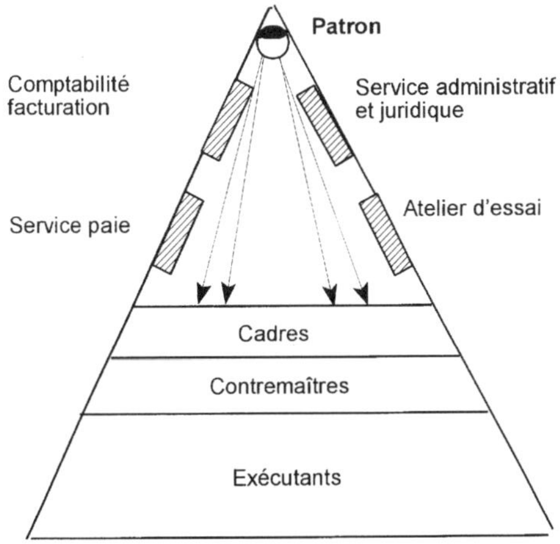
Patron
Comptabilité facturation
Service administratif et juridique
Service paie
Atelier d'essai
Cadres
Contremaîtres
Exécutants

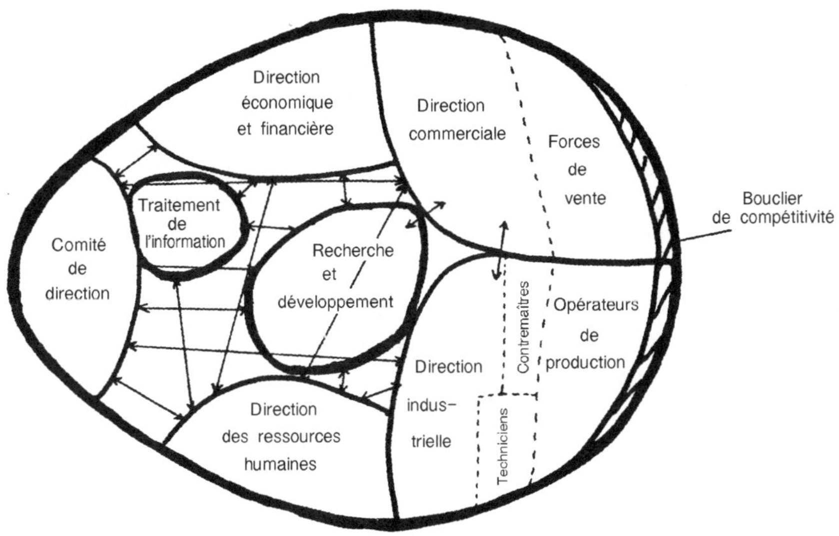
Direction économique et financière
Direction commerciale
Forces de vente
Bouclier de compétitivité
Traitement de l'information
Comité de direction
Recherche et développement
Contremaîtres
Opérateurs de production
Direction industrielle
Techniciens
Direction des ressources humaines

diate, la performance future se construit à partir des activités de recherche et développement, en se fondant sur la connaissance du marché (marketing) et le rassemblement programmé des ressources financières et des ressources humaines. Dans cette anticipation stratégique, le comité de Direction joue un rôle de coordination et d'orientation essentiel. Son numéro un n'est plus le patron tout puissant du modèle mécaniste mais plutôt une sorte de *primus inter pares* en charge de facilitateur de la prise de décision. Des réseaux de communication nombreux et complexes, débordant largement la structure hiérarchique traditionnelle, irriguent en tous sens les différentes fonctions.

L'entreprise dans son environnement

L'aspect fonctionnel, que je développe ici, se focalise sur la fonction que remplit le système dans son environnement. Qu'y fait-il? Pourquoi se maintient-il en fonctionnement? Cette analyse repose d'abord sur le classement et l'analyse des multiples flux échangés avec l'environnement. Elle se poursuit par la recherche d'un modèle économique explicatif.

➢ *Le schéma des flux*

Pour Lawrence et Lorsh (1), «*une entreprise est la coordination des activités de différents partenaires en vue d'optimiser leurs transactions avec l'environnement*». Ces transactions s'expriment par les différents flux qui entrent et sortent de l'entreprise. D'où la nécessité de commencer par les décrire, les inventorier et les classer. C'est l'objet du schéma suivant qui appelle aussitôt une série de distinctions.

• **Première distinction.** Essentielle, bien que relativement évidente. Des flux entrent (ce sont des flux entrants) et des flux sortent (ce sont des flux sortants). Ces deux sortes de flux sont plus ou moins aisément mesurables.

• **Deuxième distinction.** Utile, car elle porte sur la nature des flux. On peut, dans un premier temps, distinguer entre:

(1) *Lawrence et Lorsch,* Adapter les structures de l'entreprise à leur environnement – différenciation et intégration, *Éditions d'Organisation.*

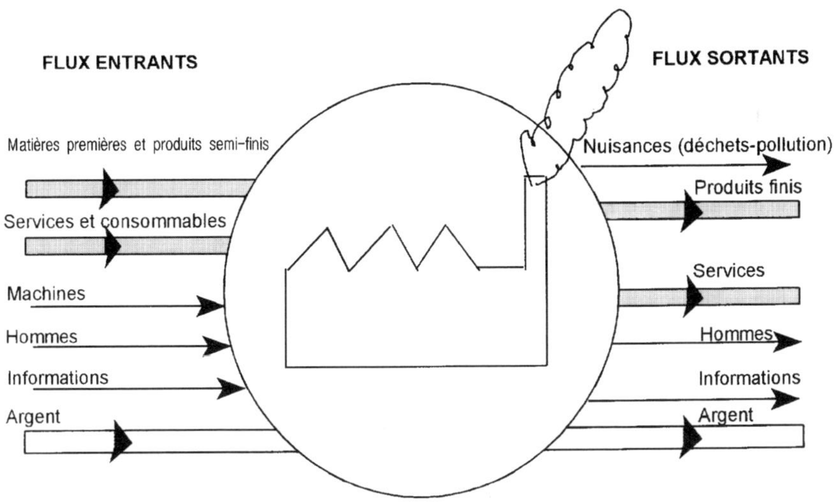

– les flux physiques; ils portent sur des choses qui existent indépendamment des significations que l'homme leur accorde (réalités matérielles comme les machines, énergie, matériaux, et même déchets et pollution sans compter les hommes eux-mêmes à l'occasion des embauches ou des départs),
– les flux d'information (ou flux symboliques); leur définition va de soi, même si leur diversité est grande et concerne aussi bien des échanges en matière technique, financière, commerciale, publicitaire,
– les flux monétaires; ce sont des flux symboliques particuliers, l'argent n'ayant de valeur que par rapport à l'homme (qui l'a créé pour faciliter les échanges) qui lui attribue conventionnellement cette valeur.

• **Troisième distinction.** Elle reprend une observation faite par Henri Laborit à propos des systèmes biologiques (1).

Dans les flux physiques et d'information, on distingue les *flux circulants* (ou flux d'exploitation, représentés en grisé sur le schéma) sur lesquels l'entreprise exerce de manière permanente son action transformatrice et les *flux structurants* qui ont vocation à s'incorporer durablement à elle et à contribuer plus ou moins directement à son activité.

(1) *Henri Laborit,* La nouvelle grille, *R. Laffont, 1974.*

Les flux circulants d'entrée peuvent être qualifiés au sens large de *matière d'œuvre*. Suivant le cas, il s'agira de matière première ou de semi-finis (comme dans l'industrie), d'informations (comme dans la banque ou le conseil), de personnes (comme dans la santé, la formation, l'hôtellerie...).

Les flux circulants de sortie constituent au sens large les *produits*. Eux aussi sont de nature très diverse et peuvent désigner un objet ou un service.

Les flux circulants mettent en permanence l'entreprise en rapport direct avec sa clientèle, ses fournisseurs, son environnement économique.

Par opposition, les flux structurants (tels que achat d'équipements, embauche de nouveaux salariés, capitalisation de savoirs) ont un caractère plus intermittent. Ils participent au maintien de la structure interne de l'entreprise et surtout à son évolution.

Il est intéressant de noter que selon l'activité de l'entreprise, un même type de flux peut être aussi bien circulant que structurant. Ainsi, pour un organisme de formation professionnelle d'adultes, les hommes constituent, suivant les cas, un élément des flux circulants ou structurants. Les premiers sont composés par les stagiaires qui suivent les cycles de formation; quant aux flux structurants, ils sont constitués par l'embauche des formateurs. Une analyse semblable pourrait être faite en matière de flux d'information pour une entreprise de presse.

• **Quatrième distinction.** Elle concerne les seuls flux monétaires (en blanc sur le schéma) que l'on va s'efforcer de classer selon leur origine et leur destination. Dans le flux monétaire entrant, on distinguera le capital apporté par les actionnaires, les produits des ventes aux clients, les prêts des banques et les subventions de l'Etat. Dans le flux monétaire sortant, on distinguera les dividendes distribués aux actionnaires, les impôts et taxes perçus par l'État, les remboursements d'emprunts et intérêts versés aux banques, les salaires, les achats auprès des fournisseurs. Ce classement est à la base du système de comptabilité générale de l'entreprise, lequel ne sait saisir avec exactitude et surtout agréger que les seuls flux monétaires. Le Compte de Résultat de l'entreprise est ainsi conçu suivant une logique de flux monétaires qui distingue entre argent qui entre et argent qui sort. Mais cette logique est adossée, comme je le montre au paragraphe suivant, sur le mouvement des flux circulants, vraie base de l'économie réelle.

Je suis convaincu que cette approche de la comptabilité à partir des flux économiques est plus simple, plus rigoureuse et surtout plus pédagogique que la présentation traditionnelle donnée habituellement par les comptables. Elle est d'ailleurs de mieux en mieux admise par les directeurs financiers et contrôleurs de gestion.

➢ *La fonction économique de l'entreprise*

Un homomorphisme hydraulique simple – celui de la pompe – a le mérite de proposer une première image, sans doute incomplète mais non dépourvue de vertu pédagogique, pour aider à comprendre la nature du fonctionnement économique de l'entreprise. L'entreprise est une «pompe» à fabriquer de la richesse (ou valeur ajoutée). Cette notion de valeur ajoutée, centrale dans le processus de production des richesses, découle directement de la considération des flux circulants de l'entreprise.

Une pompe apporte de l'énergie potentielle à un fluide. Il y a une pression d'entrée Pe et une pression de sortie Ps, avec bien entendu Ps > Pe. Par analogie entre ce système et l'entreprise, j'appellerai Ve la valeur du flux circulant d'entrée, que l'on peut également qualifier de *flux de matière d'œuvre* car il est composé par les matières premières, semi-finis, consommables incorporés au process de production. De même, j'appellerai Vs la valeur du flux circulant de sortie (ou *flux de produits*), composé de produits finis et services.

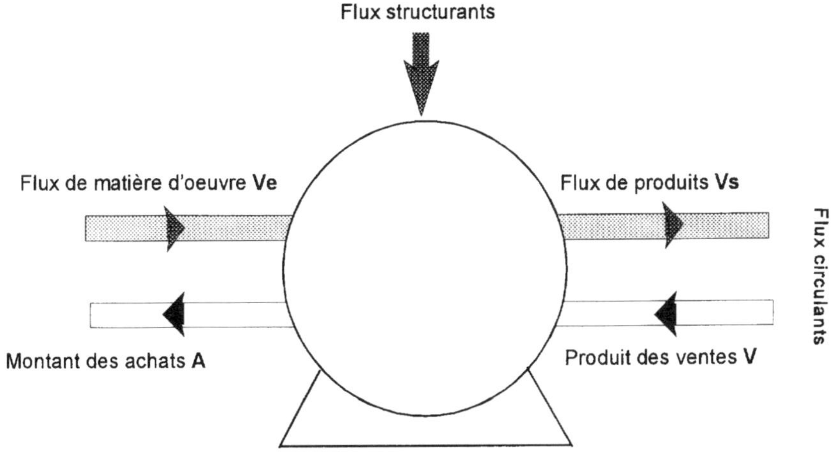

Pour que l'entreprise fonctionne, il faut d'évidence que Vs > Ve, c'est-à-dire que l'entreprise délivre plus de richesses qu'elle n'en consomme. Il y a un surplus VA ou valeur ajoutée.

VA correspond en quelque sorte à l'énergie économique apportée par l'entreprise au flux circulant (ou flux d'exploitation) sur lequel elle travaille.

Un problème reste néanmoins en suspens: comment mesurer la valeur des flux circulants Ve et Vs? Normalement, ces flux de nature physique s'expriment en unités physiques: tonnes de matière première, nombre de pièces, Kwh, kilomètres effectués, quantités vendues; etc. Or, ces grandeurs ne sont pas directement additives entre elles. En arithmétique élémentaire, on ne sait pas additionner des choux et des carottes!

Ce problème est bien entendu soluble. La réponse se trouve dans une propriété des systèmes hypercomplexes, plus précisément dans leur mode d'équilibration à base de balance de flux. On remarque ainsi qu'un flux d'exploitation sortant est équilibré par un flux monétaire entrant. Et de même pour les flux d'exploitation entrants. Les deux types de flux sont croisés et il y a équivalence entre eux (voir figure précédente). Aux variations d'encours près, le produit des ventes équilibre les flux circulants sortants et le montant des achats et fournitures diverses équilibre l'entrée de la matière d'œuvre. On a alors une seconde définition de la valeur ajoutée:

$$\text{VA} = \text{Produits des ventes} - \text{Montant des achats}$$
$$\text{(aux variations de stock près)}$$

Les flux physiques circulants sont donc équilibrés par des flux monétaires de sens inverse. Mais cette compensation n'existe pas toujours. Par exemple, dans le cas d'un flux de pollution, il n'y a pas de flux monétaire correspondant, sauf versement de redevance à une agence d'environnement.

Parce qu'elle repose sur des flux monétaires aisément mesurables et que l'on sait additionner, cette seconde définition de la valeur ajoutée sera retenue par les comptables pour le calcul des agrégats et ratios financiers. Mais il faut être conscient que le concept est d'abord de nature économique, et même quasi physique, avant d'être comptable et financier.

Peut-on aller plus loin dans la voie de l'homomorphisme hydraulique et construire un modèle économique de l'entreprise plus complet et surtout plus opératoire? En introduisant, pour chaque ligne de produit le concept de valeur ajoutée directe (VAD), Paul-Louis Brodier (1) pense relever ce défi. Il représente toujours l'entreprise comme une «pompe économique» travaillant sur une sorte de fluide (les flux circulants de matière d'œuvre et de produits) auquel elle ajoute un surplus d'énergie économique, la VAD. Cette VAD exprime la qualité de la transformation apportée par le système entreprise aux flux circulants. Elle a sa contrepartie dans les coûts de structure (flux structurants) que l'entreprise a dû dépenser pour réaliser ce travail. Le schéma de Louis Brodier a le mérite de bien distinguer entre l'entreprise, système productif consommateur de coûts de structure et le «fluide», objet du process de transformation, support de la valeur ajoutée et appelé à s'échanger et à se consommer sur un marché.

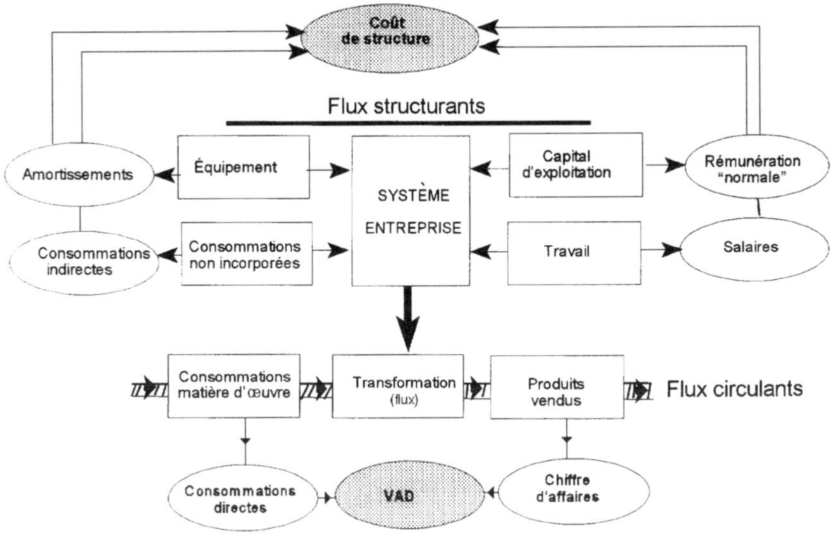

(1) *Paul-Louis Brodier,* La VAD, une autre approche de la gestion, *AFNOR, 1988. «La productivité n'est pas ce que vous croyez»,* Harvard l'Expansion, *n° 66, automne 1992. «La valeur ajoutée, une autre logique pour l'entreprise»,* l'Expansion Management Review, *n° 72, printemps 1994.*

Un système à multifinalités

A la question de la finalité de l'entreprise, l'approche fonctionnelle vient de répondre: création de richesse, c'est-à-dire de valeur ajoutée. Une telle finalité que l'on peut qualifier *d'économique* correspond prioritairement à la satisfaction du client sur un marché donné, et plus largement à la satisfaction des grands acteurs de l'environnement économique concernés par les flux circulants (clients, fournisseurs mais aussi Etat et collectivités locales).

Peut-on aller plus loin dans la réflexion et ne convient-il pas de prendre aussi en compte la satisfaction d'autres acteurs sociaux ou partenaires également concernés par le bon fonctionnement de l'entreprise? Pour répondre, je m'appuierai sur une analyse issue de travaux déjà anciens du sociologue Alain Touraine (1). Celui-ci établit une distinction éclairante entre deux manières d'approcher l'entreprise:

- **L'entreprise-institution**: lieu de confrontation et d'arbitrage entre des forces sociales antagonistes (apporteurs de capital et apporteurs de travail par exemple) dont l'une finit, temporairement, par imposer l'essentiel de ses finalités et de ses objectifs aux autres. En droit classique français, c'est au propriétaire de l'outil de production qu'est dévolu un tel pouvoir.
- **L'entreprise organisation**: agencement de composants matériels et humains ainsi que de procédures permettant d'atteindre le plus efficacement possible les objectifs.

Dans la conception d'Alain Touraine, les objectifs dégagés au niveau de l'institution (et qui sont généralement ceux de l'acteur dominant) déterminent ensuite l'agencement de l'organisation. Le problème est alors de s'assurer le meilleur contrôle de l'organisation pour la mettre au service des buts (parfois inavoués ou inavouables) de l'institution. Tout en apportant un début de clarification, cette conception reste réductrice ainsi que le montrera un petit détour historique. Elle ne tient pas compte du caractère interactif et dynamique, c'est-à-dire systémique, des liens existant entre institution et organisation.

(1) Alain Touraine, «La société post-industrielle», chapitre 3. **L'entreprise: pouvoir, institution et organisation,** *Denoël.*

➢ *Le triangle des finalités institutionnelles*

Avant même que l'entreprise existe et fonctionne conformément à sa finalité *économique*, il a bien fallu que quelqu'un en ait eu l'idée, ait fait le pari de sa viabilité, ait rassemblé les capitaux nécessaires à sa création. Ce quelqu'un est le plus souvent le patron-propriétaire, appuyé sur quelques actionnaires associés. Tous attendent très logiquement que l'argent qu'ils ont investi dans l'affaire soit d'un bon rapport. La finalité de l'entreprise est donc d'abord pour eux *financière* et se mesurera par l'importance (immédiate ou lointaine) du profit réalisé. Sans présence, à l'origine, d'une telle finalité, l'entreprise n'existerait probablement pas.

Mais actionnaires et clients sont-ils les seuls concernés et ne faut-il pas prendre aussi en compte la satisfaction d'autres acteurs? Le professeur Peter Doyle (1) de l'Université de Warwick (Grande-Bretagne) le pense. Il imagine ainsi une rosace des acteurs et de leurs attentes, chacun s'efforçant de réaliser au mieux ses objectifs.

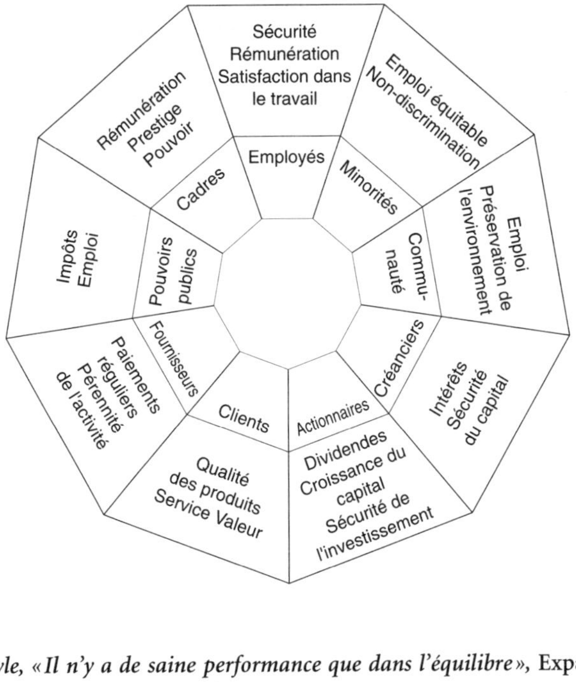

(1) *Peter Doyle, «Il n'y a de saine performance que dans l'équilibre»,* Expansion Management Review, *n° 74, automne 1994.*

Pour lui, il n'existe pas de finalité unique pour l'entreprise et une manière évidente et adéquate d'évaluer la performance en affaires. L'entreprise est plutôt un système à multifinalités, ces finalités étant partiellement incompatibles entre elles, chacune favorisant ou défavorisant indûment un groupe d'acteurs par rapport aux autres. Le problème n'est pas heureusement de maximiser ces finalités. Dans la pratique, chaque acteur se contente en effet d'une certaine «satisfaction» de ses attentes et vise rarement à obtenir l'avantage maximum. Cela autorise à rechercher un équilibre. Un déséquilibre grave entre acteurs se traduit d'ailleurs par des dysfonctionnements mettant en péril la survie de l'entreprise. Nombreux sont les exemples où un acteur ignoré ou méprisé finit par se venger au détriment de l'ensemble.

Tout en admettant la richesse de l'analyse de Peter Doyle, il faut néanmois reconnaître que les acteurs qu'il recense ne sont pas tous équivalents en capacité d'influence et en degré d'exigence. Certains comptent plus que d'autres. Trois, le plus souvent, vont faire la course en tête. Aux actionnaires et clients déjà identifiés, il faut en effet ajouter le personnel. Dès que les fondateurs de l'entreprise se trouvent dans l'obligation d'embaucher pour mener à bien leurs opérations, le personnel devient un acteur rapidement incontournable. Indispensable à la bonne marche de l'organisation, il se met en mesure lui aussi de faire valoir ses attentes: amélioration des salaires, sécurité de l'emploi, meilleures conditions de travail, perspectives de carrière intéressantes, etc. Pour lui, la finalité de l'entreprise est incontestablement *sociale.*

Ainsi, par-delà les principes juridiques du droit des affaires, qui ne connaît en France que la société d'apporteurs de capitaux, l'institution entreprise apparaît comme un système singulier, tiraillé entre trois finalités différentes quand elles ne sont pas antagonistes. Comment prendre en compte chacune de ces finalités et réaliser entre elles le moins mauvais compromis?

Les dirigeants d'entreprises, peu suspects d'idéalisme, ne s'y trompent d'ailleurs pas, pour qui le problème majeur est de rechercher par voie de négociation le meilleur compromis possible entre ces trois finalités et les acteurs correspondants. Ainsi Edouard de Royère, Président de l'Air Liquide (entreprise particulièrement rentable s'il en est!), déclarait dans une interview de 1995 (1): «*Nous avons une idée forte chez*

(1) *Edouard de Royère, «Pourquoi Air Liquide n'est pas comme les autres»,* La Tribune Desfossés, 25 janvier 1995.

nous, une valeur fondamentale: le respect. Respect vis-à-vis de nos clients à qui nous devons, qualité, service, prix, respect envers nos actionnaires à qui nous devons une rémunération juste de leur capital et respect envers le personnel, ce qui intègre l'emploi». Et plus loin, répondant à une question sur la difficile conciliation entre intérêts de l'actionnaire, du client et du personnel, il est encore plus précis: «*La responsabilité d'une direction est de maintenir un équilibre entre ces différentes demandes. Ne pas privilégier l'un par rapport à l'autre. Dans l'ère financière dans laquelle nous sommes, où ce n'est même pas l'actionnaire qui est privilégié mais la vision à court terme de la finance, il faut absolument garder la maîtrise de l'équilibre entre les trois acteurs*».

Cette position est également celle affichée depuis toujours par Akio Morita, le PDG fondateur de Sony, pour qui l'entreprise doit répondre à une philosophie du long terme: l'objectif n'est pas de réaliser le maximum de profit le plus rapidement possible, mais de conquérir des parts de marché et de pérenniser sa présence sur ces marchés. Une telle stratégie implique une forte responsabilité sociale: elle interdit de jouer au yo-yo avec l'emploi, de licencier quand les profits baissent pour réembaucher lorsqu'ils remontent.

On pourrait ainsi multiplier les témoignages de tous les grands patrons qui depuis Schumpeter considèrent que la fonction d'entrepreneur ne saurait en aucune façon se réduire à celle de spéculateur financier.

Comment représenter alors un tel arbitrage permanent entre les trois finalités? Une manière de l'illustrer consiste à faire appel au diagramme ternaire, bien connu des physiciens, et qui consiste à représenter par un point à l'intérieur d'un triangle équilatéral le dosage d'un mélange à trois composants.

Ce diagramme a d'abord un premier mérite: fournir une classification logique des finalités, des acteurs qui sont derrière et de l'articulation de leurs pouvoirs.

– Tout le pouvoir peut être donné ainsi aux actionnaires, ce qui revient à afficher la primauté de la finalité financière sur les deux autres. C'est le schéma théorique de l'entreprise libérale, fondement juridique de la très grande majorité des entreprises françaises. On sait les avantages mais aussi les inconvénients de ce schéma.

– Tout le pouvoir est donné aux travailleurs et se trouve donc au service de la finalité sociale. C'est le schéma des coopératives ouvrières de production (SCOP). Il a donné lieu à de très anciennes expériences et peut se prévaloir de réussites incontestables. Mais cette réponse se

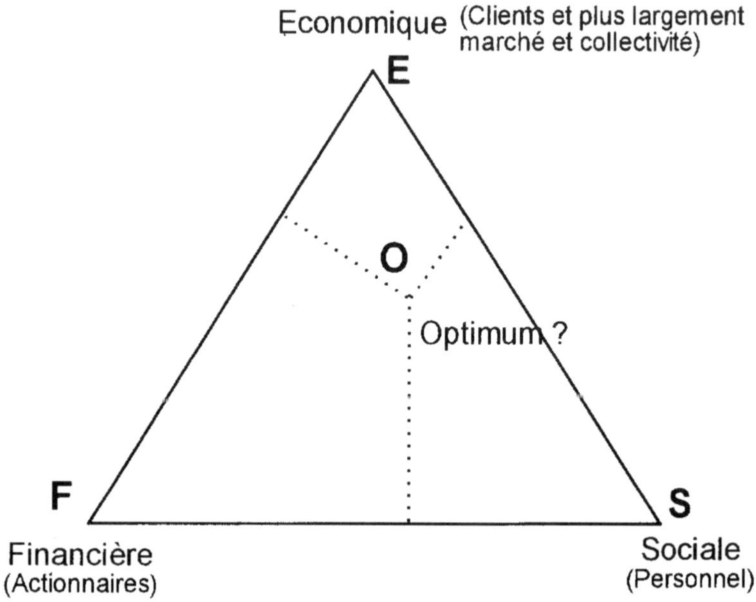

trouve rapidement limitée par l'obligation de rechercher des financements dès que les immobilisations deviennent importantes.

– La finalité économique est affichée comme exclusive. En réalité, au-delà des discours sur le client-roi, cette réponse n'a de réalité institutionnelle que lorsque le client se trouve assimilé à un usager ou un administré. On se trouve alors dans la logique des services publics jouissant d'un monopole économique et dont la direction est assurée, au nom de la collectivité des usagers, par la Puissance publique. On connaît bien aujourd'hui le caractère fictif de cette prise en charge publique de la satisfaction du consommateur.

De l'observation du diagramme surgit également une question. Pourquoi attribuer tout le pouvoir dans l'entreprise à des acteurs porteurs d'une seule des finalités? Comment ne pas voir qu'une telle réponse risque de bloquer toute évolution progressive et oblige à concevoir le changement sous forme de rupture! Le passage brutal de F en E par exemple (nationalisation) ou de F en S (autogestion). Il existe en réalité toute une variété de combinaisons possibles associant en des proportions variables les trois familles d'acteurs et leurs finalités. Ainsi du point O pris volontairement éloigné des trois sommets, mais on peut en imaginer bien d'autres. Et les chemins pour les atteindre peuvent être extraordinairement variés et progressifs.

Ainsi, dans la loi allemande dite de cogestion économique (Mitbestimmung), les représentants du personnel se trouvent-ils présents à part entière avec les représentants des actionnaires au sein des conseils de surveillance qui contrôlent et orientent la direction de l'entreprise. Leur nombre représente la moitié de ce conseil pour les entreprises de plus de 2000 salariés, un tiers pour toutes les autres. Dans ce cas, l'équilibre des pouvoirs se joue sur le segment FS du diagramme ternaire.

Cet équilibre entre les finalités et les pouvoirs, que le législateur répugne le plus souvent à reconnaître (sauf dans quelques pays comme l'Allemagne), est par contre intuitivement admis par la plupart des dirigeants d'entreprise. D'expérience, et pour les raisons que je vais développer au paragraphe suivant, ces derniers savent que la bonne réponse consiste rarement à pousser l'une des logiques à son extrémité: le tout financier ou le tout social par exemple. Le plus souvent, ils recherchent une combinaison optimisée entre les trois finalités et il y a autant de réponses que de situations d'entreprise différentes.

➢ *Le pouvoir émergent des managers*

C'est ici qu'il faut revenir à l'analyse d'Alain Touraine pour l'enrichir de la relation systémique existant entre institution et organisation. Cette relation va faire émerger une nouvelle finalité, de nature le plus souvent implicite, sinon occulte, appelée à jouer par rapport aux trois premières finalités un rôle déterminant.

Tant que l'entreprise reste de taille réduite, l'acteur dominant (l'actionnaire le plus souvent) est en mesure d'imposer à l'organisation sa propre finalité. Mais avec l'accroissement de taille et surtout de complexité de l'entreprise, avec l'obligation de faire appel aux banques et de diversifier le capital, le patron-propriétaire des débuts finit par être débordé par sa propre machine. Face aux grands commis, «hommes capables», nourris dans le sérail et issus pour la plupart de la frange supérieure du salariat, ils ne font pas le poids de la compétence. Comme les rois mérovingiens qui confiaient la réalité du pouvoir à leur maire du palais, ils en font de même avec leurs directeurs généraux. Mais tout maire du palais est un Charles Martel en puissance;

à force de tourner autour du pouvoir, les grands managers finissent par le prendre.

John Kenneth Galbraith, dans un ouvrage qui eut son heure de célébrité (1), a parfaitement résumé en quelques lignes cette transformation de l'entreprise et le phénomène du glissement du pouvoir.

Se plaçant au terme du processus d'évolution, il écrit: «*La technologie moderne, avec le besoin de qualification qu'elle a suscité, les exigences de son administration et de sa gestion, impose aux firmes du système industriel une organisation poussée. Un individu n'est plus en mesure de contrôler seul la totalité des informations importantes. Ces firmes, quand elles atteignent leur plein développement, sont donc dirigées collégialement par un appareil complexe destiné à répartir et à utiliser les informations fournies par de nombreuses personnes. Cette organisation dirigeante – comprenant des ingénieurs, des savants, des directeurs d'usines, des directeurs des ventes, des spécialistes de marketing, des chefs de publicité, des comptables, des juristes, des démarcheurs de ministères – je l'ai nommée "technostructure"*».

Par le moyen d'une rétroaction qui se met en place peu à peu, on assiste à un détournement du modèle traditionnel dans lequel l'institution contrôle l'organisation. Le contrôle se trouve alors inversé comme le montre le schéma suivant et les buts de l'organisation – buts implicites et portés par le management – finissent par s'imposer à l'institution elle-même dont les finalités sont traitées alors comme de simples contraintes.

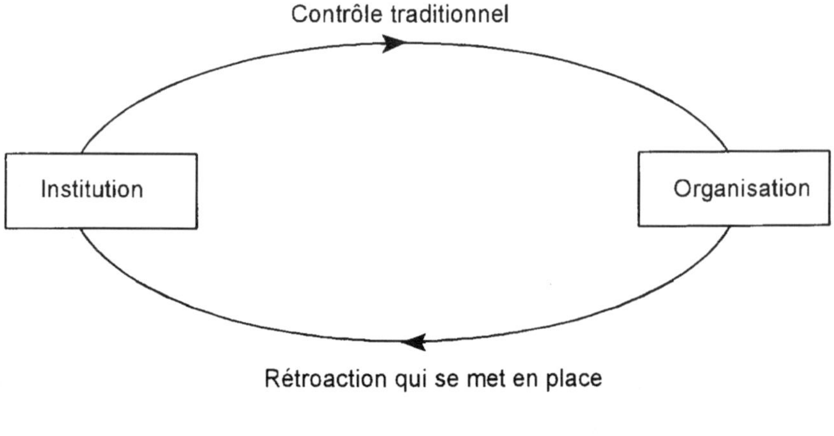

(1) *John Kenneth Galbraith,* **Le nouvel État industriel,** *Seuil, 1965.*

Bien entendu, il est très important pour les dirigeants de ne pas sous-estimer ces contraintes, faute de quoi une des finalités institutionnelles peut se réveiller et venir rappeler durement au management son existence (on en a eu quelques exemples récents dans le domaine financier). Mais en régime de croisière, le risque est faible et le groupe dirigeant est pratiquement assuré de sa sécurité.

Quelle est alors la finalité implicite spontanément portée par ce management? Il n'est pas besoin de beaucoup de psychologie pour le deviner. Cette finalité est de l'ordre de la volonté de puissance et passe par la croissance et le développement comme conditions impératives. Seule la croissance/puissance garantit au management la sécurité de son emploi, le développement de son influence et de son pouvoir, l'accès accru à des gratifications dans les domaines matériels et symboliques.

Cette puissance/croissance s'exprime spontanément par la combinaison de trois objectifs intermédiaires:
– *la pérennité*; parler de pérennité de l'entreprise, c'est reconnaître l'existence potentielle, difficilement prévisible, d'événements susceptibles de la mettre en danger, d'aller à l'encontre de son existence. La notion de pérennité est étroitement liée à celle de sécurité, c'est-à-dire à la notion de risque et de danger;
– *l'autonomie*; elle signifie pour l'entreprise la maîtrise de son destin, la liberté de décision de sa direction, qu'il s'agisse d'orientations générales ou de décisions de gestion. Telle entreprise verra, par exemple, son autonomie menacée si elle tombe sous le coup d'une offre publique d'achat; il s'agit d'un risque juridique ou socio-économique;
– *l'expansion*; elle se mesure par la croissance en volume de la production, des ventes, des exportations ou de modifications touchant à la taille de l'entreprise, à ses produits, à ses structures internes. A cet objectif se trouve lié le risque commercial de l'entreprise.

Cet impératif de survie, de croissance et de développement est d'ailleurs parfaitement reconnu par les grands managers lorsqu'on les interroge sur le fondement ultime de leur action. A la question «Quelle est, selon vous, la finalité d'une entreprise?», Harold S. Geneen, ancien président d'ITT, et réputé en son temps comme le meilleur manager du monde, n'hésitait pas à répondre: «*Cette question est précisément l'une de celles que nous ne nous posons jamais. Quand j'ai pris la tête d'ITT, cette société existait déjà. Elle avait des marchés, des clients, un management, du personnel et des actionnaires. Dans ces condi-*

tions, la finalité d'un tel groupe ne pouvait être que de se développer toujours davantage.»

Cette recherche de la croissance pour la puissance et le pouvoir apparente en fait davantage l'entreprise à un système vivant (et politique) qu'à une belle machinerie économique.

Aussi, restreindre la finalité de l'entreprise à la seule recherche du profit, comme certains le font encore, procède d'une vision réductrice de la réalité. L'entreprise se présente au contraire comme un système hypercomplexe aux finalités multiples et croisées, oscillant, suivant les circonstances et le moment, entre des finalités institutionnelles à la fois partielles et partiales (car portées par des acteurs aux intérêts divergents) et une finalité émergente de survie et de croissance, spontanément portée par le management, et dont la réalisation s'impose comme condition nécessaire aux autres finalités. Même si la nature imbriquée de ce jeu, où les finalités sont en rétroaction perpétuelle, ne permet pas d'afficher dans l'instant la suprématie de l'une des finalités sur les autres, il semble bien cependant qu'en longue durée, *survie et développement* soient la trace visible et repérable d'une entreprise qui réussit. Assurer la survie dans un premier temps, asseoir le développement à moyen/long terme dans un second, c'est toujours au regard de ce double constat observé ex post que les résultats d'une entreprise prennent sens.

Analyse structurale de l'entreprise

Après avoir épuisé temporairement ce que pouvait apporter les aspects fonctionnel et historique, utilisons maintenant l'approche structurale pour enrichir notre théorie de l'entreprise et préciser plus finement les formes et les modalités de la combinaison entre le capital (l'outil de production) et le travail (les hommes).

➢ *Trois systèmes imbriqués*

Directement inspirée du modèle cybernétique présenté au chapitre précédent (page 28) et de sa distinction système opérant/système de pilotage, une première représentation de l'entreprise peut se voir proposée. Elle distingue clairement entre:

– *un système opérant* dont la mission est de transformer physiquement les flux circulants. Ces flux sont de nature économique (matière d'œuvre, consommables, produits et services, mais aussi argent). Leur transformation met en œuvre un ensemble structuré de moyens (équipements, stocks, main-d'œuvre) eux-mêmes rassemblés en grandes fonctions (acquisition, production, distribution) et souvent disséminés territorialement (établissements, usines, ateliers, dépôts, agences, points de vente...).
Par suite de ses caractéristiques à la fois techniques et économiques, ce système opérant sera désormais appelé *système technico-économique* (STE);
– *un système de pilotage* qui ne traite que des flux d'information en provenance du STE et de l'environnement. Ce système se compose pour l'essentiel des «décideurs» de l'entreprise (encadrement, responsables fonctionnels...) ainsi que des principales règles, procédures, organigrammes régissant les processus de décision. C'est la raison pour laquelle ce système de pilotage est appelé *système organisationnel* (SO).

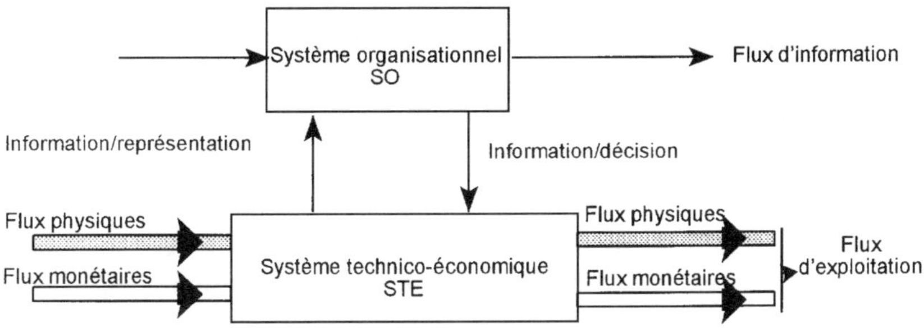

Cette représentation est connue sous le nom de *modèle cybernétique ou canonique de l'entreprise.* Simple et claire, elle est sous-jacente, souvent de manière inconsciente, à l'esprit de nombreux dirigeants. Il y retrouvent la distinction qui leur est naturelle entre exécution et personnel d'encadrement, main-d'œuvre et hiérarchie, base et sommet.

Et pourtant, bien qu'utile dans un premier temps, cette représentation est dangereuse. Outrancièrement simplificatrice et donc réductrice, elle oublie dans sa description un troisième système:
– *le système social* (SS), sorte d'hôte imprévu ou d'invité surprise, qui peut venir à tout moment rompre la belle harmonie du modèle cano-

nique. Interférant en permanence avec les deux premiers, le système social vient troubler le jeu du pilotage et prendre à contre-pied sa soi-disant rationalité. C'est pourquoi le dirigeant ne doit jamais l'oublier, sauf à se faire prendre un beau jour au dépourvu par ce système social qui, lui, ne l'oubliera pas.

De manière simple, le *système social* peut se définir comme *l'ensemble interactif des personnels de l'entreprise*, attachés plus ou moins durablement à elle par un contrat de travail et œuvrant en son sein. Il s'agit donc d'êtres humains, en chair et en os, avec tout leur poids d'histoire personnelle, de croyances, de représentations culturelles, d'attaches multiples (familiales, politiques, syndicales, associatives...).

Cette définition exclut du système social des personnes ou des groupes qui ne sont pas sans influence sur l'entreprise, mais dont la position est manifestement extérieure (clients, fournisseurs, banques, actionnaires, etc.). Elle n'interdit pas pour autant les actions d'influence en provenance de l'extérieur, le système social de l'entreprise étant bien entendu ouvert sur un environnement plus large qui peut même s'étendre à la société globale.

En articulant entre eux les trois systèmes, on débouche sur un schéma (cf. page suivante) désormais classique et largement repris dans la littérature professionnelle (1).

Interactifs entre eux, les trois systèmes internes STE, SO et SS sont eux-mêmes largement ouverts sur trois environnements:
– *environnement technico-économique*, à la fois source et débouché des flux d'exploitation, réservoir de ressources économiques, financières, techniques;
– *environnement organisationnel* (ou institutionnel). Il se compose des différents pouvoirs politiques, réglementaires, professionnels... qui sous forme de lois, règlements, normes, injonctions... viennent contraindre ou limiter l'autonomie de décision du système organisationnel.

Dans le cas par exemple où cette analyse concerne une entreprise filiale d'une société mère, les injonctions stratégiques de la société-mère (sous forme de plans de financement, de budgets, d'allocations

(1) *Gérard Donnadieu,* **L'approche systémique: pour une meilleure compréhension du fonctionnement socio-organisationnel de l'entreprise.** ***L'enjeu humain, Volume 2, pages 59 à 63, Décembre 1990.***

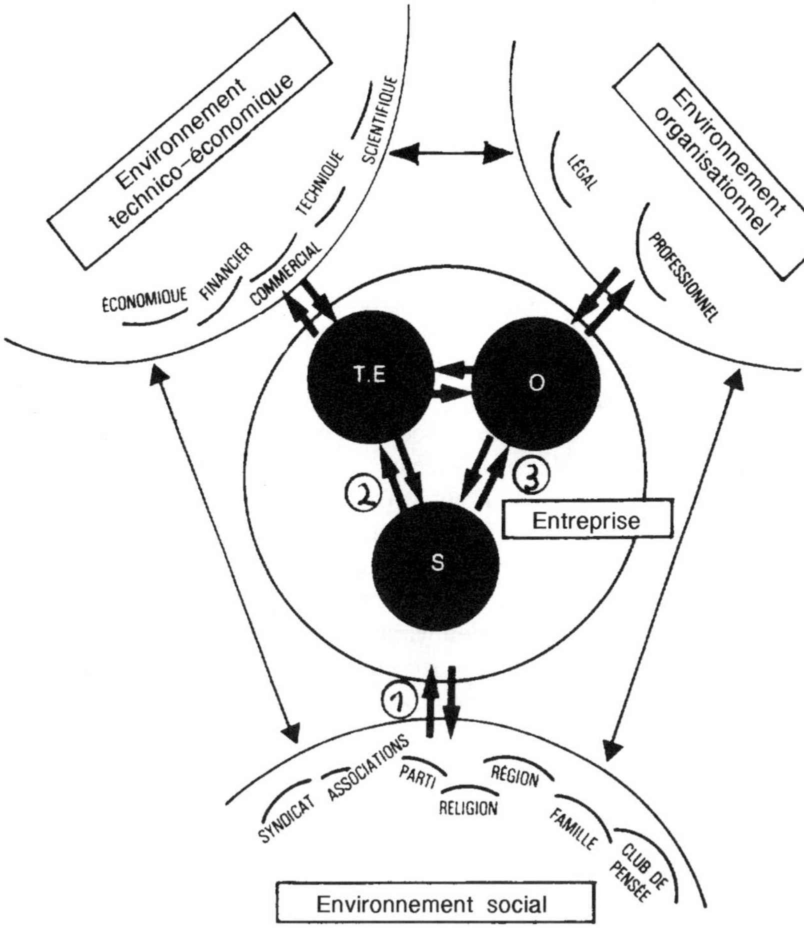

de ressources...) font partie de l'environnement organisationnel de la filiale;

– *environnement social.* Il est lui aussi très divers et renvoie aux multiples formes d'appartenance que peut se donner un individu au sein de la société dans laquelle il vit (famille, syndicat, parti politique, église, association, etc.). Cet environnement est également concerné par les grandes mutations culturelles (individualisme, atomisation des comportements, uniformisation des modes de vie...) qui emportent aujourd'hui les sociétés occidentales.

➢ *Un personnel confronté à une complexité croissante*

Le schéma pourtant clarificateur des trois systèmes interactifs risque d'induire une idée fausse; celle de l'existence d'un découpage territorial entre technique, social et organisation. On voit bien l'utilité d'une telle idée: le retour à la démarche analytique, au cloisonnement disciplinaire qui permettait de s'en remettre pour la résolution de chaque problème au spécialiste du domaine. Cette attitude, sans doute sécurisante, est à l'opposé d'une véritable approche systémique.

Naturellement, un tel découpage est impossible sur le terrain car sa frontière passe à l'intérieur même de chaque acteur humain de l'entreprise. Tout salarié appartient en effet au moins à deux systèmes. Au système social, d'abord, qui lui reconnaît une individualité propre, une manière unique d'être en société et que l'on appelle *sa personnalité*. Ensuite, si ce salarié est un exécutant, immergé en qualité d'opérateur dans le STE, il se définit aussi par *sa tâche*. Il s'agit de la suite des opérations qu'il est tenu d'enchaîner, conformément aux standards et aux consignes, souvent en y engageant son habileté manuelle et sa force physique. Si le salarié est un encadrant ou un fonctionnel, membre du système organisationnel, il va alors être défini sur le plan du travail par sa définition de fonction, ses missions, l'étendue et la nature de ses responsabilités. C'est ce que l'on appelle *son rôle*.

Tâche, rôle et personnalité, voici la manière dont les trois systèmes imbriqués du paragraphe précédent sont intériorisés, dans son vécu quotidien, par l'homme au travail. La frontière est intérieure et invisible; elle ne peut être exactement délimitée, elle est même poreuse et élastique. En permanence, l'homme est dans l'obligation d'arbitrer entre les systèmes. Qu'il le veuille ou non, il doit assumer cette complexité.

Or, cette complexité croît sans cesse. Dans l'entreprise taylorienne, on était soit opérateur, soit cadre ou agent de maîtrise. L'arbitrage s'effectuait alors entre la personnalité et la tâche pour le personnel d'exécution, entre la personnalité et le rôle pour le personnel d'encadrement. Les choses étaient relativement claires. Dans l'entreprise nouvelle, les évolutions techniques et les changements d'organisation remodèlent profondément l'ancien équilibre. Les règles du jeu changent, de même que les comportements attendus du personnel. On demande au salarié de passer d'une attitude d'obéissance à un rôle d'acteur engagé dans l'organisation et capable d'initiatives. Décentra-

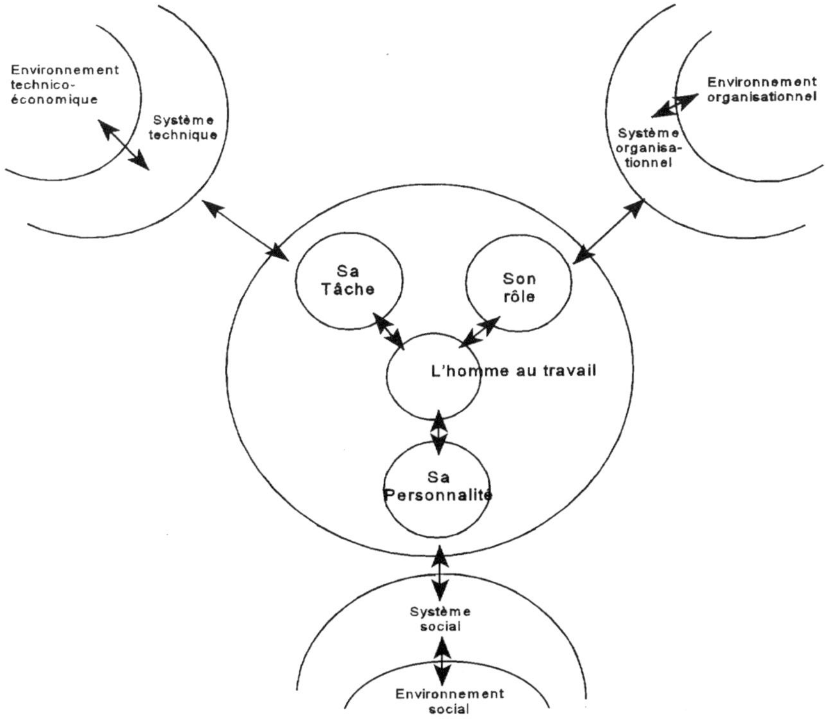

lisation, délégation de pouvoirs accrus à la périphérie, raccourcissement des lignes hiérarchiques... appellent d'ailleurs un changement d'attitude ainsi qu'un nouvel accent mis sur le développement des compétences.

De plus en plus, l'opérateur lui-même est conduit à sortir du cadre étroit de sa tâche pour exercer un rôle organisationnel qui, jusque là, faisait partie des prérogatives exclusives de l'encadrement ou des services fonctionnels. Le cas type est celui d'un agent d'exécution, toujours assujetti à la tâche répétitive d'une chaîne de fabrication, mais qui fait également partie d'un cercle de qualité en charge de trouver des améliorations techniques et ergonomiques au fonctionnement de cette même chaîne. Cet agent est désormais en prise directe avec la complexité des trois systèmes; il a (si l'on peut dire) un pied dans chacun d'eux. Sur sa chaîne de fabrication, il remplit une tâche; dans son cercle de qualité, il exerce un rôle de proposition et d'influence; enfin, comme être humain, il exprime une personnalité.

Ces situations sont désormais de plus en plus fréquentes. Elles exigent davantage d'intelligence et d'effort de la part des salariés, car affronter la complexité n'est jamais facile et toujours insécurisant. Elles appellent aussi d'autres formes de management. Une organisation composée d'acteurs ne se dirige pas en effet comme une organisation composée d'agents... Comment transformer des *agents*, obéissant aux ordres et consignes, en *acteurs* bénéficiant d'espace d'initiative, saisissant les opportunités et prenant des décisions au plus près du lieu où émerge le problème? Comment réguler ce corps social, devenu soudain plus complexe, plus imprévisible dans ses réactions?

Voilà bien le problème crucial qui se pose aujourd'hui aux dirigeants et qu'il convient de commencer à éclaircir dans le dernier paragraphe de cette section.

➢ *Conséquences pour le management social de l'entreprise*

Le schéma des trois systèmes imbriqués de la page 75 fait apparaître les interactions du système social (SS) de l'entreprise avec:
- son environnement social (double flèche 1),
- le système technico-économique (double flèche 2),
- le système organisationnel (double flèche 3).

Celui-ci se trouve donc triplement déterminé. Mais le système social détermine aussi en partie et pèse souvent fortement sur le système technico-économique. Et il en va de même, mais généralement à un degré moindre, du système organisationnel.

Dans les prochains chapitres, je prolongerai l'analyse structurale de chacun de ces trois systèmes, mais en m'intéressant surtout à leurs interactions sociales.

Dans le chapitre 3, consacré au système technico-économique, l'interaction STE/SS sera explicitée.

Le chapitre 4, prolongé par les chapitres 6, 7 et 8, présentera le système organisationnel à la fois dans son agencement et son mode d'action pour influencer et contrôler le système social.

Le chapitre 5 présentera le système social, tel qu'en lui-même, mais sans évacuer pour autant ses interactions avec l'environnement social, ni avec le STE et le SO.

En introduction à ces chapitres et pour servir en quelque sorte de fil conducteur, je rappellerai une observation banale qu'il convient de ne pas perdre de vue. Le rêve caché du dirigeant, surtout lorsqu'il a une formation d'ingénieur, est souvent de réduire le fonctionnement de l'entreprise à la pureté du modèle cybernétique. Son idéal est de disposer d'un système de pilotage (SO) qui contrôle parfaitement le STE. Mais cet idéal est irréalisable, les interactions du système social viennent troubler le jeu.

Il faut donc aider le dirigeant à faire le deuil de son rêve de toute puissance et l'un des buts de cet ouvrage est d'y contribuer. Au nom même de l'efficacité de l'action que le SO doit exercer sur le STE, il faut que le dirigeant prenne en compte le SS, accepte la *nécessité du détour* par le SS.

Cet art du détour pour atteindre un objectif est le signe le plus clair de l'intelligence, selon le grand psychologue Jean Piaget. Voilà le management de l'entreprise condamné à être intelligent s'il veut réussir. Le détour par le social ne s'impose pas d'abord au nom de l'éthique ou de l'humanisme, encore que ce motif n'ait rien de méprisable, il est nécessaire pour de strictes raisons de réalisme et d'efficacité économique.

Comment concevoir alors ce détour? Bien entendu, une telle mission ne saurait être abandonnée au hasard des comportements individuels. Elle demande à être pensée, organisée, pilotée. Au sein même du système organisationnel de l'entreprise, on va donc trouver un sous-système (celui du Personnel, des Affaires Sociales, des Ressources Humaines... peu importe le nom) plus spécialement chargé de piloter et d'animer la gestion des interfaces avec le système social. Ce sous-système que j'appellerai, à partir de maintenant, *Système de Gestion des Ressources Humaines* (SGRH) se subdivise habituellement en deux grandes fonctions:

a) **La gestion des personnes**, objet du chapitre 6. Elle vise à réguler les flux humains de l'entreprise, au moyen des trois familles classiques d'opérations:
– *acquisition de main-d'œuvre*: recrutement, contacts avec le marché du travail et les écoles,
– *professionnalisation et développement*: formation, détection des capacités et des potentiels, gestion des carrières, promotion, rémunération...,
– *séparation*: gestion des licenciements, des plans sociaux, des départs en retraite...

b) **La régulation sociale**, objet du chapitre 7. Elle vise à exercer une action d'influence sur le système social pris dans son ensemble. Cette action passe par une diversité de moyens, certains classiques, d'autres plus nouveaux:
– *démultiplication par l'encadrement* de proximité: faut-il encore avoir préparé et formé l'encadrement à ce rôle,
– *relations sociales*: contact avec les élus et les syndicats, négociations, élaboration d'accords...
– *politiques de communication interne*: gestion des médias d'information, projet d'entreprise, observation sociale...
– *développement social*: ce terme désigne habituellement les démarches participatives qui mettent en œuvre à la fois les hommes, leurs compétences, leur pouvoir d'influence, l'organisation, la formation...

La question de l'efficacité (1)

Après un premier tour de triangulation systémique, me voici revenu à nouveau sur l'aspect fonctionnel pour tenter de répondre à une vieille question directement liée à celle des finalités de l'entreprise. Cette réflexion servira de conclusion provisoire à ce chapitre avant que je n'y revienne, sous forme d'ultime synthèse, à la fin de l'ouvrage.

Entre temps, j'aurai fait jouer la règle d'arborescence du chapitre 1 (page 38) pour «zoomer» sur les différents systèmes composant l'entreprise et procéder à leur analyse structurale.

Hier encore, la notion de performance ou d'efficacité pour une entreprise semblait simple (trop simple!). Elle s'identifiait à sa capacité de gagner de l'argent pour ses actionnaires, elle-même directement liée à sa capacité à vendre avec une marge suffisante ses produits sur un marché. Aujourd'hui, les entreprises qui gagnent de manière pérenne, c'est-à-dire en demeurant productives, compétitives et rentables dans la durée, ont dû mettre en œuvre des combinaisons complexes de facteurs, des stratégies composites qui conduisent les observateurs à parler à leur sujet d'*efficacité ou de compétitivité globale.*

(1) Cette section reprend pour une large part le contenu d'une communication au Congrès Européen de systémique de Rome, octobre 1996. Gérard Donnadieu, Une approche systémique de l'efficacité de l'entreprise, *Actes du Congrès.*

En pleine continuité avec ce que j'ai écrit dans la section 3 (page 71) de ce chapitre, la meilleure définition que l'on puisse donner de l'efficacité d'une entreprise se résume dans sa capacité dans un premier temps d'assurer sa survie, puis, dans un second temps, d'asseoir son développement à moyen/long terme.

On conviendra cependant que la réponse, pour rigoureuse qu'elle soit, ne renseigne que fort peu sur les facteurs qui déterminent cette efficacité. Quelles sont les causes qui, en longue période, feront que telle entreprise se montrera plus efficace qu'une autre? Les réponses sont bien entendu diverses et elles ont de plus varié au cours du temps. Aujourd'hui, elles ne sont pas exactement les mêmes qu'il y a trente ans et on est plus sensible, par exemple, au rôle joué par les ressources humaines.

Depuis l'origine de la grande entreprise industrielle (en gros, le début du siècle), trois théories peuvent être identifiées, correspondant chacune à une conception sur la meilleure manière d'obtenir l'efficacité.

➢ *L'efficacité par l'organisation*

Inspirée des études de Taylor (1) et de Fayol (2), cette approche a dominé le premier demi-siècle. Elle a nourri les travaux de l'école dite de l'OST (Organisation Scientifique du Travail), introduite en Europe à l'issue de la première guerre mondiale. Elle est restée dominante jusqu'au début des années 60.

Dans cette conception, l'efficacité de l'entreprise résulte de la valeur de son organisation. Cette dernière est déterminante et c'est elle qui impose ses exigences au système social. Elle structure l'emploi et l'ensemble des postes, lesquels déterminent à leur tour les requis professionnels. Il est demandé ensuite aux travailleurs de se comporter en composants interchangeables, fiables et totalement disciplinés. Leur rôle n'est pas de penser ni de faire preuve d'initiative mais de reproduire, le plus fidèlement possible, ce qui a été prévu par les organisateurs. Le déroulement du processus de détermination est le suivant:

(1) Frédérick Winslow Taylor, La direction scientifique des entreprises, *Dunod, 1971 (traduction rééditée de «The principles of scientific management», New-York, 1911).*
(2) Henri Fayol, Administration industrielle et générale, *Dunod, 1970.*

Organisation → **Emploi** → **Qualifications** (requis de l'emploi) → **Hommes** (compétences possédées)

Dans un tel système conçu initialement par des ingénieurs pour l'univers de la production, les qualités exigées du personnel sont:
– l'aptitude physique à se plier aux contraintes de la machine qui impose son rythme,
– une obéissance sans faille aux standards et aux consignes.

La régulation est donc à la fois «machinique» (la chaîne de production) et disciplinaire (le poids des «petits chefs»). Les dysfonctionnements qui peuvent néanmoins subsister au niveau du système social sont traités par négociation collective avec les appareils syndicaux.

On conçoit que dans cette théorie, l'efficacité ait eu assez spontanément tendance à s'identifier à la productivité, elle-même ramenée à sa version réductrice de productivité apparente du travail (quantités produites/nombre d'heures travaillées).

➢ *L'efficacité par la stratégie*

Cette école naît aux États-Unis, à la fin des années 50, de l'observation d'un certain nombre d'échecs du modèle taylorien: des entreprises à l'organisation théoriquement parfaite obtiennent de mauvais résultats parce qu'elles n'ont pas été capables de prévoir par exemple une transformation de leur marché.

Portée par quelques grands cabinets de consultants (Boston Consulting Group, Mac Kinsey, etc.) et les écoles de management (Harvard, MIT...), cette approche se développe lorsque les exigences du marché prennent peu à peu le pas sur celles de la production. A quoi sert la meilleure organisation du monde si elle est conçue pour fabriquer un produit dont les clients ne veulent plus? Ce qui importe alors est d'anticiper les évolutions et de s'y préparer, c'est-à-dire la stratégie. Avec une bonne stratégie, l'entreprise a toutes les chances de gagner. Cette stratégie détermine ensuite les moyens (et l'organisation) dont l'entreprise doit se doter. Le déroulement logique du processus est alors le suivant:

Environnement → **Stratégie** → **Organisation**

Dans une telle conception, la qualité de l'organisation reste importante mais n'est plus décisive. Le modèle de l'OST subsiste mais n'occupe plus un rôle central. On peut donc tolérer de la part du personnel un peu d'inefficacité à condition qu'il adopte une attitude de neutralité par rapport aux changements de cap exigés par la stratégie.

La régulation reste pour une part «machinique» et disciplinaire mais se voit complétée par une négociation locale portant sur les contreparties que la direction doit accorder pour faire accepter les changements. C'est alors que fleurissent les services de «relations humaines» et les politiques sociales sophistiquées.

En France, cette approche de l'efficacité par la stratégie a commencé à se répandre à partir des années 60 et est restée dominante jusqu'aux années 80. Mettant l'accent sur la qualité de la stratégie, et donc du stratège (ce qui va dans le sens d'un certain élitisme bien français), elle a favorisé l'émergence ou le renforcement de quelques grandes écoles de gestion (HEC, INSEAD, ESSEC...). Axée sur la compréhension de l'environnement, on conçoit qu'une telle approche ait eu spontanément tendance à identifier l'efficacité globale à la compétitivité.

➢ *L'efficacité par les hommes*

Cette troisième approche émerge au début des années 80 et résulte, pour l'essentiel, des enseignements tirés de l'observation du défi-modèle japonais. A la fin des années 70, Américains comme Européens s'interrogeaient sur les causes de la supercompétitivité des entreprises japonaises. L'observation montrait que ces entreprises:
– ne disposaient pas de ressources naturelles et de facteurs de production (machines, main-d'œuvre) nettement meilleur marché,
– n'avaient pas une organisation fondamentalement différente,
– n'avaient pas choisi des stratégies tellement plus géniales.

Une seule chose les différenciait: la qualité, à la fois individuelle et collective de leur ressource humaine. Un slogan a alors fait florès, martelé lors d'un congrès de l'Institut de l'entreprise en 1985 à Paris: *ce sont les hommes qui font la différence.*

Mais quels sont les déterminants de cette efficacité par les hommes?

Une réponse fut donnée sous forme métaphorique, à ce même congrès, par J.-M. Descarpentries, alors Président Directeur Général du Groupe Carnaud. Reprenant à son compte la célèbre formule d'Einstein, $E = MC^2$, donnant l'énergie totale contenue dans une portion de matière, J.-M. Descarpentries suggérait de considérer l'efficacité humaine (Eh) comme résultant toujours du rassemblement de collaborateurs:
- motivés,
- compétents,
- communiquant bien entre eux par le moyen d'une langue et de valeurs communes (ce que l'on désigne en anthropologie par le concept de culture).

L'efficacité humaine Eh susceptible d'être libérée par un groupe humain s'exprimerait donc par:

$$Eh = M.C.C.$$

M: Motivation. Volonté d'agir et de réussir, adhésion dynamique de chacun

C: Compétence. Professionnalisme, savoir et savoir-faire (c'est la condition de l'efficacité individuelle)

C: Culture. Langage commun, valeurs partagées, reconnaissance mutuelle (c'est la condition de l'efficacité collective).

Chacun de ces trois déterminants se trouve sous influence directe du Système de Gestion des Ressources Humaines (SGRH) de l'entreprise, lequel contrôle également les qualifications requises par les emplois de l'organisation.

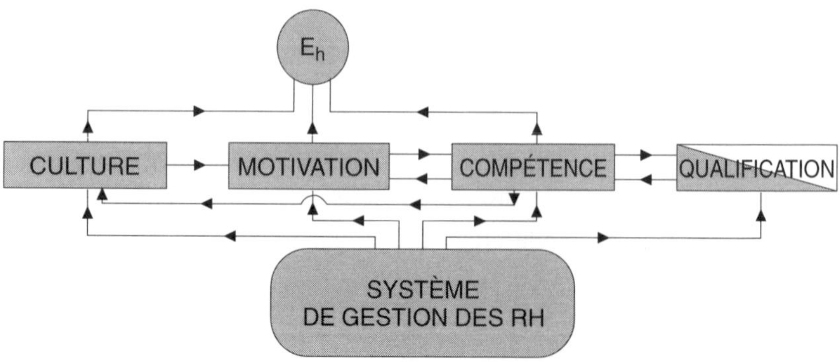

On observera de plus (ce que visualise le schéma), que la motivation se trouve renforcée par la compétence et la culture, grâce à trois boucles de rétroaction:

- boucle «compétence → motivation»:

  l'acquisition d'une plus grande compétence active normalement le besoin d'accomplissement des salariés et les pousse à l'action. Symétriquement, un salarié motivé est désireux d'acquérir plus de compétence;

- boucle «compétence → culture»:

  le développement de la compétence, en relevant le niveau des connaissances, peut avoir un effet activateur sur la culture;

- boucle «culture → motivation»:

  une culture forte et partagée exalte le besoin de reconnaissance et d'appartenance. Elle pousse à l'action par entraînement mimétique.

Dans ce nouveau mode de fonctionnement de l'entreprise, il est demandé à chaque salarié de devenir *acteur* (au sens de la sociologie des organisations: l'homme en permanence auteur et responsable de ses actes dans le cadre de certaines règles du jeu), c'est-à-dire de faire preuve d'initiative et de créativité, ce qui est exactement à l'opposé du modèle taylorien. Mais une telle «libération», si elle n'est pas canalisée, risque d'être à terme très dangereuse pour l'entreprise. Cette dernière peut se transformer en tour de Babel, devenir une république anarchique d'où toute cohérence est absente. La culture apparaît alors comme le moyen indispensable pour fédérer les énergies, canaliser les initiatives, moyen d'autant plus efficace qu'il est intériorisé par les acteurs eux-mêmes. La régulation du système social cesse ainsi d'avoir un caractère principalement disciplinaire ou rétributif; elle est devenue culturelle.

La métaphore de Descarpentries traduit remarquablement l'intuition brillante d'un homme d'action. C'est sa force, mais également sa limite; il lui a été reproché de ne pas être suffisamment assise sur une conceptualisation scientifique et des observations rigoureuses.

Depuis 1985, de nombreux travaux de recherche ont été réalisés pour mieux cerner cette notion de l'efficacité ou de la performance par les hommes. De ces divers travaux, il appert que la compétence, son acquisition, son développement, sa gestion, s'imposent désormais comme un facteur décisif pour l'obtention de l'efficacité humaine, quelle qu'en soit la forme. Il appert également que la motivation, par-delà les ambiguïtés de ce concept, ne peut non plus être évacuée. De plus, cette motivation se manifeste toujours sous la forme d'une coopération entre les salariés au sein de l'organisation (la culture n'est pas très loin!).

Les prochains chapitres permettront de clarifier ces concepts et de bâtir une théorie plus rigoureuse de l'efficacité par les hommes. En attendant, et pour clore provisoirement la question, je me contenterai du modèle de Descarpentries.

➢ *Pour conclure: vers une synthèse systémique*

Peut-on rassembler dans une même vision dynamique les apports de toutes ces approches, chacune contenant de toute évidence une part de vérité? La démarche systémique, par sa capacité de «bricolage conceptuel» le permet sans aucun doute, même si ce n'est pas sans risque. Aussi, vais-je m'essayer à produire un premier et très provisoire schéma de synthèse, bien conscient qu'il s'agit là d'une simple étape dans une réflexion qui doit s'enrichir et se développer.

Dans un premier temps, il convient de reconnaître ce qui demeure intangible dans les conceptions traditionnelles:
– *l'organisation* possède bien une efficacité intrinsèque, ne serait-ce que par la manière dont elle agence et articule les outils de production et de commercialisation. Certes, les hommes peuvent ensuite venir fortement interférer avec cette organisation pour la flexibiliser et l'améliorer (c'est le cas par exemple avec les équipes opérationnelles et le développement de la polyvalence). Il n'en demeure pas moins que l'organisation est bien par elle-même facteur d'efficacité;
– *la stratégie*, c'est-à-dire les choix des dirigeants en matière de marchés-produits- diversification-technologies de production-investissements-maîtrise des compétences clés... est également déterminante pour la survie et le développement de l'entreprise. Les exemples abondent d'entreprises compétitives, bien organisées et bien gérées, qui se sont trouvées en difficultés graves à la suite d'une erreur stratégique.

Reste ensuite, dans un deuxième temps, à prendre en compte tout ce qui tourne autour de la place des hommes dans l'obtention de la performance. Et là, c'est plutôt l'abondance de biens qui fait problème. En retenant, ainsi que je l'ai proposé, le modèle de Descarpentries, il est possible de construire la carte systémique suivante, obtenue par la superposition des trois approches. Cette carte fait également apparaître des rétroactions nouvelles. Ainsi, des relations:

Organisation → **Stratégie**

Culture → **Stratégie**

Si, en effet, la stratégie détermine en principe l'organisation, conformément au discours de l'école stratégique, il arrive souvent que les dirigeants soient obligés de choisir la stratégie compatible avec leur organisation et la culture de leur personnel.

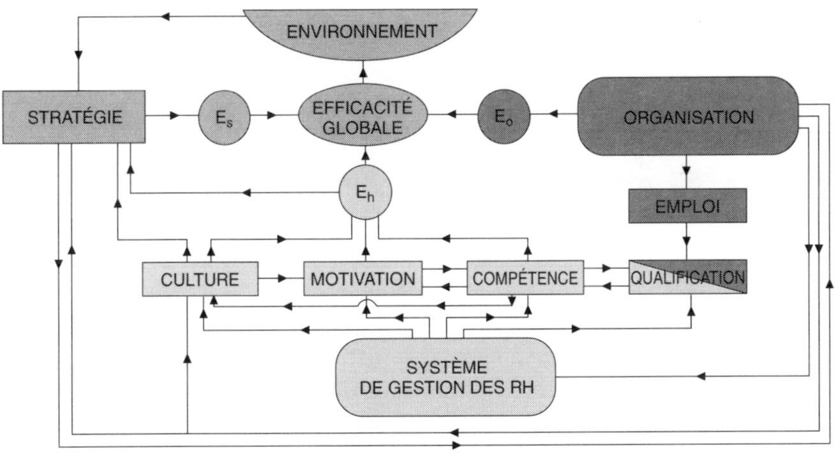

Il ressort, en définitive de cette carte, que l'efficacité globale (Eg) de l'entreprise, efficacité toujours référencée à l'environnement, résulte:
– du choix d'une bonne stratégie, c'est l'efficacité stratégique E_s;
– de la qualité de l'organisation, c'est l'efficacité organisationnelle E_o;
– de la capacité des hommes à mettre en œuvre cette stratégie et à faire fonctionner cette organisation. C'est l'efficacité humaine E_h.

La combinaison de ces trois efficacités est de type multiplicatif, car il suffit que l'une de ces efficacités soit mauvaise pour que, bien entendu, l'efficacité globale le soit. Ainsi, une erreur stratégique peut être mortelle ; de même, une organisation déplorable ou des hommes incompétents peuvent faire échouer la meilleure des stratégies.

D'où, sur un plan métaphorique (car on ne sait pas quantifier les efficacités) la formule des trois facteurs :

$$Eg = E_o . E_s . E_h$$

Mais des trois efficacités, Eh est sans doute la plus importante car elle conditionne, en longue période, à la fois la créativité stratégique et la capacité d'adaptation de l'organisation.

LE CADRE TECHNICO ÉCONOMIQUE DU TRAVAIL HUMAIN

«Les catastrophes mêmes que fait naître la grande industrie imposera la nécessité de reconnaître le travail varié et, par conséquent, le plus grand développement possible des diverses aptitudes du travailleur comme une loi de la production moderne... Oui, la grande industrie oblige la société sous peine de mort à remplacer l'individu morcelé, porte-douleur d'une fonction productive de détail, par l'individu intégral qui sache tenir tête aux exigences les plus diversifiées du travail.»

Karl Marx. Le Capital.

Dans la mise en œuvre méthodique de l'analyse structurale à chacun des trois systèmes composant l'entreprise, le système technico-économique vient en premier. Ce choix n'exprime pas la primauté du STE sur les deux autres systèmes en matière de fonctionnement social. Ce serait même plutôt l'inverse; système organisationnel et surtout système social se montreront plus contributifs pour expliquer ce fonctionnement. Mais le STE constitue le cadre de référence, la base réelle et indiscutable de tout travail humain, tout du moins de celui des exécutants, lesquels se trouvent comme l'on dit «aux manivelles». A ce titre, il est logique de commencer par «zoomer» sur lui.

Par ailleurs, le STE a été largement étudié, surtout par des ingénieurs. Une abondante littérature scientifique et technique lui est consacrée, y compris de facture systémique. Ces études utilisent largement les concepts développés par Jay Foester aux USA – un des maîtres de la dynamique des systèmes – puis par Jacques Mélèse (1) en France

(1) *Jacques Mélèse,* Approches systémiques des organisations, *Hommes et Techniques, 1979.*

avec son analyse modulaire des systèmes. Il n'est donc pas utile de consacrer au STE de longs développements.

Aussi, ce chapitre sera relativement court, limité à l'essentiel et surtout focalisé sur l'objet principal de notre recherche, à savoir les interactions entre l'homme et l'infrastructure technique.

Le système technico-économique

Toujours fidèle à la règle d'arborescence, je vais «zoomer» dans un premier paragraphe sur le STE, avant d'étudier plus à fond, dans les paragraphes suivants, son principal composant, le système de production.

➢ *Structure générale du STE*

A partir de l'homomorphisme hydraulique de la pompe, explicité et enrichi par Paul-Louis Brodier (1) dans son schéma de synthèse (page 63), il est possible de construire la carte systémique du STE.

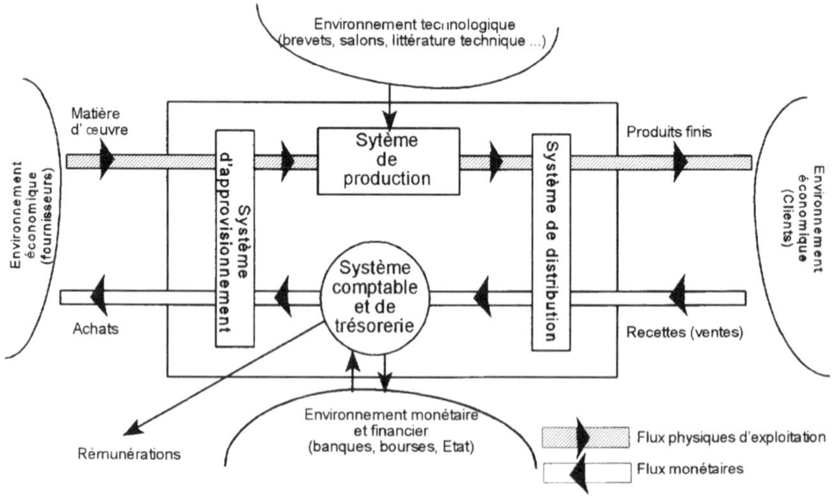

(1) *Paul-Louis Brodier,* La VAD, une autre approche de la gestion, *Afnor, 1988.*

Le STE se compose de quatre systèmes interconnectés dont trois (système des approvisionnements, système de distribution, système comptable et de trésorerie) assurent une fonction d'interface avec les environnements économiques et financiers. Le quatrième système, celui de production, constitue généralement la partie la plus importante, en moyens matériels et humains, du STE. Objet depuis toujours de la sollicitude des ingénieurs, il a donné lieu depuis les débuts de l'ère industrielle à d'innombrables études. A l'exception des échanges d'informations qui proviennent directement de l'environnement technologique, on notera que le système de production est relativement protégé des turbulences de l'extérieur qui ne lui parviennent que par l'intermédiaire des trois systèmes d'interface. Ainsi, dans son fonctionnement, il ignore l'argent et ne connaît que des flux physiques.

Système d'approvisionnement et système de distribution ont un rôle grandissant dans des entreprises ouvertes sur un marché qui se mondialise et se complexifie. L'appel croissant à la sous-traitance, la diversification des fournisseurs, font que le système d'approvisionnement est de plus en plus contributif pour la formation des prix de revient et la création de valeur ajoutée. De même, le système de distribution se voit dans l'obligation de développer et spécialiser ses forces de vente pour répondre à une demande du consommateur de plus en plus exigeante et volatile.

Par-delà ces évolutions de fond, qui concernent peu ou prou toutes les entreprises, les systèmes d'approvisionnement et de distribution sont étroitement dépendants de la nature de l'entreprise et surtout de son marché et de ses produits. Ainsi, un constructeur automobile doit-il aujourd'hui consacrer beaucoup de soin à la gestion et à l'optimisation de son réseau de fournisseurs, ce qui suppose de mettre en œuvre non seulement des moyens administratifs mais également des moyens de transport et des centres de stockage. De même, un producteur de biens de grande consommation doit-il se préoccuper de son réseau de points de vente, de sa flotte de livraison, de ses magasins relais.

Cette loi de contingence interdit de concevoir ces deux systèmes sous une forme universelle qui s'appliquerait quasi à l'identique d'une entreprise à l'autre.

Il n'en va pas de même du *système comptable et de trésorerie*. Le caractère universel des flux monétaires a conduit depuis longtemps à normaliser un grand nombre d'opérations. C'est tout l'enjeu de la comptabilité générale et du plan comptable qui précisent avec beaucoup de rigueur la manière de tenir un compte client, un compte fournisseur, d'établir le compte de résultat de l'exercice, de calculer des indicateurs financiers. Experts comptables et directeurs financiers se sont préoccupés depuis longtemps d'appliquer les principes de régulation, issus de la systémique, à la gestion des flux monétaires. Cela a été notamment le cas de la gestion de la trésorerie (1). Il s'agit là d'un domaine qui se prête bien à l'utilisation des concepts de la dynamique des systèmes, y compris sous leurs formes les plus mathématiques. On conçoit alors que ces modèles comptables et financiers puissent assez aisément se transposer d'une entreprise à l'autre, indépendamment de ce qu'elles produisent, achètent ou vendent.

➢ *Le système de production*

Dans sa définition la plus précise, le système de production est la partie du STE directement concernée par la transformation des flux physiques. Son objectif est la transformation de la matière d'œuvre (matières premières, composants, ébauches...) en produits finis dans un délai requis, avec des moyens appropriés et organisés à cet effet et à un coût déterminé.

Le système de production est donc le plus souvent un système opérant de facture industrielle (ou apparentée), dont Paul-Louis Brodier (2) propose la représentation page suivante.

Pour P.-L. Brodier, le système de production se compose de cellules élémentaires ou «petits systèmes»: les postes de production. Pour lui, il ne s'agit pas d'un poste de travail, défini classiquement comme l'ensemble de moyens matériels qui permettent à un homme d'accomplir son travail. Il s'agit plutôt du plus petit centre d'activité gérable du système de production, centre d'activité qui combine indissolublement équipement et personnel «direct», lequel peut être constitué par un homme, une équipe ou une suite d'opérateurs se succédant sur le même équipement (usine à feu continu par exemple). C'est pourquoi je préfère, pour ma part, appeler *unité élémentaire de pro-*

(1) *J. d'Hoeraene, «Approche systémique de la gestion prévisionnelle de trésorerie»,* Direction et gestion des entreprises, *novembre/décembre 1978.*
(2) *Paul-Louis Brodier,* La VAD – La valeur ajoutée directe, *Afnor, 1988.*

LE FLUX DE PRODUCTION
La matière d'œuvre subit une transformation selon un processus de transformation et devient des produits terminés

LE SYSTÈME DE PRODUCTION
(proprement dit)
Les postes de production provoquent le travail des effecteurs selon un mode opératoire pour obtenir la transformation voulue de la matière d'œuvre

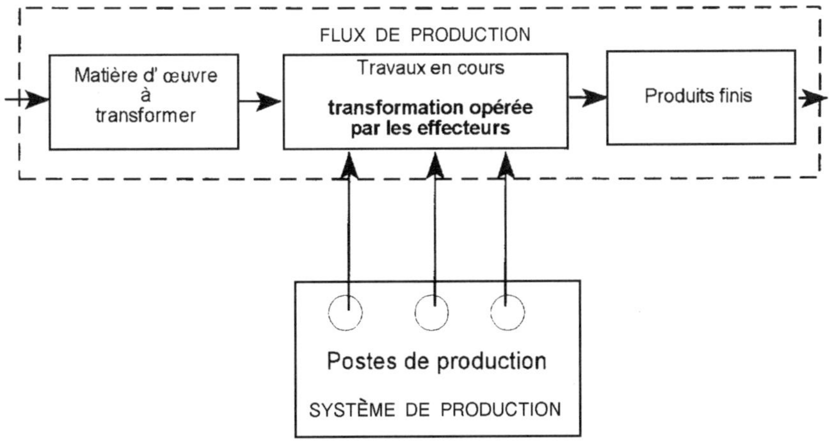

duction le poste de production au sens de Brodier. (On notera que ce concept n'est pas très éloigné de celui développé par Renault et d'autres constructeurs automobiles avec l'UET ou Unité élémentaire de travail.)

L'unité élémentaire de production remplit une double fonction technique et économique: transformer la matière d'œuvre en mettant en action les outils ou effecteurs pour produire de la valeur ajoutée.

Une unité élémentaire de production pourra être tout aussi bien un poste de montage dans un atelier (ouvrier + établi + outillage), un poste de terrassement sur un chantier (conducteur + engin de terrassement), une ligne transfert en fabrication (ensemble de machines + équipe de conducteurs + système de manutention), un bloc opératoire dans un hôpital (équipe médicale + salle + équipements), etc.

Par suite de l'importance qu'elle revêt pour l'étude de l'interface homme/machine et des conditions de travail et d'emploi, je reprendrai dans la section 2 (page 102) la réflexion sur l'unité élémentaire de production.

Un dernier point, très important, doit être noté quant aux évolutions en cours des systèmes de production: le développement de l'automatisation. Cette dernière réduit considérablement l'importance de la main-d'œuvre directe dans les unités élémentaires de production. Les opérateurs qui subsistent sont de moins en moins impliqués physiquement dans le process de production; ils se positionnent en pilotes du process assurant en quelque sorte une fonction d'interface entre le système de production et le système organisationnel.

Une illustration révélatrice de cette situation est fournie par l'évolution de l'industrie du raffinage du pétrole depuis trente ans. Dans les années 60, la régulation des unités de production s'effectuait au moyen de multiples régulateurs automatiques locaux agissant sur la pression, le débit, la température, le niveau. Ces régulateurs étaient le plus souvent pneumatiques et de type PID (par action proportionnelle, intégrale et dérivée). Ils agissaient indépendamment les uns des autres, la coordination étant assurée par l'équipe d'opérateurs humains chargée de la conduite de l'unité. La part totalement automatique du fonctionnement de l'unité de raffinage correspondait alors à une complexité de degré 1 dans la typologie de J.-L. Le Moigne (présentée dans le chapitre 1, page 29). Avec le développement de la régulation électronique pilotée par un ordinateur central situé dans la salle de contrôle et l'apparition du système d'information, la part humaine du pilotage diminue fortement (ce qui se traduit par une importante réduction des effectifs d'opérateurs). On passe alors à une complexité de degré 3 selon la typologie de Le Moigne.

Des systèmes de production de plus en plus complexes et qui en arrivent à se piloter eux-mêmes de manière automatique, voici sans doute la grande évolution déjà en cours et à venir.

➢ *Typologie des systèmes de production*

Un système de production est bien entendu largement dépendant de la nature du produit fabriqué et des caractéristiques du process. On pourrait donc considérer que chaque système de production est spécifique et qu'il n'existe pas de loi générale. Pourtant, on vient de voir que l'automatisation se développe et amène, de ce seul fait, des similitudes croissantes de process. De même, les caractéristiques du produit et de son marché (produit de grande consommation par exemple ou produit façonné à l'unité) induisent d'autres similitudes. Il est donc possible d'établir des critères et de faire des classements.

Une première typologie fut proposée dans les années 60 par Joan Woodward (1) et eut un impact considérable. Elle consistait à discriminer suivant les caractéristiques technologiques du process avec, en gros, trois schémas de production, suivant que l'on a affaire à des productions unitaires (ou par petits lots), des productions de masse ou en grande série, des productions en continu.

La *production à l'unité* correspond à la fabrication de produits spécifiques, non standards, tels qu'on en rencontre par exemple dans l'artisanat. Elle induit des formes d'organisation peu structurées, souples, relativement anarchiques et construites autour des compétences des opérateurs.

La *production de masse* correspond à la fabrication de produits standard. Elle induit une structure élaborée et rigide: spécialisation poussée, répétitivité des tâches. Comme le process reste le plus souvent discontinu, l'homme y est généralement conçu soit comme conscience auxiliaire de la machine, soit comme «bouche-trou» d'une automatisation incomplète.

La *production en continu* correspond à la fabrication très largement automatisée de produits standard. La standardisation s'applique alors aux machines et le besoin de contrôler les opérateurs s'en trouve réduit. Ces derniers, au contraire, deviennent les intermédiaires obligés du pilotage du process.

Cette typologie a depuis été critiquée pour son caractère sommaire. Elle correspond mal à ce que l'on observe dans de nombreuses entreprises. Sous l'effet de la diversification des produits de grande consommation (dans l'automobile par exemple), la production de ceux-ci s'effectue par séries de plus en plus petites et la production de masse perd une partie de sa rigidité. Inversement, dans les productions à «l'unité» de la haute technologie (aérospatiale par exemple), le poids des démarches qualité est devenu tel que la standardisation des opérations y est désormais très contraignante. De plus, au sein d'une même entreprise, plusieurs types de production peuvent coexister. Il en est ainsi comme le remarquent Y. Gousty et J.-P. Kieffer (2):

(1) *Joan Woodward,* Industrial Organization, *Oxford Université Press, 1965.*

(2) *Yvon Gousty et Jean-Paul Kieffer, « Une nouvelle typologie pour les systèmes industriels de production»,* Revue française de gestion, *juin/juillet/août 1988.*

– dans l'industrie automobile, où des ateliers de fabrication de composants, organisés pour un travail de moyenne série par lots, viennent alimenter des lignes d'assemblage final;
– dans l'industrie chimique, où l'on rencontre souvent un système de fabrication en continu élaborant des produits de base qui sont ensuite mélangés et conditionnés dans un système de production par lots;
– dans les industries de gros équipement, où la production peut être qualifiée d'unitaire au stade de l'assemblage final, mais où elle est de type grande ou moyenne série au stade de l'élaboration des composants.

Ces auteurs en arrivent à la conclusion que deux critères clés devraient aujourd'hui être retenus pour caractériser un système de production: la complexité et l'incertitude.

La complexité porte sur la nature du process mais aussi sur celle du produit fabriqué. Cela conduit à distinguer entre deux types de systèmes de production:
– *les systèmes d'assemblage* dont la finalité est le montage d'un ensemble à partir de plusieurs composants. La complexité dépend alors de la variété des composants (nombre, diversité, importance des liens...), de la fiabilité de leur nomenclature, de la synchronisation de leurs flux. C'est le produit lui-même qui commande la complexité du système. Ainsi, de l'assemblage d'un Airbus ou d'une automobile (forte complexité) ou d'un vêtement ou petit équipement (faible complexité);
– *les systèmes de fabrication*, dont la finalité est le façonnage d'une pièce ou d'un composant. La complexité dépend alors du process qui peut se dérouler en machines simples commandées manuellement (faible complexité) ou sur équipement lourd entièrement robotisé (forte complexité).

L'incertitude porte surtout sur la demande du marché et suivant que la production peut ou non anticiper les ordres de la clientèle. A une extrémité (faible incertitude) on trouve la production de masse, où le client est livré sur stock existant, et pour laquelle on peut bâtir à l'avance un programme sur la base d'une activité estimée stable et régulière (appareils électro- ménagers, automobiles, vêtements). A l'autre extrémité, se trouve le produit commandé en unique exemplaire (navire, usine, grand chantier de génie civil...) ce qui suppose de savoir gérer l'incertitude, non seulement sur les quantités commandées, mais également sur la définition technique du produit, ce qui peut conduire à des délais d'étude longs.

Entre ces deux cas extrêmes, on a enfin le cas fréquent du produit commandé sur catalogue et pour lequel il va falloir déclencher, dans les meilleurs délais, le processus de production. Le développement du *juste-à-temps* tend à multiplier aujourd'hui ce dernier cas de figure.

En reprenant ces divers modes de rangement sur un tableau de synthèse, on aboutit à 12 classes possibles de systèmes de production. Sur chacun des cas, j'ai fait figurer, à titre d'exemple, le type de produit que l'on peut y trouver.

Incertitude / **Complexité**		**Production à la commande**		**Production programmée**
		Produits spécifiques	**Produits standard**	**Produits en stock**
ASSEMBLAGE	Produits complexes	Navire Installation industrielle	Équipements industriels (machine-outil, matériel agricole)	Équipements grande consommation (automobile, gros appareils électro-ménagers)
	Produits simples	Petite installation Appareil « sur mesure » (prototypes)	Biens de moyenne consommation (meubles, bâtiment)	Biens de grande consommation (vêtements, articles conditionnés, pharmacie)
FABRICATION	Process complexe	Composants électriques ou mécaniques, pièces en matière plastique (Sous-traitance occasionnelle)	Pièces et composants divers (Ateliers spécialisés, sous-traitance spécialisée)	Pièces et composants (équipements automobile)
	Process simple	Artisan travaillant sur mesure (tailleur)	Artisan fabriquant des produits standard (pâtissier)	Artisan fabriquant en grande quantité des produits standard (boulanger)

Un ultime regroupement peut enfin être proposé en prenant en compte le type de problème principal auquel le système de production a tenté de trouver une réponse. Quatre cas de figure sont concevables:

- *Production en ligne.* Le problème central est la gestion des flux physiques, leur bonne synchronisation et la minimisation des stocks intermédiaires (juste-à-temps). De loin la plus fréquente, cette situation correspond aussi bien à une fabrication de grande série sur une installation robotisée, qu'à une chaîne d'assemblage restée largement manuelle (chaîne de montage automobile par exemple).

• *Production en sections.* C'est un cas fréquent en fabrication. Le problème du stockage n'y est pas très important (faible volume des pièces par exemple). En revanche, la spécialisation des machines et des opérateurs est souhaitable. Elle conduit à les regrouper en sections homogènes, soudées par une logique de métier (tourneurs, fraiseurs par exemple). Cette spécialisation est, à coup sûr, requise en process complexe; elle peut l'être également en process simple.

• *Production autour du produit.* Le produit est central et sa complexité entraîne la conjugaison de diverses techniques, mises en œuvre par de nombreux acteurs parfaitement coordonnés dans le temps. De plus, la part des travaux d'étude est importante et les délais de réalisation sont généralement longs, supérieurs à l'année. C'est le cas type de l'ingénierie.

• *Production artisanale. Le «sur-mesure» y est dominant, mais la simplicité du produit ou du process fait que la dimension «étude» y est faible et les délais de réalisation réduits.*

La prise en compte de ce dernier regroupement conduit alors à la typologie suivante qui synthétise tous les aspects:

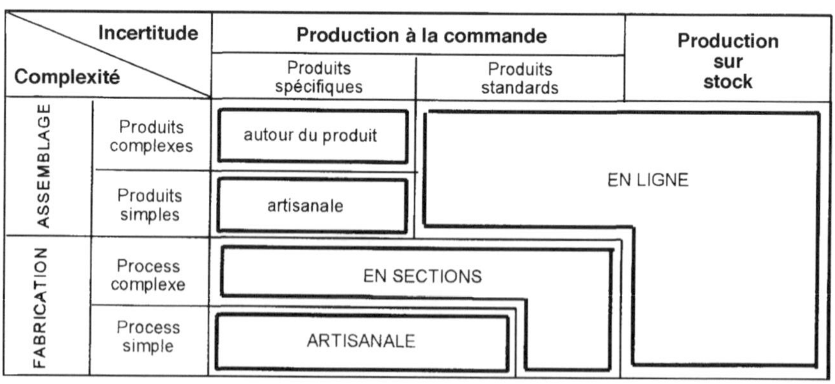

➢ *Efficacité des systèmes de production*

Le problème de l'efficacité, tel qu'il a déjà été évoqué au chapitre précédent (page 80) trouve bien entendu un point d'application au niveau du système de production. Qu'est-ce qui permet de dire qu'un système de production est plus efficace qu'un autre?

Pendant très longtemps, pour une entreprise conçue selon les principes du taylorisme, la réponse a été donnée en purs termes de quantités/produits, c'est-à-dire de *productivité.*

Ce concept renvoie très clairement à une notion d'efficience, c'est-à-dire de la meilleure utilisation des machines et des hommes pour un niveau de production donné. Et dans la conception classique de «l'organisation scientifique du travail», cette meilleure utilisation s'identifie, en fait, à la productivité apparente du travail de la main-d'œuvre directe, productivité mesurée par le ratio production/heures travaillées. Autant dire qu'elle a d'abord à voir avec les salariés et leur nombre.

Même si on continue à l'utiliser, faute de mieux, dans un grand nombre d'entreprises, force est de constater que cette conception de la productivité, identifiée à un seul facteur de production – le travail humain – est de plus en plus contestée. Que signifie la productivité de l'heure de travail direct lorsque la production résulte de plus en plus de l'investissement machine et de la qualité des contributions en travail indirect (maintenance, programmation, contrôle qualité...)? Les indicateurs, que l'on continue de calculer par habitude, conservent-ils dans ce cas une quelconque pertinence?

• Pour faire pièce à ces objections, une première réponse consiste à retenir la méthode de la *productivité globale des facteurs* (PGF), telle que préconisée par le CERC (1), au travers du calcul des comptes de surplus. Les données de base sont celles de la comptabilité générale, corrigées de l'inflation, afin de raisonner en francs constants d'un exercice à l'autre et ne prendre en compte que l'effet volume dans l'accroissement de production. Cet accroissement peut alors recevoir plusieurs explications:

(1) *CERC,* La productivité globale dans l'entreprise. Mesure et répartition, *Éditions d'Organisation, 1989.*

– certaines internes, telles que par exemple une modernisation des équipements (capital outil) ou un changement dans la main-d'œuvre (effectifs et qualifications),
– d'autres externes, telles qu'une baisse du prix d'achat des matières premières ou une hausse du prix de vente aux clients.

On repère ainsi la part directe de chaque facteur dans l'accroissement de valeur ajoutée, le solde étant par définition la productivité globale explicable seulement par la combinaison plus ou moins heureuse des facteurs.

Une telle façon de faire, ménage souvent des surprises par rapport à une analyse classique fondée sur les seuls coûts du travail. C'est peut-être pourquoi la méthode dérange et n'a pas réussi, à ce jour, à prendre racine dans les entreprises. En soulignant les graves lacunes de l'approche par la seule productivité apparente du travail, elle brise un des tabous du contrôle de gestion classique. Mais ses détracteurs ne manquent pas de souligner sa lourdeur et sa complexité lorsqu'elle vise à être précise, son caractère approximatif lorsqu'elle cherche à rester simple.

• Pour échapper à ce détour par des agrégats comptables dont l'opérationnalité semble quelquefois incertaine, un certain nombre de chercheurs ont proposé des approches de la productivité globale plus fines et concrètes, raccrochées directement aux réalités du terrain. C'est le cas de Philippe Zarifian (1) avec ce qu'il appelle la «*physique des performances*» et qu'il a eu l'occasion de mettre en œuvre à l'usine Villecontal du Groupe Danone. Pour lui, l'efficacité industrielle ou «physique» se trouve au croisement optimisé des quatre paramètres CQFD:

C	Coût
Q	Qualité
F	Flexibilité
D	Délai

Par rapport à la notion d'efficience qui domine la vieille conception de la productivité, on note là un important élargissement. Si l'efficience se trouve en effet directement présente derrière le terme C (produire la même chose en dépensant moins), elle ne l'est qu'indirectement dans les termes Q et D, et pas du tout dans le terme F.

(1) Philippe Zarifian, Communication au séminaire interne Entreprise & Personnel, L'efficacité socio-économique *des 7 et 9 mars 1994.*

La flexibilité en effet est beaucoup plus de l'ordre d'une performance par rapport à un objectif de *disponibilité* du système de production, que Ph. Zarifian définit comme «*la capacité du système à réajuster son projet en fonction du domaine d'activité où il agit, et donc du marché potentiel*». Fondée pour une large part sur la capacité du personnel à faire face à des situations nouvelles (des «événements») et à gérer ses échanges de communication, «*la disponibilité s'appréhende tout à la fois dans la création d'événements et dans l'impulsion donnée à l'innovation*».

Cette dimension «humaine» de la flexibilité explique sans doute pourquoi, dans une réflexion comparable liée à la mise en place de sa nouvelle organisation par UET (Unités élémentaires de travail), le groupe Renault ait retenu pour fondement de sa «physique des performances» les quatre paramètres QCDS:

Q	Qualité
C	Coût
D	Délai
S	Social

Généralisant cette réflexion multicritères au problème de la conduite optimale d'un système de production, D. Thiel (1), dans une étude de facture clairement systémique, identifie huit paramètres susceptibles de concourir à cette optimisation.

Les deux premiers concernent le client et visent la qualité du service (qualité du produit, délai, après-vente...) et les exigences de ce même client (variable d'entrée qui peut agir sur le plan de production). Les six autres paramètres sont purement internes et concernent par groupes de deux:

– l'utilisation efficace de l'outil de production grâce à la mesure de la productivité mais aussi l'enregistrement des arrêts de production,
– la minimisation des dysfonctionnements internes repérés par des problèmes de qualité (manquants, rebuts et retouches en production) et la mauvaise circulation des informations et des ordres,
– le contrôle des dépenses par le moyen du suivi des coûts réels de production et le niveau des stocks (en produits finis, semi-œuvrés et matières premières).

(1) D. Thiel, «Modèles génériques de comportement des systèmes de production», Revue Internationale de systémique, *Vol. 7, n° 2, 1993.*

On notera que ces huit paramètres ont presque tous des points communs avec ceux de Zarifian et de Renault.

Mais quels que soient les paramètres choisis, le problème pour l'entreprise reste de se doter d'indicateurs et de tableaux de bord permettant de les repérer et de les suivre au sein de chaque unité. Il faut ensuite imaginer la combinaison optimale de ces paramètres qui produira la plus grande efficacité. Et on conçoit que cela n'aie rien d'évident!

La relation homme/machine et l'emploi

La première section était consacrée à l'aspect macroscopique du système de production. Dans la seconde, je vais me focaliser au contraire sur l'aspect microsocial, c'est-à-dire sur la relation singulière qui se noue, au niveau du travail, entre l'homme et le système technique. Cela me conduit à «zoomer» sur l'unité élémentaire de production – UEP – (telle que définie page 93 de ce chapitre), pour décrire successivement ce qu'elle est (aspect fonctionnel, page 102), son évolution (aspect historique, page 107), et enfin l'analyse de son contenu (aspect structural, page 111).

➢ *Le système homme/machine*

On peut le considérer comme la représentation la plus générale de l'UEP (Unité élémentaire de production). Il s'agit d'une combinaison homme/machine dont les proportions peuvent varier, aucune unité élémentaire de production n'étant jamais purement technique. L'homme a toujours sa place, plus ou moins importante, plus ou moins fondamentale pour le fonctionnement du système et la réalisation des objectifs. Même dans les machines ou les ensembles les plus automatisés, il y a toujours une possibilité de passer de l'«automatique» au «manuel».

Dans un tel système, ce qui importe est la connaissance des interactions entre l'homme et la machine et des échanges de l'ensemble avec l'environnement.

Conformément aux principes de la systémique, il ne saurait être question d'étudier séparément aspects techniques et aspects humains de

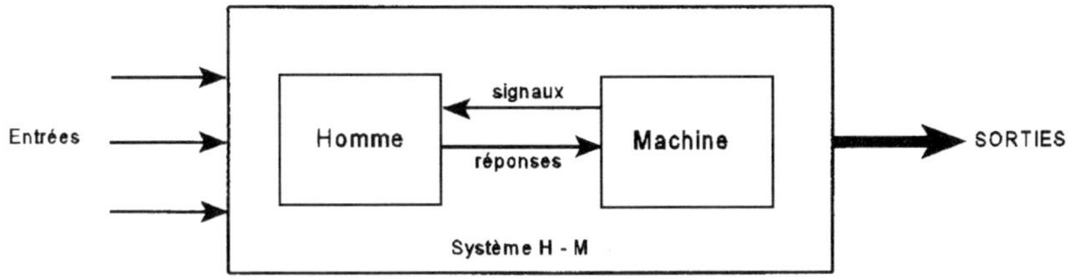

ces interactions. Ils doivent être appréhendés en bloc, au besoin par une équipe pluridisciplinaire regroupant les diverses compétences requises.

Dans cette optique fonctionnelle, l'UEP a pour objet de réaliser une production définie (en quantité et qualité) tout en maintenant le système «hommes/machines» en état de fonctionnement (survie des équipements et durée de vie de l'outillage; équilibre physique et mental du personnel, sécurité). A cette fin, il doit être tenu compte des caractéristiques spécifiques de tous les composants (et notamment des données physiologiques et psychologiques de l'homme) ainsi que des liaisons avec les autres UEP. Aucune action sur l'un des éléments du système ne doit être engagée sans examiner, au préalable, ses effets secondaires sur les autres éléments.

Les dysfonctionnements du système – qu'ils soient techniques (incidents de fabrication, pannes) ou humains (accidents, incidents psychologiques) – découlent le plus souvent des interactions entre composants que des composants eux-mêmes.

Ainsi pour l'UEP P1, située dans un environnement immédiat E1 et composée d'une machine M servie par deux opérateurs H1 et H2, les dysfonctionnements potentiels se situent d'abord aux deux interfaces homme/machine T1 et T2 qui, d'une certaine manière, représentent le travail direct, mais également au niveau de la relation L entre les deux hommes. Cette UEP P1 est elle-même en interaction avec une UEP voisine P2, ce qui fait apparaître une nouvelle zone d'incertitude que l'on appelle interaction de proximité (IAP) des deux UEP (voir figure 1 page suivante).

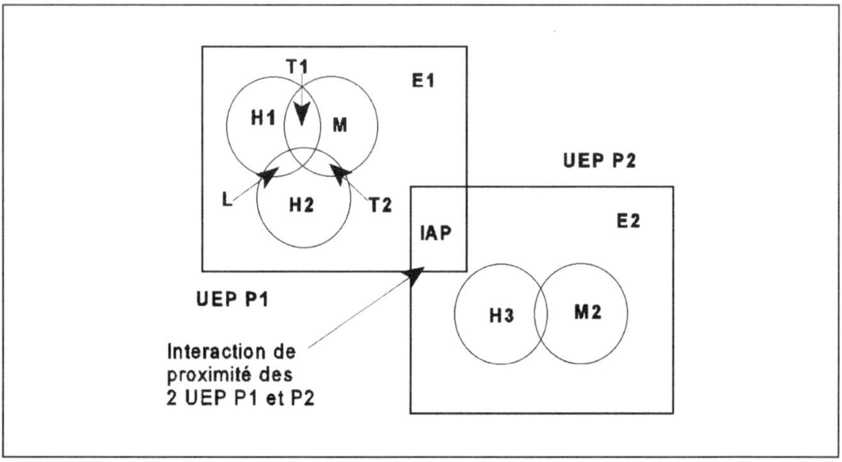

Au-delà de ces causes de dysfonctionnement, il peut enfin en exister une dernière, liée à l'action indirecte d'un service ou UEP éloigné (par exemple un magasin, un atelier d'entretien, un bureau d'ordonnancement) sur les UEP concernées (ici P1 et P2). Cette action indirecte est appelée interaction organisationnelle IAO (voir figure 2 ci-après).

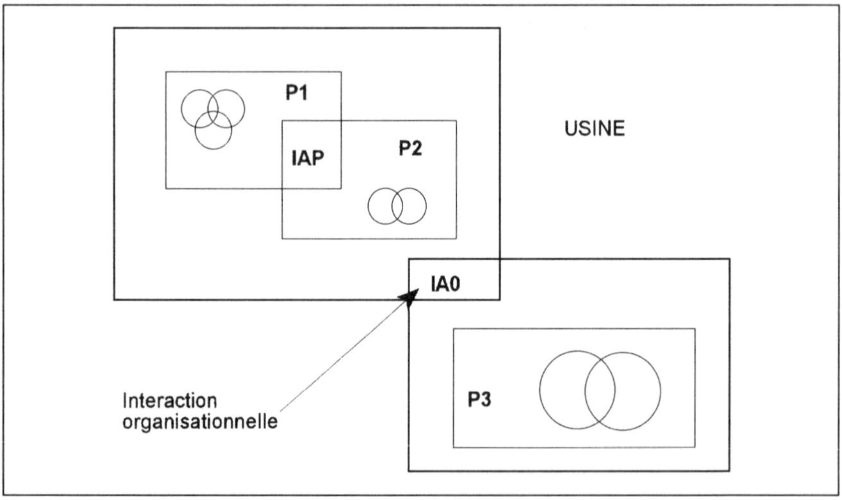

Pour améliorer la fiabilité, et plus largement l'efficacité globale du système, on se trouve donc conduit à rechercher les améliorations susceptibles d'être apportées aux composants et surtout à leurs relations. En se focalisant par exemple sur les conditions de travail et les problèmes d'hygiène et sécurité, il est possible d'établir le tableau ci-après conçu, dans une optique ergonomique (1), par un professionnel de la sécurité.

Facteurs ergonomiques

Anomalies possibles dans:	**Actions possibles**
L'homme H	
• Les aptitudes • L'adaptation • L'évolution des aptitudes	• Sélection-Orientation-Formation • Suivi médical, social et hiérarchique • Reclassement
Le matériel M	
• L'adaptation dimensionnelle de l'équipement à l'opérateur	• Études de postures de travail
• L'adaptation fonctionnelle de l'équipement au travail à exécuter	• Études d'outillages et produits adaptés. Méthodes
• Les risques spécifiques aux équipements et outillages	• Protection - Prévention - Réglementation
• Les choix et identification des substances et produits	• Identification, étiquetage, fiches médicales, réglementation
Les tâches ou procédures de travail T	
• La répétitivité à cycle court	• Enrichissement et restructuration des tâches
• Le manque d'autonomie individuelle	• Enrichissement et restructuration des tâches
• Les relations de travail	• Enrichissement et restructuration des tâches
• L'absence d'éléments valorisants	• Enrichissement et restructuration des tâches
• La fatigue mentale ou nerveuse	• Enrichissement et restructuration des tâches
• La fatigue physique	• Étude des postures, mécanisations, automatisations
• Les risques liés aux gestes et postures imposés	• Études des risques potentiels des scénarios de travail
• La définition (ou l'absence de définition) des procédures	• Définitions des procédures, consignes, règlements
L'environnement immédiat E	
• L'éclairage (naturel, artificiel) • L'encombrement (visibilité, circulation) • Les bruits, vibrations • L'atmosphère (vapeurs, fumées, poussières) • La température, les intempéries	• Étude d'amélioration des conditions physiques du travail (Éclairage, ordre, insonorisation, ventilation, dépoussiérage, conditionnement d'air, protections, etc.

• Les projections de matière • L'état des surfaces de circulation • L'aspect des surfaces environnantes (laideur, tristesse, absence de couleurs)	• Esthétique industrielle et conditions psychologiques
Les liaisons L	
• Les moyens de signalisation (optiques, sonores, gestes, voix) • Les méthodes de transmission d'information (langage normalisé, codes, etc.)	• Le travail isolé sans liaison • Rationalisation des liaisons matérielles • Apprentissage des codes, gestes normalisés, etc. • Création de liaisons de veille et de secours
Les interactions de proximité I.A.P.	
• La protection ou l'isolation des autres postes, contre : chutes d'objets, projections, éblouissements, bruits, chaleurs, fumées, poussières, vapeurs, etc.	• (Voir aussi environnement immédiat E) Écrans - Cloisons - Planchers - Insonorisation - Protecteurs - Isolation - Ventilation - Dépoussiérage - Masques, etc.
Les interactions organisationnelles I.A.O.	
• L'état des stocks (rupture) • La transmission d'informations ou d'instructions • L'absence d'autonomie	• Rationalisation des relations organisationnelles • Définition des filières et des moyens d'information • Restructuration des tâches
La circulation dans l'usine	
• L'encombrement des surfaces de circulation • L'éclairage extérieur • L'état des surfaces de circulation, routes, pistes • Les moyens de transport intérieurs	• Étude des cheminements, balisages, pistes, routes, éclairage, signalisation, moyens de transport internes, etc.

Mais plus que l'utilisation de cet inventaire utile, la clé pour découvrir les solutions efficaces se trouve dans la capacité à prendre ensemble les divers aspects du problème, en se refusant à séparer les éléments matériels des éléments humains, les procédures administratives des flux physiques, les pannes et incidents du process de production et de la formation des hommes...

(1) Jacques Domaine, « Prévention et conditions de travail dans l'entreprise. Une méthode de gestion humaniste et réaliste », Arts et Métiers Magazine, *janvier/février 1979.*

➢ *Déterminisme technologique et interaction homme/emploi*

Sans verser dans un déterminisme technologique, récusé aujourd'hui par la plupart des sociologues du travail, on doit reconnaître que les changements de technologie induisent des effets sur le travail, la nature des emplois et la qualification.

Dans un article qui fait la synthèse des diverses théories du «déterminisme technologique» (1), Éric Alsène, tout en relativisant l'importance des «*impacts de la technologie sur l'organisation (structure et mode de fonctionnement)*», n'en reconnaît pas moins leur existence.

Il est vrai qu'en ce domaine, les utilisateurs nourrissent souvent, au départ, un certain nombre d'illusions. On s'imagine, par exemple, que l'acquisition d'un outil productique va permettre d'emblée la flexibilité parfaite ainsi qu'une grande liberté de manœuvre organisationnelle. Le progrès technique devrait libérer l'initiative. Or souvent, l'apprentissage et la mise au point de l'utilisation du matériel absorbent tellement de temps et d'énergie qu'on en reste aux options de base de la machine.

Le déterminisme technologique n'a donc rien d'absolu. Plus que de l'état des technologies et des moyens de production, la nature des emplois va dépendre des choix faits par l'entreprise en matière d'organisation. Derrière la différenciation des emplois se profile en effet le thème de la division du travail. Or, plus que de technologie, dont il ne saurait être question de nier le rôle, ces choix sont déterminés pour une large part par les conceptions dominantes dans la culture de l'époque, taylorisme et organisation scientifique du travail par exemple. Le mode d'organisation n'est donc jamais un absolu et l'on sait combien les Japonais, sur ce plan tout au moins, nous ont donné des leçons en apportant la preuve de la fragilité de nos conceptions par trop «tayloriennes», c'est-à-dire basées sur une division forte du travail.

On doit rappeler d'abord les conditions socio-économiques de l'implantation du taylorisme aux États-Unis au début du siècle. On se trouvait en présence d'une main-d'œuvre inculte sur le plan indus-

(1) Éric Alsène, «Les impacts de la technologie sur l'organisation», **Sociologie du travail,** *n° 3-90, p. 321-337, juillet 1990.*

triel, largement composée d'immigrés mal assimilés et d'une docilité totale. La seule manière de mobiliser cette main-d'œuvre sur une production de masse ne pouvait être que l'ultra-division du travail, avec une soumission aveugle aux standards et aux consignes. L'ouvrier était considéré comme un simple rouage du système de production et la dimension humaine n'apparaissait qu'à l'occasion de la négociation du salaire, dont Taylor préconisait d'ailleurs qu'il soit fixé à un niveau élevé. Il pouvait dire à l'ouvrier: «Je vous paie bien, vous n'avez pas à me demander davantage; je vous donne des salaires très supérieurs à ceux que vous auriez obtenus en Europe, laissez-moi vous utiliser de la façon la plus utile à l'industrie.»

La pensée tayloriste accordait ainsi la place centrale au travail humain pour le chosifier au maximum, réduisant l'homme à une mécanique productive. Or, c'est ce principe de chosification du travail que l'automatisation peut briser, pour autant toutefois qu'elle soit inspirée par une autre vision de l'organisation. Il existe en effet des applications des nouvelles technologies qui ne font que reproduire, dans leur design, des conceptions anciennes; ainsi de certains logiciels très tayloriens qui entendent perenniser les vieux modes de fonctionnement et sans savoir tirer profit des possibilités nouvelles offertes par la technologie.

C'est aux Japonais, et plus précisément à l'ingénieur Ohno des usines Toyota, que l'on doit d'avoir rompu avec cette conception de l'organisation du travail. En opposition avec l'ancienne OST (Organisation scientifique du travail) fondée sur la parcellisation et la répétitivité des tâches, la voie japonaise a procédé par déspécialisation des travailleurs à travers la mise en place d'une certaine polyvalence des hommes et des machines, concrétisant en même temps leur autonomie. Il ne fait pas de doute que dans ce choix, comme aux États-Unis, cinquante ans plus tôt, certaines particularités historiques et culturelles de la société japonaise aient joué. On doit souligner en particulier l'existence d'une population de haut niveau d'éducation y compris sur le plan technique, population soudée par un lien social fort, fondé sur des valeurs communes et l'appartenance à une même société encore marquée par un modèle rural communautaire (1).

(1) Serge Airandi, «La Kaisha ou l'entreprise renversée», Revue française de gestion, *novembre/décembre 1992.*

J'emprunterai à Benjamin Coriat (1) la lumineuse description qu'il donne des caractéristiques de cette nouvelle conception des rapports de l'opérateur au système de production, même s'il a tendance à en sous-estimer les déterminants culturels. «*Pour la caractériser de la manière la plus simple, on dira que la voie spécifique ouverte par Ohno consiste dans le fait que, tirant parti de la flexibilité interne construite au sein des collectifs de travail (déspécialisation) comme des espaces de production (linéarisation), la productivité sera cherchée et obtenue par la mobilisation des ressources de la flexibilité elle-même. En permettant (par l'application des ressorts de la méthode du juste-à-temps) l'adaptation quasi instantanée à des demandes variées et différenciées et l'ajustement rapide des effectifs aux variations de la quantité, la flexibilité au lieu de s'opposer aux contraintes de productivité est au contraire pensée et construite comme levier et déterminant clé de la productivité.*

Ce faisant, Ohno introduit dans la théorie de l'économie du temps taylorienne et fordienne une innovation majeure. Au principe des temps alloués ou imposés (dans la méthode américaine, toujours basée sur des tâches strictement répétitives), il substitue ce que nous proposons de désigner comme le principe du travail en temps partagés, sur des tâches multiples et agrégables dans des standards (de temps et de travail) flexibles. L'introduction de ce principe de travail en temps partagés, au cœur du processus de fabrication, constitue certainement, depuis Taylor, la plus grande des révolutions jamais intervenue dans la théorie de la gestion de production.»

Cette révolution ne concerne d'ailleurs pas le seul système de production. Par effets concentriques, elle va se déployer – notamment grâce à la généralisation du «juste-à-temps» – aux rapports interfirmes, introduisant de nouveaux modes de comportements avec les sous-traitants et se traduisant par la formation d'une rente dite relationnelle.

La prise en compte de la relation, par rapport à l'élément, et cela à tous les niveaux, voilà bien ce qui distingue la réponse proposée par l'ingénieur Ohno de celle de ses devanciers américains. Comme le soutient Benjamin Coriat, on peut considérer que «*le ohnisme n'est rien moins que le discours de la méthode (en matière de gestion de production) de cette phase du capitalisme aujourd'hui traversée par les*

(1) Benjamin Coriat, «La véritable clé du succès: une nouvelle école de gestion de production», Revue française de gestion, *novembre/décembre 1992.*

économies développées et caractérisée par le fait qu'aux formes de concurrence par les coûts et les quantités se surajoutent, désormais, la concurrence par la qualité et la différenciation. A l'extrême limite, on peut ainsi soutenir que, si c'est à Taylor et Ford qu'il revient d'avoir forgé les concepts de l'organisation du travail de l'époque, l'essor de la production de masse de produits standardisés, c'est à Ohno qu'il faut attribuer ceux de la phase actuelle de la production de masse, marquée elle-même du triple sceau de la différenciation, de la flexibilité et de l'incertitude».

Cette importance nouvelle donnée à la différenciation, à la flexibilité, à l'incertitude, conduit à considérer l'emploi en se plaçant désormais au cœur même de l'interaction homme/système de production. Le poste rigidement défini par la nature de ses tâches et sa place intangible dans l'organisation – le tout repéré par la *classification* – ne peut plus être l'unique déterminant de la gestion des ressources humaines. On doit se placer du point de vue de l'homme, de sa capacité à faire évoluer son poste (désigné alors par le terme de fonction) en jouant des flexibilités autorisées par l'organisation, et d'acquérir ce faisant un certain nombre de compétences que l'on peut repérer par la *qualification.*

Par opposition au modèle taylorien qui donne la primauté à la classification du poste, je désigne par modèle schumpéterien ce second type de gestion donnant la primauté de la qualification de la personne dans sa fonction. Schumpeter est le premier économiste à avoir mis en évidence la capacité de l'acteur économique à façonner lui-même son propre milieu. En termes systémiques, cela peut être représenté par une boucle de causalité circulaire.

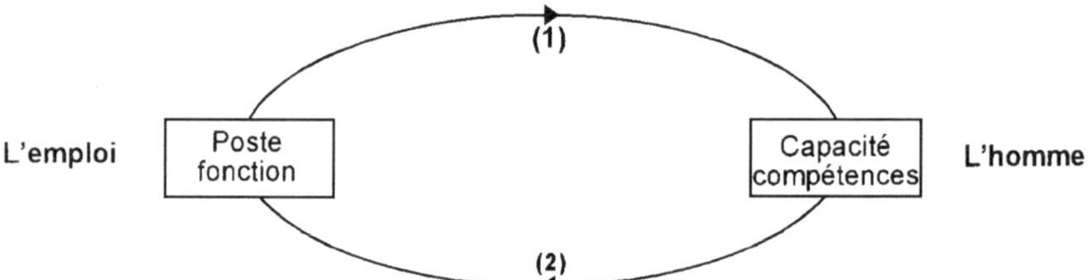

L'interaction homme-emploi

La flèche 1 correspond au modèle taylorien et la flèche 2 au modèle schumpéterien. En pratique, les situations intermédiaires existent le plus souvent. Les deux causalités 1 et 2 jouent alors simultanément et constituent une boucle de rétroaction qui, suivant le cas, pourra être stabilisatrice ou amplificatrice.

On conçoit cependant que le concept de *classification* – des emplois – trouvera plutôt ses points forts d'application dans des organisations de type taylorien. En revanche, le concept de qualification – des hommes – trouvera ses marques dans les organisations flexibles, telles que le ohnisme les développe. Il est d'ailleurs révélateur que le système de rémunération dans les entreprises japonaises soit fondé non pas sur une logique de postes et de classification, mais de gestion des compétences.

➢ *Analyse du travail et contenu des emplois*

Les réflexions précédentes trouvent leur application immédiate dans la manière de considérer l'emploi, conçu comme situation bien précise de travail au sein d'une organisation, généralement de production.

Dans le passé, on a cru que l'analyse du contenu d'un emploi passait par l'identification et la description précise de toutes les tâches élémentaires requises par l'exercice de cet emploi. Le chronométrage du travail ouvrier procédait de cette conception. Mais outre qu'il est extrêmement rare que tous les emplois d'une entreprise puissent être ainsi observés, il n'est même pas certain qu'un tel travail soit utile lorsque le contexte technique et organisationnel devient fluctuant. Les descriptifs de tâches risquent d'être caducs à peine achevés. Par ailleurs, si une telle finesse d'analyse pouvait se justifier à l'époque de l'ultradivision du travail, elle paraît moins nécessaire lorsque les emplois s'enrichissent et apparaissent comme le regroupement d'une multitude de tâches élémentaires de natures différentes et aux finalités diverses, comme c'est désormais le cas dans les organisations inspirées du modèle japonais.

En confiant au petit collectif ouvrier qui compose chaque UEP la réalisation d'un ensemble d'opérations clairement finalisées par les objectifs donnés à l'UEP, on casse la rigidité de la structure par postes, héritée du taylorisme, pour aller vers une structure flexible de fonctions à géométrie variable, marquées par la polyvalence et l'auto-organisation. C'est dans une telle démarche que s'inscrit par exemple l'accord A-CAP 2000 de la sidérurgie. Cette approche du travail comme regroupement variable, en fonction du lieu, du moment et des circonstances, d'activités finalisées, est aujourd'hui reprise par de nombreux chercheurs. Ainsi Philippe Zarifian et Pierre Veltz (1) observent que *«le travail moderne est, par essence et non par choix ou par décision, de plus en plus collectif et variable. D'où la tendance de plus en plus répandue à substituer une définition par les objectifs à atteindre ou par les fonctions à remplir (...) à la définition classique des tâches»*.

Pour cet ensemble de raisons, l'emploi n'a plus aujourd'hui de contours précis et bien définis. Il se présente comme extrêmement plastique, en dépendance de la technologie utilisée mais aussi des choix d'organisation, ce que visualise le schéma suivant.

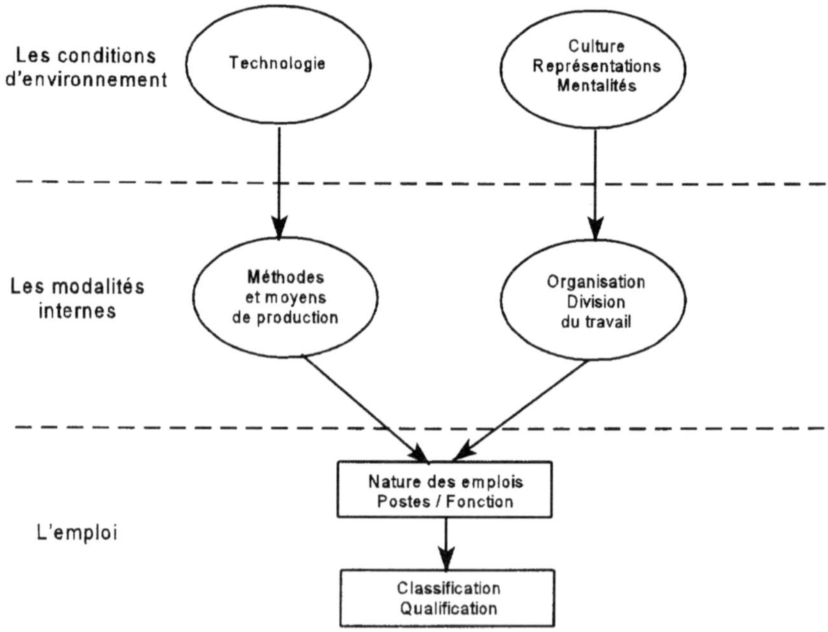

Il est également susceptible d'être mieux défini en faisant référence aux capacités de son titulaire qu'en considérant la description de la situation réelle et immédiate du travail. Et c'est là quelque chose d'extrêmement nouveau excepté jusqu'alors pour les fonctions de cadres.

(1) Philippe Zarifian, Pierre Veltz, «De la productivité des ressources à la productivité par l'organisation», Revue française de gestion, *n° 97, janvier/février 1994.*

Muni de ces diverses remarques préliminaires et conscient du fait que l'on n'observera le plus souvent que des situations de travail à «géométrie variable», il est alors possible de s'atteler au problème de l'analyse du travail et de la description et de l'évaluation des emplois.

On observera d'abord qu'un emploi n'a jamais sa finalité en lui-même, mais relativement à la place qu'il occupe dans l'organisation dont il fait partie et à la nature, plus ou moins plastique, de cette organisation. D'un point de vue systémique, un emploi se trouve toujours en relation avec d'autres emplois, souvent voisins, et avec l'environnement du système avec lesquels il échange en permanence des *flux matériels* (énergie, fluides, produits en cours de fabrication, outils, déchets, etc.) et des *flux d'information* (écrite, orale, informatisée, etc.). L'emploi peut donc être étudié de deux points de vue différents mais complémentaires:

- **La position de l'emploi** par rapport aux autres emplois et à l'ensemble du système. Cette analyse porte par exemple sur la nature et l'importance des flux échangés. Ont-ils un caractère vital ou seulement second pour le bon fonctionnement du système? A court, moyen ou long terme?

Le résultat de cette analyse permet de situer *l'importance* de la contribution apportée par l'emploi au bon fonctionnement du système, ainsi que les *risques* liés à ses plages d'autonomie. Ce positionnement de l'emploi dans la réalisation des finalités du système constitue sa *responsabilité.*

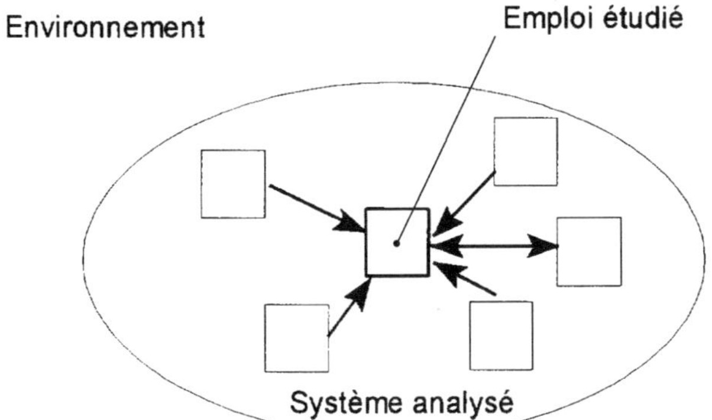

• **Le traitement** que l'emploi fait subir aux flux qui le traversent, flux matériels et flux d'information, cela indépendamment de sa position. Cette analyse est en quelque sorte introvertie, tournée vers l'emploi «tel qu'en lui-même».

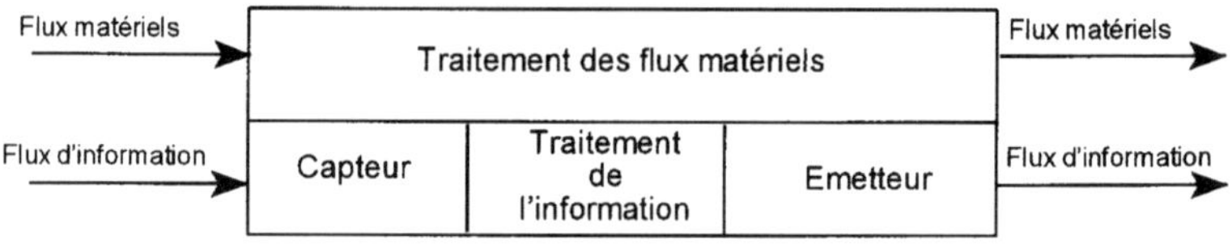

Dans les organisations tayloriennes, le traitement des flux matériels caractérisait bien sûr les emplois d'exécution au niveau de la fabrication, du transport, du stockage, de la distribution. Mais par suite des progrès de l'automatisation, ces activités présentent un caractère «manuel» de moins en moins accusé. Corrélativement, le traitement des flux d'information tend à devenir prépondérant dans la quasi-totalité des emplois (il l'est depuis toujours pour les fonctions d'encadrement).

Pour traiter correctement les flux d'information, il faut que l'emploi (ou plus précisément son titulaire) dispose d'un capteur, d'un émetteur et d'une «unité centrale de traitement». Dans les activités de liaison et de coordination, ce qui importe d'abord est la bonne qualité du capteur et de l'émetteur; le relationnel est prépondérant. Dans les activités de conception en revanche, la qualité de l'unité centrale (traitement de l'information) est déterminante.

La capacité de l'emploi à traiter les flux, et en particulier les flux d'information, mesure sa richesse ou *complexité.*

Le couple complexité-responsabilité peut constituer la base conceptuelle pour une méthode moderne d'évaluation des emplois, ainsi que nous le verrons au chapitre 6 relatif à la gestion des personnes.

L'interaction avec le système social

Me voici rendu à la dernière section qui sert en même temps de conclusion à ce chapitre. Il s'agit de rassembler, en une ultime synthèse, ce qu'il est indispensable de savoir du STE (identifié le plus souvent au système de production) pour préjuger de son interaction avec le système social. Cela revient à rechercher les sources possibles d'influence que contient ce STE classiquement caractérisé par:

- un ensemble de *moyens matériels*: équipements, machines, stocks, réseaux... dont les caractéristiques (complexité, vétusté...) ne sont pas indifférentes pour la suite de l'analyse;
- servi par des *moyens humains*: main-d'œuvre d'exécution (celle qui se trouve «aux manivelles») et dont il est important de connaître les caractéristiques principales (niveaux de qualification, âge, sexe, origine, formation...);
- en vue de réaliser des *opérations* diversifiées qui peuvent toujours être classées en trois types:

– opérations de transformation: changement dans la forme et la structure d'un objet ou d'un service,
– opérations de déplacement: changement dans l'espace (convoyeurs, chariots, gestion des flux...),
– opérations de stockage: changement dans le temps.

Et il est utile de qualifier ces opérations en termes par exemple de conditions de travail, d'intérêt professionnel, d'autonomie...

Comment repérer alors le plus commodément possible cet ensemble de caractéristiques dont le grand nombre et la complication constituent un obstacle évident au travail d'observation? Sans doute faut-il abandonner dans un premier temps toute prétention à l'exhaustivité pour se centrer sur des indices déjà connus ou aisément observables.

➢ *Utiliser bilan et indicateurs sociaux déjà existants*

Une première série d'informations, à la fois quantitatives et qualitatives, peut être glanée dans des documents qui existent déjà dans les entreprises.

• Le bilan social et ses limites

Le 12 juillet 1977, une loi a rendu obligatoire en France pour les entreprises de plus de 300 personnes, l'élaboration d'un bilan social. Cette décision survenait à l'issue d'un long débat entre professionnels sur l'utilité, voire la nécessité, de prendre en compte dans la gestion des entreprises des éléments de nature extra-économique. Essentiellement destiné aux salariés et aux partenaires sociaux, le bilan social devait être «*un document unique substitué aux informations sociales actuellement fournies au comité d'entreprise*».

Ne souhaitant pas créer d'obligations supplémentaires pour les entreprises, les auteurs du projet entendaient simplement permettre un rassemblement cohérent des données sociales existantes. Ces informations rassemblées en grandes têtes de chapitres (rémunérations, hygiène, sécurité, conditions de travail, durée du travail, formation et emploi, relations professionnelles) devaient, de plus, être exprimées au moyen d'une liste précise d'indicateurs sociaux à la définition normalisée.

Vingt ans après l'institution du bilan social et alors que la démarche s'est largement diffusée dans les entreprises, quel jugement peut-on porter sur les résultats? A coup sûr, le bilan social a contribué à améliorer l'information socio-économique des salariés et de leurs représentants, l'entreprise est devenue plus transparente, le débat social s'est rationalisé.

Mais comme instrument d'observation sociale au service du management, les résultats sont minces! Trop passéiste (il s'agit d'un simple enregistrement du passé), trop statique, insipide dans ses indicateurs standard souvent inadaptés aux particularismes de l'entreprise, le bilan social n'est pas un outil de gestion. Il peut contribuer au mieux à l'analyse.

• Indicateurs et tableaux de bord

Plutôt que rechercher vainement l'exhaustivité, ne peut-on alors identifier parmi les diverses variables sociales celles qui présentent un intérêt certain pour l'entreprise et dont on fera périodiquement (tous les mois ou tous les trimestres par exemple) un repérage commode pour pouvoir les reporter ensuite sur un tableau synthétique en forme d'historique. C'est la démarche du tableau de bord social qui suppose une définition préalable et précise des *indicateurs sociaux* qui seront utilisés pour le renseigner.

Rappelons la définition générale donnée habituellement d'un indicateur social:

> Ensemble d'**informations objectives**, concernant un groupe social homogène parfaitement défini, traitées de manière à faire apparaître les modifications de situation de ce groupe :
> - soit par rapport à celles d'autres groupes préalablement identifiés (indicateur de situation),
> - soit par rapport à celle qui lui était habituelle (indicateur d'évolution).

Il est bien dit «informations objectives», ce qui signifie que les indicateurs sociaux ne sauraient se réduire à des grandeurs quantifiables; il existe aussi des observations qualitatives parfaitement factuelles et objectives. Enfin, certains de ces indicateurs peuvent jouer un rôle particulier comme signaux actuels ou à venir de dysfonctionnement. D'où la distinction entre trois types d'indicateurs.

a) Indicateurs quantifiables. Ils sont d'une extrême diversité et on en décompte plus d'une centaine. Parmi ceux susceptibles d'apporter le plus de renseignements sur la trilogie moyens matériels/moyens humains/opérations, je citerai seulement: pyramide des âges, pyramide des qualifications, pyramide des anciennetés, répartition par sexe, âge moyen par coefficient, taux d'accidents de travail et taux d'absentéisme par catégories, taux de démission (turnover), taux de recours aux heures supplémentaires, taux de recours au personnel intérimaire, formation de base par catégorie, main-d'œuvre étrangère, budget de la sécurité, budget de formation, investissements consacrés à l'amélioration des conditions de travail, à la suppression du travail répétitif, à l'esthétique industrielle, etc.

b) Indicateurs qualitatifs. Très divers également, ces indicateurs reposent pour l'essentiel sur des analyses de contenu de documents internes, comptes rendus et déclarations. Ainsi, les prises de position des représentants du personnel (délégués syndicaux, élus du comité d'entreprise, délégués du personnel) peuvent être saisies à partir du dépouillement attentif des tracts syndicaux, des procès-verbaux de réunion, des cahiers de revendications, de la presse syndicale, des prises de parole aux portes d'établissements, etc.

c) Indicateurs d'alerte. De nature aussi bien quantitative que qualitative ces indicateurs ont pour caractéristique d'alerter sur des situations anormales, des dysfonctionnements ponctuels auxquels il appartient au management d'apporter une solution rapide. Seuls de tels indicateurs correspondent réellement à la conception du tableau de bord social, présentée notamment par Claude Vermot-Gaud (1).

On conçoit que de tels indicateurs soient spécifiques à l'entreprise. De plus, ils reflètent les préoccupations personnelles des responsables, lesquels ont besoin d'éclairer et de consolider leurs décisions. C'est

(1) Claude Vermot-Gaud, **La politique sociale de l'entreprise : du projet d'entreprise au tableau de bord social,** *Éditions Hommes et Techniques.*

pourquoi ces indicateurs doivent chaque fois être construits « sur mesure ».

Il faut noter enfin que les indicateurs sociaux, quelle que soit leur nature, ne donnent que rarement des renseignements à caractère absolu. Tel taux d'absentéisme jugé satisfaisant dans une entreprise paraîtra insupportable dans une autre. C'est pourquoi ces indicateurs doivent toujours être *ré-interprétés* à la lumière de leur contexte particulier d'entreprise. Ils renvoient à l'ensemble de l'observation sociale et ne trouvent leur pertinence que dans ce cadre.

➢ *Repérer les démarches innovatrices à impact social*

Il ne s'agit plus ici de suivre de manière relativement systématique et permanente quelques variables du STE jugées essentielles mais d'identifier, au cas par cas, des démarches innovatrices concernant les hommes dans leur rapport aux équipements et aux opérations. Parmi la grande diversité des situations observables, je retiendrai trois exemples actuels particulièrement importants.

• Prise en compte de la dimension ergonomique

Plutôt que d'intervenir en curatif sur les conditions de travail en cherchant à améliorer a posteriori des équipements mal adaptés pour un produit donné, il est autrement plus efficace et moins coûteux de concevoir différemment le produit et le process. Cette idée est à la base d'une méthodologie nouvelle développée dans un certain nombre d'entreprises. Aux Automobiles Citroën, un projet de ce type baptisé Harmonie a été mis en œuvre pour la première fois sur le nouveau modèle de véhicule Saxo (1). Pour les initiateurs du projet: « *La nouvelle organisation de conception en ingénierie simultanée réunissant sur un "plateau" tous les acteurs concernés: concepteurs de produits, concepteurs de moyens, qualiticiens, hommes du marketing, fabricants, etc., autour d'un Directeur de projet, a favorisé les échanges et a permis une prise en compte plus accentuée des difficultés liées au travail des opérateurs.*

Cette organisation découlant de notre Charte Développement Produit a permis d'associer dès le début du projet de conception de la Saxo, des

(1) *Frédéric Blazejewski, « Des usines pour des Hommes »,* Personnel, *n° 376, janvier 1997.*

ergonomes, des médecins du travail, dans l'interface entre la direction des études et celle des méthodes et de la fabrication.»

Rassemblant des équipes pluridisciplinaires de professionnels compétents, cette méthode permet ainsi de retenir la solution fruit du meilleur compromis, tant sur le plan de l'humain, des conditions de travail, de la technique, de la qualité, que du coût.

• Les démarches qualité

Qualité totale, Qualité globale, Total Quality Control (TQC), Kaizen... les termes varient pour désigner une démarche développée à l'origine aux États-Unis (dans sa version technocratique) et au Japon (dans sa version participative).

Dans sa version japonaise, la seule qui nous intéresse ici, la qualité totale ne se présente pas d'abord comme une innovation organisationnelle mais comme un exigence nouvelle portant sur le management des hommes, en particulier des opérateurs. La connotation éthique telle que le service du client, y est très présente.

Les principales innovations portent sur les points suivants:
– l'exigence de qualité s'étend à tous les produits ou prestations ou valeurs ajoutées, qu'ils soient externes ou internes,
– la prévention, et par voie de conséquence l'autocontrôle, est la seule voie conduisant à de hauts niveaux de qualité à coûts acceptables,
– la gestion opérationnelle de la qualité est renvoyée au niveau de chaque équipe, le service qualité intervenant seulement en soutien et pour élaborer les options générales.

Dans les faits, les démarches qualité multiplient les projets, soit modestes, avec des groupes participatifs de base, soit de plus grande envergure, avec des groupes transversaux animés par de véritables chefs de projet. Par leur a priori favorable au juste-à-temps, à l'autocontrôle, aux organisations modulaires (voir paragraphe suivant), elles permettent de supprimer les stocks tampon, de réduire les coûts, d'améliorer la qualité, de développer l'autonomie des hommes et des équipes.

Bref, on peut dire qu'une démarche de qualité totale est une mise sous tension d'une entreprise dans toutes ses dimensions.

• Recomposition de l'équipe de travail

Organisation par équipe, équipes opérationnelles, organisation en îlots, organisation cellulaire, groupes semi-autonomes, groupes responsables... les noms sont extrêmement divers pour désigner cette démarche de recomposition de l'équipe de travail en train de gagner aujourd'hui un grand nombre d'entreprises.

Il s'agit en fait d'une structure locale où s'optimisent les différents facteurs de production: le pilotage du process, la gestion des flux de matière d'œuvre et semi-finis, la gestion des stocks intermédiaires, la qualité, la maintenance de premier degré, l'utilisation de la main-d'œuvre, le développement des compétences (auto-apprentissage au sein de l'équipe, polyvalence, flexibilité...), le traitement de l'information. Ce type d'organisation augmente l'*intérêt du travail* et le niveau de *qualification*, tant des individus que de l'équipe.

Il propose également un nouveau cadre, plus favorable, à l'animation hiérarchique de proximité, autorisant de ce fait une réduction visible du nombre de niveaux hiérarchiques (souvent de près de 50 %!).

C'est à une réorganisation de ce type qu'a procédé Renault, à partir de 1990, dans l'ensemble de ses usines de fabrication. Sous le nom d'UET (Unité élémentaire de travail) il a été créé des collectifs de travail de dimension réduite (20 personnes maximum en secteur de production, 8 à 12 pour les services) autour de la double mission suivante:
– création du maximum de valeur ajoutée (quantité, qualité, coût, fiabilité, flexibilité...) en un lieu précis de l'organisation, caractérisé généralement par la règle des trois unités (lieu, temps, action),
– développement des compétences des membres de l'équipe par l'apprentissage organisationnel, une gestion intégrée des qualifications, une autre approche de la politique de formation et de mobilité.

Selon René Tijou (1): «*Conçue comme une organisation "ouverte", l'UET est le lieu naturel de création de valeur ajoutée. Elle est également conçue pour favoriser le développement d'un progrès continu et se différencie en cela de toute organisation classique fonctionnant sur la base d'un standard de performances défini a priori... Le développement des UET exprime la volonté de faire progresser l'entreprise en élargissant l'autonomie des salariés, en prenant mieux en compte les idées de chacun, en favorisant l'accroissement des compétences individuelles et collectives.*»

(1) René Tijou, «Les Unités Élémentaires de Travail. Recomposer le travail chez Renault», Personnel, *n° 348, février 1994.*

LE PILOTAGE PAR L'ORGANISATION

« Ce que nous voyons apparaître maintenant, ce sont des structures très complexes se rapprochant non plus des structures mécaniques, comme c'était le cas des organisations traditionnelles, mais des structures biologiques. »

Peter F. Drucker. Le management en question.

L'importance prise par le phénomène « organisation » est due à l'apparition, dans la vie socio-économique, de ces ensembles extrêmement complexes et multiformes que sont les grandes entreprises. Pour pouvoir les maîtriser, les gérer, les diriger, bref les piloter, les industriels, mis au défi, ont sommé les théoriciens de leur fournir de nouveaux outils d'analyse, de nouveaux concepts, de nouveaux schémas explicatifs.

Pourtant, les grandes organisations ne datent pas d'aujourd'hui: l'Église, l'armée, les empires de l'Antiquité en fournissaient déjà des modèles. Mais les changements dans l'environnement technologique, économique, culturel, ont progressivement rendu ces modèles obsolètes, tout au moins pour l'entreprise. Les vieilles réponses n'étant plus pertinentes, il a fallu en inventer d'autres.

Dans ce parcours à travers le système organisationnel de l'entreprise, je me placerai, suivant les circonstances, du point de vue fonctionnel, structural ou historique.

Le système organisationnel

Pour le décrire, il convient de repartir du schéma structural de l'entreprise tel qu'il a été présenté au chapitre 2 (page 75). On avait identifié alors trois systèmes étroitement imbriqués: technico-économique, organisationnel et social, les deux premiers reproduisant le modèle canonique système opérant/système de pilotage. Pour en dire davantage, il faut procéder à une étude plus fine (un « zoom ») de la structure du système organisationnel et identifier ses principaux composants et leurs fonctions.

➢ *Aperçu sur le système organisationnel et sa structure*

Ainsi que le montre le schéma suivant, le système organisationnel englobe et articule quatre sous-systèmes qu'il faut prendre en compte simultanément :

• Les deux plus importants sont le *système de décision* (SD) et le *système d'information* (SI). Véritable salle de contrôle de l'organisation, ils en constituent l'épine dorsale. C'est grâce à eux que les décisions sont élaborées puis traduites en informations opératoires (ordres, instructions). En retour, le système d'information permet la remontée de feed-backs sur les résultats obtenus à partir de la mise en œuvre des décisions, ainsi que le traitement et la mémorisation de ces informations.
Ces deux systèmes étaient prévisibles. Ils ne font rien d'autre que transposer la structure d'un système de pilotage arrivé à un certain degré de complexité, tel que décrit au chapitre 1, pages 30 à 32.

• Les deux autres sous-systèmes, en revanche, sont plus surprenants. Le *système de règles et procédures* (SRP) régit les actions de nature répétitive et standardisée, actions qui présentent par le fait même un caractère d'automatisme. Le *système de fonctions* (SF) définit la structure, tant du système technico-économique que du système organisationnel lui-même. Il dit l'agencement des missions, des tâches, des responsabilités. C'est par lui que passera l'auto-organisation de l'entreprise, à l'occasion par exemple d'une restructuration.

On notera que ces deux derniers systèmes sont uniquement composés de symboles (textes, schémas, diagrammes...) stockés sur des mémoires artificielles (papier, électronique) et psycho-biologiques (les hommes concernés par la règle ou l'affectation de fonction). A ces *systèmes abstraits*, on oppose les *systèmes concrets* que sont le système de décision, constitué pour sa part d'hommes bien vivants en chair et en os, et le système d'information où, parmi les nombreuses mémoires artificielles et réseaux informatiques de communication, l'homme reste toujours partiellement présent comme capteur et transmetteur.

Bien que non étudié dans ce chapitre, j'ai fait apparaître en pointillé le système social et ses nombreuses interactions avec les autres sys-

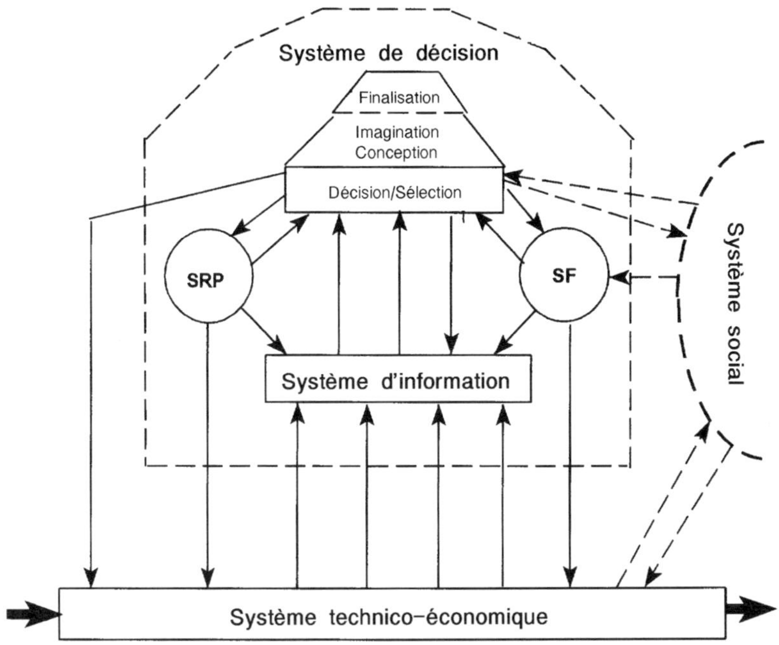

SRP : Système des règles et procédures | constitué d'éléments symboliques (Codes, normes, règles...)

SF : Système de fonctions

SI : Système d'information - constitué de capteurs (humains ou artificiels) et mémoires (humaines, papier, informatiques)

SD : Système de décision - constitué d'éléments humains

SS : Système social - constitué de personnes et de groupes

STE : Système technico-économique - constitué d'équipements (machines, stocks...) et d'opérateurs humains

tèmes. C'est en effet le système social qui vient complexifier le jeu et apporter un surplus de variété. Même si son intervention n'est pas prise en compte à ce stade de l'analyse, il importe de se rappeler toujours son existence et son rôle. De plus, il faut se souvenir également que par le biais des outils et règles de gestion qui structurent le système organisationnel (notamment le SRP et le SF) et qui constituent une sorte de «technologie invisible» (1), celui-ci exerce une multitude d'effets induits sur le système social.

(1) Michel Berry, Une technologie invisible : l'impact des instruments de gestion sur l'évolution des systèmes humains, *Document CRG, 1983.*

➢ *Système d'information/système de décision : l'axe porteur de l'organisation*

Dans l'entreprise, des décisions d'importance fort différente sont à prendre en permanence à tous niveaux: démarrer ou arrêter une machine, affecter du personnel à une tâche, acheter un équipement, changer de fournisseur, de procédés, recruter une personne, choisir une date de facturation, etc.

L'organisation de l'entreprise traduit la manière dont se trouvent agencées entre elles ces différentes prises de décision. Et l'organisation sera dite bonne si les décisions sont rapides et sûres, intègrent toutes les données, sont bien contrôlées, tiennent compte des orientations de politique générale, ont un coût d'élaboration qui n'est pas trop élevé.

Ces critères qui permettent de juger de l'efficacité du dispositif de décision sont plus ou moins vérifiés par les entreprises réelles. On sait très bien, par exemple, que dans certaines entreprises, les prises de décisions sont lourdes, c'est-à-dire trop lentes et qu'elles nécessitent de mobiliser beaucoup de temps et de moyens. A l'inverse, dans d'autres entreprises, les décisions sont souvent rapides, mais peuvent s'avérer hasardeuses.

On pressent que ces différences s'expliquent par l'existence, généralement reconnue, de plusieurs *niveaux d'organisation* au sein de la structure. C'est sur le nombre de ces niveaux d'organisation, la manière de concevoir leur articulation, que vont se différencier et même s'opposer les diverses théories de l'organisation.

Mais il existe également un autre clivage entre ceux qui distinguent clairement SD et SI et affichent leur relative autonomie, et ceux qui ne le font pas.

Dans le discours de l'école classique (Fayol, Taylor), l'information est toujours plus ou moins dépendante du décideur, liée en quelque sorte à ses ressources et à son jeu (d'où le fameux adage: l'information, c'est le pouvoir). Système de décision et système d'information sont en quelque sorte confondus.

Pour Jean-Louis Le Moigne (1), l'émergence du système d'information comme «*nouvelle fonction à l'interface de l'action et de la régula-*

(1) *Jean-Louis Le Moigne, «Vers un système d'information organisationnel?»,* Revue française de gestion, *novembre/décembre 1986.*

tion» constitue le nouveau paradigme de l'organisation. La mémoire, qui suppose «*un champ sémantique ouvert, au sein duquel l'intelligence des décideurs pourra se déplacer sans contrainte*» joue un rôle absolument central dans cette conception du système organisationnel. Selon lui, il ne peut y avoir d'organisation sans mémoire «*organiser, c'est commémoriser*». C'est grâce à l'existence de ce système d'information distinct et autonome que peuvent fonctionner les nouveaux modèles d'organisation, matriciel ou poly-cellulaire par exemple, lesquels sans cela seraient voués à l'incohérence et à l'inefficacité.

On retiendra, pour conclure, que l'ensemble système d'information/système de décision constitue bien l'axe porteur de l'organisation, celui autour duquel va s'effectuer le processus de complexification de l'entreprise. A partir d'un premier seuil de complexité, dont rend théoriquement compte la distinction «système opérant/système de pilotage», on passe progressivement à des complexités supérieures où émergent de manière autonome les grandes fonctions de mémorisation, d'imagination/conception et d'autofinalisation (chapitre 1, pages 27 à 34). Dans cette évolution, le SI constitue un point de passage obligé et déterminant. Sa prise en compte dans la théorie des organisations constitue, selon J.-L. Le Moigne, la principale différence entre le paradigme classique qui a, dans le passé et encore aujourd'hui, déterminé et nourri la plupart des réflexions sur l'entreprise, et le paradigme systémique, seul adapté à une organisation désormais «*comprise comme un processus et non plus seulement comme un état, conjonction indissociable et conflictuelle de trois grandes fonctions constitutives*» (*cf.* figure).

L'organisation : conjonction complexe de trois fonctions fondamentales

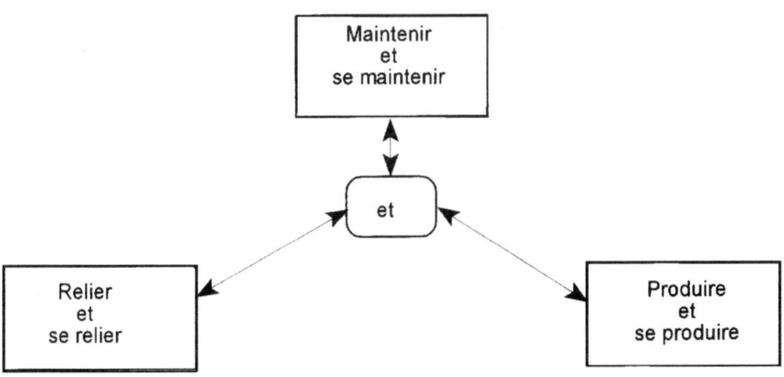

➢ *Le système de décision (SD)*

Que le système de décision soit au cœur du fonctionnement de l'entreprise, ce qui vient d'être dit, le laisse déjà entrevoir. La raison principale en est cependant la nécessité où se trouve l'entreprise de coordonner et rendre compatibles entre elles le grand nombre de décisions qu'elle doit prendre, certaines d'enjeu considérable ou minime, d'autres à conséquences lointaines ou immédiates. Le SD n'est rien d'autre que la définition, la mise en œuvre, l'entretien et le développement de cette immense chaîne décisionnelle. On peut lui appliquer la définition que Bernard Galambaud (1) donne de la gestion:

PROCESSUS de prise de décision conçu, organisé, conduit et contrôlé afin que les décisions soient prises :
- en temps opportun
- par les personnes les mieux placées et ayant autorité pour les prendre,
- en intégrant toutes les données et paramètres nécessaires à la qualité de la décision.

Naturellement, un tel processus a rarement pris une forme unique. Il est la traduction d'une série de choix, se déroulant dans le temps historique, et portant aussi bien sur les modes de spécialisation que sur les mécanismes de coordination. Ces choix donnent lieu à plusieurs configurations de base pour le SD, celles que nous allons étudier dans les prochaines sections.

Mais avant de plonger dans cette contingence des SD, il est indispensable de réfléchir un instant sur ce qu'est le mécanisme élémentaire de la prise de décision au sein d'une organisation.

L'homme n'a pas attendu de vivre dans l'entreprise pour être dans l'obligation de décider et d'agir. D'une façon générale, la décision et l'action caractérisent tous les êtres vivants. La nouveauté introduite par l'entreprise est une exigence de cohérence entre des actions multiples concourant toutes à un même objectif, cohérence rarement exigée jusqu'alors à un tel degré de raffinement par les sociétés humaines traditionnelles.

C'est donc bien le problème de la coordination entre décideurs différents, dans une perspective de cohérence et d'intégration, qui rend

(1) *Bernard Galambaud,* Des hommes à gérer, *Entreprise moderne d'édition, 1983.*

nécessaire l'existence d'un système de décision. Là est sa fonction, là est ce qui commande sa structure.

Observons au passage que le problème ne se pose que parce que l'entreprise ne peut jamais être réduite (sauf peut-être une très petite entreprise) à un décideur unique. Dès qu'elle grandit en taille et se diversifie, il lui faut impérativement diviser le travail entre activités distinctes, puis ensuite assurer la coordination entre ces activités.

Selon Henry Mintzberg (1), trois mécanismes généraux suffisent pour expliquer comment les organisations coordonnent leur travail. Ces mécanismes de coordination peuvent être considérés comme le ciment du système de décision, ce qui maintient sa structure et la fait fonctionner. Ils sont les suivants (*cf.* figure ci-après):

• *L'ajustement mutuel* réalise la coordination du travail par simple communication informelle entre acteurs individuels ou entre services (les opérateurs O de la figure). Les parties concernées s'influencent l'une l'autre, mais sans être entre elles dans des rapports d'autorité. Dans l'entreprise, ce type de coordination se réalise le plus souvent de manière spontanée au sein des équipes de travail et transite par les relations horizontales entre équipes (relations rarement reconnues par les conceptions traditionnelles de l'organisation).

• *La supervision directe* est le mécanisme de coordination par lequel une personne, désignée sous l'appellation de cadre (C dans la figure), se trouve investie de la responsabilité du travail d'autres personnes. On est là dans le modèle bien connu de la *ligne hiérarchique*. Le chef supervise des adjoints. Chaque adjoint supervise d'autres adjoints en cascade jusqu'à la base. L'ensemble constitue une pyramide qui quadrille par étages toute l'organisation et détermine les niveaux de décision.
Depuis Fayol, ce mode de coordination est sans doute celui qui a fait le plus l'objet d'études et de publications dans la littérature managériale.

• *La standardisation* réalise la coordination par le moyen de la norme et de la règle, lesquelles s'imposent à des exécutants «mécanisés» au besoin par voie disciplinaire. Suivant le cas, la règle concerne:

(1) H. Mintzberg, Structure et dynamique des organisations, *Éditions d'Organisation, 1982.*

– *la standardisation des procédés*, lorsque le contenu du travail est totalement programmé. Il n'y a plus alors besoin de coordination entre exécutants et la communication horizontale se trouve réduite au minimum. C'est ce type de standardisation qui est dominant dans l'organisation taylorienne classique, où il s'accompagne d'une supervision disciplinaire par les «petits chefs».
– *la standardisation des résultats*, lorsque sont spécifiées à l'avance les caractéristiques du produit, ou la performance à atteindre. Ce mode de standardisation autorise le recours à une coordination complémentaire, par voie d'ajustement mutuel, au sein des équipes.
– *la standardisation des qualifications*, lorsque sont rigoureusement prédéterminés les niveaux de formation de ceux qui exécutent le travail (cas de certaines administrations faisant appel à des professionnels de niveau élevé: universités, hôpitaux...). Ce mode de standardisation interfère bien sûr avec le système de fonction.

Les trois standardisations peuvent coexister entre elles. Elles sont toujours l'émanation d'un «bureau» de spécialistes (cadres et techniciens fonctionnels), désignés par Henry Mintzberg dans la figure sous l'appellation d'Analystes A.

On notera que les standards produits par ces spécialistes constituent en fait de la décision routinisée dont la nature est de rejoindre le SRP, contribuant ainsi à le produire et à le maintenir.

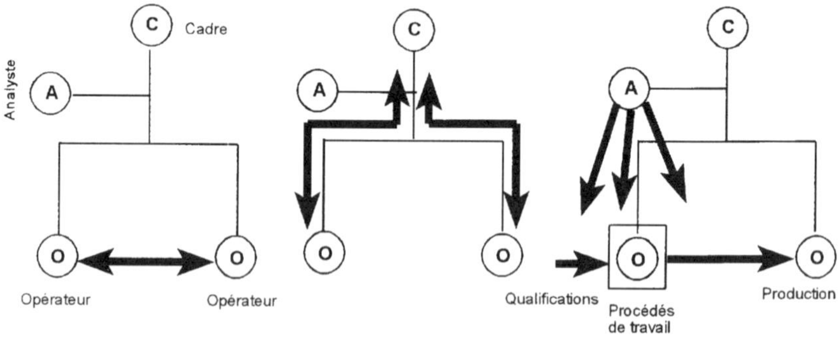

(a) Ajustement Mutuel (B) Supervision Directe (C) Standardisation

Existe-t-il dans l'entreprise un dosage optimal entre les trois modes de coordination? Il n'y a pas de réponse simple à cette question. Les prochaines sections, relatives aux différentes conceptions possibles du SD, illustrent la diversité des réponses, chacune valable dans un cadre donné. Henry Mintzberg croit cependant pouvoir affirmer que l'on passe, au cours de l'évolution de l'entreprise, par des phases confiant préférentiellement la coordination à un mécanisme puis à un autre. On observerait ainsi:

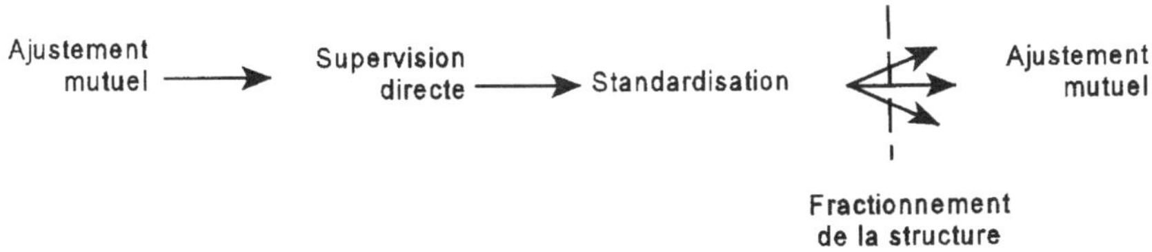

Le retour à l'ajustement mutuel, mais entre divisions et centres de profits, s'observerait au-delà d'un certain seuil de taille, où les blocages induits par la standardisation (prolifération du SRP) imposeraient un fractionnement de la structure. C'est alors qu'apparaîtraient les structures divisionnalisées et matricielles, caractéristiques des grands groupes.

Au passage, l'analyse de Mintzberg permet de donner une définition particulièrement intéressante de la bureaucratie (1):

«Les structures qui comptent sur la standardisation pour réaliser la coordination (du processus de travail ou d'autres processus) sont généralement qualifiées de bureaucratiques, alors que celles qui comptent sur la supervision directe ou l'adaptation mutuelle sont dites organiques.»

➢ *Le système d'information (SI)*

Dans les pages précédentes, j'ai déjà montré les fonctions du SI et la manière dont il était apparu puis s'était développé au sein du système organisationnel. Une dernière question demeure, celle de sa structure. Qu'est-ce donc qu'un système d'information et comment est-il constitué?

Je retiendrai la réponse donnée par Patrick Gilbert (2), laquelle me paraît particulièrement limpide. Le SI est un «*ensemble construit et intégré de ressources humaines et informatiques accompagnant la collecte, la mémorisation, la recherche, la communication et l'utilisation d'infor-*

(1) *H. Mintzberg,* A synthesis of the research organisation design, *Management Science, mars 1980.*
(2) *Patrick Gilbert, «Maîtriser le système d'information»,* Personnel, *n° 359, avril 1995.*

mations au service d'un domaine d'activité, d'une fonction, de l'entreprise.

Cette définition met en relief que le système d'information ne se limite pas, comme on le croit trop souvent, aux moyens techniques. L'informatique est un support et un véhicule privilégié de l'information formalisée, mais elle n'est pas le seul. Même lorsque la gestion est très formalisée, comme dans les grandes bureaucraties, beaucoup d'informations – Dieu merci! – ne transitent pas par l'informatique.

Elle indique également que la cohérence dans l'utilisation des ressources technologiques et l'insertion de celles-ci dans la structure humaine de l'entreprise sont essentielles pour un bon fonctionnement.

Enfin, et c'est là sans doute le plus important, elle souligne qu'un système d'information est toujours construit par des hommes, qu'il fonctionne grâce à eux et pour eux, et qu'on ne peut donc en faire une affaire exclusive d'ingénieurs!»

Si l'homme est en effet au cœur du système de décisions, il n'est pas non plus absent du système d'information. On ne saurait réduire ce dernier aux éléments symboliques (chiffres, données, textes, codes, schémas) ni aux supports physiques (documents, bases informatiques) qui les transmettent et les conservent. La mémoire humaine en reste le dépositaire clé et l'intelligence humaine la clé d'interprétation.

Cette dimension humaine du SI pose le problème éthique de la vérité et de la transparence de l'information. Comment sont élaborées les données, comment sont-elles transmises, et à qui? On sait que la transparence – et son contraire l'opacité – ont des retombées très fortes sur le comportement des hommes. On en a de bons exemples lors de l'instauration d'un contrôle de gestion, outil de base par excellence de tout système d'information.

Cette prééminence de l'homme ne doit cependant pas masquer l'importance de l'infrastructure matérielle, notamment informatique, dans les SI d'aujourd'hui. Réseaux de micro-ordinateurs, serveurs de données, bases documentaires, progiciels spécialisés, messagerie électronique, infocentres, les outils abondent qui permettent un traitement sélectif et rapide des informations à un degré inimaginable voici seulement quelques années.

➢ *Le système des règles et procédures (SRP)*

Lorsque, dans l'entreprise, un certain nombre de décisions, le plus souvent relatives au pilotage du système technico-économique, se renouvellent fréquemment, il devient utile pour l'organisation de sélectionner la décision la plus efficace (« *the one best way* » de Taylor) et d'en imposer l'application à tous par le moyen d'une règle. Plus la décision ainsi élaborée concerne un vaste domaine et doit être fréquemment reproduite, plus il paraît logique de mettre beaucoup de soin à son élaboration et d'en remonter la responsabilité à un niveau hiérarchique élevé.

Ainsi se met en place le système des règles et procédures. A l'origine simple appendice du système décisionnel, il prend peu à peu un poids croissant dans le fonctionnement interne de l'entreprise dont il a vocation à contrôler tout l'aspect répétitif. C'est pourquoi le système de règles et procédures (SRP) va intervenir, ainsi que le montre la figure suivante, sur la régulation des trois systèmes SD, SI et STE, même si son influence est sans doute plus forte pour le dernier.

Sur le système technico-économique, le SRP intervient en effet principalement sous forme de procédures d'allocations de ressources à chaque organe concerné, de standards de qualité, de consignes de processus et de sécurité.

Sur le système de décision, le SRP intervient en codifiant la nature et l'étendue de chaque pouvoir de décision, en fixant les procédures de coordination, d'arbitrage, de contrôle.

Sur le système d'information, le SRP intervient pour fixer les modes de codification et de circulation de l'information ainsi que les formes et durées de mémorisation.

Système entièrement symbolique, constitué de signes, codes et supports, le SRP se présente sous un double aspect:
– formel pour une part: « bibles » ou recueils de « procédures » qui réglementent une bonne part de l'activité de certaines firmes et administrations publiques;
– informel pour une autre part, c'est-à-dire inscrit dans le comportement des acteurs sous la forme de traditions, habitudes, règles morales.

Le système des règles et procédures

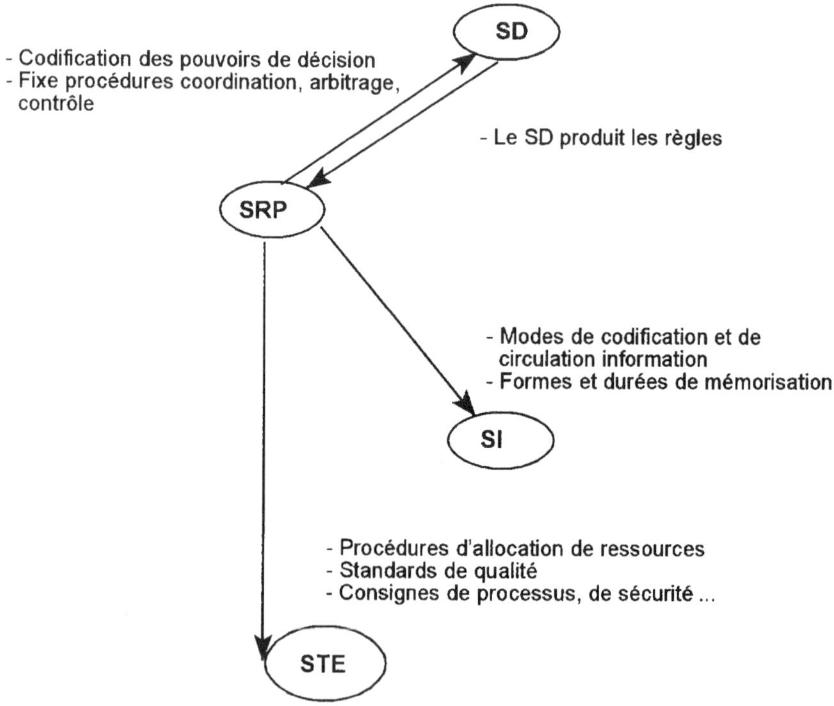

Le développement du SRP s'accompagne de l'apparition au sein du SD d'un certain nombre de spécialistes (administratifs, comptables, techniciens, fonctionnels de toutes sortes) dont la mission principale est de participer à l'élaboration de la règle. Selon Jean Dubois (1), ce qu'on appelle «*bureaucratie n'est pas tant l'invasion de la paperasserie que cet impérialisme des règles et procédures. L'essentiel est l'observation de la règle! Au bout du compte, on a l'impression que les finalités technico-économiques sont secondaires et que l'institution devient un but en soi, fonctionne pour elle-même, asservissant même l'environnement à sa logique: c'est ainsi que les règles administratives de certaines organisations publiques l'emportent trop souvent sur le service au citoyen ou au consommateur, prié de se plier à des procédures dont le sens lui échappe.*

(7) Jean Dubois, Approche globale de l'entreprise, *Cours de l'Institut français de gestion, 1985.*

Les entreprises privées n'échappent pas à ce danger: on perdra tel client pour respecter les procédures de tarification ou de règlement; tel manager renoncera à mordre sur un créneau intéressant, de peur d'être obligé de changer son système de décision ou son organisation; tel cadre laissera une situation se détériorer parce que ce n'est pas dans sa définition de fonction de se mêler de cette affaire».

On perçoit bien la dérive perverse vers laquelle peut conduire la prolifération incontrôlée du SRP, particulièrement dans un environnement économique devenu turbulent et incertain. Il est dangereux pour les hommes qui composent le système de décision d'abandonner leurs responsabilités à des automatismes réglementaires ou techniques, même pour des décisions mineures! Dans ce cas, mieux vaut laisser plus d'initiative à l'acteur de terrain, dans le cadre par exemple d'un management par objectifs.

Pour autant, une entreprise un peu complexe ne peut se passer de SRP. On imagine mal de devoir reprendre chaque fois à zéro toutes les décisions, y compris celles qui ont un caractère répétitif évident. De plus, il existe une limite à la suppression des règles et procédures standardisées. On observe ainsi dans les entreprises fortement décentralisées des dérives telles que l'approche séparée et quelquefois discordante du même problème, ce qui est coûteux sur un plan strictement gestionnaire (doublons, incompatibilité des solutions). Dans ces entreprises apparaît souvent la demande d'une procédure fédératrice pour remettre un peu de cohérence.

Comme toujours en systémique, la bonne réponse est dans l'équilibre: ni trop, ni trop peu.

➢ *Le système de fonctions (SF)*

Lorsque l'entreprise croît en taille et diversifie ses activités, se pose obligatoirement à un moment donné le problème de la *différenciation* des diverses fonctions (production, commercial, finance...) jusque là confondues et de la spécialisation correspondante des emplois. En pratique, trois grands modes de spécialisation, présidant au découpage des activités et au regroupement des emplois, se rencontrent dans les entreprises:
– par *fonction* (ou processus de travail): le regroupement est axé sur les différentes fonctions, telles que par exemple: une unité achat, une

unité fabrication, une unité finance. C'est le système technico-économique qui est déterminant;
– par *produit* (ou type de marché ou de clientèle). C'est alors l'environnement commercial qui est déterminant pour configurer la structure;
– par *localisation* (ou sur une base géographique). Ce mode de découpage, le plus ancien, peut s'imposer pour des raisons juridiques, administratives et sociales (rapports avec les pouvoirs publics locaux ou nationaux par exemple).

A ces trois principaux modes de regroupement peuvent se superposer deux autres, venant les compléter utilement. Il s'agit des regroupements:
– par spécialité (ou qualification) des opérateurs;
– par moment (ou rythme) de production. C'est notamment le cas lorsqu'une unité de fabrication fonctionne en continu (exemple: équipes de poste).

Dans la réalité, la complexité de l'entreprise est souvent telle que sa structure doit prendre en compte simultanément plusieurs modes de spécialisation. Ces modes peuvent alors être *superposés* l'un à l'autre, ainsi une spécialisation fonctionnelle au sein de chaque entité d'une structure divisionnalisée par produit. Ils peuvent également être *enchevêtrés*, consacrant l'hétérogénéité de la structure, ainsi dans une grande entreprise des départements fonctionnels, tels que finance et ressources humaines, placés en position d'état-major pour assister des divisions opérationnelles structurées sur une base de produits/marchés.

En fait, le choix du mode de spécialisation se pose à chaque niveau hiérarchique et en vient à concerner, par voie descendante, tous les emplois sans exception. Il doit s'adapter à la variété des situations auxquelles l'entreprise est confrontée.

Mais quel que soit ce choix, il va être lourd de conséquences. Il commande non seulement la description et l'évaluation des emplois, mais la nature des mécanismes de coordination eux-mêmes, les zones d'interdépendance et les plages de recouvrement des responsabilités.

Le système de fonctions constitue en quelque sorte le recueil de ces réponses, prises par les décideurs (SD) et appelées à durer longtemps. Il dit l'agencement des rôles, des tâches, des responsabilités. Il établit un schéma du fonctionnement de l'entreprise. Les membres de celle-ci doivent pouvoir compter sur ce schéma: connu, suffisamment stable, permettant d'identifier le rôle des autres membres (qui fait quoi?) et de prévoir en partie leurs comportements.

Même si l'organigramme constitue habituellement le principal support codifié du SF, ce dernier ne s'y réduit pas. Tout ne peut être formalisé, de nombreux ajustements et arbitrages informels se produisent en permanence entre les titulaires des emplois. Par delà l'organigramme officiel, il existe un organigramme officieux, porté et «vécu» par des individus qui l'investissent plus ou moins de façon affective. Les conséquences d'une restructuration ne se résument donc pas au remplacement «sur le papier» d'un schéma par un autre.

Lorsque l'on entend clarifier le plus possible la structure des emplois, comme c'est généralement le cas dans les entreprises d'une certaine taille, on est conduit à pousser la finesse du SF jusqu'aux chartes de description des emplois, à leur évaluation, à leur classification. On retrouve alors l'analyse que j'ai déjà développée pour les emplois d'opérateurs au chapitre 3 (pages 113 à 114), mais appliquée cette fois-ci à tous les emplois de l'entreprise et pas uniquement à ceux du seul STE. Une méthode d'évaluation du type complexité/responsabilité est également concevable pour peser les emplois et les classer. Dans l'hypothèse d'emplois flexibles, ou à géométrie variable (ce que j'ai appelé le modèle schumpéterien), la qualification de l'homme peut de même se substituer à la classification de l'emploi. On sait d'ailleurs que depuis quinze ans l'évolution de l'organisation dans la plupart des entreprises s'est faite dans le sens d'une réduction progressive des *postes à tâche* et de leur remplacement par des *postes à rôle*, beaucoup plus chargés en complexité et en exigence relationnelle. Et cela va dans le sens d'une flexibilité plus grande de la structure et de la plasticité des emplois.

La figure de la page suivante propose une visualisation de cet ensemble complexe de relations.

Par le système classificatoire qui peut être considéré comme partie intégrante du SF, celui-ci se trouve en relation directe avec les compétences des hommes. La double flèche entre structure des emplois et classification/qualification puis avec les compétences, traduit l'existence d'une organisation flexible et apprenante, par opposition à une organisation taylorienne où ne figurerait que la seule flèche descendante de détermination par le sommet de l'organisation.

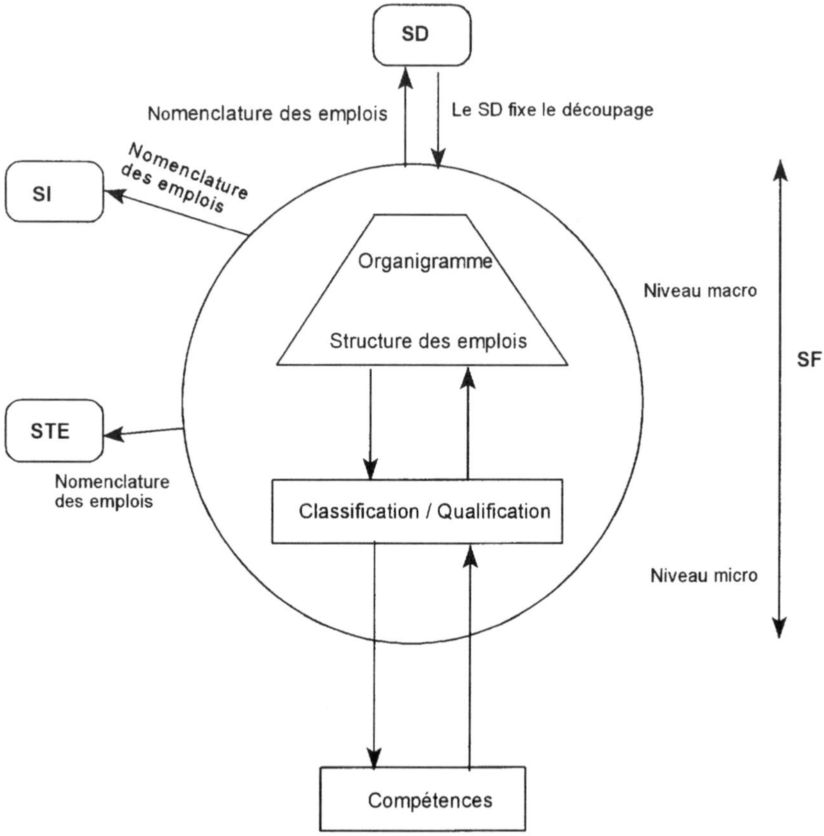

Cette observation est à mettre en parallèle avec ce que j'ai écrit à la fin du chapitre 2 (pages 80 à 88) de l'efficacité de l'entreprise. Par le moyen de la classification/qualification, le SF établit un pontage entre la théorie de l'efficacité par la seule organisation (c'est-à-dire l'organigramme, la structure des emplois, les règles et procédures) et celle de l'efficacité par les hommes (via la compétence).

Il faut enfin noter la grande similitude du SF avec le SRP:
– comme lui, c'est un système abstrait de codes et de symboles,
– comme lui, il intervient sur les trois systèmes – technico-économique, d'information et de décision – mais pour en préciser la structure (ce que visualise également la figure);
– comme lui également, il se présente pour une part sous un aspect formel (recueil des organigrammes et des définitions d'emploi) et

pour une autre part sous un aspect informel (les compromis multiples qui ont été passés tacitement entre acteurs);
– comme lui enfin, il s'accompagne de l'apparition au sein du système de décision d'un certain nombre de spécialistes (organisateurs, analystes) qui vont contribuer à l'accroissement du poids des services fonctionnels.

Le système de décision selon l'école classique

Issue des travaux de l'Américain W. Taylor et du Français H. Fayol, cette école a fortement marqué tout le courant de l'Organisation scientifique du travail (OST), courant qui a dominé cinquante ans de vie industrielle. Elle a laissé de profondes traces jusqu'à nos jours, en particulier dans l'industrie lourde, le service public et l'administration.

➢ *Les sources*

Reprenant une tradition millénaire perpétuée par l'Armée et l'Église, Henri Fayol proposait au début du siècle d'appliquer à l'entreprise quelques principes simples et universels, qu'il énonçait avec une grande clarté dans son ouvrage «Administration industrielle et générale» publié en 1916 (1). Pour lui, «*Administrer, c'est: prévoir, organiser, commander, coordonner et contrôler.*»

Marqué par sa carrière de Directeur général des mines de Commentry, son problème est d'abord de penser le système de décision de l'entreprise à partir du sommet. Pour cela, il privilégie comme mécanisme de coordination la supervision directe qui se décline sur un mode de délégations descendantes, du niveau le plus général au plus détaillé, à partir du Conseil d'administration et du Directeur général. Cette *ligne hiérarchique* constitue le principal, sinon l'unique mode de coordination. On prête d'ailleurs à Fayol l'invention de l'organigramme, ce «testament durable», qui fait apparaître explicitement les relations de pouvoir.

(1) Réédité récemment par les Éditions d'Organisation, collection «Classiques».

Cette vision pyramidale de la structure laisse néanmoins aux ouvriers de la base de réelles marges d'autonomie quant à la réalisation de leur travail. Fayol sait qu'il est très difficile de standardiser le travail du mineur et ses ambitions concernent essentiellement l'administration générale de l'entreprise et non la technique elle-même.

Conçue à la même époque, la démarche de F. Taylor (1) est toute différente, bien que se révélant en fait complémentaire. Taylor était un ingénieur qui avait une connaissance approfondie des fabrications mécaniques. Il voulait d'abord rationaliser le travail des ateliers pour améliorer la productivité. Pour cela, il privilégie la standardisation comme mécanisme principal de la coordination, standardisation qui suppose la division du travail entre conception, exécution et contrôle. Après avoir appliqué sa démarche à l'organisation de l'usine, Taylor l'étend aux tâches de direction. Il retrouve alors un certain nombre des principes énoncés par Fayol.

Les partisans français de Fayol et de Taylor se sont querellés jusqu'en octobre 1925, date à laquelle Fayol, peu avant sa mort, déclara, lors du Congrès international de l'organisation scientifique du travail, que sa doctrine et le taylorisme n'étaient pas contradictoires et s'avéraient même complémentaires. Le discours de Fayol ouvrait la voie à un rapprochement entre son Centre d'études administratives et la Conférence de l'organisation française, créée par les partisans de Taylor, afin de former en 1926 le Comité national de l'organisation française (CNOF). Ce comité allait être, durant plusieurs décennies, le fervent propagandiste des idées de l'organisation et du management «scientifiques».

➢ *Les principes*

Ils sont une synthèse des positions de Fayol et de Taylor et dérivent du postulat mécaniste, alors dominant dans la pensée scientifique: l'entreprise est conçue comme une grande machine gouvernée par des lois universelles. Dans ces conditions, il existe une manière idéale, et une seule, d'organiser le travail et l'entreprise; c'est «*the one best way*» de Taylor. Ces principes sont au nombre de cinq.

(1) Frédérick W. Taylor, Organisation du travail et économie des entreprises, *réédité en 1990, Éditions d'Organisation.*

1) Le principe de spécialisation. Il concerne tous les domaines de l'entreprise. Au niveau de l'ensemble, il fonde l'organisation par départements, services, unités... quel que soit par ailleurs le paramètre de spécialisation choisi (fonction, produit, localisation...).
Au niveau des postes, il pousse à la division du travail et à l'ultra-parcellisation des tâches, caractéristiques du taylorisme. L'objectif est d'instaurer une division du travail aussi poussée que possible car les tâches simples et définies de façon stricte sont plus faciles à assimiler, plus faciles à contrôler et permettent d'y former très rapidement le personnel (*cf.* chapitre 3, page 108).

2) Le principe de standardisation. L'existence d'une solution optimale pour tout problème de l'entreprise, implique de séparer les tâches «nobles» de conception, de planification et de préparation, qui seront attribuées à des spécialistes (bureau des méthodes par exemple) et les tâches d'exécution, affectées à du personnel sans qualification et sans initiative. Le principe se concrétise dans l'uniformisation des normes, des procédures et des règles, réalisée pour l'essentiel par le «bureau» des spécialistes décrit par H. Mintzberg (*cf.* page 128). Cette division «verticale» du travail, par opposition à la précédente qualifiée d'«horizontale» et qui concerne le découpage de l'organisation, s'imposera durant des années au sein des entreprises occidentales sous la forme caricaturale de la distinction entre «ceux qui pensent et ceux qui vissent».

3) Le principe d'unité de commandement. Fortement valorisé par Fayol qui en faisait la pierre de touche de sa conception du gouvernement de l'entreprise, ce principe ne s'imposait pas avec la même évidence pour Taylor qui acceptait qu'un ouvrier puisse dépendre de plusieurs spécialistes fonctionnels, rattachés il est vrai, au même chef d'atelier. Quoi qu'il en soit, l'idée d'*un seul chef par zone* de spécialisation de l'entreprise, à quelque niveau que ce soit (département, service, unité...), s'est imposée comme un principe d'ordre, garant de la cohérence du fonctionnement. Seul maître à bord, dans les limites de sa délégation de pouvoir, le chef est le seul apte à trancher les conflits et à prendre les décisions. Il dispose de moyens disciplinaires de contrôle, souvent sous forme d'incitation financière (salaire au rendement par exemple).
Cette conception centralisatrice de la prise de décision est au cœur de la démarche classique. Elle repose sur l'idée que l'homme a naturellement besoin d'être dirigé (sauf ceux justement qui ont une voca-

tion de chef!) car il a une propension naturelle à la paresse et cherche à frauder (ce que le psychologue américain Mac Grégor (1) a appelé le modèle X du comportement humain, par opposition au modèle Y où l'on postule un être humain naturellement coopératif et porté à l'action).

4) *Le principe hiérarchique.* Essentiel dès que l'entreprise dépasse une certaine taille, il articule l'agencement entre elles des diverses supervisions; qui a pouvoir directement sur qui? La structure est arborescente (figure suivante) et retrouve ainsi la figure pyramidale classique où sont mis en valeur les différents niveaux hiérarchiques. Chaque «chef» est relié verticalement à d'autres personnes; vers le haut, il s'agit du supérieur hiérarchique, vers le bas de subordonnés. Pour Fayol, un supérieur ne devait pas avoir plus de sept subordonnés.

L'organigramme de Fayol

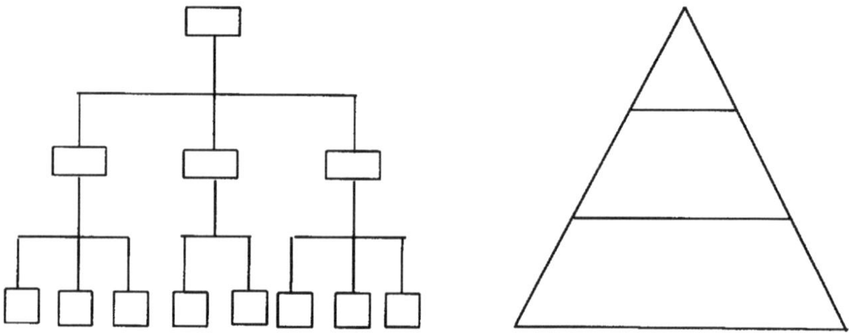

Mais la caractéristique essentielle du principe hiérarchique réside dans le mode, très sélectif, de communication. La ligne hiérarchique en est le vecteur quasi exclusif.

– Les *ordres*, de plus en plus précis et opératoires, transitent toujours par voie descendante du sommet vers la base selon la cascade des délégations successives de responsabilité.

– Les *informations*, filtrées par chaque niveau, remontent par voie ascendante de la base vers le sommet.

Le court-circuit d'un niveau hiérarchique comme la communication latérale entre lignes hiérarchiques parallèles sont en principe interdits,

(1) *Douglas Mac Gregor,* La dimension humaine de l'entreprise, *Gauthier-Villay, 1974.*

au mieux tolérées comme des exceptions et sous réserve d'accord des chefs supérieurs. Deux personnes se trouvant au même niveau et sur des lignes différentes communiquent normalement par l'intermédiaire du plus proche supérieur hiérarchique commun.

5) *Le principe de contrôle total.* Le plus souvent implicite au discours classique, il est de nature quasi philosophique et découle du postulat de l'entreprise identifiée à une mégamachine. De même qu'il est possible, par le démontage de ses différents composants, de connaître de manière exhaustive la structure et le fonctionnement d'une machine, de même l'organisateur se croit-il en mesure de connaître, et surtout de contrôler, le fonctionnement de l'entreprise. Il pense que chaque fonction peut être parfaitement définie dans son contenu et ses frontières et que la structure peut être entièrement décrite par les rapports d'individu à individu, tels qu'ils figurent sur l'organigramme. Bref, il croit selon l'expression d'Hubert Landier (1) que l'entreprise est d'une transparence parfaite et que le chef d'entreprise, au sommet de l'organigramme, «*se trouve dans la position centrale du Panoptique de Hobbes ou du génie de Laplace*».

➢ *La structure*

Il reste à montrer comment les principes précédents s'articulent pour déterminer la structure du système de décision. Je le ferai en deux étapes. J'utiliserai d'abord le concept clarificateur de «niveaux d'organisation» exposé dès le chapitre 1 (page 15) pour rappeler la typologie classiquement employée pour classer les diverses décisions prises par les acteurs du système de décision. Je chercherai ensuite à situer ces acteurs par rapport aux différents niveaux de décision.

Les niveaux de décision

Comme il a déjà été montré au début de ce chapitre, la raison d'être du SD est de coordonner et rendre compatibles entre elles la multitude de décisions, petites et grandes, qui se prennent en permanence dans l'entreprise. De manière générale, on pressent que les décisions les plus générales conditionnent et préorientent les décisions locales. Et réciproquement, on conçoit que les décisions les plus rapprochées de

(1) Hubert Landier, L'entreprise polycellulaire, *chapitre 1, Entreprise Moderne d'Édition, 1987.*

l'exécution soient les plus contraintes et les plus préorientées. Ainsi, les décisions concernant les choix politiques ou les objectifs principaux de l'entreprise présentent un contact lointain avec l'exécution sur le terrain; leur mise en œuvre se présente le plus souvent comme une pression sur des décideurs de rangs inférieurs et voisins qui à leur tour vont faire pression sur... etc.

Ces remarques mettent en évidence l'importance inégale des décisions dans l'entreprise dont un classement peut être proposé à partir des trois critères suivants:
– Quelle est la nature de l'information disponible?
– Quelle est la sanction des erreurs éventuelles?
– De quoi s'agit-il?

La réponse à ces questions permet de définir quatre niveaux principaux de décision. Pour les désigner, on fait généralement référence à l'art de la guerre, et sur la base de cette analogie militaire, on parle alors de niveaux politique, stratégique, tactique et opérationnel. Mais dans un langage plus directement coloré de systémique, on peut comme Jacques Mélèse (1) parler de niveaux d'évolution, régulation, équilibration, exécution. Ce débat terminologique est d'ailleurs de peu d'importance, ce qui importe en effet est le contenu de ce que l'on met sous les mots.

• **Le niveau politique (ou d'évolution)** peut être caractérisé ainsi:
– l'information est extrêmement réduite ou, ce qui revient au même, «peu stable». En effet, les problèmes qui se posent à ce niveau portent souvent sur des options à long terme, des situations nouvelles dans lesquelles l'histoire du «passé» n'apporte que peu d'informations utiles;
– les sanctions des erreurs commises peuvent être catastrophiques et mettre en cause l'existence de l'organisation;
– la question posée est souvent de définir les diverses alternatives, les diverses éventualités, les réactions possibles des autres joueurs et de trouver le meilleur modèle (ou si l'on préfère la meilleure manière) pour schématiser les choix fondamentaux.

Ainsi, le niveau politique dans l'entreprise sera celui des grandes décisions irréversibles, qui sont à l'origine d'évolutions majeures et vitales pour l'organisation. Il s'agit, par exemple, des investissements lourds qui

(1) *Jacques Mélèse,* Approches systémiques des organisations, *Éditions d'Organisation, 1995.*

engagent sans retour une part importante des capitaux propres et des emprunts à long terme. S'y retrouveront également les décisions déterminant une vocation industrielle, l'implantation d'un établissement important, une fusion ou une absorption, etc.

• **Le niveau stratégique (ou de régulation)** apparaît dès que les alternatives globales ont été convenablement analysées:
– les situations ont toujours un caractère de nouveauté mais l'analyse statistique du passé permet au moins de découvrir certains invariants et les experts auxquels l'entreprise peut faire appel fournissent des informations relativement convergentes;
– les erreurs coûtent cher ou peuvent créer un état de vulnérabilité du système mais ne risquent pas d'entraîner une disparition de l'entreprise;
– la question posée est alors: quelle est la meilleure stratégie permettant de satisfaire aux alternatives globales?

La stratégie consistera donc à déterminer prévisionnellement les moyens à mettre en œuvre pour atteindre les objectifs fixés au niveau politique.

Les décisions stratégiques engagent le long et le moyen termes et concernent le développement de l'outil de production, de vente, de gestion, de recherche et de développement.

La décision stratégique se déploie sur un avenir relativement prévisible et se traduit par exemple dans un plan à long terme d'une durée moyenne de cinq ans ajustable annuellement. En période de fortes turbulences et d'avenir incertain, comme c'est actuellement le cas, la stratégie pourra se limiter à rendre l'entreprise flexible et réactive, c'est-à-dire capable de saisir très vite toutes les opportunités et de répondre aux défis du marché.

• **Le niveau tactique (ou d'équilibration)** est celui qui se prête le plus facilement à l'étude:
– à ce niveau, le degré de répétition d'une décision est suffisamment élevé pour qu'on puisse se fier aux précédents. L'analyse statistique est fort utile car le passé peut être extrapolé avec une confiance raisonnable;
– les erreurs commises n'entraînent pas des sanctions trop élevées. Elles se traduisent seulement par une détérioration momentanée des résultats d'exploitation;
– les questions posées intéressent essentiellement la commande optimale et le contrôle des *imputs* et des *outputs* (calendriers et quantités

physiques). Ce niveau est celui des études classiques de recherche opérationnelle.

Le niveau tactique se définit donc comme l'utilisation optimale sur le terrain des moyens dont on dispose. Il s'exprimera très souvent au travers de l'élaboration et de la réalisation du budget annuel. Le niveau tactique implique bien entendu de prendre en compte les modifications accidentelles et de courte amplitude de l'environnement, de tirer en permanence les écarts entre prévision et réalisation (en particulier par le contrôle de gestion), d'ajuster le fonctionnement dans l'instant des principales activités de l'entreprise (fonction d'équilibration, de programme, d'ordonnancement).

• Enfin, **le niveau opérationnel (ou d'exécution)** correspond à la réalisation sur le terrain:
– le degré de répétition du processus est très élevé, la collecte des données est relativement peu coûteuse et sans détours. Quelquefois même, ces données sont trop nombreuses et tout le problème consiste à sélectionner les données utiles. Une fois que le processus est stabilisé, on peut raisonnablement supposer qu'il le restera (en appliquant des méthodes de contrôle appropriées, par exemple contrôle de qualité);
– les sanctions sont minimes et surtout les erreurs peuvent être rapidement corrigées;
– les questions posées intéressent le plus souvent la définition des caractéristiques techniques optimales.

Ce niveau se prête assez facilement à l'étude, si une double condition est réalisée: éviter l'encombrement des données, coopérer étroitement avec le niveau tactique.

Le niveau opérationnel apparaît ainsi comme la mise en œuvre de moyens déterminés à l'avance selon les règles de l'art.

De telles décisions sont le fait des unités d'exécution de l'entreprise ou de certains spécialistes, quelquefois de haut niveau.

Cette analyse des niveaux de décision, dont l'utilisation déborde largement l'école classique, est récapitulée sur la figure qui suit. J'y ai fait figurer les circuits de communication descendants (les ordres) et ascendants (les informations) ainsi que la possibilité d'un accès direct à des informations issues de l'environnement.

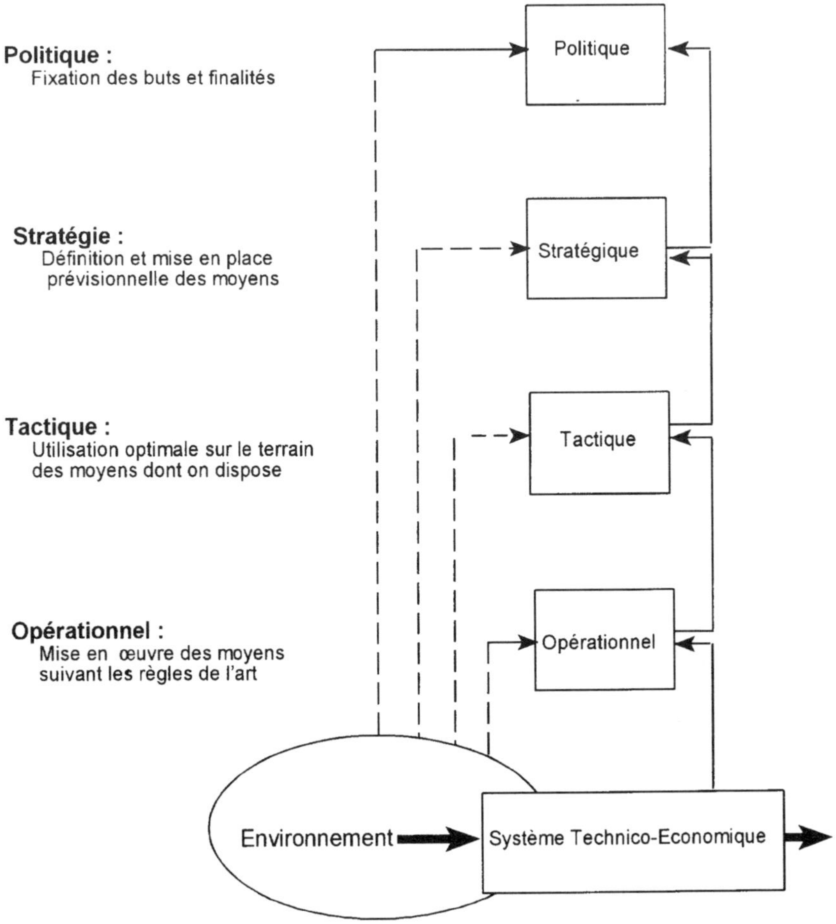

Quels décideurs?

A chacun des niveaux décisionnels de l'entreprise, les décideurs (ou groupes de décideurs) sont différents. Il peut même exister un certain cloisonnement entre eux; chaque groupe de décideurs se trouvant caractérisé par sa légitimité à prendre tel type de décision. On est ainsi conduit à distinguer différentes formes de légitimité et donc de pouvoir.

- **Le pouvoir d'orientation et de contrôle**: choisir les finalités, définir les grandes options, rendre compatibles les fins et les moyens, choisir et mettre en place une direction de l'entreprise, contrôler périodiquement l'action de cette direction. Comme je l'ai montré au chapitre 2 (pages 64 à 72), ce pouvoir est normalement exercé par l'« institution », c'est-à-dire généralement par le groupe dominant qui contrôle l'entreprise : le patron propriétaire dans une entreprise familiale, le conseil d'administration dans une société anonyme, l'État dans une entreprise du secteur public... Mais dans la grande firme, comme montré dans ce même chapitre, ce pouvoir tend de plus en plus à être accaparé par la technostructure.

• **Le pouvoir de direction** : diriger l'entreprise afin de réaliser les grands objectifs qui ont été choisis. C'est par excellence le domaine des décisions de niveau stratégique. Ce pouvoir est bien entendu d'abord celui de la Direction générale. Mais au-delà d'elle, c'est toute la technostructure qui se trouve impliquée, ainsi que le montre J.-K. Galbraith (1) et comme l'annonce d'ailleurs H. Fayol avec sa conception de la fonction de Direction.

• **Le pouvoir de gestion** : optimiser en permanence le fonctionnement interne et les échanges avec l'environnement, éviter les à-coups ou s'efforcer de les atténuer. Ce pouvoir, de nature principalement tactique, est délégué par la direction. Il est exercé par la hiérarchie, aidée par les divers services fonctionnels chargés de la standardisation.

• **Le pouvoir de réalisation** : conduire et utiliser les équipements et les outils. C'est bien entendu le rôle du personnel d'exécution dont le seul pouvoir, à vrai dire, a longtemps consisté à choisir entre l'obéissance et le refus, ce dernier ne pouvant être qu'exceptionnel (démission, grève). Avec le développement de l'automatisation, de l'enrichissement des tâches, de la qualité totale, des démarches participatives, l'exercice de ce pouvoir est en train de se diversifier et de s'enrichir.

L'agencement entre eux de ces différents pouvoirs par rapport aux quatre niveaux de décision peut se représenter par le schéma de la page suivante.

La conception classique du système de décision débouche ainsi, au final, sur une stratification sociale où l'on reconnaît la logique des corps de l'institution militaire (la troupe, les sous-officiers, les officiers,

(1) *J.-K. Galbraith,* **Le nouvel État industriel,** *Seuil, 1965.*

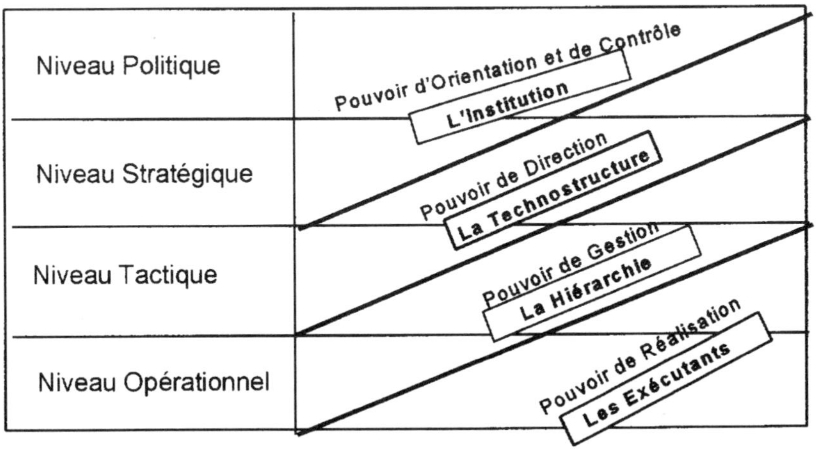

l'État-major) et plus largement de l'administration d'Etat. Elle légitime la pyramide sociale et son maintien.

➢ *Limites du modèle*

Adaptée à un environnement stable et homogène, la structure pyramidale s'avère incapable de répondre aux défis de la complexification, de la turbulence, de l'hétérogénéité. Sa démarche centralisatrice conduit à faire remonter vers la tête tous les problèmes, de plus en plus nombreux, qui sortent des cadres reconnus. Il y a risque d'apoplexie et de blocage!

Pour continuer à fonctionner et assurer sa survie, l'entreprise développe alors des modes de communication et de décision hétérodoxes. Elle ruse en quelque sorte avec les principes du modèle classique, mais sans en tirer les conséquences, notamment au plan théorique. Parmi les réponses empiriques qui sont ainsi utilisées, Hubert Landier (1) met en évidence:

– *les circuits d'information ne se limitent plus aux liaisons hiérarchiques et fonctionnelles que décrit l'organigramme* ; ce qui signifie qu'il existe un aspect de la vie de l'entreprise, de plus en plus fondamental, qui échappe à la représentation qu'en donne l'organigramme;

(1) *Hubert Landier,* L'entreprise polycellulaire, *chapitre 1, Entreprise Moderne d'Édition, 1987.*

– *il n'est pas vrai que deux personnes situées au même niveau hiérarchique et que rapprochent leur travail ou les problèmes qu'elles rencontrent resteront étrangères l'une à l'autre au point de communiquer seulement par l'intermédiaire de leur supérieur hiérarchique commun* ; n'importe quel ouvrier de production sait bien qu'il vaut mieux être en bons termes avec ceux de l'entretien ou du magasin. Est-ce donc qu'il existerait une organisation sauvage de l'entreprise, qui échapperait à la description qu'en donne l'organigramme?
– cette «organisation sauvage» existe de longue date; la plupart du temps elle permet d'éviter les longueurs, et même la paralysie, que supposerait le respect de «l'organisation officielle». Mais ce qui est tout à fait nouveau, dans l'entreprise d'aujourd'hui, c'est *que se soient officiellement créés des petits groupes dont l'objet est de mettre en relation des collaborateurs, qui n'étaient pas supposés l'être jusqu'alors, en vue de résoudre tel ou tel problème d'intérêt commun.*

D'où cet étonnant paradoxe: les entreprise s'efforcent d'accroître leur productivité par la multiplication des petits groupes (groupes de résolution de problèmes, groupes de progrès, cercles de qualité, task-forces, cercles de pilotage ou autres) mais l'on en chercherait en vain la trace sur l'organigramme qui est supposé décrire la façon dont fonctionne l'organisation. Ce qui veut dire que la représentation traditionnelle de l'entreprise a cessé d'être fidèle à sa réalité, non seulement à sa réalité officieuse (les rapports «informels» de travail), mais également aux formes d'organisation nouvelles par lesquelles certains de ses acteurs s'efforcent, tout à fait officiellement, d'assurer sa survie et son développement.

C'est pour sortir de telles contradictions que de nouveaux modèles d'organisation ont été élaborés et testés depuis une trentaine d'années.

Le système de décision: autres modèles

Partant du modèle classique, les «réformateurs» ont cherché, dans un premier temps, à lui apporter des modifications jugées mineures et dans le but, croyaient-ils, de restaurer son efficacité! Ainsi est né le «*staff and line*». Ce n'est que progressivement que l'on en est venu à imaginer des modèles – matriciel, polycellulaire – rompant plus radicalement avec les principes de Fayol et Taylor. Quant à la transposition au système de décision des principes d'organisation observés chez le vivant (homomorphisme avec le système nerveux central) je lui consacrerai, compte tenu de son grand intérêt, une section entière (*cf.* pages 162 et suivantes).

➢ *Le staff and line*

Le modèle apparaît aux Etats-Unis dès les années 30 pour répondre aux problèmes de prise de décision que commençaient à rencontrer un certain nombre de grandes entreprises.

Dans l'organisation traditionnelle, le chef doit savoir à tout moment ce qui se passe chez lui et possède les moyens de tout contrôler et de tout décider. Cette conception très centralisatrice est tenable tant que l'environnement est homogène et stable, les techniques peu évolutives, les qualifications limitées et avec un nombre maîtrisable de décisions à prendre. Mais dès que le champ d'action s'élargit, les techniques se développent, les qualifications s'élèvent, le fonctionnement se complexifie, le chef, fût-il un génie et un bourreau de travail, n'est plus en mesure de tout intégrer pour tout décider. Cela excède les forces humaines !

Pour conserver néanmoins le sacro-saint principe d'unité de commandement, l'idée consiste alors à assister le «chef» par un état-major (*staff* en américain) composé de spécialistes intervenant, chacun dans leur domaine de compétence, pour instruire les dossiers et préparer les décisions qui seront proposées au chef (*cf.* figure suivante). On renforce ainsi fortement la capacité d'intégration de la hiérarchie et son autorité à décider sur des questions complexes, requérant des informations nombreuses et difficiles à rassembler.

On reconnaît ainsi l'existence, dans le SD, de deux types de responsables aux profils bien différents :

Ceux qui ont le pouvoir de décider	**Ceux qui ont la capacité d'étudier les problèmes**
Hiérarchie Opérationnels Ligne	État-major Fonctionnels Staff

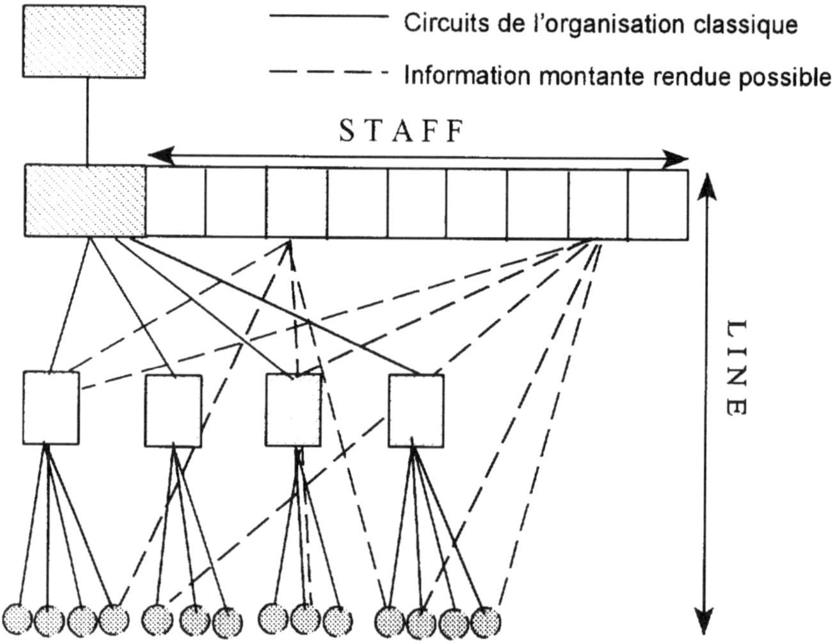

Les premiers disposent de *l'autorité statutaire* attachée à leur position dans l'organigramme, plus ou moins proche de la direction générale. Les seconds sont placés auprès des premiers pour les assister dans leur mission ; ils sont choisis en fonction de *compétences* spécifiques. Ces rôles ne sont pas attribués une fois pour toutes ; il y a possibilité de passer d'un poste fonctionnel à un poste opérationnel, et réciproquement, lors d'une évolution de carrière.

En apparence, le changement introduit par le *staff and line* paraît mince ; en pratique, il va briser l'exclusivité de la ligne hiérarchique en matière de communication, principalement ascendante. Pour permettre aux membres du staff de bien faire leur travail, c'est-à-dire de conseiller judicieusement le chef, il faut leur laisser la liberté de recueillir l'information pertinente en tous lieux où elle est disponible. On instaure ainsi pour les fonctionnels un droit permanent au court-circuit, droit qui ne vaut cependant que pour l'information et pas pour la décision, où l'on retrouve le rôle traditionnel de la ligne hiérarchique. On passe alors de la structure de communication classique, arborescente et centralisée, à une *structure en réseau*, complexe, enchevêtrée et imbriquée, aux multiples redondances (ce qui est bien visualisé par la figure).

Le *staff and line* est, aujourd'hui encore, le mode d'organisation le plus répandu dans les grandes entreprises. Il a réussi à limiter les risques d'engorgement de la tête et à améliorer sensiblement la qualité des décisions. Pour autant, il n'échappe pas à un certain nombre de reproches qui portent à la fois sur ses déficiences structurelles et sur certains effets pervers.

• **Effets pervers**: l'éclatement de l'autorité. Pour peu que sa technique soit particulièrement pointue, voire ésotérique, le fonctionnel est en mesure de réaliser des synthèses dont le bien fondé échappe totalement à la hiérarchie. Autorisé à court-circuiter les divers échelons hiérarchiques pour recueillir son information, il dispose de contacts personnels à tous niveaux. Il peut ainsi acquérir un *pouvoir de compétence* bien plus influent et efficace que le *pouvoir statutaire* du hiérarchique. Ce dernier risque de se sentir frustré, n'ayant plus que l'apparence du pouvoir sans son exercice réel. Le fonctionnel n'est pas satisfait pour autant, car il a le sentiment d'être le vrai décideur sans en avoir la reconnaissance. Ce conflit d'autorité, souvent bien réel, ne peut être convenablement arbitré dans le modèle du *staff and line* puisqu'il correspond à une configuration qui ne doit pas se produire, la ligne hiérarchique étant, en théorie, seule détentrice du pouvoir.

• **Déficiences structurelles**: à quel niveau de la ligne hiérarchique faut-il situer le staff? Au sommet, en conseil de la direction générale, ou partiellement décentralisé vers les hiérarchies locales? Il semble qu'il n'y ait pas de réponse pleinement satisfaisante à cette question.

Dans le premier cas, le staff prendra la forme des grands services fonctionnels, préparant dans le détail les décisions de la direction. Au service de la centralisation, son rôle sera essentiel dans le renforcement de la standardisation et le développement du SRP (Système de Règles et Procédures). Il contribuera ainsi à augmenter la rigidité de l'entreprise.

Dans le second cas, les fonctionnels seront disséminés dans la structure, en appui des responsables d'unité, bien focalisés sur des problèmes locaux, mais pas toujours en mesure de développer et enrichir leur expertise. De plus, ce choix ne règle en rien le problème d'un éventuel cloisonnement des unités et de leur coordination. Il peut même y avoir aggravation de la situation, chaque hiérarchique désireux d'en découdre ayant à sa disposition un staff d'excellents conseillers.

➢ *L'organisation matricielle*

Elle a été imaginée pour sortir des difficultés précédentes mais également pour répondre à des situations où l'entreprise est obligée de prendre simultanément en compte deux critères pour asseoir sa spécialisation (fonction et produit par exemple).

Selon un schéma dû à Jay Galbraith (figure suivante) et repris dans un manuel de management (1), l'organisation matricielle apparaît au point d'équilibre entre deux modes rivaux de découpage et de regroupement des activités de l'entreprise. En revanche, lorsque l'un des modes domine (produit par exemple, ce qui conduit à une structure par divisions), il sert de cadre à la ligne hiérarchique; l'autre mode intervient alors sur un plan fonctionnel de coordination et de conseil dans une optique de *staff and line.*

L'arbitrage entre spécialisations

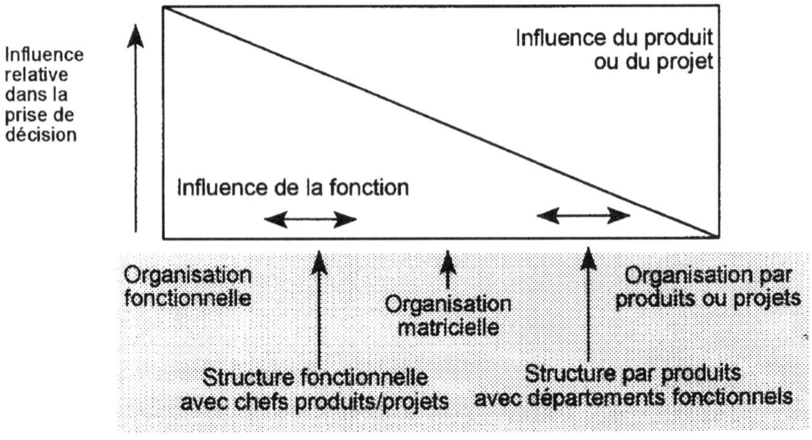

Le modèle a le mérite de reconnaître franchement que la décision peut, dans certains cas, être le résultat de plusieurs influences de poids équivalent. Mais cela oblige à répudier le principe d'unité de commandement cher à Fayol.

(1) *Stratégor,* Stratégie, structure, décision, identité, *(chapitre 10), InterÉditions, 1988.*

On peut distinguer deux types de structures matricielles:
– une forme permanente où les interdépendances restent plus ou moins stables, de même que les unités et les individus qui en sont membres. On la rencontrera dans des entreprises confrontées à la nécessité de développer des activités très différenciées (logique de produit) à partir d'un potentiel commun qui doit rester regroupé (logique de fonction) afin de maintenir et d'enrichir un savoir-faire technologique;
– une forme changeante, liée à un travail de type projet, où les interdépendances, la position des unités et celle des individus changent fréquemment. On rencontrera ce deuxième cas dans les activités de recherche, les bureaux d'étude, les entreprise de haute technologie.

Comment se présente, de façon générale, une structure matricielle? Pour fixer les idées, je développerai un exemple tiré du même manuel et reposant sur le double mode de spécialisation:
– par fonctions: fabrication, commercial,
– par produits: P1, P2... Pn.

La structure matricielle

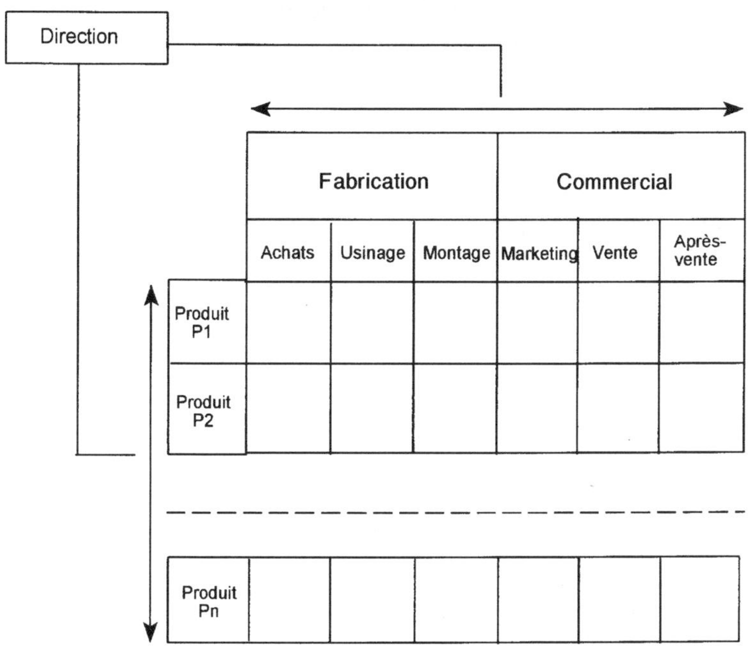

On lit, au chapitre 11 de l'ouvrage:

«*Chacune des fonctions se structure de la façon la plus efficace pour elle. Par exemple, les achats sont répartis selon la nature des composants (matières premières, pièces mécaniques, électronique); mais à ce découpage se superpose un découpage par produits. On a ainsi un responsable des achats entrant dans la fabrication du produit 1, du produit 2 ou du produit X. Le responsable des achats veille à l'économie globale du service: ajustement des moyens au volume global des achats, détermination des normes de commandes, nombre de fournisseurs, procédures. Le responsable "produits" détermine les caractéristiques de prix, qualité, délais, requises pour la gamme de produits qu'il gère. Quant au responsable des achats du produit X, il est le garant vis-à-vis de chacun d'eux du respect des normes qu'ils ont dictées. Le même raisonnement s'applique pour chaque responsable placé à l'intersection ligne/colonne.*»

Le rôle de ce responsable ne peut s'interpréter comme celui d'un simple exécutant soumis à des injonctions contradictoires. Il a à assumer une double appartenance:
– au service fonctionnel, qui attend de lui une compétence technique sur laquelle il sera jugé;
– à l'équipe «produit», qui attend de lui une solidarité et une implication dans le résultat d'ensemble.

Comme les causes de dysfonctionnement sont le plus souvent détectées à son niveau, il lui appartient de prendre l'initiative d'alerter les coordinateurs des deux lignes lorsqu'il pressent une difficulté dont la résolution n'est plus de son ressort. Un arbitrage entre responsable fonctionnel et responsable «produit» doit alors être trouvé, généralement dans le cadre d'une réunion. Au cas où cela ne serait pas, le problème est remonté au niveau Direction.

«*Ainsi, la décision n'est jamais l'apanage d'un seul individu qui régente un territoire bien délimité, mais le résultat de la confrontation entre deux ou plusieurs individus, le nombre d'intervenants dépendant de la complexité du problème et des interdépendances qu'il met en cause. La structure matricielle est conçue pour gérer des interfaces, le domaine d'action de chaque responsable étant largement décentralisé. Elle met l'accent sur la performance collective plus que sur la performance individuelle.*»

En conclusion, l'organisation matricielle paraît être un modèle efficace pour développer des activités nouvelles et pour coordonner les interdépendances multiples et complexes. Mais ce n'est pas une structure pour ceux qui ont besoin de sécurité et de stabilité et qui voient dans le principe hiérarchique la base de tout pouvoir et de toute légitimité. Ils risquent de se sentir doublement déstabilisés.

C'est pourquoi l'organisation matricielle doit être réservée aux entreprises qui affrontent des situations à haute complexité et incertitude, avec du personnel préparé à encaisser ce choc culturel. Faute de ces conditions, le risque d'échec est grand.

➢ *L'entreprise polycellulaire*

A ce stade de la recherche, pourquoi s'arrêter en si bon chemin? Malgré sa rupture avec le modèle pyramidal, l'organisation matricielle conserve les rigidités de son concept d'origine: la matrice ou tableau à double entrée, avec ses deux critères de rangement seulement et la prédétermination du nombre de nœuds ou activités. Le modèle reste de facture géométrique.

Pourquoi ne pas rechercher dans ce qui est l'image même de la souplesse et de l'adaptation – le système vivant – le nouveau modèle d'organisation de l'entreprise? Certes, l'analogie entre corps sociaux et êtres vivants n'est pas nouvelle, et pas toujours sans danger. Mais l'approche systémique a montré que ces homomorphismes, à condition de bien savoir les utiliser, pouvaient être riches d'enseignements. C'est en tout cas la voie dans laquelle se sont résolument engagés des observateurs comme Hubert Landier (1) ou des associations comme Entreprise et Progrès (2).

Des pratiques émergentes

Un ensemble de cellules à la fois autonomes et interactives: ce modèle de lecture va rendre compte des changements qui s'observent aujourd'hui au sein d'un nombre croissant d'entreprises. Il va permettre de théoriser un certain nombre de pratiques en voie d'émergence et identifiées depuis longtemps dans les entreprises japonaises les plus performantes. Que sont ces pratiques?

(1) Hubert Landier, L'entreprise polycellulaire. Pour penser l'entreprise de demain, *Entreprise Moderne d'Édition, 1987.*
(2) Entreprise et Progrès, L'entreprise cellulaire: mythe ou réalité?, *octobre 1987.*

• **Le travail en groupe et en équipe** se développe. Il est au cœur des démarches participatives (cercles de qualité, groupes de progrès, groupes d'expression) mais également des nouvelles formes de travail (équipes opérationnelles de base, task-forces, groupes de projet).

• De façon à favoriser la capacité d'initiative et d'autonomie des salariés, requise pour affronter les multiples changements de l'environnement, l'organisation de l'entreprise s'ouvre progressivement à un fonctionnement par ***unité responsable***. Sur le mode biologique, chaque unité ou «cellule» s'autorégule grâce à une certaine autonomie de moyens et de ressources. On l'a vu au chapitre 3 (page 120) à propos des équipes opérationnelles telles que les UET chez Renault. Chaque unité se veut l'équivalent d'une micro-PME et l'on parle d'***intrapreneuriat***.

• **La communication «explose»**. Il n'y a pas de circuit obligé; chaque unité peut entrer en relation avec toutes les autres et n'est limitée en fait que par l'utilité du contact et le temps à y consacrer. Les rapports interpersonnels sont intenses.

• Pour assurer la régulation d'ensemble un processus complexe d'intégration se met en place. Il repose pour une part sur un réseau d'animateurs, présents dans chaque cellule et en qui on peut voir un nouveau ***système d'encadrement*** héritier de l'ancienne ligne hiérarchique. Mais il repose aussi sur la mise en place ou le renforcement de groupes de liaison ou de pilotage, réunions de services, ***comités de coordination*** (le comité de direction n'étant que le premier d'entre eux).

• Le groupe devient de plus en plus le lieu où s'établit ***l'intégration de l'individu*** dans le fonctionnement de l'entreprise. Chaque membre s'y voit reconnu et utilisé avec ses capacités, ses qualités, ses défauts; dans une certaine mesure, son identité personnelle se construit à travers l'appartenance au groupe.

Ainsi quitte-t-on l'organisation simple et rassurante de la pyramide où l'efficacité est obtenue par la standardisation et les relations linéaires pour s'ouvrir aux incertitudes mais aussi à l'adaptabilité et à la plasticité du modèle biologique (ou organique). Entre les deux visions, il y a un véritable changement de paradigme que l'on peut résumer de la manière suivante (1):

(1) Stratégor, **Stratégie, structure, décision, identité,** *chapitre 10, InterÉditions, 1988.*

Vision mécaniste	Vision organique
Ligne hiérarchique unique comme principal mode de coordination.	Multiplicité des modes de coordination, possibilité de hiérarchies multiples.
Distinction claire entre fonctionnel et opérationnel, spécialisation des rôles correspondants.	Flexibilité des rôles, possibilité pour un même individu d'assumer un rôle opérationnel et un rôle fonctionnel.
Recherche de l'efficacité par la spécialisation des tâches au sein du processus interne mis en œuvre par l'entreprise.	Recherche de l'efficience par l'adéquation des profils de compétences aux caractéristiques de l'environnement.
Recherche d'homogénéisation des comportements afin de faciliter la coordination (conformité).	Acceptation de comportements hétérogènes au prix d'un accroissement des efforts de coordination (initiative).
Accent mis sur la cohérence *a priori*	Accent mis sur la convergence *a posteriori.*
Primauté des communications verticales.	Primauté des communications horizontales.
Primauté des procédures.	Primauté des ajustements mutuels.
Croyance à des règles idéales d'organisation (nombre de subordonnés, unicité de commandement).	Pas de règles idéales mais des contraintes auxquelles il faut s'adapter le mieux possible.
La stabilité est la source principale d'efficacité (centralisation de l'innovation).	La mobilité est la source principale d'efficacité (diffusion de l'innovation).

Les trois principes d'organisation polycellulaire

Peut-on pousser plus loin l'analogie et tirer du fonctionnement des systèmes vivants des lois d'organisation valables pour l'entreprise? Hubert Landier (1) le pense et propose les trois principes suivants:

- **Principe d'autonomie/intégration de chaque cellule**

Réunissant des individus fédérés par un objectif commun, chaque cellule:
– dispose de l'autonomie lui permettant d'organiser son mode de fonctionnement en fonction des caractéristiques de ses membres et des contraintes liées à la vie du groupe;
– reçoit les informations exprimant sa «valeur ajoutée» apportée à l'entreprise. Cette connaissance permet à la cellule de s'autoréguler en vue de respecter les normes de référence, traduisant les objectifs de l'entreprise et données en termes de résultats, qualité, délais, comportements...

(1) *Hubert Landier,* L'entreprise polycellulaire, *chapitre 5, §3, Entreprise Moderne d'Édition, 1987.*

Ainsi, autonomie et intégration ne sont pas antinomiques mais vont au contraire de concert. Toute baisse d'efficacité de la cellule par rapport à l'ensemble risque de se traduire pour elle par une perte d'autonomie. Inversement, toute recherche d'autonomie passe par l'amélioration de la performance.

Cela vaut de la cellule mais également de tous les agrégats stables de cellules, exerçant une fonction particulière au sein de l'entreprise (départements, divisions, services, etc.).

• Principe du réseau à structure répartie

Hubert Landier écrit: «*Le tissu cellulaire constituant l'entreprise est organisé selon un réseau maillé au sein duquel, d'une cellule à l'autre, existent plusieurs chemins de communication possibles. L'engorgement auquel conduit un réseau centralisé se trouve ainsi évité; ...l'existence de plusieurs chemins possibles d'une cellule à une autre constitue une redondance offrant au système une plus grande souplesse face aux aléas qui jalonnent son développement.*»

On sait aujourd'hui, en matière de télécommunications, que de tels réseaux à structure répartie se montrent plus robustes et plus fiables que les réseaux centralisés. D'une part ils supportent beaucoup mieux les pannes, voire des destructions partielles de connexions, d'autre part ils sont moins sensibles aux effets de saturation.

Comment se met en place un tel réseau? A la manière du développement neuronal du cerveau pour lequel trois phases ont été identifiées par le biologiste Jean-Pierre Changeux (1) (figure suivante).
– *Croissance*: c'est d'abord un bourgeonnement foisonnant des connexions entre neurones, bourgeonnement commandé par le capital génétique commun aux cellules. Dans l'entreprise, un tel bourgeonnement correspondra à une période de désordre créatif, développé le plus souvent à la périphérie mais autorisé, sinon encouragé par le centre. On voit les initiatives se multiplier et germer les solutions nouvelles.
– *Redondance transitoire*. On arrive à une connectivité maximale du réseau neuronal.

(1) *Jean-Pierre Changeux,* L'homme neuronal, *Hachette.*

Le bourgeonnement d'un réseau

Phase 1 : croissance

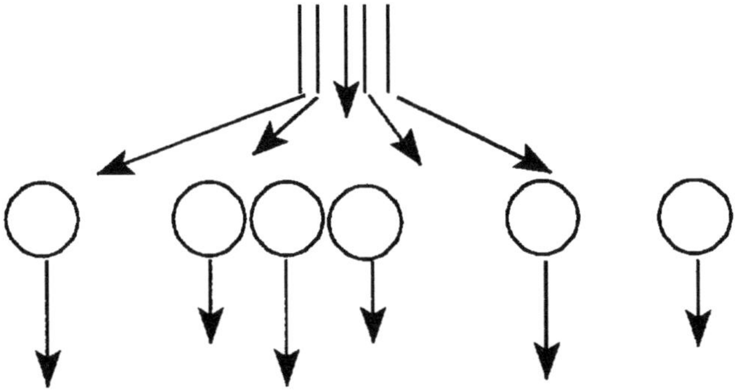

Phase 2 : redondance transitoire

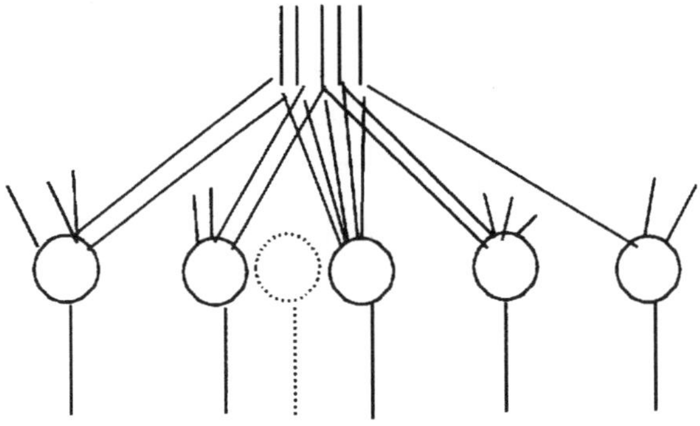

Phase 3 : Stabilisation sélective

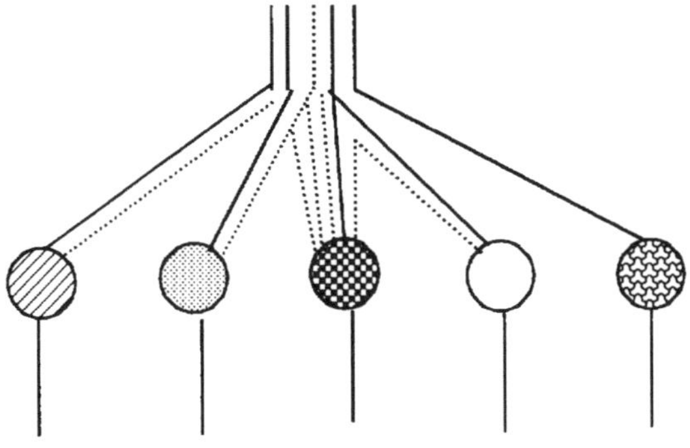

A ce stade, on observe des synapses (ce sont les liaisons entre neurones) surnuméraires ou redondantes. Il en va de même dans l'entreprise: les canaux se chevauchent, des équipes concurrentes travaillent sur des projets identiques. Bref, on passe à la fois par un maximum de communication et par un maximum d'initiatives, riches de développements futurs.
– *Stabilisation sélective.* Les redondances s'estompent par élagage des neurones et des synapses surnuméraires. Seuls subsistent les éléments du réseau réellement utiles. Dans l'entreprise, cet élagage jouera pour les canaux de communication et les équipes qui auront alors tendance à se spécialiser.

Pour H. Landier: «*Ce processus ternaire – bourgeonnement, connectivité maximale, disparition des redondances – présente un caractère continu tout au long de la période de développement. L'interruption du bourgeonnement, faute d'esprit créatif au niveau central ou à la périphérie, conduit à l'âge adulte de l'entreprise: celle-ci jouit alors d'une organisation rationnelle et exploite des produits connus selon des méthodes connues sur des marchés connus. Une telle configuration n'est que l'antichambre de la vieillesse et de la disparition de l'entreprise.*»

• Principe d'identité

Il est essentiel pour le pilotage d'un ensemble polycellulaire, le maintien de son unité et donc sa survie, que soit clairement manifesté ce qui fonde l'identité de l'ensemble. Dans un système vivant, ce principe unificateur se trouve d'abord dans les chromosomes de chaque cellule où se trouve mémorisé, sous forme de brins d'ADN, le capital génétique commun. Toute cellule étrangère au groupe sera impitoyablement chassée parce que ne possédant pas, justement, le code de reconnaissance.

Il en va de même dans l'entreprise polycellulaire. Chaque équipe doit pouvoir se reconnaître dans les finalités et les objectifs de l'ensemble. Cela suppose d'abord que ces finalités soient connues, ensuite qu'elles apparaissent bonnes et équitables. On perçoit toutes les implications d'une telle remarque en matière de culture d'entreprise. Mais le maintien de l'identité résulte aussi des mécanismes d'intégration qui se sont mis en place au cours de l'histoire du système et ont marqué sa structure. Si, à partir d'une cellule mère, le système s'est généralement développé sur un mode foisonnant qui se présente comme un enchevêtrement complexe de groupes élémentaires de travail, il est néanmoins possible de reconnaître dans cet enchevêtrement les lignes de communication principales, celles notamment qui continuent de relier la périphérie au centre (l'œuf primitif A) et qui jouent un rôle important dans le processus d'intégration (figure ci-après).

L'intégration d'un réseau

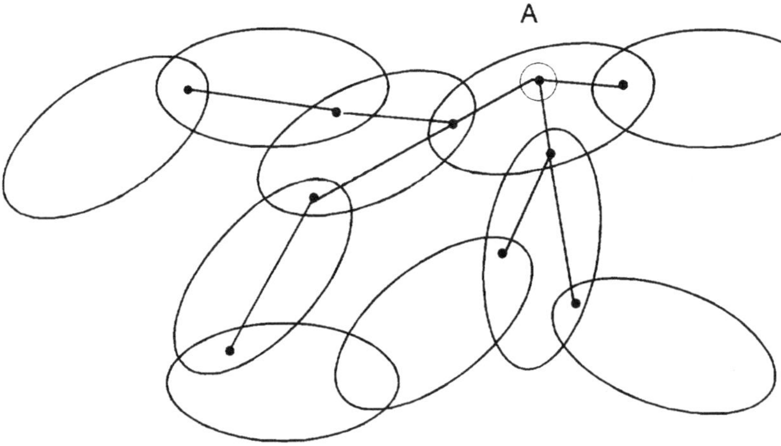

Dans ce réseau d'intégration, composé d'hommes qui sont simultanément présents dans deux cellules contiguës, on peut bien sûr reconnaître, pour employer un langage plus conventionnel, le système d'encadrement de l'entreprise, mais il s'agit d'un encadrement nouveau type, voué pour l'essentiel aux missions *d'animation/intégration:*

- maintien de la cohérence, en aidant les cellules à resituer leurs projets propres dans le projet collectif,
- coopération à l'intérieur des cellules et entre elles,
- suivi d'activité et remontée d'information,
- catalyse de la compétence et de la réactivité de chaque cellule.

A chacune de ces différentes missions peut correspondre un profil spécialisé de responsable. Hubert Landier en compte cinq qu'il nomme: coordinateur interne, coordinateur externe, gardien, représentant, intermédiaire.

Pour désigner cet encadrement, Entreprise et Progrès suggère de remplacer le terme de hiérarchie par *hétérarchie.*

➢ *L'ad-hocratie, structure transitoire*

Ces voies de recherche de nouveaux modèles organisationnels, guidées par une vision «organique», ont été également explorées par Alvin Toffler (1), lorsqu'il baptisa «ad-hocratie» les configurations organisationnelles temporaires qui proliféraient au sein des grandes entreprises et qui recevaient habituellement pour nom: groupes d'intervention ponctuelle, comités interservices, équipes projet, etc. Ces instances du système de décision étaient créées «sur mesure» pour résoudre un problème majeur auquel la ligne hiérarchique ne savait pas répondre. Mais une fois le problème résolu et la solution traduite en nouveaux standards, ces «poches organiques» se voyaient disloquées sous la pression de la bureaucratie qui les avait pourtant fait naître.

Beaucoup d'entreprises ont compris depuis l'intérêt de ces «ad-hocraties» pour accroître leur réactivité et mieux adapter leur système de décision à une complexité croissante (2). Ces groupes éphémères ont alors été intégrés à une structure formelle, normalisant leur pratique dans une configuration à commandement multiple: l'organisation matricielle (*cf.* page 152).

Mais la notion de «ad-hocratie» peut également déboucher sur une autre piste de réflexion: la généralisation à l'ensemble du système organisationnel d'un fonctionnement par un réseau de groupes ad-hoc. Et on retrouve alors l'entreprise polycellulaire de H. Landier.

L'ad-hocratie se présenterait, en conclusion, comme la voie de passage de la structure traditionnelle vers les nouveaux modèles organisationnels. Introduite pour des raisons de circonstances, vouée en principe à disparaître, l'ad-hocratie en se pérennisant devient le ferment de la transformation du système.

(1) Alvin Toffler, Le choc du futur, *Denoël/Médiations, 1971.*
(2) Alvin Toffler, La troisième vague, *chapitre 19, Denoël/Médiations, 1980.*

L'analogie neuronale (1)

Le modèle polycellulaire d'Hubert Landier réalise un authentique changement de paradigme; on passe d'une conception de l'organisation inspirée de la mécanique à une autre conception inspirée de la biologie. Mais pourquoi s'arrêter en si bon chemin? La prolifération cellulaire constitue certes une bonne image pour les commencements de l'entreprise, mais lorsque cette dernière est en situation de maturité pourquoi ne pas prendre comme modèle ce que la nature a réalisé de plus perfectionné, à savoir le cerveau humain?

C'est en tout cas la voie explorée par quelques chercheurs (2), et que je me propose de suivre maintenant. Mais avant de la présenter, il est nécessaire, pour le lecteur non averti, de faire une brève incursion dans la biologie.

➢ *Aperçu rapide sur le système nerveux central (SNC)*

Avec ses quinze milliards de neurones interconnectés – et l'on sait que chaque neurone peut entrer en communication avec 100000 autres – le cerveau humain est à coup sûr le système le plus extraordinairement complexe jamais apparu dans la nature. Mais il n'est lui-même que la pièce maîtresse d'un ensemble plus vaste – le système nerveux central (SNC) – qui constitue en fait le système de pilotage de l'organisme.

Ces dernières années ont amené des découvertes considérables en ce qui concerne la structure et le fonctionnement du SNC. Je vais m'efforcer d'en donner un rapide aperçu, bien conscient de la part de simplification, pour ne pas dire de caricature, que comporte une telle ambition. Mon excuse sera celle du non-spécialiste, du systémicien intéressé surtout par la mise en évidence des principaux niveaux d'organisation de cette extraordinaire merveille de la nature et par les enseignements que l'on peut en tirer pour une transposition à l'entreprise.

(1) Les développements de cette section sont repris d'un article de Gérard Donnadieu, L'entreprise neuronnale, *publié dans* MCS *n° 348, Octobre 1990.*
(2) André Pousset, «La modélisation neuro-cybernétique de l'entreprise», Direction et Gestion, *n° 1, 1977.*

Cerveau et système nerveux central

Le SNC, ramifié dans l'ensemble du corps humain, assure la commande et la régulation de toutes les fonctions physiques et psychiques. Ses tâches sont donc innombrables et toujours en rapport étroit avec les fonctions corporelles qui en dépendent:

– c'est par le système nerveux et au travers des organes sensoriels que naît tout lien avec l'environnement;

– le système nerveux coordonne les fonctions physiques et psychiques et cela en partie indépendamment de notre volonté; nous avons faim par exemple, malgré la cure d'amaigrissement que nous avons décidé de suivre;

Anatomie du Système Nerveux Central

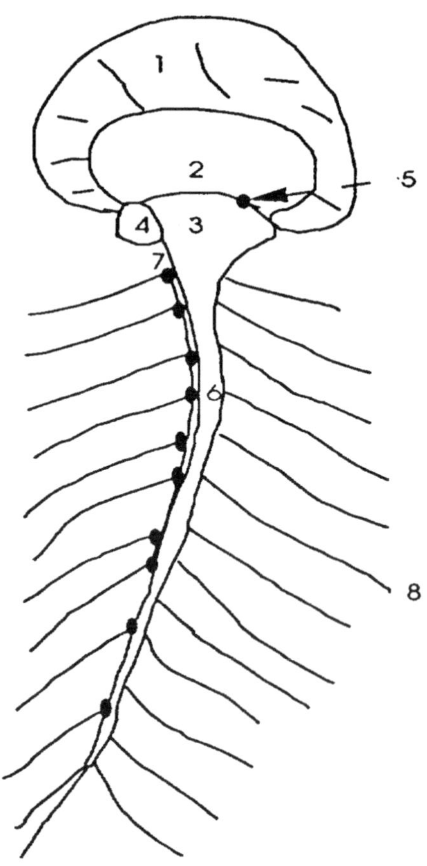

1. Néo cortex
2. système limbique
3. Tronc cérébral
4. Cervelet
5. Hypothalamus

} Cerveau

6. Moëlle épinière
7. Chaîne sympathique
8. Fibres nerveuses

– c'est dans le système nerveux (le cerveau) que sont stockés nos apprentissages et nos expériences. Sans ce stockage, nous devrions, par exemple, réapprendre à chaque fois à conduire notre automobile;
– de même, le système nerveux contrôle le métabolisme, la respiration, le centre du sommeil, l'état de veille ainsi que de nombreux réflexes (par exemple battement des paupières).

Le SNC se présente sous la forme (figure précédente) d'un gros organe central (le cerveau) auquel se trouve rattaché une sorte de longue queue (la moëlle épinière), elle-même démultipliée en une multitude d'arborescences nerveuses par le moyen de neurones sensitifs et moteurs irriguant tout l'organisme.

Rappelons qu'un *neurone* est une cellule vivante spécialisée qui sert de composant élémentaire du système nerveux. Il se présente sous forme d'un noyau auréolé de nombreuses terminaisons nerveuses ou dendrites (pour entrer en relation avec l'environnement) et lui-même prolongé d'un long filament (l'axone) qui peut mesurer plusieurs dizaines de centimètres. Ce filament s'achève à son tour par de nombreuses dendrites. Dans le neurone, l'axone constitue en quelque sorte le câble qui transmet l'information (sous forme d'influx nerveux), les dendrites sont les capteurs et le noyau est le petit ordinateur qui traite cette information.

Mais davantage qu'une connaissance anatomique détaillée de chacun des composants du SNC, ce qui m'importe dans cette analyse est la mise en évidence de l'architecture générale du SNC en grands niveaux d'organisation, appliquant en cela le conseil d'Henri Laborit (1): «*On comprend qu'il est finalement plus important pour comprendre la dynamique des structures vivantes de préciser les relations existant entre chaque niveau d'organisation que de préciser la structure, par ailleurs indispensable à connaître, d'un de ces niveaux.*».

Du niveau le plus élémentaire, qui commande directement les différents organes, jusqu'au niveau le plus englobant, le plus intégrateur, il est possible de recenser très schématiquement cinq niveaux emboîtés et interconnectés (figure page suivante).

Disons tout de suite quelques mots des deux premiers niveaux (élément spinal et système sympathique); les trois autres niveaux (tronc cérébral, cerveau limbique, néo-cortex) seront traités ensemble

(1) Henri Laborit; Conférence au Congrès Européen de Systémique de Lausanne, Comptes rendus du congrès, octobre 1989.

Les niveaux d'organisation du système nerveux central

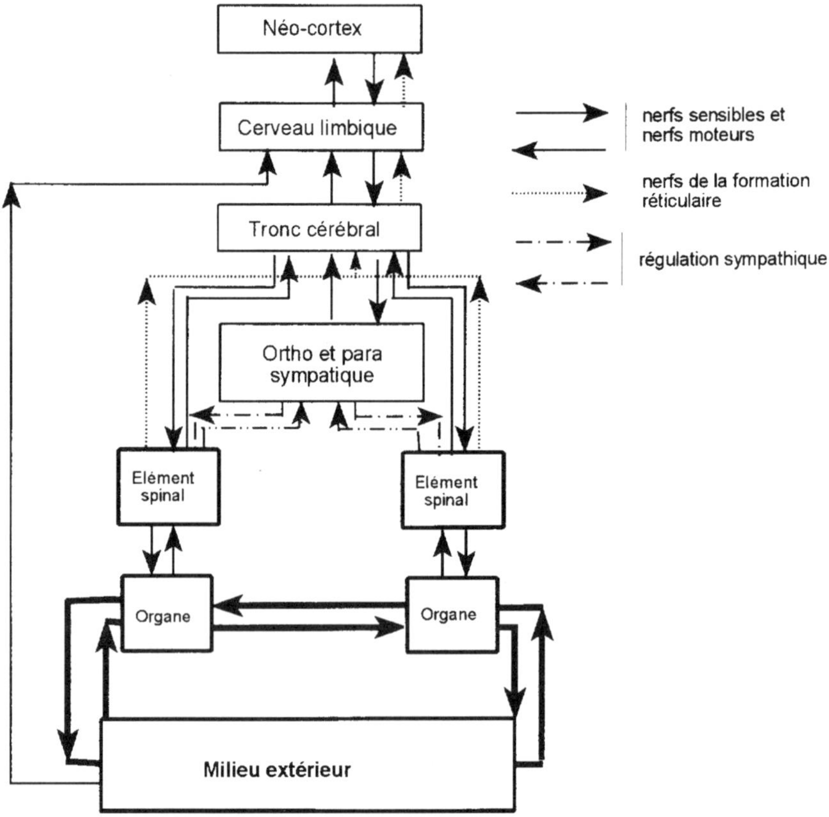

(page 168), avec la présentation générale du cerveau dont ils sont les composants:

• **Niveau 1: élément spinal**. De nombreux stimulus, captés par les neurones sensitifs au niveau des organes, ne remontent pas au cerveau. Ils sont directement traités par la section la plus proche de la moëlle épinière, laquelle va, suivant l'importance du stimulus, décider ou pas d'une action correctrice. Cette action sera communiquée à l'organe effecteur (muscle strié par exemple) par un neurone moteur. Cela constitue l'arc-réflexe (figure ci-après).

L'arc-réflexe

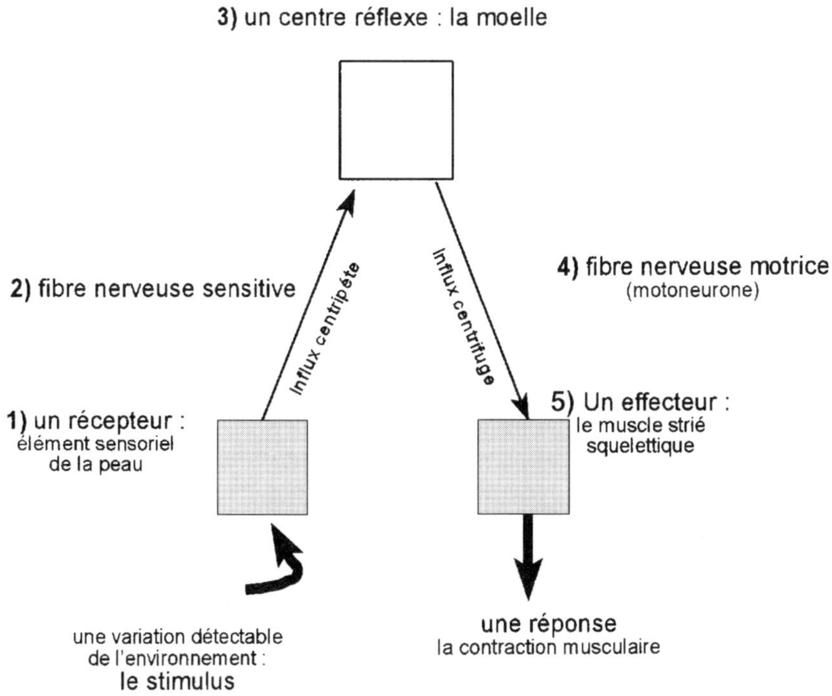

Lorsque la décision ne peut être prise au niveau local, l'information se trouve soit remontée au cerveau (régulation centralisée), soit confrontée et harmonisée avec les informations de voisinage (régulation décentralisée du système sympathique). Je vais traiter de ce second cas. Pour ce qui est du premier, j'ajouterai que les informations remontantes sont:

– soit traitées et intégrées au seul niveau du tronc cérébral (situation de loin la plus fréquente et correspondant aux multiples régulations inconscientes de l'organisme),

– soit remontées directement au néo-cortex par la voie rapide des nerfs de la formation réticulaire (situation d'exception correspondant aux signaux d'alarme: agression, sécurité, etc.).

• **Niveau 2: le système sympathique.** L'observation anatomique met en évidence l'existence de cordons ganglionnaires latéraux le long de la moëlle épinière. Amas de neurones fortement imbriqués, ces ganglions sont eux-mêmes connectés entre eux ainsi qu'avec la moëlle

épinière. Ils constituent le support du système sympathique (ou système nerveux végétatif) dans lequel on peut distinguer à son tour deux sous-systèmes:
– l'orthosympathique, aux nombreux ganglions latéraux, et qui exerce une influence stimulante (rétroaction positive) sur les organes effecteurs,
– le parasympathique, aux plus nombreuses fibres connectées aux centres supérieurs, et qui exerce une influence de sens contraire, c'est-à-dire freinatrice, sur ces mêmes organes.

Alors que la moëlle épinière est pour l'essentiel le canal montant et descendant de l'information, le système sympathique constitue une chaîne de régulation décentralisée, assurant par effet de voisinage la coordination et la dispersion «diffuse» des signaux vers les multiples tissus et cellules de l'organisme.

La théorie des trois cerveaux et des deux hémisphères

J'emprunte une large part de cet exposé à Henri Laborit (1), l'éminent neuro-biologiste pour lequel «*le cerveau sert d'abord à agir*». Cette finalité opératoire du cerveau présuppose son rôle classique d'intégrateur des différents signaux venant de l'extérieur et de l'intérieur de l'organisme.

En continuité aux deux premiers niveaux du SNC, le cerveau humain est structuré sur trois niveaux d'organisation aux fonctions différentes et complémentaires, car tous les trois sont nécessaires au bon fonctionnement de l'ensemble. L'archéencéphale ou cerveau primitif, le paléencéphale ou cerveau limbique, le néencéphale ou néo-cortex sont ces trois parties qui forment un cerveau «tri-unique» selon l'expression célèbre du biologiste Mac Lean.

• **Niveau 3: le cerveau primitif.** Il est composé principalement du tronc cérébral auquel on peut adjoindre le cervelet (qui joue un rôle important dans la coordination des mouvements musculaires) ainsi que l'hypothalamus. Apparu relativement tôt dans l'évolution des espèces, il existe déjà chez les reptiles (d'où son autre nom de cerveau reptilien).
C'est le siège de la régulation des fonctions vitales: fréquence cardiaque, calibre des bronches, fonctions digestives, température interne,

(1) Notamment à toute la première partie (pages 17 à 90) de son livre, La Colombe assassinée, *Grasset, 1984.*

circulation du sang dans les vaisseaux. De plus, il est le siège d'automatismes innés: faim, soif, agressivité, activité sexuelle, fécondité, lactation, etc. On peut le comparer à un ordinateur central assurant en permanence la bonne coordination des activités internes de l'organisme (à cet effet, il traiterait le nombre énorme de 10^{16} signaux/seconde).
Dans ce dispositif, l'hypothalamus a un rôle bien particulier. Partie prenante de la régulation, il assure également une fonction d'interface avec les deux autres cerveaux (le limbique et le néo-cortex), leur transmettant toutes les informations nécessaires. En quelque sorte, l'hypothalamus est la *voix du corps* dans le cerveau, celui qui fait valoir les contraintes internes dans les choix de l'action.

• **Niveau 4: le cerveau limbique.** Il se développe progressivement chez les mammifères et coiffe littéralement hypothalamus et tronc cérébral. En réalité, cette zone cérébrale qui assure la transition entre l'hypothalamus et le néo-cortex n'est pas morphologiquement bien délimitée et on préfère souvent parler de «système limbique».

Il a deux fonctions capitales:
– c'est un sélecteur: à partir des besoins de l'organisme, il sélectionne dans l'environnement ce qui est apte à le satisfaire,
– c'est un centre émotionnel: le cerveau limbique attribue, en fonction d'une expérience, une émotion aux faits et c'est cette émotion qui conditionne la mémorisation. Un fait présente ou non un intérêt, donc est mémorisé ou non, selon qu'une émotion plus ou moins forte lui a été assignée.

Le cerveau limbique intervient à tous les stades du traitement de l'information:
– au départ, il détecte dans l'environnement l'information jugée intéressante et y prête attention;
– au moment d'agir, il donne la motivation, cette énergie qui facilite plus ou moins l'action;
– quand il s'agit d'évaluer le résultat de l'action, il dirige la mémorisation des résultats sous forme de réussite ou d'échec, vers la mémoire à long terme; cette expérience sera à renouveler ou au contraire à éviter la prochaine fois.

Le système limbique est une plaque tournante dans le fonctionnement du cerveau. C'est un carrefour quasi obligatoire entre le monde extérieur, l'hypothalamus, le néo-cortex et les organes moteurs. Sans lui, aucune connaissance, ni aucun apprentissage possibles, ni aucune envie d'agir. Néanmoins, il est totalement tributaire de l'interprétation de l'événement faite par le néo-cortex. Ainsi, il est à la fois indispensable et dépendant.

• **Niveau 5: le néo-cortex.** Dernier né de l'évolution, il a pris chez l'homme une place prépondérante, constituant la grande originalité biologique de notre espèce. Il occupe 85 % du volume de notre cerveau et se compose de plus de dix milliards de neurones associatifs, chacun articulé plus de cent mille fois avec les autres. On compare souvent le cerveau à un ordinateur; en fait, chaque neurone en lui-même a les capacités d'un véritable ordinateur qui reçoit des informations, les traite, les stocke en mémoire, les communique à d'autres neurones et envoie des ordres adaptés.
Le néo-cortex est réparti en deux hémisphères droit et gauche (figure ci-après).

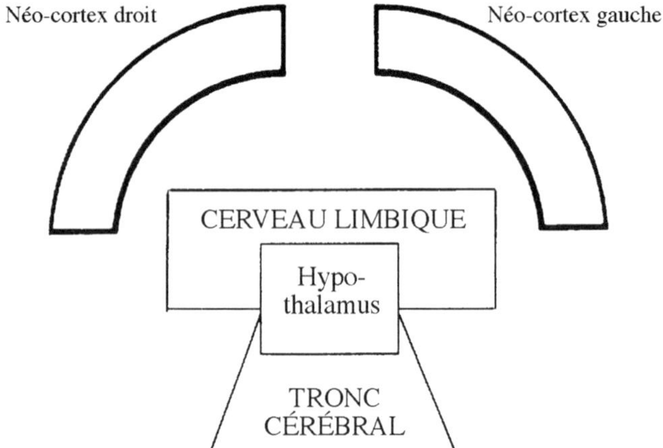

Chez les mammifères, ces deux hémisphères fonctionnent ensemble et de la même façon. L'hémisphère droit reçoit les informations provenant de la moitié gauche du corps (œil, oreille, narine, etc.). Inversement, c'est l'hémisphère gauche qui analyse les informations perçues par la moitié droite du corps. Le néo-cortex permet à ces animaux une certaine «vie sociale»: ils peuvent communiquer par signaux visuels ou par cris, s'avertir de la présence d'un danger, d'un point d'eau, de nourriture.

Chez l'homme, les deux hémisphères ont acquis des fonctions différentes et complémentaires, ce qui multiplie les possibilités d'agir. Ainsi (du moins en ce qui concerne les droitiers):
– l'hémisphère gauche est spécialisé dans les fonctions plus abstraites, plus complexes: lire, parler, compter, réfléchir, analyser dans le détail, établir des relations de cause à effet;
– l'hémisphère droit est celui qui permet de reconnaître globalement une situation, de la percevoir dans son ensemble, et de lui attribuer une coloration émotionnelle.

Il n'existe pas d'hémisphère dominant: il y a deux hémisphères appréhendant l'environnement de façon complémentaire et réunis par le corps calleux qui permet à chacun de communiquer à l'autre son information.

Les possibilités offertes par l'hypothalamus et le cerveau limbique pour s'adapter, c'est-à-dire pour agir dans l'environnement, sont déjà immenses. Le néo-cortex, avec ses deux hémisphères spécialisés, apparaît comme un fantastique multiplicateur de ces possibilités. A cet effet, il assure deux fonctions importantes:
– la mémorisation: l'expérience vécue sélectionnée par le cerveau limbique est emmagasinée sous forme biochimique dans les neurones du néo-cortex;
– la réflexion: la connexion des neurones entre eux, surtout entre hémisphères différents, permet d'associer les faits stockés en mémoire sous des formes nouvelles et originales. Des circuits de communication privilégiés s'établissent entre certains neurones qui deviennent ainsi plus aptes à transmettre les mêmes impulsions la fois suivante. C'est le processus de *réverbération*. Ainsi émerge la pensée consciente.

Cette pensée consciente ne représente qu'une part infime de l'activité du cerveau (elle correspondrait à 16 signaux/seconde seulement!) mais c'est la part la plus riche en combinaisons associatives et en complexification potentielle. Ainsi, beaucoup d'informations provenant de l'hypothalamus et des capteurs sensoriels ne donnent pas naissance à des sensations conscientes. Elles sont filtrées par le système limbique et se trouvent refoulées dans l'inconscient. Cette approche du cerveau retrouve donc les grandes intuitions de la psychanalyse: les pulsions du corps (le Ça) ne remontent à la conscience (le Moi) que si elles ont échappé au refoulement de la censure interne (le Surmoi).

Comment fonctionne le cerveau

En somme, nous n'avons pas trois cerveaux, mais quatre: reptilien, limbique, hémisphère droit, hémisphère gauche, qui se sont développés au fur et à mesure de l'évolution. Chaque pièce de ce prodigieux assemblage apporte des possibilités nouvelles au service d'un même impératif vital de base: s'adapter, c'est-à-dire agir pour faire face aux dangers de l'environnement, améliorer sans cesse ses conditions de vie, satisfaire ses besoins, tirer profit des événements.

Comment fonctionne alors le cerveau lorsqu'il reçoit une information relative à un événement qui vient de se produire dans l'environnement de la personne?

La figure suivante montre les différentes phases de la transmission de l'information et du déclenchement éventuel d'une action.

Phase 1 L'événement perçu à travers les organes des sens est transmis au système limbique qui retient l'information qui l'intéresse à partir des renseignements des mémoires du néo-cortex (en l'absence de mémoire, l'événement n'est pas retenu).

Phase 2 Le système limbique transmet intégralement cette information aux néo-cortex droit et gauche qui la perçoivent chacun selon leur spécificité.

Phase 3 Cette information est confrontée à droite et à gauche grâce au corps calleux, ce qui permet à chaque hémisphère de la moduler.

Phase 4 De cette confrontation va découler: une action sur l'extérieur et une adaptation de l'organisme en vue de cette action, via l'hypothalamus.

Phase 5 Le limbique enregistre cette action et ses résultats selon le schéma échec ou réussite. Cet événement, chargé émotionnellement (positivement ou négativement) sera mémorisé à long terme. A l'avenir, le cerveau limbique pourra le ressortir pour une nouvelle action.

On notera que l'événement déclencheur peut être également un message de l'organisme remonté au cerveau par l'hypothalamus. Dans ce cas, le néo-cortex peut décider de la même manière d'une action correctrice.

Fonctionnement du cerveau

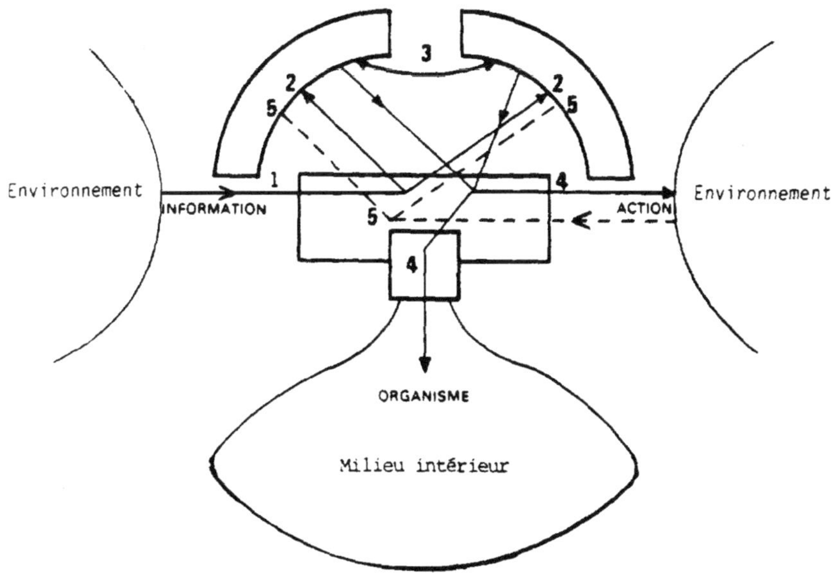

➢ *L'homomorphisme système organisationnel/système nerveux central*

Par suite de la richesse et de l'extrême complexité de son modèle de référence (le SNC) l'analogie neuronale ouvre sur un vaste domaine d'observation et de réflexion. C'est pourquoi elle a capacité à concerner la totalité du système organisationnel et pas seulement le système de décision. Ce dernier reste bien entendu au cœur de l'homomorphisme, mais on rencontre également des correspondances intéressantes avec les autres sous-systèmes, le système d'information notamment.

Présentation générale de l'homomorphisme

Sur la base du modèle à 5 niveaux d'organisation du SNC, il est possible de proposer les correspondances du tableau page suivante.

Comme il convient pour un homomorphisme, les correspondances terme à terme ne peuvent être absolues. Par delà les similitudes, il subsiste des différences et c'est ce que montrera une étude plus fine des différents niveaux. Néanmoins, le modèle dont on trouvera une transposition schématique sur la figure qui suit, donne déjà singu-

L'homomorphisme neuronal		
Niveau d'organisation	**Système nerveux central**	**Système décisionnel de l'entreprise**
1. Régulation locale		
Ajustement spontané, très rapide, à partir des seules informations de proximité	Élément spinal (type arc-réflexe)	Commande locale Ex. pilotage interne d'un atelier de production ou d'un service
2. Régulation de coordination		
Rendre cohérents entre eux les régulateurs locaux Intervention rapide	Systèmes ortho et parasympathiques	Liaisons horizontales interservices canalisées par les consignes et les règles (système de règles et procédures)
3. Régulation d'intégration		
Optimiser la régulation et lui éviter de dévier Intervention lente	Cerveau primitif (tronc cérébral, cervelet, hypothalamus)	Gestion générale (faire tourner la boutique) Rôle des directions opérationnelles
4. Relais de conscience et de mémorisation		
Mémoriser les événements et les apprentissages Modéliser les situations et les simuler	Système limbique	État-major général, administration centrale Assure une grande part de la fonction mémoire (Système d'Information)
5. Commande générale		
Choisir ses buts, sa stratégie, son environnement (relativement)	Néo-cortex aux deux hémisphères	Direction générale (effet de réverbération d'une direction collégiale)

lièrement à penser. Il interpelle à la fois, tant par ce qu'il retrouve des théories classiques de l'organisation que par ce qui l'en distingue.

Le modèle retrouve d'abord l'importance de la ligne de Fayol, hiérarchisée ici sur trois niveaux:

Direction générale/Commande de gestion/Commande locale

et que l'on pourrait mettre en correspondance avec les niveaux de décision analysés page 145:

Politique/Stratégique/Tactique/Opérationnel.

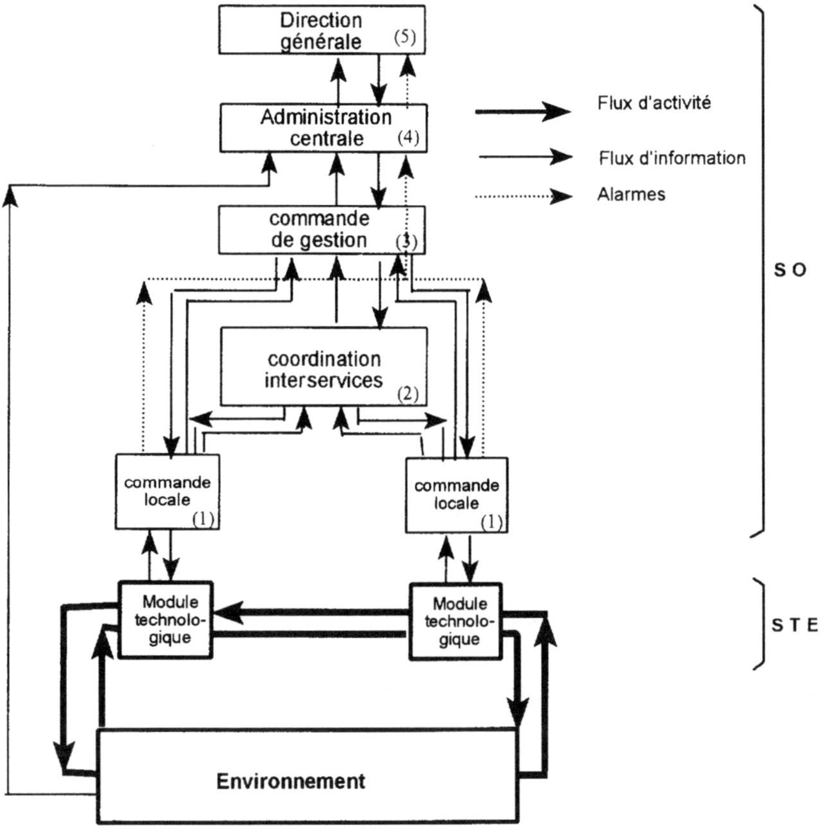

En revanche, le modèle fait ressortir le rôle déterminant joué par les niveaux 2 et 4, rôle largement sous-estimé dans la théorie classique et par conséquent non reconnu dans le discours habituel sur l'entreprise. Dans le *staff and line*, ces niveaux sont considérés comme des services fonctionnels ou d'états-majors, greffés en dérivation sur la ligne hiérarchique afin de la conseiller. Ici, ils apparaissent soit comme des passages obligés, installés en position de filtre pour l'accès à la Direction générale (niveau 4), soit comme des centres de commande intermédiaires (niveau 2), largement autonomes et contrôlés d'assez loin par les niveaux supérieurs.

Cette conception du pilotage de l'entreprise implique bien entendu de rompre, comme ce fut déjà le cas pour l'organisation matricielle, avec le principe fayolien d'unité de commandement. Mais cette rupture ne gène guère les tenants de l'analogie neuronale. André Pousset écrit (1): «*Si certains dirigeants ne savent pas concevoir qu'un homme ait plus d'un chef dans une bonne organisation, c'est qu'ils manquent de l'imagination dont a fait cependant preuve la nature à leur égard en dotant précisément leur système de pensée et d'action de nombreux centres de commande, harmonieusement intégrés entre eux et sans chef suprême omnipotent et unique.*»

Compte tenu du rôle tout à fait original joué par les niveaux 2 et 4 dans cette modélisation, je vais focaliser principalement sur eux la suite de ma réflexion.

La coordination interservices (niveau 2)

Ce niveau est l'analogue de la chaîne sympathique dans le SNC. Ainsi que le montre la figure précédente, il est branché à la fois:
– sur les diverses commandes locales sur lesquelles il prélève des informations de fonctionnement et exerce une action régulatrice,
– sur la commande centrale de gestion, à laquelle il remonte sous forme globale des informations relatives au fonctionnement des unités locales et dont il reçoit des impulsions sous forme d'encouragement ou de frein.

A l'instar du SNC, l'influence exercée par le niveau 2 passe par l'existence de deux sous-systèmes antagonistes, analogues à l'ortho et au parasympathique et qui expriment deux des trois formes de coordination recensées par Henry Mintzberg (*cf.* page 128), la troisième forme, la supervision correspondant à la ligne hiérarchique.

• La coordination par ajustement mutuel ou coordination orthosympathique

Les relations mises en œuvre entre les différentes unités locales correspondent à ce qu'on appelle habituellement dans l'entreprise les *liaisons horizontales*. Sont visées les multiples réunions de coordination entre services voisins ou liés, mais aussi toutes les formes de travail transhiérarchique qui, sous l'appellation de démarches participatives, ont aujourd'hui tendance à se développer: groupes de projet, groupes d'étude, groupes de traitement de problème, cercles de qualité, taskforces, groupes de pilotage, etc.

(1) *André Pousset, «La modélisation neuro-cybernétique de l'entreprise»,* Direction et Gestion, *nº 1, 1977.*

Comme il survient lorsque des hommes sont rassemblés au sein d'une équipe, ces liaisons horizontales sont en général spontanément stimulantes, accélératrices, porteuses à terme d'efficacité et de productivité. C'est pourquoi elles constituent un bon analogue de l'orthosympathique.

• La coordination par les standards ou coordination parasympathique

Par la fixation de lois, instructions, normes, consignes, procédures, règles... le niveau 2 stimule et plus souvent inhibe le comportement général des acteurs. Cela passe par les multiples fonctions d'inspection, d'audit (financier, comptable, social...), de contrôle de gestion, de *missi dominici*, « d'œil de Moscou » de toutes sortes. Mais cela concerne aussi les différentes actions médiatiques engagées dans l'entreprise en vue de normaliser un comportement: campagnes de qualité, de sécurité, de productivité, etc. On notera que cette normalisation du comportement des décideurs locaux passe très souvent par la simple transparence de l'information relative aux résultats des actions menées par ces décideurs. En quelque sorte, il suffit que l'écart soit connu et publié pour que le responsable local entreprenne de lui-même, et sans injonction hiérarchique, les actions correctrices.

Parce qu'il a comme lui une fonction générale d'inhibition, d'incitation à la prudence, à l'économie, au respect des règlements et coutumes, ce sous-système semble un bon analogue du parasympathique. Il peut même avoir, comme certains faisceaux du parasympathique, une fonction « punitive » alors que les faisceaux semblables de l'orthosympathique ont une fonction de « récompense », de renforcement de l'action bénéfique.

Ainsi, par l'action antagoniste mais complémentaire des deux sous-systèmes, le niveau 2 agissant en la circonstance sous le contrôle du niveau 3, est en mesure de faire optimiser le fonctionnement par les décideurs locaux. Le message global émis par le système sympathique est de nature dialectique; il s'exprime par exemple sous la forme: « *Produisez et vous serez récompensés; mais ne coûtez pas trop où vous serez punis.* » Face à cette consigne contraignante, le responsable local recherche alors et en permanence quelles valeurs optimales il doit donner à ses variables d'action.

Le relais de conscience et de mémorisation (niveau 4)

Constitué par les grandes directions fonctionnelles, ce niveau est l'analogue du cerveau limbique. Comme lui, et ainsi que le montre toujours la figure précédente, il est branché à la fois sur les informations remontant du milieu intérieur (via la commande de gestion) et qui donnent en permanence une image du «corps de l'entreprise» et sur les informations provenant du monde extérieur (via les capteurs externes) et qui donnent une image de l'environnement.

Ce sont ces images du milieu interne et du monde extérieur qui sont remontées à la direction générale pour permettre la prise de décision. Le passage à l'acte supposera de «mettre en musique» la décision, afin qu'elle devienne applicable par les modules technologiques du système technico-économique, via à nouveau la commande de gestion. C'est au niveau 4 de réaliser cette programmation démultipliée de l'action, comme il a effectué en sens remontant l'intégration des différents messages internes et externes (figure page suivante).

Dans une entreprise dont la taille devient de plus en plus grande, voire énorme; dans un environnement complexe et en changement rapide, la perception externe et interne de la direction générale doit être préparée et soigneusement construite par les directions fonctionnelles ou États-majors centraux. Leur tâche est de modéliser certaines parties du milieu intérieur et de l'environnement, puis d'en analyser l'évolution probable en fonction des différentes stratégies possibles de l'entreprise. C'est ce qu'on appelle d'une formule un peu rapide: préparer la décision au sommet. Cela suppose, bien entendu, que le niveau 4 remplisse un rôle de mémoire.

Dans cette mission de préparation de la décision, puis de programmation de l'action, l'état-major central se trouve en position de passage obligé entre la direction générale et la commande de gestion, et non en dérivation sur la ligne hiérarchique, comme le prévoit le *staff and line*. La pratique habituelle du fonctionnement de nombreuses grandes entreprises confirme bien cette position «en série» des grands services centraux, position *de facto* sinon toujours de droit.

Il est possible, par un nouvel effet de zoom, de préciser davantage le contenu du niveau 4. André Pousset propose de regrouper les centres d'intégration des informations externes et internes en deux catégories:
– celle se préoccupant des échanges énergétiques (ressources matérielles et financières, ventes, achats...),

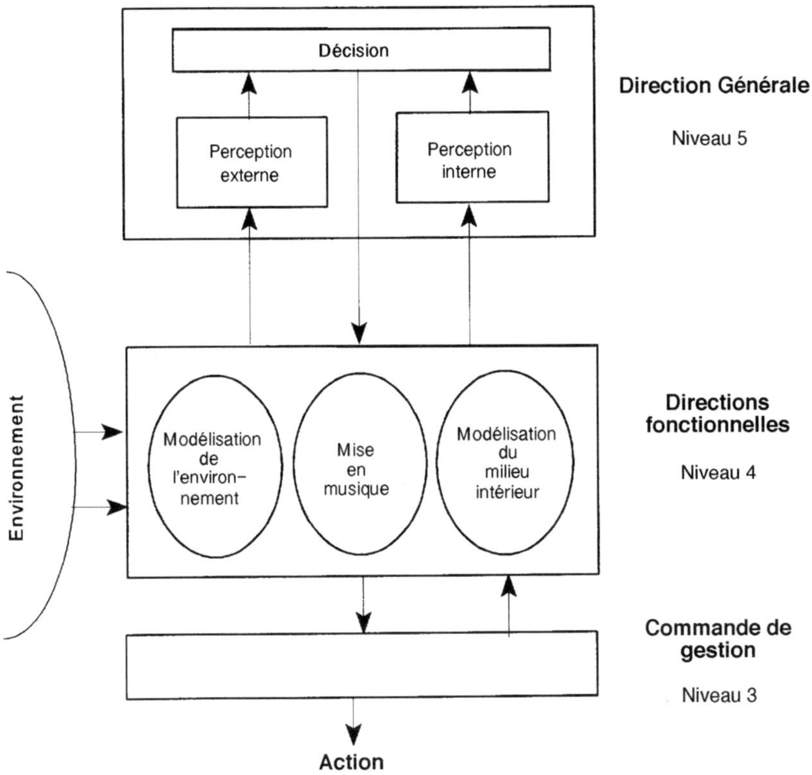

– celle se préoccupant des échanges essentiellement informationnels (connaissance du marché de l'emploi, du marché scientifique et technologique).

La figure ci-après donne une illustration de cette démarche. On y reconnaît les outils du pilotage stratégique de l'entreprise, pilotage assuré par le couplage entre les modèles de représentation de la réalité économique et les plans d'action.

– Modèles des ventes, modèles du marché et plans marketing.
– Modèles comptables, modèles financiers et plans de financement.
– Modèles de l'évolution technique et plans de Recherche et Développement.
– Modèles de l'emploi, modèles de climat social et plans de développement des Ressources humaines.

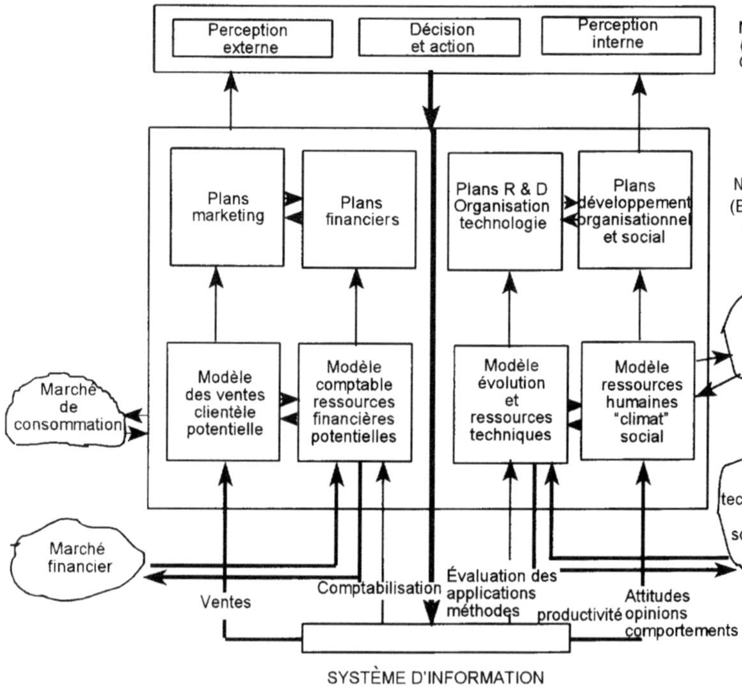

Ces différents modèles et plans d'action, tenus à jour par les services centraux, présupposent l'existence d'un historique, c'est-à-dire d'une mémoire des actions «payantes» qu'il conviendra de rééditer le moment venu et des actions nocives ou coûteuses qui sont à proscrire.

Quelle Direction générale? (niveau 5)

Dans le système nerveux central, les choix à long terme, la décision consciente, sont rendus possibles par l'existence de circuits d'association et de réverbération en rétroaction entre les diverses zones du néo-cortex. Transposée au niveau de l'entreprise, cette analogie explique et justifie l'extension du fonctionnement par direction collégiale.

La réverbération augmente la fiabilité d'un système par la redondance et l'autocorrection des circuits. Elle permet de construire un système à haute fiabilité avec des composants qui le sont eux-mêmes fort peu. Ainsi, on considère que la fiabilité d'un neurone est à peine supérieure à 1/2. Mais si 10 neurones se trouvent associés en parallèle pour la transmission du même message, la fiabilité de l'ensemble est égale à:

$$1 - \left(\frac{1}{2}\right)^{10} \simeq 1$$

On arrive à une quasi-certitude.

Il en va de même lors d'une décision collégiale au sein d'une équipe de direction générale. La fiabilité se trouve assurée par la confrontation des points de vue et les arbitrages qui finissent par s'imposer, un peu à l'image de l'équilibre fluctuant entre cerveau droit et cerveau gauche. Une décision ainsi mûrie par échanges de vue entre pairs, ou avec des conseillers, peut tendre asymptotiquement vers une fiabilité de 1. D'autant que le niveau 4, relais de la conscience et de la mémorisation, peut également être mis à contribution dans le processus de réverbération. Informés des projets de la direction générale, les états-majors centraux ont la possibilité, avant «mise en musique», de supputer une dernière fois l'effet probable des décisions, et sinon de les arrêter, du moins de répercuter au sommet d'éventuelles objections, conduisant ainsi l'échelon suprême à une nouvelle interrogation. Le processus de réverbération peut même impliquer le niveau 3 – et c'est d'ailleurs souvent souhaitable – la commande de gestion se trouvant en effet directement concernée au moment du passage à l'acte. Il existe cependant deux limites à l'efficacité de la redondance et de la réverbération:

• **Le nombre de partenaires impliqués dans le processus.** Le processus de réverbération exige du temps, et ce temps augmente en proportion exponentielle du nombre de participants. Or, les décisions réclament en général un délai non infini. Il se trouve même assez souvent que des décisions médiocres prises en temps voulu soient très supérieures à des décisions idéales prises tardivement.

Cette remarque conduit à limiter sensiblement le nombre de partenaires à impliquer dans la prise de décision stratégique: en pratique, l'effectif d'un Comité de Direction générale sera rarement supérieur à un dizaine de personnes.

• **La diversité des partenaires.** La redondance n'est efficace que si les composants ne sont pas des copies conformes les uns des autres, c'est-à-dire sensibles aux mêmes messages et laissant passer de ce fait les mêmes erreurs. Il faut qu'il y ait complémentarité et diversité des points de vue. On ne fait d'ailleurs que retrouver, en ce domaine, une des conséquences de la «loi de variété requise» d'Ashby.

Cette remarque constitue donc un plaidoyer en faveur de la variété des équipes de direction générale qui, pour être efficaces, doivent être constituées de personnalités aux origines et expériences professionnelles diverses, aux formations différentes, aux tempéraments va riés. Comme aucun dirigeant ne peut réunir en lui-même toutes les qualités nécessaires au pilotage d'une grande entreprise, il faut donc que ces qualités se trouvent rassemblées au niveau de l'équipe de direction. On doit s'attendre à y rencontrer des hommes qui sont d'abord des visionnaires, capables d'amples anticipations stratégiques; d'autres qui sont plutôt des organisateurs; d'autres enfin qui sont des communicateurs.

Concernant cette variété nécessaire d'une équipe de direction générale, un article de Alan Murray apporte d'intéressants aperçus (1). A partir d'une analyse statistique relative à 84 entreprises des secteurs alimentaires et pétroliers aux États-Unis, il montre que l'existence d'équipes dirigeantes diversifiées paraît corrélée positivement avec la performance de l'entreprise à long terme, lorsqu'il devient nécessaire de faire émerger des stratégies originales à partir de multiples éléments d'incertitude provenant de l'extérieur. Il écrit: «*La présence d'une "sous-culture clanique" à la tête d'une organisation a probablement une influence négative à long terme* », entendant par le terme de «sous-culture clanique» une totale homogénéité du groupe dirigeant en matière de représentations, de comportements et d'attitudes.

Cette observation donne singulièrement à penser quant à l'efficacité des élites dirigeantes françaises, issues pour la plupart des mêmes écoles et du même cursus professionnel.

Pourquoi la structure en réseau?

Après l'avoir rencontrée sous des formes à complexité croissante dans les organisations *staff and line*, matricielle et polycellulaire, la structure en réseau trouve, avec l'homomorphisme neuronal, une nouvelle et magnifique illustration ainsi qu'une justification probante. Afin de mieux faire apparaître sa nature résiliaire, enchevêtrée et imbriquée,

(1) Alan I. Murray, «Composition du groupe dirigeant et performances de l'entreprise», **Revue française de gestion,** *juin/juillet/août 1989.*

le schéma général donné page 175 peut être mis sous la forme un peu différente de la figure ci-après. Celle-ci a le mérite de mettre en évidence le double avantage du modèle issu de l'analogie neuronale et qu'il est seul à posséder sans doute à ce degré:

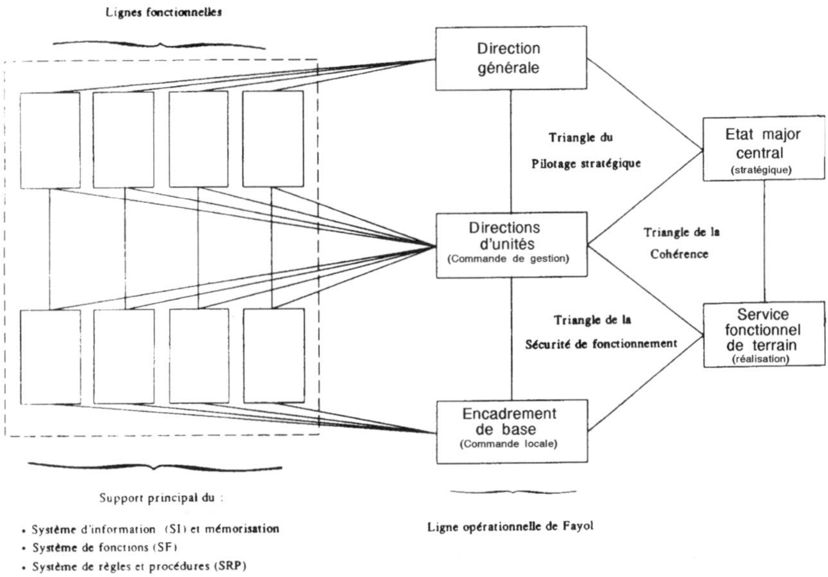

• **Ouverture à la complexité**: grâce à la possibilité de créer ou de supprimer de nouvelles lignes fonctionnelles mais aussi par le caractère pluraliste et interactif de la prise de décision (impliquant en règle générale au moins trois acteurs) et par la reconnaissance des coordinations spontanées et informelles.

Moins marqué de systématisme que l'organisation matricielle, le modèle neuronal s'apparente sous ce rapport à l'organisation polycellulaire. Relativement aux lignes fonctionnelles, on observera que leur présence sur deux niveaux différents mais emboîtés, autorise:
– un allégement substantiel des états-majors centraux, dégagés de l'action opérationnelle et voués désormais à la seule réflexion stratégique,
– le développement d'une régulation «sympathique» près du terrain, en appui logistique de l'encadrement de base, mais sous la supervision globale des directeurs d'unités.

• **Sauvegarde de l'intégration**: maintien d'une ligne opérationnelle ou système d'encadrement, véritable colonne vertébrale de l'organisation et chargée de catalyser la prise de décision au sein du réseau d'acteurs. Cette ligne opérationnelle est d'autant plus solide qu'elle et articulée sur un nombre limité de niveaux (pas plus de 3 ou 4 pour une entreprise de 1 000 personnes). Une ligne d'encadrement courte permet la rapidité et la fiabilité de la communication interne; elle assure efficacement un rôle d'alarme (équivalent des nerfs de la formation réticulaire dans le SNC) pour tous les événements imprévus susceptibles de mettre gravement en cause la sécurité de l'organisation.

A la différence de l'organisation polycellulaire, qui peut verser par excès de plasticité dans des formes de différenciation divergentes et centrifuges, le modèle neuronal maintient un haut niveau d'intégration et de cohérence. Il apparaît ainsi comme la forme «adulte» d'une organisation complexe dont la structure polycellulaire serait plutôt la forme juvénile.

Pour conclure: limite de l'approche par la seule organisation

Avec l'analogie neuronale, nous poussons jusqu'à leur point extrême les possibilités du modèle canonique de l'entreprise. En passant de la métaphore de la machine à celle du système vivant, nous avons grandement complexifié, et à juste titre, la description du système de pilotage.

Grâce à la distinction entre les cinq niveaux de décision, nous prenons mieux en compte à la fois l'ouverture sur l'environnement et les contraintes exprimées par le système technico-économique. Tout d'abord, on comprend comment, au niveau 4 (relais de conscience et de mémorisation de l'administration centrale), les injonctions reçues de l'environnement organisationnel, sous forme de lois, codes, règlements, normes, directions stratégiques, simples conseils... s'imposent aux décideurs. Pour une entreprise indépendante, l'environnement organisationnel se limite aux lois et règlements du pays et aux normes de la profession. Pour une unité dépendante en revanche (établissement d'une entreprise, filiale d'un groupe...), l'environnement organisationnel est fortement coloré par les choix stratégiques et les principes de gestion imposés par la Direction générale du groupe ou de l'entreprise aux différentes unités dépendantes. De la même manière, on a vu comment les informations recueillies sur l'environnement économique étaient traitées par ce niveau 4.

Concernant le pilotage direct du STE, l'articulation sur trois niveaux (de la commande locale à la commande de gestion) du système de décision autorise, là aussi, une prise en compte meilleure de la complexité. Bien loin de la simple application mécanique du standard ou de la règle, comme il en va dans le modèle taylorien, on reconnaît la possibilité de conflits de niveaux, la légitimité des arbitrages et des compromis entre ces mêmes niveaux, la recherche itérative d'un optimum. A cette fin, on est conduit à se poser des questions du type suivant: l'information circule-t-elle bien, les décisions sont-elles prises au niveau adéquat et en temps voulu, le découpage des fonctions entraîne-t-il ou non des problèmes de coordination, le système de règles est-il paralysant ou suffisamment souple? etc.

Toutefois, malgré cet indéniable enrichissement apporté par l'analogie biologique, un point décisif continue de faire défaut, l'hôte imprévu (le système social) dont il fut question au chapitre 2 (pages 73 à 75) reste toujours méconnu. Or, cet hôte imprévu est pourtant bien présent dans le cœur de chaque agent du STE ou du SO comme il a été montré dans ce même chapitre. Ces agents ne peuvent être réduits à de simples composants, fussent-ils dotés de la plasticité et de l'autonomie propres à la cellule vivante. On ne peut faire l'économie de leurs comportements d'acteurs humains, en capacité d'accepter ou de rejetter la logique de l'organisation, aptes à entrer dans des coalitions aux stratégies spécifiques et aux objectifs non nécessairement convergents à ceux de l'organisation.

Même complexifiés par l'introduction du système d'information et la transposition des apports de la biologie, les modèles d'entreprise qui ne perçoivent le pilotage qu'au seul niveau du système organisationnel demeurent de facture cybernétique. Comme l'écrit Michel Crozier (1): «*Ils ignorent la dimension stratégique, c'est-à-dire irréductiblement imprévisible, du comportement humain, dimension qui rend impossible tout mécanisme de régulation fondé sur la commande directe du phénomène régulé, ici le comportement humain.*»

(1) *Michel Crozier et Erhard Friedberg,* L'Acteur et le Système, *Seuil, 1977.*

C'est pourquoi on ne peut comprendre l'entreprise sans connaître l'homme (ses attentes, ses désirs, ses attitudes) et plus largement les comportements des hommes entre eux. Ce programme sera l'ambition du prochain chapitre consacré au « système social ». Il illustre la candeur de la célèbre formule saint simonienne : « du gouvernement des hommes à l'administration des choses ». Aujourd'hui, nous savons au contraire que pour bien administrer les choses, on a besoin plus que jamais d'un bon gouvernement des hommes.

LE SYSTÈME SOCIAL

«Ainsi, la sociologie paraît appelée à ouvrir une voie nouvelle à la science de l'homme. Jusqu'ici, on était placé en face de cette alternative: ou bien expliquer les facultés supérieures et spécifiques de l'homme en les ramenant aux formes inférieures de l'être, la raison aux sens, l'esprit à la matière, ce qui revenait à nier leur spécificité; ou bien les rattacher à quelque réalité supra-expérimentale que l'on postulait, mais dont aucune observation ne peut établir l'existence. Mais du moment où l'on a reconnu qu'au-dessus de l'individu il y a la société et, que celle-ci n'est pas un être nominal et de raison, mais un système de forces agissantes, une nouvelle manière d'expliquer l'homme devient possible.»

Émile Durkheim.
Les formes élémentaires de la vie religieuse.

Dans le chapitre 2 de ce livre (page 74), j'ai défini le système social de l'entreprise comme *l'ensemble interactif des personnels* attachés plus ou moins durablement à elle par un contrat de travail et œuvrant en son sein.

Cette définition exclut du système social des personnes ou des groupes qui ne sont pas sans action sur l'entreprise mais dont la position est manifestement extérieure (clients, fournisseurs, banques, actionnaires, etc.). Elle ne soustrait pas pour autant le personnel aux influences extérieures.

De par sa nature et sa composition, le système social (SS) présente un haut degré d'incertitude et se caractérise par une triple complexité:
– il intègre d'abord la complexité inhérente à la *personnalité* de chaque salarié. On a pu dire que chaque homme était en lui-même un univers. Cette caractéristique se retrouve bien sûr au sein du système social. D'autant que l'élévation des niveaux de vie et d'éducation a complexifié les aspirations des individus par rapport à ce qui existait il y a quelques décennies;
– mais l'individu lui-même «joue» rarement isolément. Il fait partie, à l'intérieur de l'entreprise, d'une diversité de *coalitions*, certaines

directement liées à l'organisation (ateliers, bureaux, services...), d'autres plus larges ou informelles (sections syndicales, classes d'âge, groupes régionaux, «mafias» d'école, pratiquants d'un même loisir...), certaines reconnues (comme les syndicats), d'autres largement occultes (comme les «mafias»), toutes diversement structurées et poursuivant le plus souvent des objectifs différents sinon contradictoires. On observera de plus que le même individu peut appartenir, suivant les circonstances, à plusieurs coalitions;
– enfin, le salarié peut difficilement être assimilé à un «indigène» de l'entreprise, totalement défini par cette appartenance. Il est aussi père de famille, sympathisant politique, militant associatif, membre d'une Eglise... et ne saurait oublier ces différents aspects de sa personnalité ou *adhérences externes* en franchissant la porte de l'entreprise.

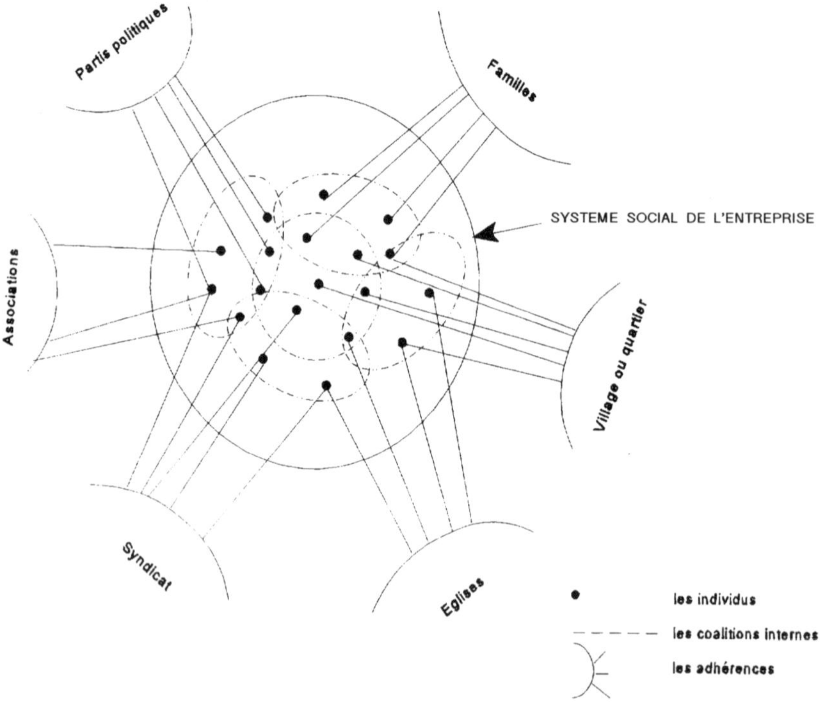

L'hypercomplexité du système social résulte donc de la richesse psychique des individus mais aussi, sinon davantage, de leur appartenance à des «champs» multiples (coalitions internes, adhérences extérieures fortes) dont les logiques hétérogènes peuvent se télescoper.

Comment entrer alors dans la compréhension de cette complexité? On conçoit que la question ait pu longtemps être évacuée et que les premiers théoriciens de l'entreprise aient préféré apporter tous leurs soins à l'étude sécurisante du STE et du SO. Fort heureusement, les progrès des sciences humaines permettent aujourd'hui d'entrer dans ce débat autrement que muni seulement de bonne volonté et de bon sens. C'est donc en s'appuyant sur les théories proposées par les sciences humaines que j'ai conçu l'architecture de ce chapitre.

Dans une première section, indispensable, je me centre sur le comportement social de l'acteur individuel. La chose n'est pas nouvelle. Depuis les célèbres expériences d'Hawthorne menées dans les années 30 à la Western Electric par Elton Mayo, les psychosociologues n'ont cessé d'ausculter le travailleur moderne. La littérature sur le sujet, principalement américaine, est immense. Aussi, n'est-il pas dans mon intention d'en faire la synthèse, même succincte. Je m'attacherai en revanche à un problème bien délimité, mais qui reste central pour le management, celui de la motivation. Il commande en effet directement l'efficacité des hommes, comme il a été montré à la fin du chapitre 2.

La suite du chapitre est tout entière consacrée à la dimension collective du système social. Dans l'histoire de la sociologie, deux grands modèles ont été alternativement (ou simultanément) utilisés, selon que les chercheurs mettaient l'accent sur les composants du système social (démarche analytique) ou sur la société comme un tout (démarche holistique).

La première thèse, qui a plusieurs postulats en commun avec la théorie économique classique, a dominé pour cette raison la sociologie du travail. Mettant l'accent sur les acteurs collectifs (coalitions, groupes de pression) dont on cherche à comprendre les enjeux, les alliances, l'entrelacs des stratégies, elle est qualifiée d'*interactionniste*. Omniprésente dans les travaux sur l'entreprise, elle sera présentée dans les pages 220 à 236.

La seconde thèse a été surtout développée en sociologie générale. Elle est hégémonique en ethnologie, mais n'apparaît dans la littérature sur l'entreprise que depuis peu, à propos et autour du thème de la culture d'entreprise. C'est pourquoi on peut qualifier cette thèse de *culturaliste*. Elle sera présentée dans les pages 237 à 255.

Est-il possible de réconcilier ces deux modèles? Ce sera l'objet de la dernière section du chapitre (pages 256 et suivantes), utilisant à nouveau pour y parvenir l'approche systémique.

Le problème de la motivation

Le terme de motivation a été créé, au cours des années 30, par des publicitaires américains essentiellement intéressés par la compréhension des facteurs déterminant le comportement de consommation. Pour eux, la connaissance des mécanismes de la décision chez le consommateur devait permettre de les utiliser pour déclencher l'acte d'achat. La motivation s'identifiait alors assez bien avec la manipulation publicitaire.

Depuis, le terme a fait école et sert à désigner l'ensemble des processus ou mécanismes par lesquels une société, un groupe, une entreprise, arrivent à faire endosser par leurs membres les rôles sociaux estimés souhaitables, voire nécessaires, pour le bon fonctionnement de l'ensemble. L'individu est en effet plus ou moins disposé à endosser spontanément le rôle social qui lui est proposé. L'antique méthode de «la carotte et du bâton» montre très vite ses limites lorsqu'il s'agit de rôles diversifiés et riches en compétences multiples, exercés dans des organisations complexes. Or, tel est de plus en plus le cas des entreprises, avec le dépérissement du taylorisme et le développement des hautes technologies et des structures en réseau. Il faut alors trouver des processus de socialisation plus élaborés pour que les membres d'une collectivité approuvent les modèles de leur société, les assimilent et en fassent leur règle personnelle.

C'est dans ce contexte que s'inscrit la réflexion actuelle sur la motivation. Sa problématique est donc bien un dépassement des pratiques traditionnelles, notamment en matière de commandement et de rémunération, telles qu'elles ont existé et existent encore dans les entreprises. Cet élargissement du champ de réflexion conduit naturellement à s'interroger sur les mécanismes profonds, les ressorts cachés à l'œuvre dans les comportements humains.

Diverses disciplines ont depuis longtemps tenté de répondre à cette question: philosophie, psychologie, sociologie, psychanalyse, anthropologie... Plus récemment la neurophysiologie ou plus précisément la biologie des comportements, a analysé les mécanismes du comportement humain en situation sociale. Le passage par un examen de ces modèles explicatifs est donc nécessaire. Mais avant de les présenter (pages 194 à 213) puis de les utiliser (pages 214 à 220), il est nécessaire dans un premier paragraphe de clarifier les concepts et la terminologie.

➢ *Clarification préalable*

La nécessité, mais aussi la difficulté de cette clarification tiennent au fait que l'être humain, comme il a été dit au début de ce chapitre, est déjà en lui-même follement complexe. On doit l'appréhender comme un sujet libre, doté d'une personnalité unique (faite de ressources psychologiques propres, d'un potentiel créateur, d'une histoire personnelle) et en même temps largement ouvert sur son environnement social interne (celui de l'entreprise) et externe. De cette personnalité et des données d'environnement découlent ses motivations puis sa stratégie d'acteur qui va commander son comportement.

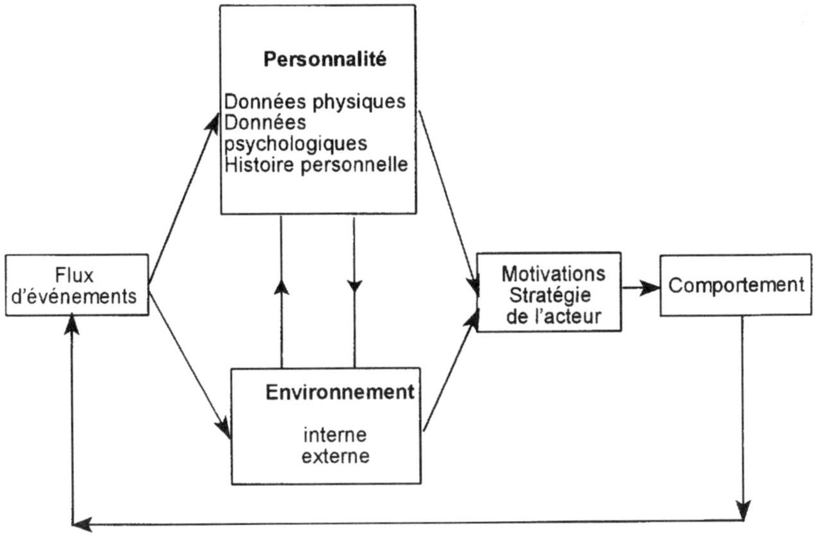

Trois mots sont souvent utilisés dans le langage courant pour parler de ce dont il est question ici: motivation, satisfaction, implication. Ils ne sont pas équivalents et doivent être étroitement définis si l'on désire mettre un peu d'ordre dans le débat.

• **Satisfaction.** Il s'agit du concept le plus ancien. Utilisé depuis 50 ans par les psychologues du travail, il désigne: «*un état émotionnel positif ou plaisant résultant de l'évaluation faite par la personne de son travail ou de ses expériences de travail*» (1). La satisfaction correspond donc

(1) *E.A. Locke,* The nature and causes of job satisfactions, *Dunnette, Hand book of industrial and organizational psychology, Rand Mc Nally, Chicago, 1976.*

à un état émotionnel face au travail, état qui résulte de la réalisation des attentes conscientes ou inconscientes à l'égard du travail. Ces attentes peuvent être de nature extrêmement diverse: besoins, désirs, idéal du moi, volonté de conformité au groupe...

Le fait de satisfaire des besoins ou des désirs n'est pas en soi un facteur qui pousse à l'action, contrairement au discours souvent entendu, du type «des travailleurs satisfaits travaillent bien». Certes, l'insatisfaction, voire la frustration, ne sont généralement pas propices à l'engagement dans le travail et il y a bien là une relation de causalité. Mais nous connaissons aussi des travailleurs satisfaits et peu dynamiques: ils sont heureux de ne produire que le minimum nécessaire.

• **Motivation**. Comme rappelé au début de cette section, le terme de motivation est utilisé pour désigner le degré d'engagement d'un collaborateur dans la réalisation d'une action proposée par un tiers (généralement l'organisation).

Le lien à l'action est ici direct et immédiat. La motivation est centrée sur l'accomplissement d'une tâche; elle est le passage obligé entre ce qui n'est qu'une injonction à agir (de la part du chef, de l'équipe, de la norme) et la prise en charge réelle de cette action par l'acteur qui va y engager ses forces, son temps, son énergie, ses moyens.

La motivation peut bien sûr dépendre positivement du plus ou moins grand sentiment de satisfaction éprouvé par le travailleur à l'occasion de la réalisation de cette action; elle peut dépendre aussi, et c'est souvent le cas, du degré d'adhésion (ou implication) à l'organisation (entreprise, établissement, équipe) dont il fait partie. Mais comme telle, la motivation ne s'identifie ni à la satisfaction, ni à l'implication.

• **Implication**. Venu de la sociologie, le concept est d'introduction plus récente. Il vise le rapport de l'individu non pas à un travail particulier (motivation), non pas aux gratifications qu'il peut en attendre (satisfaction) mais à son groupe d'appartenance.

Les psycho-sociologues anglo-saxons utilisent le terme *involvement* ou *job involvement* pour dire l'engagement de l'individu dans l'emploi occupé, et le terme *commitment* ou *organizational commitment* pour désigner l'engagement de l'individu dans l'organisation. En français, le risque est de traduire par implication ces deux termes. Soucieux d'éviter la confusion qui pourrait résulter de l'utilisation du même mot pour deux concepts, je propose à l'instar de nombreux chercheurs français, de retenir le terme *implication* pour la seule relation individu/organisation et de réserver le terme *engagement* pour le lien individu/emploi occupé.

La notion d'engagement présente alors beaucoup de similitude avec celle de motivation. On peut estimer qu'elle en constitue une sorte de généralisation, l'engagement visant l'ensemble des actions déployées par le travailleur pour remplir son emploi alors que la motivation concerne le degré d'engagement dans une action particulière.

Muni de ces distinctions, on peut alors retenir la définition proposée par Michèle Amiel (1) pour l'implication:

«*Sentiment d'identification de l'individu à l'organisation qui se traduit pour lui par:*
– *l'acceptation des valeurs et des buts de l'organisation,*
– *la volonté d'exercer des efforts au profit de l'organisation,*
– *l'intention de continuer à faire partie de l'organisation.*»

On constatera, dans la prochaine section 3 (pages 237 et suivantes), que cette implication a beaucoup à voir avec la notion de culture.

• **Différentes**, les trois notions satisfaction/motivation/implication n'en sont pas pour autant indépendantes. Elles sont au contraire en relation de causalité circulaire sans que l'on puisse considérer que l'une détermine mécaniquement l'autre.

De manière générale, on peut dire que la satisfaction est habituellement au rendez-vous d'une action réussie, laquelle dépend directement de la motivation de son auteur. En aval de l'action, la satisfaction rétroagit pourtant sur l'amont, au moins partiellement. Si la satisfaction, comme on l'a vu, ne détermine pas automatiquement la motivation, l'insatisfaction grave, en revanche, démotive. De même, une implication forte crée un climat favorable à la motivation, mais sans garantir pour autant son déclenchement. Et la satisfaction, surtout lors qu'elle se maintient, consolide l'implication.

Entre les trois concepts, on a ainsi une suite de relations conditionnantes que l'on peut représenter par le schéma suivant:

(1) *Michèle Amiel,* Outils d'analyse pour l'étude des conflits latents dans les plans sociaux: aspects méthodologiques, *Communication à la 14e Université d'été de l'IAS, Aix-en-Provence, août 1996.*

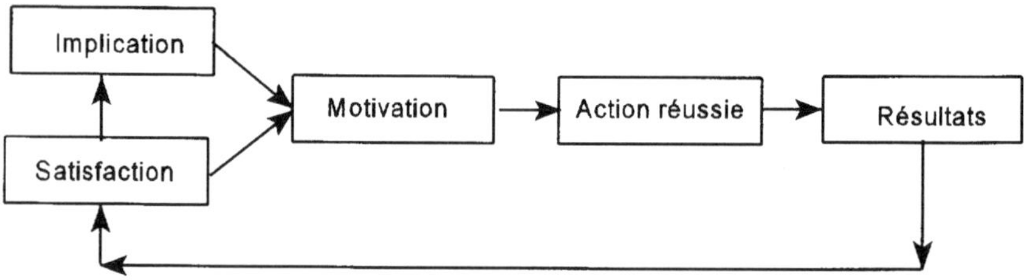

Dans la suite de la section, et bien que l'on se focalise sur l'analyse du processus motivationnel, on retrouvera à plusieurs reprises cette imbrication des trois concepts.

➢ *Petit parcours dans les théories de la motivation*

Depuis plus d'un demi-siècle, psychologues, sociologues, anthropologues, neurologistes et psychanalystes, se sont essayés à produire des théories de la motivation. Classiquement, ces théories sont regroupées en deux catégories dites pour la première de contenu et pour la seconde de processus.

Les théories de contenu s'efforcent de répondre à la question: qu'est-ce qui motive les gens à travailler? Elles s'intéressent aux mobiles de l'action. Suivant que la réponse porte sur les besoins ou sur les désirs, on y trouve:
- la vieille théorie des besoins d'Abraham Maslow;
- la théorie bifactorielle de Frederick Herzberg;
- les théories du désir selon la psychanalyse;
- la théorie du désir mimétique de René Girard.

Les théories de processus s'efforcent de répondre à la question: comment les gens se motivent-ils pour travailler? Elles s'intéressent aux mécanismes qui commandent l'action. On y trouve des théories de facture:
- biologique: le modèle du stimulus/réponse du behaviorisme et la théorie neuronale de Henri Laborit;
- sociologique: la théorie des attentes de Vroom, revue par Porter et Lawler;
- cognitive: la théorie de la rationalisation de l'action de Joule et Beauvois et la théorie de la norme d'internalité (ou *Locus of control*) de J.B. Rotter.

La liste n'est pas exhaustive mais j'ai essayé de reprendre les principales théories. Pour chacune, je vais donner un rapide aperçu afin de pouvoir en tirer, pour la suite de la réflexion, le maximum d'enseignements. Ma position sera de considérer ces théories comme détenant chacune une parcelle de vérité mais présentant aussi un certain nombre de limites. D'où leur caractère davantage complémentaire qu'opposé.

Les mobiles/besoins: la théorie de Maslow revisitée par Herzberg

Le psychologue américain Abraham Maslow (1) a travaillé de 1950 à 1956 sur les mobiles de la motivation qu'il pensait ramener à la satisfaction d'un certain nombre de besoins humains universels, étagés sur une pyramide à cinq niveaux:

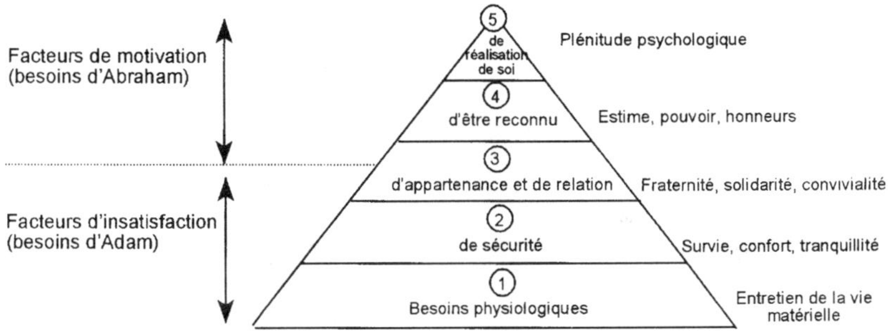

Pour Maslow, la substitution d'un besoin à un autre s'effectue en principe quand celui de rang inférieur est déjà satisfait. Aussi, est-il vain de prétendre mobiliser par la mise en œuvre d'un besoin supérieur si on n'a pas d'abord satisfait, de manière à peu près convenable, les besoins de rang inférieur (c'est ce qu'il appelle la prépotence des besoins).

Exemple: proposer la réalisation de soi et l'estime des autres comme mobiles d'engagement dans un travail professionnel n'a aucun sens si ce travail ne garantit pas d'abord un minimum de sécurité d'emploi et un salaire convenable.

C'est justement sur ce caractère absolu du besoin humain que porte la critique de la théorie de Maslow. L'observation fournit en effet des

(1) *Abraham Maslow,* Motivation and Personality, *Harper et Row, 1954.*

exemples où la recherche d'un besoin supérieur occulte la satisfaction de tous les autres besoins, y compris de survie. Ainsi en va-t-il de l'ascète et du héros; plus modestement de l'artiste, du chercheur, du militant, bref de tout homme passionné par son activité.

Sur la base d'une série d'observations de ce type, Frederick Herzberg (1) en vient à proposer un classement un peu différent et surtout une autre manière de concevoir le jeu des besoins sur la motivation... et la satisfaction. Reprenant la pyramide de Maslow, Herzberg observe que tous les besoins ne sont pas de même nature. Certains, les besoins de rang 1, 2 et 3 (partiellement) ont trait à la maintenance de la vie biologique et sociale. C'est pourquoi il les appelle *besoins d'Adam* (le premier homme, chassé du paradis terrestre, et qui doit gagner son pain à la sueur de son front!). D'autres (les besoins 5, 4 et 3 partiellement) ont trait au développement de la personne, à son achèvement social. C'est pourquoi il les appelle *besoins d'Abraham* (le premier homme qui quitte sa sécurité et son confort pour poursuivre un idéal spirituel). Les premiers ont trait exclusivement à la satisfaction, les seconds concernent directement la motivation.

Dans le travail industriel, par exemple, les besoins d'Adam renvoient à ce que Herzberg appelle les «facteurs d'hygiène ou de confort»:
- politique et administration de l'entreprise;
- surveillance du travail;
- conditions de travail;
- relations humaines (avec les supérieurs, les subalternes et les collègues);
- salaire;
- sécurité de l'emploi.

Une fois satisfaits, ces «facteurs d'hygiène» ne poussent plus à l'action, tout du moins pour un temps. Non satisfaits, en revanche, ils produisent de la frustration, du mécontentement.

Dans l'entreprise, les besoins d'Abraham renvoient selon Herzberg à des «facteurs de motivation» du type:
- réalisation de soi par l'acquisition d'une expertise;
- reconnaissance par ses pairs et par ses chefs;
- intérêt du travail en lui-même;
- responsabilité;
- promotion et avancement.

(1) *Frederick Herzberg,* **Le travail et la nature de l'homme,** *EME, 1971.*

On notera que si les facteurs d'hygiène se situent dans l'environnement de l'action et de ses contreparties, les facteurs de motivation ont leur principe dans l'action elle-même, son contenu, ses responsabilités, sa reconnaissance par autrui.

Non satisfaits, les facteurs de motivation ne produisent habituellement qu'une frustration modérée. Mais leur satisfaction développe en revanche un fort sentiment de gratification qui a besoin pour se maintenir de la persévérance dans l'action, voire de l'amplification des efforts et de l'amélioration des résultats.

D'un point de vue systémique, on peut dire que les besoins d'Adam sont contrôlés par une boucle de rétroaction négative de retour à l'équilibre: la satisfaction éteint provisoirement le besoin qui a poussé à l'action.

Les besoins d'Abraham, en revanche, sont pilotés par une rétroaction positive qui renforce le besoin (au moins jusqu'à un certain niveau) lorsqu'on le satisfait.

Pour F. Herzberg, seuls les besoins d'Abraham peuvent être prétexte à motivation durable et engagement dans l'action. Leurs effets sont cumulatifs.

A l'inverse, les besoins d'Adam doivent être constamment réactivés. Ils ne motivent que négativement, c'est-à-dire en cherchant à éteindre la frustration ou le mécontentement produits par leur non-satisfaction. Les avantages acquis à cette fin deviennent rapidement une habitude et un droit.

Que ce soit dans la version originelle de Maslow ou bifactorielle de Herzberg, une objection majeure peut néanmoins être faite à ces théories, celle de reposer sur une notion, le «besoin humain», qui apparaît à l'usage extrêmement plastique car marquée de signification symbolique tant pour l'acteur lui-même que pour la société au sein de laquelle ce besoin s'exprime. Seules, des activités véritablement très proches des conditionnements biologiques – se nourrir, se protéger des intempéries par le vêtement et un toit – peuvent être valablement rapportées à la notion de besoin. Le besoin, chez l'homme, n'a rien de naturel (ou très peu); il dépend bien davantage de la représentation que se fait la société, à un instant donné, de ce qui est jugé nécessaire à une vie humainement digne. Aussi a-t-on pu dire que la pyramide de Maslow était le reflet, dans la conscience des individus, de l'échelle des valeurs de la société américaine. Dans une société tribale, antique ou simplement asiatique ou africaine, la pyramide aurait été toute différente.

C'est donc vers l'environnement socioculturel et la nature sociale de l'homme qu'il faut s'orienter pour trouver une réponse à la question des mobiles de l'action. Mais du même coup, le besoin se change en désir.

Les mobiles/désirs: de Freud à Girard

Au début du siècle, Freud jetait le soupçon sur le caractère jusqu'alors jugé rationnel et transparent de l'action humaine. Derrière le postulat de la pleine conscience et maîtrise du moi, hérité de Descartes et des Lumières, il montrait le grouillement des pulsions du Ça et les censures du Surmoi. Ainsi que le visualise le schéma ci-après, où se trouvent représentées les trois instances de la psychanalyse freudienne, le Moi bien loin d'être le maître tout-puissant de l'action n'est souvent que le relais d'un arbitrage inconscient entre les revendications du Ça et les impératifs du Surmoi.

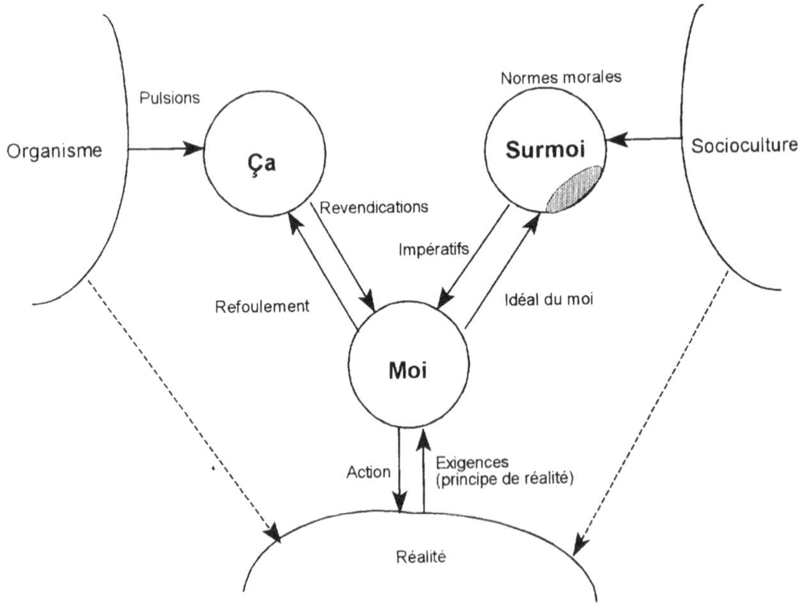

Ainsi, la motivation n'est pas ce que l'on croit ou tout du moins ce qu'elle se donne à croire. Et le travail, parce qu'il représente une part importante de la vie éveillée n'échappe pas à ce phénomène. Freud, de son vivant, avait déjà repéré cette possibilité. «*La possibilité de transférer les composantes narcissiques, agressives, voire érotiques de la libido dans le travail professionnel et les relations sociales qu'il implique, donne à ce dernier une valeur qui ne le cède en rien à celle que lui confère le fait d'être indispensable à l'individu pour maintenir et justifier son existence au sein de la société. S'il est librement choisi, tout métier devient source de joies particulières, en tant qu'il permet de tirer profit, sous leurs formes sublimées, de penchants affectifs et d'énergies instinctives.*» (1)

Le mécanisme par lequel s'opère cette surprenante transmutation porte le nom de sublimation. Celle-ci consiste pour le sujet à réaliser un désir prohibé par l'instance morale, le surmoi, dans une activité acceptable par cette même instance. On ne peut pas tout se permettre dans la vie et la sublimation va donc avoir pour fonction de «blanchir» les «noirs» désirs qui sommeillent chez tout un chacun. Plusieurs processus coexistent étroitement. Processus de narcissisation d'abord dans une activité socialement valorisée: activité artistique, scientifique, technique, professionnelle, etc. Processus de symbolisation ensuite où un acte autorisé remplace un acte interdit. Processus de désexualisation enfin dans une «perversion réussie» par le détournement de la pulsion sexuelle aussi bien de son but que de son objet... L'amour du travail serait ainsi une des métamorphoses de l'inavouable...

Telle est l'analyse proposée par le psychanalyste Roland Brunner (2), pour qui l'entreprise offre une multitude de situations qui permettent à ce travail de sublimation de se faire: intérêt du métier, notoriété personnelle, convivialité des collègues, amour de l'entreprise mère qui peut aller jusqu'à la passion. Il souligne cependant le caractère très personnel de ce processus qui s'inscrit toujours dans une histoire singulière dont les ressorts sont largement inconscients. Ce qui conduit à jeter un regard perplexe sur la pléthore des mesures mises en œuvre dans les entreprises pour accroître la motivation et la satisfaction au travail, ou plus prosaïquement pour éviter le mécontentement. Pratiques incantatoires bien souvent, car force est de constater que des situations de travail identiques sont vécues de façons très différentes d'un individu à l'autre...

(1) *Sigmund Freud,* **Malaise dans la civilisation.**
(2) *Roland Brunner,* **Le psychanalyste et l'entreprise,** *Syros 1995.*

Ce déterminisme individuel de la sublimation, et partant du désir, constitue cependant un point faible du modèle psychanalytique dont R. Brunner est conscient. Peut-on ramener le désir à la seule histoire personnelle, particulièrement lorsqu'il s'agit de processus d'actions qui se déroulent en société? L'intérêt de la théorie du *désir mimétique* de René Girard (1) dont je vais maintenant parler, et qui vient de l'anthropologie, est de mieux prendre en compte cette dimension sociale.

La thèse tout entière repose sur l'importance donnée à la *mimesis*, c'est-à-dire l'imitation dans le comportement humain. Cette imitation se rencontre déjà dans le comportement des animaux supérieurs, mais avec l'homme, elle prend une dimension nouvelle et tout à fait considérable, en particulier à partir de l'avènement du langage. René Girard écrit: «*La théorie mimétique, seule susceptible de fonctionner au niveau animal et au niveau humain, est seule susceptible par conséquent, d'éliminer toute rupture métaphysique entre les deux règnes et aussi toute confusion illégitime, puisque le mimétique va fonctionner dans chacun de ces règnes à un régime très différent.*»

Avec l'avènement du langage et de la pensée symbolique, le désir va donc revêtir chez l'homme une forme de plus en plus marquée par son appartenance à la socioculture.

Comment se met en place ce désir et quelles sont ses issues habituelles? Pour l'expliquer, je vais devoir m'attarder un peu sur l'analyse de René Girard en faisant appel pour la présenter aux concepts de la systémique (2).

• Mise en place du désir mimétique

Elle peut être décomposée en trois phases successives:

a) 1re phase: *l'induction* ou la «boucle de l'apprentissage»

L'élève imite spontanément le maître, lequel le gratifie (tendresse, bons points, bonnes notes, etc.) lorsque l'imitation est réussie. Il se met ainsi en place une boucle de rétroaction positive (renforcement de la tendance) qui va jouer en faveur d'une imitation de plus en plus parfaite. Ce comportement commence dès les premiers jours de

(1) René Girard, **Des choses cachées depuis la fondation du monde,** *Grasset, 1983.*
(2) Cette présentation systémique de la pensée de René Girard a été validée par celui-ci à l'occasion d'un échange de correspondance que j'eus avec lui en 1985.

la naissance pour le petit enfant par rapport à sa mère. Il va jouer pour les premiers apprentissages (motricité et surtout langage) qui vont conditionner ensuite tous les autres.

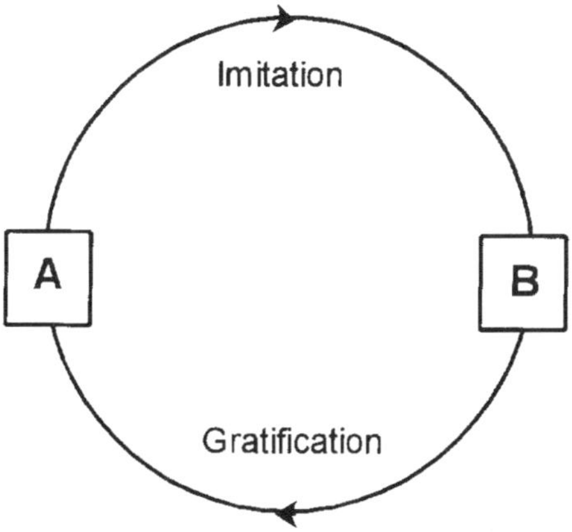

A = Élève ; B = Maître.

A cet âge, la gratification est purement affective (tendresse maternelle) et repose donc sur les primo-câblages du cerveau.

b) 2e phase: *l'objectivation* ou «la prise de relais»

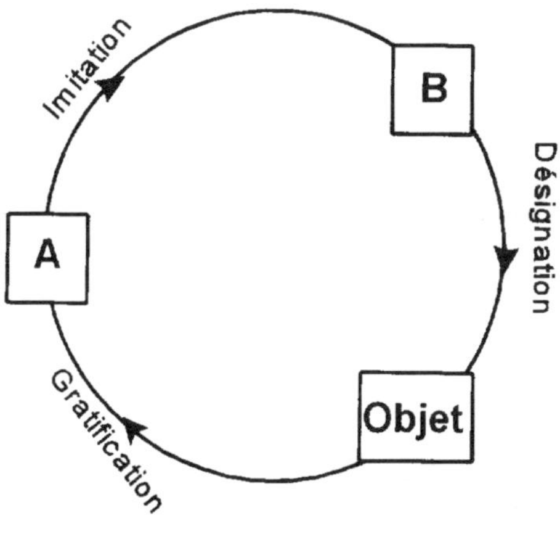

Par son exemple, le maître B désigne à l'élève A ce qu'il convient de désirer (l'objet du désir). La possession de l'objet devient alors gratifiante... et se substitue peu à peu à la gratification directe du maître.

C'est en effet une des caractéristiques de l'être humain que son désir, à la différence de l'animal, ne puisse être que très faiblement désigné par l'instinct.

C'est sous l'influence de l'autre, et par effet d'imitation, que nous apprenons peu à peu ce qu'il faut désirer.

c) 3e phase: *l'envol du désir* ou «la maturité»

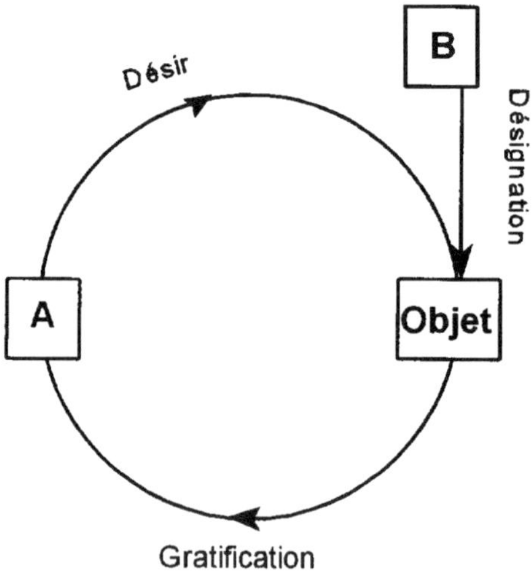

Le modèle (ou le maître) B s'exclut peu à peu du circuit. A désire l'objet pour lui-même et la possession de l'objet le gratifie. Il peut devenir à son tour modèle pour d'autres imitateurs.

Cependant, la genèse relationnelle du désir humain fait que *l'autre* (le modèle B) peut rarement être oublié dans le processus. L'autre demeure toujours celui qui a désigné l'objet du désir et c'est sous son regard – au moins moral – que nous possédons l'objet.

A ce stade, deux évolutions sont alors possibles qui conduisent à des effets diamétralement opposés.

- **Le mimétisme de coopération ou «*la bonne réciprocité*»**

C'est le processus que l'on rencontre – au moins partiellement – dans toutes les formes d'association humaine qui conduisent à la création de surplus. Non seulement l'objet du désir est partageable entre les différents partenaires mimétiques, mais il ne peut être atteint que par leur association (jeu à somme positive). Chacun se le désigne mutuellement et l'acquisition commune gratifie chaque participant.

Ce type de comportement est habituellement l'occasion pour un groupe de mettre en œuvre des conduites d'invention et d'adaptation. Il le fait sortir d'une logique de prédation pour l'ouvrir sur une logique de création.

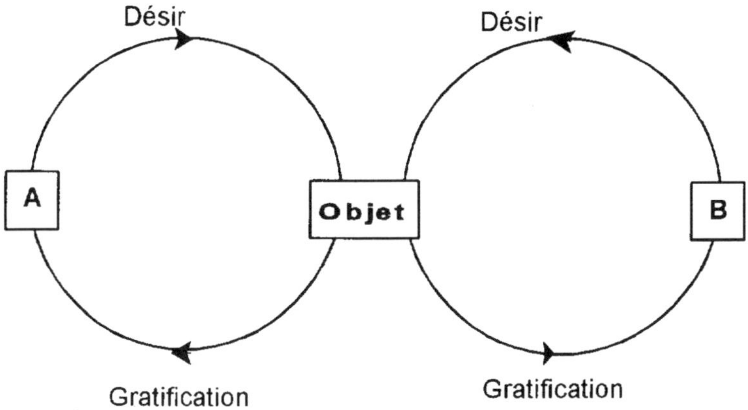

Dans ce cheminement, deux types de biens sont à distinguer:
– ceux qui sont divisés par le partage: l'avoir, le pouvoir, l'argent, le sexe... Leur nature de «ressource rare» met assez vite une limite à la coopération;
– ceux qui sont multipliés par le partage: la connaissance, l'art, la fête... De ce fait, ils se prêtent particulièrement bien au processus de la bonne réciprocité.

On notera que ces derniers biens sont de nature symbolique; ils supposent l'accès à la culture.

- **Le mimétisme d'appropriation ou «*la réciprocité mauvaise*»**

Il est la parfaite illustration du «*runaway*» (la rétroaction positive) qui ne peut se résoudre que dans la montée aux extrêmes et la crise paroxysmique. Le processus peut être décrit en deux temps:

a) *1er temps: l'enclenchement de la «lutte des doubles»*

L'autre, qui est mon modèle, en me désignant l'objet du désir s'avère également être le principal *obstacle* s'opposant à ma satisfaction. L'objet en effet lui appartient et il est de plus difficilement partageable (ressource rare, enjeu de pouvoir, gloire...). Plus il s'oppose alors à mon désir, plus ma frustration grandit et l'objet me devient indispensable. C'est en cela que réside la *rivalité mimétique*.

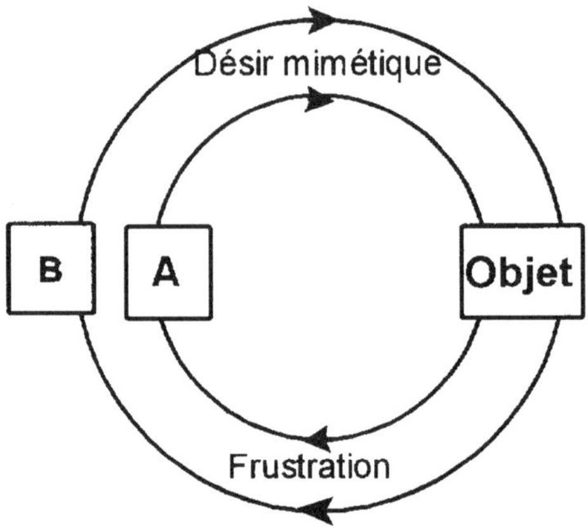

René Girard écrit à ce sujet: «*Toute valeur d'objet croît en proportion de la résistance que rencontre son acquisition. Et c'est aussi la valeur du modèle qui grandit. L'un ne va pas sans l'autre.*»

b) *2e temps: l'emballement mimétique*

Dans cette escalade de l'imitation/appropriation, l'objet du désir finit par paraître secondaire et il est même totalement oublié (c'est facilité par le caractère non instinctuel du désir humain, comme nous l'avons vu). Ne reste plus alors en présence que les deux protagonistes engagés dans une lutte mimétique sans merci.

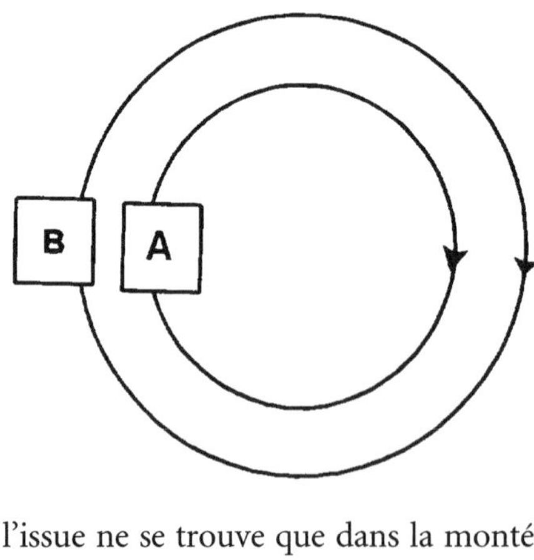

A ce stade, l'issue ne se trouve que dans la montée aux extrêmes qui est généralement la violence paroxysmique.

Lorsqu'un groupe humain, voire une société tout entière, est engagé dans cet engrenage infernal, la solution pour en sortir se trouve dans l'immolation d'un bouc émissaire. Telle est, selon René Girard, la réponse imaginée classiquement par les sociétés humaines et qui se trouve à l'origine de toutes les religions. J'en resterai là pour la théorie de la religion de René Girard; malgré son grand intérêt, elle nous entraînerait en effet bien au-delà des mobiles de l'analyse de l'action.

Davantage que les approches précédentes, la théorie de René Girard me paraît rendre compte du réel, avec sa complexité et sa dimension évolutive. Le désir (et non le besoin ou la pulsion) se trouve ainsi mis à la source du processus de l'action; mais ce désir apparaît toujours comme un *construit socioculturel*, s'exerçant sur un individu situé dans un champ social et historique.

Les modèles biologiques: du behaviorisme à Henri Laborit

Nous basculons ici du côté des théories de processus qui mettent davantage l'accent sur le comment de la motivation que sur son pourquoi. L'originalité des modèles biologiques est d'essayer d'y répondre en se focalisant sur le fonctionnement du cerveau humain, considéré comme l'organe de traitement des informations et d'élaboration des décisions.

La première de ces théories, celle du stimulus/réponse (ou S-R), due à l'américain Skinner, a été développée par l'école behavioriste et a dominé la psychologie expérimentale durant plusieurs décennies. Elle conçoit le comportement comme la réponse mécanique à un stimulus donné; le traitement réalisé par le cerveau serait donc de nature totalement déterministe, stable et univoque.

Le modèle S-R contient, sans nul doute, une part de vérité. Il permet d'expliquer un grand nombre de comportements simples, à base d'automatismes ou d'habitudes. Ces automatismes peuvent d'ailleurs être développés par apprentissages (réflexes conditionnels de Pavlov) en utilisant les boucles de renforcement présentes dans le système nerveux central. Toute stratégie d'action qui réussit est ainsi vouée à s'incorporer dans les câblages du cerveau et à se cristalliser en automatismes. Et cela, même si à l'origine, cette stratégie a été parfaitement réfléchie et consciente. Nous sommes ainsi pétris d'automatismes dont le premier câblage est tellement ancien que nous avons perdu jusqu'au souvenir de leur acquisition (marche, écriture par exemple).

Il n'est d'ailleurs pas évident que tous ces automatismes (ou sous-programmes) construits à des phases différentes de notre développement soient toujours compatibles entre eux. On entrevoit de ce fait les possibles dysfonctionnements qui peuvent en résulter... et les conséquences en termes d'inhibition de l'action (que va tenter d'expliquer Henri Laborit).

Il faut cependant reconnaître que la théorie stimulus/réponse est de peu d'utilité pour rendre compte des comportements hautement sophistiqués, notamment à caractère conjectural et exploratoire, qui caractérisent l'action humaine. C'est ainsi que l'on voit souvent le même stimulus donner naissance à des réponses différentes ou la même réponse surgir de stimulus différents.

Pour ces comportements, on ne peut court-circuiter la «boîte noire», c'est-à-dire à l'intérieur même de la personne et de son cerveau (le traitement). Le modèle S-R doit donc être abandonné au profit du modèle S-O-R (stimulus-organisme-réponse) qui épouse l'ensemble du processus de l'action. R se trouve en effet déterminée au moins autant, sinon plus, par O que par S.

C'est à une telle recherche que s'est voué, une partie de sa vie, le neurobiologiste Henri Laborit. Pour lui, «le cerveau sert à agir», et c'est donc en entrant dans l'analyse approfondie de ses mécanismes que l'on se met en mesure de comprendre le processus motivationnel. Je ne ferai ici qu'une présentation succincte du modèle neuronal de Laborit; il est fort complexe et j'en ai déjà donné, ailleurs, une analyse détaillée (1). Disons, pour simplifier qu'il suppose d'abord connue la structure générale du système nerveux central et de son fonctionnement, telle que décrite au chapitre 4 (pages 163 à 173). A partir de ce point de départ, H. Laborit est conduit à identifier plusieurs grands systèmes neurohormonaux, sortes de réseaux de communication mettant en relation les cinq niveaux du système nerveux central (en particulier hypothalamus, cerveau limbique et néo-cortex):

• **le SAA (système activateur de l'action)** qui se décompose lui-même en deux circuits nerveux complexes:
– le MFB (*Medial Forebrain Bundle*) encore appelé «système de récompense». Ce circuit est en effet activé pour préparer et accompagner une action offensive et mettre l'organisme en situation d'affronter les difficultés et de lancer l'action;

(1) Gérard Donnadieu, André Isnard, «Pour une approche systémique de la motivation», Revue Internationale de Systémique, *volume 4, n° 3, 1990.*

– le PVS (*Peri Ventricular System*) encore appelé «système de la punition ou de l'échec». Il met également l'organisme en tension, mais en vue cette fois d'une action défensive telle que la fuite ou la résistance.

La caractéristique de ces deux circuits est d'intervenir à l'occasion d'actions réussies, qui vont être ensuite mémorisées comme gratifiantes, ce qui va faciliter leur renouvellement. De plus, l'activation du MFB concourt au bon équilibre de l'organisme et à la santé de l'individu.

• **Le SIA (système inhibiteur de l'action)**. Il intervient en situation d'échec ou lorsque toute action, y compris la fuite, paraît impossible. Cette configuration se présente par exemple à l'occasion d'un événement nouveau que l'on ne sait pas intégrer dans sa perception du monde, ou bien lorsque l'abondance des informations rend impossible leur traitement, ou bien encore lorsque jouent des interdits inconscients (conflit classique entre le «ça» et le «surmoi» des psychanalystes).

Henri Laborit, qui est à l'origine de la découverte du SIA écrit à son sujet: «*Ce système ne peut être mis en jeu que secondairement. C'est après avoir constaté l'inefficacité de toute lutte ou fuite que survient le sentiment d'impuissance, responsable du déclenchement des mécanismes inhibiteurs. Cette inhibition correspond à une sorte de prostration, d'attente anxieuse des événements: c'est un état de passivité, de défaitisme. Les réactions périphériques qui s'en suivent sont à même de perturber l'équilibre physiologique et d'induire une véritable pathologie.*»

Le modèle de Laborit met en évidence comment fonctionne notre cerveau lors du processus de l'action. Centré sur le jeu des circuits nerveux, la construction des câblages, il constitue pour cette raison le support biologique obligé de toute théorie du comportement. Pour autant, rend-il compte de tous les aspects du phénomène de la motivation? Malgré les affirmations volontiers totalitaires de certains biologistes, je ne le crois pas.

D'une part, la manière dont interagissent les circuits nerveux renseigne assez mal sur la nature des mobiles internes (pulsions, besoins, désirs...) qui poussent l'individu à agir et surtout sur la signification qu'ils ont pour lui. Pourquoi l'achèvement social s'identifierait-il pour l'un à l'acquisition d'une maison de maître et d'une automobile Mercédès... et pour l'autre à la pratique d'une vie ascétique au fond d'un monastère cistercien? Ce qui stimulera le système de la récompense (MFB) pour l'un sera en revanche vécu par l'autre comme situation d'échec déclenchant le système inhibiteur de l'action (SIA). Une réflexion spécifique sur les mobiles de l'action, de nature socioculturelle et de type, par exemple, de celle développée par René Girard, reste donc nécessaire.

D'autre part, le modèle ne nous informe que partiellement sur la manière dont sont prises les décisions dans ces situations à haute incertitude où aucune réponse stéréotypée n'a encore eu le temps d'être mémorisée par le MFB. Or, ces situations se rencontrent fréquemment dans l'existence humaine. Les mobiles internes n'interviennent pas davantage de façon déterministe dans la recherche de solution; ils laissent des marges de liberté pour l'invention de réponses originales. Affrontés au même problème, deux individus poursuivant pourtant les mêmes objectifs, ne réagiront pas forcément de la même manière. Comment cela se fait-il? Une seconde réflexion, sur les mécanismes psychosociologiques de la prise de décision, est donc elle aussi souhaitable. Cela va être l'objet des dernières théories que je vais présenter.

La théorie des attentes ou l'apport de la sociologie

Dans sa première version, cette théorie fut élaborée par l'américain V.H. Vroom (1) au début des années 60. Mais la version que j'en donnerai ici a été formulée par les deux psychosociologues américains Porter et Lawler, puis reprise par Claude Levy-Leboyer dans son livre sur les motivations (2).

Cette théorie présuppose un acteur conscient, maître de son comportement, calculateur froid, capable de projeter son action dans le futur et d'anticiper par la pensée les résultats probables au regard des buts qu'il poursuit. Ce modèle est donc par excellence applicable à la part consciente et réfléchie du mécanisme de l'action.

Compte tenu du caractère très stratégique prêté au comportement humain, on conçoit que cette théorie ait été retenue par de nombreux sociologues de l'entreprise et des organisations. Elle établit un pont avec l'interactionnisme, modèle d'analyse que ces mêmes sociologues

(1) *V.H. Vroom,* Ego involvement, job satisfaction and job performance, *Personnel Psychologie, 1962.*
(2) *Claude Levy-Leboyer,* La crise des motivations, *PUF, 1984.*

utilisent pour décrypter la dimension collective du système social et qui sera présenté dans la prochaine section.

Pour mettre en évidence le caractère circulaire du processus d'anticipation qui est à la base de la théorie des attentes, rien de tel que de recourir à nouveau à la représentation systémique de la boucle de rétroaction.

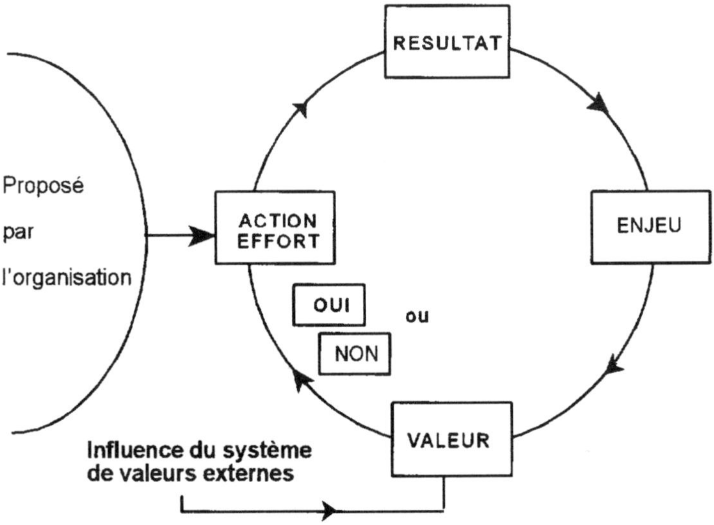

Confronté à une action sollicitée par l'environnement auquel il appartient, un individu ne s'implique réellement dans l'action que s'il a préalablement répondu oui aux trois questions suivantes:

1° Suis-je capable de réaliser l'action demandée et d'obtenir ainsi le résultat fixé? Cette première phase appelée *expectation*, évalue en quelque sorte la probabilité de réussite de l'action. Pour donner un exemple simple, imaginons un athlète pressenti pour participer aux Jeux Olympiques. La sélection suppose de réaliser un certain niveau de performance. L'athlète a-t-il quelques chances raisonnables d'atteindre ce niveau? Si non il est à peu près certain qu'il sera découragé par avance et ne produira aucune action.

2° L'obtention du résultat déclenche-t-elle de manière quasi certaine une contrepartie (enjeu)? Cette seconde phase appelée *instrumentalité* apprécie la transparence du processus, la garantie donnée à l'acteur que sa réussite déclenchera une récompense ou une absence de punition (c'est cela l'enjeu!).

Pour reprendre à nouveau l'exemple de l'athlète, cela signifie que la réalisation du seuil de performance doit entraîner *ipso facto* la sélection. En revanche, si la sélection est liée d'abord à l'humeur du directeur sportif, ou au bon plaisir du gouvernement, il est à prévoir que l'athlète aura quelque réticence à s'engager.

3o L'enjeu présente-t-il un intérêt ou une réelle valeur? Cette troisième phase désignée sous le terme de *valence* repère l'importance représentée par l'enjeu aux yeux de l'acteur.

Toujours dans le cadre de notre exemple sportif, l'athlète a-t-il vraiment envie de participer aux Jeux Olympiques? Si tel n'est pas le cas, il sera sans doute avare de son effort.

Mais que représente exactement la valence, qu'est-ce qui fait que l'acteur considérera tel enjeu plus important que tel autre? En se plaçant du point de vue de sa subjectivité, s'agit-il d'une hiérarchie impérative et universelle des enjeux, à l'image des besoins de Maslow? Ou bien de quelque chose de beaucoup plus fluide, en dépendance de l'environnement socioculturel, à l'instar du désir mimétique de Girard? A ces questions, la théorie n'apporte guère de réponse sinon sous forme de simples constats.

Retenons toutefois le caractère très opératoire du modèle, son indéniable dimension pratique et son affirmation centrale qu'à défaut de réponse positive à chacune des trois phases du cycle expectation/instrumentalité/valence, le processus motivationnel ne s'enclenchera pas.

Les modèles cognitivistes

Derniers venus dans les théories de la motivation, ils partagent avec le modèle précédent la primauté donnée au comment sur le pourquoi? En revanche, ils sont moins convaincus de l'importance de la rationalité et du calcul dans le comportement humain. Pour eux, les phénomènes d'équilibration (recherche d'attitudes non contradictoires par exemple) qui se déroulent au niveau de la subjectivité prédéterminent, souvent de manière inconsciente, la décision qui sera prise. L'acteur tente en permanence de maintenir un équilibre entre ses représentations et les actions qu'il est amené à produire, ce qui se traduit par un travail de rationalisation. Bien plus que d'un homme rationnel, il convient de parler d'un homme rationalisant. Trois théories ont été proposées par les chercheurs pour rendre compte de ce phénomène: dissonance, engagement et norme d'internalité.

• **Théorie de la dissonance.** Élaborée par l'américain Léon Festinger (1) dans les années 50, elle renvoie à l'idée que l'homme ne supporte pas que son univers cognitif soit déséquilibré.

Par univers cognitif, il faut entendre l'ensemble des connaissances ou représentations relatives à soi (ce que nous faisons, désirons, ce que nous sommes...) et relatives au monde dans lequel on vit (la situation des objets, des personnes, ce qui est agréable ou pénible...). Les cognitions sont les différents éléments de cet ensemble, éléments qui peuvent être entre eux en relation de neutralité (indifférence), de consonance (accord) ou de dissonance (désaccord).

En termes plus simples, l'homme ne supporte pas la contradiction interne, il est en recherche de cohérence. Si donc il doit faire face à des situations qui mettent en présence plusieurs éléments dissonants, l'individu réagit naturellement en équilibrant ces éléments de telle façon qu'ils deviennent consonants.

Supposons alors qu'un sujet vienne de réaliser une action relativement nouvelle et imprévue. Il a de cette action une certaine représentation ou – *cognition génératrice* – laquelle se trouve plus ou moins en accord avec l'ensemble de ses autres représentations ou *cognitions privées*. S'il y a écart, celui-ci peut encore être modulé (en augmentation ou en diminution) par des considérations à caractère conjoncturel issues de l'environnement et que l'on appelle pour cette raison *cognitions conjoncturelles*. Si la dissonance persiste, et à défaut de pouvoir agir rétroactivement sur l'action pour en changer la coloration, le sujet doit entreprendre un travail de remodelage de ses cognitions privées pour les mettre en phase avec la cognition génératrice.

Prenons un exemple emprunté à la vie des affaires: un collaborateur jusque là honnête, mis en présence d'une tentation facile, commet une malversation. Cette action est bien entendu contraire aux convictions affichées du collaborateur. Ce dernier a alors la possibilité soit d'avouer sa faute (rétroaction sur l'action commise) pour maintenir intact son système de valeurs, soit de réduire sa dissonance en modifiant partiellement ses cognitions privées (par exemple en abandonnant la valeur d'honnêteté). Mais si dans son environnement la mal-

(1) *L. Festinger,* A theory of cognitive dissonance, *Evantson, Illinois, Row, Peterson, 1957.*

versation est générale (cognitions conjoncturelles), le sujet pourra alors excuser son acte en le minimisant sans avoir à changer fondamentalement son système de valeurs.

• **Théorie de l'engagement**. La dissonance est un processus qui démarre une fois l'action effectuée, avec pour conséquence un possible changement d'attitude.

La théorie de l'engagement due à l'américain Kiesler (1) décrit un processus de consolidation d'attitude qui débute au moment où l'action est proposée. Un sujet (individu, groupe homogène) réalisera une action a priori coûteuse d'autant plus facilement qu'il a été « engagé » auparavant sur une action semblable mais peu coûteuse et appelée pour cette raison action inoculatrice. Ici, le processus de rationalisation résulte d'une comparaison entre les cognitions privées et la représentation de l'action proposée jouant le rôle de cognition génératrice. Si l'écart est faible, l'acteur effectuera l'action qui lui apparaîtra peu coûteuse. Ce premier pas aura pour effet, par un processus d'évolution progressive et peu perceptible de ses cognitions privées, de l'amener dans un deuxième temps à accepter une action beaucoup plus coûteuse et qu'il aurait initialement refusée.

On peut comprendre, à travers cette théorie, le caractère irréversible de certains engagements militants qui n'ont commencé que par un tout petit « premier pas » sans conséquence apparente.

• **La rationalisation de l'action**. Les deux théories précédentes utilisent chacune les concepts de cognition et de dissonance même si elles en font un usage différent. D'où l'idée de les unifier au sein d'un même modèle capable de rendre compte des deux aspects. Cette opération a été réalisée par les Français Beauvois et Joule (2) qui ont, à cette fin, fait appel à la notion de *conformité*. Si l'acteur est conforme, ou pas trop dissonant, vis-à-vis de l'action qu'on lui propose, il se retrouvera dans le « secteur engagement ». Si son attitude est opposée à ce qu'on lui propose, il n'effectuera a priori pas l'action. Si malgré tout on réussit à lui « extorquer » une action qui va à l'encontre de ses cognitions privées, il se retrouvera dans le « secteur dissonance ».

(1) *C.A. Kiesler,* **The psychology of commitment, experiments linking behavior to belief,** *New-York, Academic Press, 1971.*

(2) *J.-L. Beauvois et R. Joule,* **Soumission et idéologies,** *PUF, 1982.*

D'un point de vue systémique, cela conduit à la modélisation graphique suivante où les variables communes aux deux théories figurent en zone hachurée, les variables spécifiques à la théorie de l'engagement en grisé et celles relatives à la théorie de la dissonance en blanc. On ne peut manquer d'être frappé par le caractère très intégré et interactif du modèle.

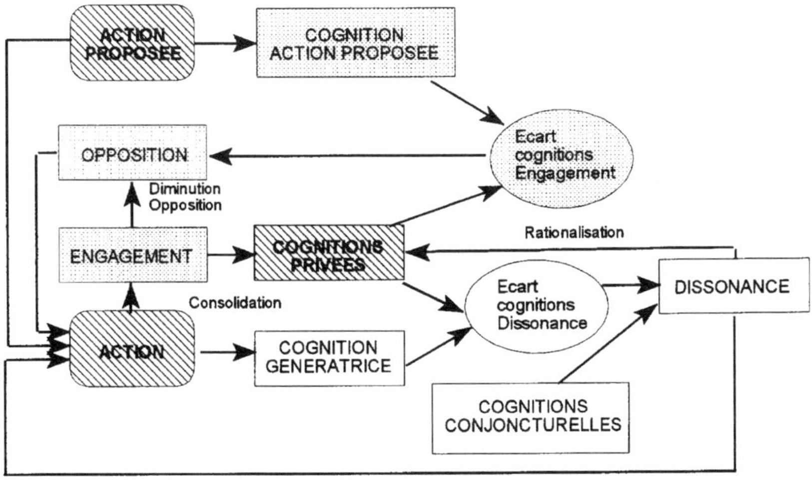

• **Norme d'internalité.** Conçue initialement par l'américain J.B. Rotter (1) sous le nom de *Locus of control* (LOC), cette théorie cherche à expliquer les différences d'attitude entre individus face à une même situation. Selon Rotter, certaines personnes ont tendance à expliquer ce qui leur arrive par la chance, le hasard, l'aide d'un tiers...; d'autres par leurs capacités ou leurs efforts. Les premières sont dites externes, les secondes internes.

Une seconde théorie, dite de *l'attribution causale*, élaborée par N. Dubois (2) s'intéresse au contraire aux raisons qu'un observateur extérieur prête au comportement d'un acteur. Voit-il ce comportement commandé par l'acteur lui-même (raisons internes) ou bien déterminé plutôt par des causes externes (pression d'un tiers, force des choses, hasard...).

(1) J.B. Rotter, « Generalized expectencies for internal versus external control of reinforcement », Psychological monographs, *80, n° 1, 1966.*
(2) N. Dubois, La psychologie du contrôle, *PUF, 1987.*

Qu'il s'agisse de donner les raisons de sa propre action ou celles que l'on prête à autrui, les deux réponses sont étroitement correlées, ce qui ne surprendra guère. Elles mesurent la *norme d'internalité*, c'est-à-dire la propension à surestimer le poids de l'acteur, quel qu'il soit, comme facteur causal.

Dans un contexte professionnel, la norme d'internalité joue un rôle important pour ce qui concerne la réaction des individus face aux échecs et aux réussites. Un individu interne aura tendance à réagir en rehaussant son niveau d'action en cas d'échec, alors qu'il n'y aura presque aucune réaction si l'individu est externe.

Selon Claude Rainaudi (1), l'internalité augmente avec:
- le niveau d'éducation générale et de formation;
- les réussites scolaires et professionnelles passées;
- l'estime de soi;
- une formation spécifique.

Il existerait donc une rétroaction positive entre internalité et réussite professionnelle.

➢ *Vers une synthèse opérationnelle pour le management*

Quelles conclusions tirer des théories précédentes et peut-on imaginer un modèle de synthèse du comportement humain qui soit utilisable par un manager? Comme je l'ai donné à entendre, ces théories sont moins antinomiques que complémentaires et il doit être possible de les unifier. Mais laquelle choisir comme base de départ pour ce travail de synthèse?

Construction d'un modèle systémique

Parce qu'elle est simple, assez peu tributaire d'hypothèses sur la nature de l'homme (pour autant que l'on entende de manière extensive son concept de rationalité limitée), en totale concordance avec les analyses de la sociologie interactionniste, la théorie des attentes, malgré ses limites, me semble la plus apte à jouer ce rôle. Mais encore faut-il pouvoir enrichir le schéma de la boucle d'anticipation (traduction systémique de cette théorie) par les apports des autres modèles.

(1) *Claude Rainaudi,* **Une démarche novatrice pour optimiser le climat social: former les collaborateurs à gérer les attentes implicites de leur encadrement,** *Communication à la 14e Université d'été de l'IAS, Aix-en-Provence, août 1996.*

Notons tout d'abord que la boucle d'anticipation se déroule dans un univers imaginaire, celui de la subjectivité du sujet. C'est seulement à l'issue de cette phase que se déroule l'action réelle (si elle a lieu) avec ses conséquences positives ou négatives sur la motivation. Deux niveaux sont donc à considérer (voir schéma de synthèse):
– *le temps d'avant* de l'imaginaire du sujet, au sein duquel joue la boucle d'anticipation;
– *le temps d'après* où l'action s'est développée dans le monde réel, avec ses conséquences sur la subjectivité du sujet et dont la représentation sera donnée par une autre boucle: *la boucle de réalisation.* Cette dernière, en ouvrant la possibilité d'une satisfaction de l'acteur, permet à des processus de renforcement ou d'inhibition de la motivation de se manifester.

De la même manière, la boucle d'anticipation a été enrichie à chacune de ses trois étapes:

• **Expectation.** L'évaluation par l'acteur de sa probabilité de réussite dépend d'abord de l'ambition du résultat qui lui a été fixé. On retrouve là un problème classique de management et qui consiste dans l'art de savoir fixer des objectifs. Ambitieux mais réalisables, disent les bons ouvrages, et on sait que c'est à cette capacité de discernement que se reconnaît le bon manager.

Mais on perçoit aussi que la norme d'internalité a son mot à dire. Si l'acteur est très interne, il s'investira davantage dans l'action et accroîtra de ce fait ses chances de réussite. Comment alors développer l'internalité du personnel? C'est là une question qui devrait préoccuper les entreprises.

• **Instrumentalité.** Il s'agit de l'évaluation par l'acteur de la probabilité de récompense (obtention de l'enjeu) si le résultat est atteint. On sait qu'une bonne instrumentalité suppose que l'enjeu soit garanti et non lié aléatoirement au résultat et que le lien résultat/enjeu soit visible, intelligible, simple. Il s'agit là de conditions nécessaires pour que le mécanisme de l'instrumentalité soit parfaitement perçu et compris par l'acteur.

La dissonance peut intervenir pour renforcer ou affaiblir cette perception. Pour un individu méfiant, la vérification par lui-même de l'instrumentalité (satisfaction dans la boucle de réalisation) finira par atténuer sa méfiance.

• **Valence**. C'est le point sur lequel la théorie des attentes se trouve le plus enrichi. Qu'est-ce qui peut donner valeur à un enjeu? La recherche de la satisfaction d'un besoin (Maslow, Herzberg) ou d'un désir lui-même façonné par la socioculture (Girard) ou bien encore la sauvegarde et l'entretien d'une conformité (théories cognitivistes)? Les réponses peuvent être multiples et chaque approche est contributive.

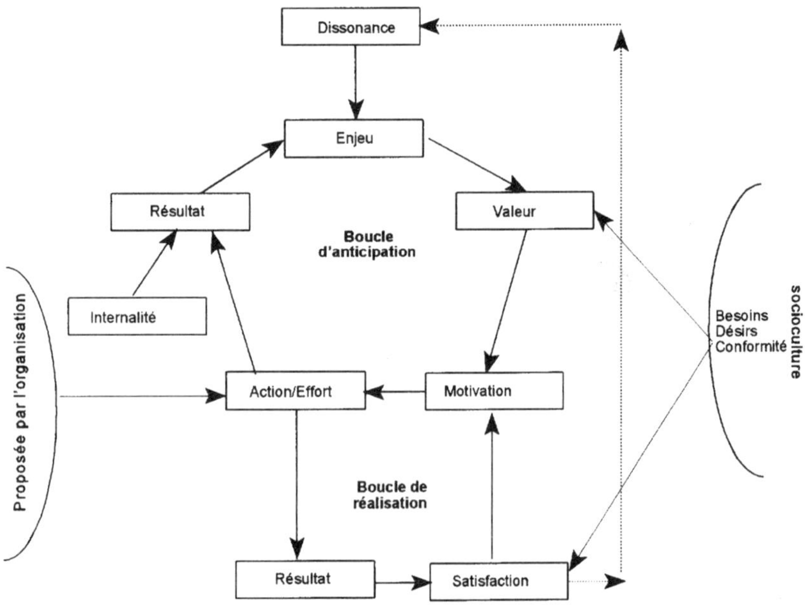

Formation des managers à l'analyse du comportement

Par delà la complexité du modèle de synthèse, ce qui importe au final est de savoir faire, pour un acteur donné et dans des circonstances données, le bon diagnostic sur ce qui le motive. On retrouve à nouveau l'importance du manager de proximité, le seul qui soit en mesure de connaître assez son collaborateur pour faire cette analyse. Mais le manager peut-il être laissé à lui-même dans cette recherche? Livrés à ce qu'ils pensent être du simple bon sens, beaucoup de managers risquent d'aborder le problème dans une optique pavlovienne: trouver le stimulus (rémunération, intéressement, promotion, honneurs, etc.) qui permettra d'obtenir la réaction appropriée. Hors, prétendre «motiver» les hommes de cette manière revient à les considérer comme des ânes: il s'agit en effet de rechercher le type de carotte (ou de bâton) qui, agité devant leur nez, les fera avancer dans le sens voulu. Une telle démarche présente un caractère réducteur évident. On veut trouver une recette de circonstance qui évitera de s'interroger plus avant sur la complexité du phénomène. Dans ces conditions, on conçoit le peu d'efficacité des pratiques mises en œuvre, rapidement destinées à rejoindre l'immense cimetière des gadgets en management.

Motiver, au sein d'une organisation, exige de considérer le processus dans son ensemble, avec ses interdépendances et ses effets paradoxaux. Et c'est en cela que le passage par un modèle qui ne craint pas d'affronter la complexité peut s'avérer utile... même si, au final, le problème se ramène à un travail d'artisan, traitant en sur-mesure une série de cas singuliers.

Comment former les managers à une telle approche sans exiger d'eux un savoir psychologique de professionnel? Considéré tel quel dans son aridité théorique, le modèle précédent n'est guère utilisable. En revanche, traduit sous forme d'un simulateur de comportements, opérable de manière simple et ludique sur ordinateur, voici qu'il devient aussitôt intéressant.

Ce pari a été tenté par un groupe de chercheurs, dont l'auteur de ce livre, d'abord en version simplifiée – appelée Modéré (1)(2) – du modèle, puis étendue sous le nom de Modmil (3) à l'ensemble du modèle. Conçue pour la formation au commandement des futurs officiers de l'Armée de terre, cette seconde version, très élaborée, fait appel aux techniques du multimédia.

Comment, le plus simplement possible, se présente l'utilisation d'un tel simulateur? Observons d'abord que le problème du manager consiste le plus souvent à mobiliser une population composée d'une diversité d'individus par le moyen de politiques de rétribution (au sens le plus large du terme, c'est-à-dire non réductibles au seul salaire) relativement simples et homogènes mais dont l'application doit être

(1) Gérard Donnadieu, Michel Karsky, « Les dynamiques de la motivation », Revue Internationale de Systémique, *volume 7, n° 1, 1993.*

(2) Gérard Donnadieu, Michel Karsky, « Tentatives de modélisation dynamique de la motivation », Personnel, *n° 347, janvier 1994.*

(3) M. Karsky, G. Donnadieu, S. Copin, S. Pitarch, J. Fourcade, « Un modèle de simulation des comportements dynamiques des processus de motivation », Revue Internationale de Systémique, *volume 10, n° 5, 1996.*

déclinée au niveau individuel. En vue d'obtenir, grâce à l'action produite par l'acteur, un certain résultat pour l'organisation, les responsables de l'entreprise ont la possibilité de jouer sur les variables exogènes du simulateur (voir figure suivante).

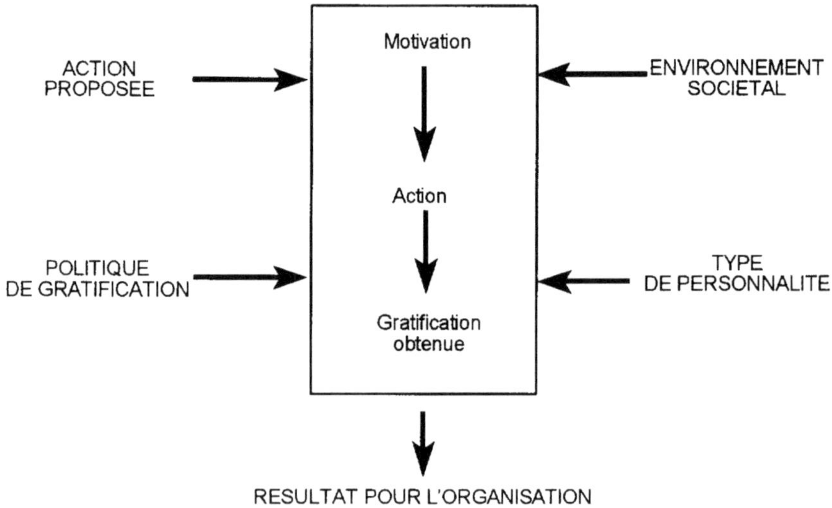

Le premier travail se ramène à élaborer une typologie des principales personnalités composant la population en question. Naturellement, cela conduit à éliminer les personnalités extrêmes ou pathologiques qui ne sont pas représentatives d'un sous-ensemble significatif d'individus. Chaque type de personnalité est alors représenté par une sélection correspondante des paramètres directeurs des diverses boucles du modèle.

Le second travail consiste à représenter, au travers des variables exogènes «Action proposée», «Politiques de gratification», «Environnement sociétal» (pour autant qu'on puisse le contrôler), les diverses sollicitations que l'on peut exercer de l'extérieur sur la population considérée.

Dans une troisième et dernière phase, il ne reste plus qu'à rechercher les simulations les plus efficaces par rapport à l'objectif qu'on s'est fixé. Cela peut conduire soit à sélectionner un certain type de population, soit à ajuster les modes d'intervention, soit à retenir une combinaison optimisée de ces deux démarches.

En jouant sur les variables du simulateur, on dispose d'une diversité quasi illimitée de configurations dont l'analyse dynamique est riche d'enseignements. Cela autorise à utiliser le logiciel comme un véritable simulateur de comportement permettant à des responsables ou futurs responsables de se former au management des hommes et des équipes. Naturellement, il s'agit plus d'un outil d'apprentissage de la complexité comportementale et relationnelle que d'un moyen de prévoir les comportements. Dieu merci, les concepteurs n'ont pas eu la prétention d'évacuer la liberté humaine mais de dire seulement ses conditions d'exercice. Il s'agit là d'un apprentissage utile pour les responsables d'une organisation qui ne sont pas dispensés par le simulateur du devoir d'intelligence mais provoqués, au contraire, à devenir encore plus clairvoyants.

Quelle politique de motivation

Un autre intérêt du modèle de synthèse est de contribuer à éclairer les dirigeants de l'entreprise lorsqu'ils s'interrogent sur les mesures à prendre pour renforcer la motivation du personnel. Le modèle montre nettement que les leviers d'action à leur disposition sont très nombreux. Le management peut intervenir, le plus souvent de manière complémentaire, sur:

– l'organisation du travail, pour démultiplier des résultats en les fixant à la mesure de chacun;
– la formation et la qualification, pour améliorer les chances de réussite de chaque collaborateur (en accroissant ainsi leur internalité);
– la communication et l'information, de manière à faire évoluer progressivement l'état de la culture interne et son échelle de valeurs (modifier ce qui est désirable au sein de l'entreprise!);
– la diversification et le renforcement des enjeux. Parmi les enjeux utilisables dans une entreprise, citons:
  - très classiques (le salaire, la classification, la promotion, l'emploi, le temps de travail, la sécurité),
  - moins connus mais importants (l'intérêt du travail, l'autonomie individuelle et d'équipe, la polyvalence et la mobilité, la formation, l'enrichissement de la vie du groupe, les contraintes sur la vie familiale, l'ouverture à l'extérieur...);
– le rôle de l'encadrement, pour lui donner le contrôle des enjeux en le formant à cette utilisation;
– la sélection des enjeux susceptibles d'avoir un effet activateur (ou stabilisateur).

Une entreprise où tout se trouve réglementé par avance et qui ne dispose d'aucun enjeu désirable à offrir à son personnel n'a donc pratiquement aucune chance de déclencher un processus motivationnel chez ses collaborateurs. Une entreprise qui se refuse à l'analyse préalable, rendue possible par le modèle et qui, pour agir plus rapidement, choisit d'intervenir sur un seul levier (généralement, celui porté par la mode managériale du moment) a de grandes chances d'échouer. Une telle démarche qui confond vitesse et précipitation ne porte jamais beaucoup de fruit. Certes, tout ne peut être fait simultanément et il est souvent nécessaire d'étirer dans le temps les diverses phases de l'action, encore faut-il que la vision d'ensemble soit présente dès le début.

Le jeu des acteurs
(ou modèle interactionniste)

L'interactionnisme voit le système social comme un affrontement d'intérêts entre les divers acteurs et un entrelacs de stratégies. Les acteurs sont supposés intelligents, c'est-à-dire dotés de mémoire, de projets et de capacités d'anticipation. Ils ne s'impliquent pas sans motif dans une relation sociale (le travail par exemple) et cherchent en tout état de cause à maximiser leur utilité.

Pour entrer dans la compréhension du modèle et toujours fidèle à la méthode de triangulation, je commencerai par en rechercher la genèse historique avant d'en faire une présentation générale (aspect structural). La section se terminera par quelques conseils pratiques relatifs à sa mise en œuvre (aspect fonctionnel).

➢ *Aux sources de l'interactionnisme*

On notera la similitude des postulats de l'interactionnisme avec ceux de la théorie économique du marché. C'est pourquoi une première filiation du modèle interactionniste est à rechercher dans les doctrines économiques avant sa consécration au sein de la sociologie des organisations.

Dans la vision angélique du libéralisme économique, telle qu'elle se construisit dans l'Angleterre du début du XIXe siècle, les intérêts particuliers ont un rôle essentiel dans l'établissement puis le maintien de l'équilibre économique général. La notion de « main invisible » chez

Adam Smith énonce une sorte de théorème: la rencontre des intérêts particuliers tourne à l'avantage de l'intérêt général; «*les vices privés font la vertu publique*». Pour A. Smith, la juxtaposition de comportements égoïstes est génératrice d'un altruisme involontaire.

A ce mouvement de pensée et à cette idéologie vont s'opposer, en réaction, d'autres idéologies et d'autres mouvements de pensée. Ainsi, les socialistes du XIXe siècle affirment-ils que dans l'entreprise capitaliste, le conflit social est inévitable en raison même de l'antagonisme des classes, antagonisme qui ne peut conduire qu'à la révolution. On parle toujours d'intérêts mais, cette fois, la situation décrite n'est plus idyllique, les intérêts en présence étant radicalement et définitivement opposés.

Harmonie préétablie des intérêts privés ou affrontement mortel? Le débat entre libéraux et socialistes traversera tout le XXe siècle et n'est pas entièrement éteint. Et cependant, l'observation la plus commune démontre que hormis des moments de rupture et de crise, les systèmes économiques et sociaux sont habituellement stables. Pourquoi le «grand soir» ne se produit-il pas? Pourquoi les affrontements ne sont-ils pas plus nombreux, pour ne pas dire permanents? Pourquoi lors d'un conflit interpersonnel ou collectif, l'acteur – ou les acteurs – gagnant semble se contenter d'une demi-victoire, en n'allant pas jusqu'au bout de ce qu'il pourrait ce jour-là obtenir?

Le concept de conflit/coopération

On doit au grand économiste François Perroux (1) d'avoir le premier proposé une réponse pour sortir le débat de ce dilemme stérile. Pour lui, la réalité du conflit et de l'affrontement dans la vie sociale n'est pas niable. Mais cette réalité du conflit n'occupe pas tout le champ social. Les acteurs sont aussi contraints de s'entendre au moins provisoirement, d'établir des compromis qui constituent, selon l'expression de Perroux, autant d'*armistices sociaux*. Il faut voir là l'origine des différents contrats individuels ou collectifs (contrat formel ou implicite) qui quadrillent l'espace social de l'entreprise.

François Perroux écrit: «*la relation sociale entre des agents pour la disposition de choses comptabilisables ne peut être conflit pur, parce que les destructions qui en résultent diminuent la disponibilité de ces choses. Elle ne peut être une coopération pure, parce que les agents sont indi-*

(1) *François Perroux,* Pouvoir et Économie, *Bordas, 1973.*

viduels... et ne peuvent abdiquer tout à fait les intérêts égocentriques». Et plus loin: «*dans une société humaine, l'expérience, le learning des conséquences de la destruction pure (le conflit) ou de la renonciation pure (la coopération) y font renoncer communément... Il faut dire qu'elles impliquent un coût ou un rendement en termes psychiques, en termes réels, et en termes de monnaie... qui, dans l'optique même du coût et du rendement, conduit à une pondération de l'attitude de lutte et de l'attitude de coopération. Cela exclut, évidemment, le recours prolongé et sans réserve, tant au contrat sans combat qu'au combat sans contrat*». Ainsi, selon François Perroux, la relation économique, bien loin de se réduire à l'échange interchangeable du marché de la théorie libérale se présente toujours sous la forme mixte d'un transfert de biens matériels et d'une relation de pouvoir à base d'une combinaison de lutte et de coopération. François Perroux propose d'appeler cette relation Janus, le *conflit-coopération.*

D'un point de vue épistémologique, on doit reconnaître que ce n'est pas la première fois que la pensée scientifique se voit dans l'obligation de sortir de la logique du tiers exclu d'Aristote et Descartes pour faire place au *principe de non-dualité.* La science admet désormais de plus en plus souvent que deux explications apparemment contradictoires d'un même phénomène ne font que traduire les aspects complémentaires d'une même réalité. Ainsi en va-t-il du concept d'*ambivalence* en psychanalyse avec son corollaire d'*amour/haine*, dont on peut supposer qu'il n'a pas été sans influencer François Perroux. Même dans une discipline aussi «dure» que la physique; on connaît l'histoire célèbre de la théorie de la lumière: d'abord corpuscules avec Newton, puis ondes avec Fresnel, à nouveau corpuscules avec la découverte de l'effet photo-électrique, mais en mettant tous les physiciens dans l'embarras car on ne pouvait concevoir un phénomène qui soit, suivant le cas, ondes ou corpuscules. Il fallut le génie de Louis de Broglie pour réconcilier ces deux aspects grâce au concept fécond de mécanique ondulatoire.

Avec le concept de *conflit/coopération*, François Perroux a élaboré une synthèse de fécondité comparable, synthèse hautement intéressante pour comprendre ce que nous observons dans la réalité de la vie sociale, les relations de pouvoirs, le développement et le règlement toujours provisoire des conflits.

Les postulats de l'interactionnisme

Cette complexité de la relation sociale à base de conflit/coopération va être théorisée par les fondateurs de l'interactionnisme et en particulier son promoteur en France, Michel Crozier. Le salarié ne travaille pas pour «l'amour de l'entreprise» ni de par son inféodation à un leader, fût-il charismatique. En échange de sa subordination, il contracte – explicitement ou non – un engagement où il prend en compte uniquement son intérêt, lequel peut être perçu de manière extraordinairement diverse. Suivant la situation, les ressources dont il dispose, il sera incité à coopérer ou à s'opposer.

Sous le nom *d'analyse stratégique par acteurs*, le modèle repose sur trois postulats (1):

• **Premier postulat**: *les hommes n'acceptent jamais d'être traités comme des moyens au service des buts que les dirigeants fixent à l'entreprise.* Chacun à ses objectifs, ses buts propres. Ceux-ci ne sont pas forcément opposés à ceux des dirigeants, même s'ils peuvent l'être. Simplement, ils sont propres à chacun des acteurs. Chacun poursuit ses propres objectifs et l'entreprise vit avec cette multiplicité.

• **Deuxième postulat**: dans une organisation, tout acteur garde une possibilité de jeu autonome qu'il utilise toujours plus ou moins. On ne peut comprendre le fonctionnement réel d'une entreprise sans prendre en compte cette réalité de la liberté (relative mais réelle) de l'acteur. Les libertés des uns et des autres se combinent dans des jeux de pouvoir.

• **Troisième postulat**: dans ces jeux de pouvoir, les stratégies sont toujours rationnelles, mais d'une rationalité limitée. Aucun acteur n'a les moyens de trouver la solution la plus rationnelle possible. Il s'arrête à celle qui le satisfait momentanément le moins mal... L'acteur met en œuvre une rationalité limitée et contingente.

C'est pourquoi Michel Crozier a consacré ses recherches à l'étude des mécanismes du pouvoir dans les organisations. Ce mot n'est pas restreint ici au sens politique: il n'est pas l'apanage des dirigeants ou des syndicats. Il caractérise les rapports des groupes et des individus entre eux de façon *générale.*

(1) Nous reprenons ici des extraits du livre de Philippe Bernoux, Sociologie des Organisations, *Seuil, 1985.*

Considérons en effet deux individus A et B quelconques. Comment *définirons-nous* le fait que l'un deux, A par exemple, «a du pouvoir» sur le second? La réponse la plus simple, c'est que dans ce cas, B va *faire* un certain nombre de choses qu'il ne ferait pas *s'il n'y avait pas A*.

Quoique universelle, cette définition n'a d'intérêt en pratique que si, allant plus loin, on remarque que la différence essentielle entre A et B, c'est que A peut *prévoir* le comportement de B (puisqu'il en décide), tandis que B est relativement *incertain* quant à ce que A va faire (ou lui demander de faire) dans le futur.

L'incertitude est la notion clé de la dynamique crozérienne du pouvoir. On peut en résumer le contenu en quelques affirmations: mon pouvoir dans toute relation dépend du *degré d'imprévisibilité* que je saurai maintenir à l'égard des autres; moins ils peuvent prévoir ce que je vais décider de faire et plus j'ai du pouvoir sur eux (remarquons l'amplitude des applications de cette loi: la politique, la guerre...):
– Par conséquent, toute *stratégie* de pouvoir (rapport de forces, négociation...) consistera à pousser le partenaire à un comportement *de plus en plus prévisible* (par exemple, qu'il ne puisse plus dire non) tout en gardant de son côté le plus d'imprévisibilité possible.
– Le pouvoir dans une organisation dépendra de l'importance pour l'environnement de la «*zone d'incertitude*» contrôlée (la menace de grève sera plus efficace en amont d'une chaîne qu'en aval). Plus cette zone représente un risque majeur et plus sa maîtrise confère de pouvoir à son détenteur.

Sous leur abord apparemment abstrait, ces idées éclairent beaucoup les relations hiérarchiques et les phénomènes de management. Citons par exemple:
– La «politique du secret» qu'on observe souvent aux niveaux de direction et l'ignorance où sont souvent maintenus les échelons subalternes de l'entreprise; il est évident qu'annoncer les décisions le plus tard possible évite d'être lié par ses propres engagements et permet les remises en cause *in extremis*. De plus, les intéressés n'ayant pas le temps suffisant pour organiser leur riposte éventuelle, celle-ci reste contrôlable.
– L'importance du «contre-pouvoir» syndical; les mouvements sociaux constituent en effet une incertitude majeure pour les managers. On peut ainsi s'expliquer que certains dirigeants préfèrent négocier avec un syndicat «fort» – capable de faire respecter ses propres engagements – assurant ainsi une possibilité de prévision.

– Les phénomènes informels: les contrôles «surprise», les remises en cause des instructions contribuent à renforcer l'imprévisibilité des managers. Au contraire, la dissimulation des informations, les trucages de chiffres, les arrangements officieux préservent une «zone d'ombre» dans laquelle les collaborateurs ne sont pas totalement à la merci de la hiérarchie et peuvent mieux «gérer» leur environnement. On comprend mieux la *résistance au changement*: toute modification de l'environnement proche, même mineure, réintroduit l'incertitude dans les équilibres établis.

Prenant l'exemple de l'informatisation d'une administration publique, dans les années soixante, Crozier (1) en analyse les effets sur les diverses catégories d'intéressés:
– La direction aurait la possibilité, du fait de l'outil informatique, de devenir moins centralisatrice; elle pourrait abandonner la gestion directe et rapprochée aux échelons subalternes d'encadrement. Ne gérant plus que par les résultats, elle leur octroierait une plus large autonomie. Seulement, cela remettrait en cause son propre pouvoir d'intervention dans le quotidien.
– L'encadrement intermédiaire, de son côté, résiste à la perte de sa marge d'initiative, du fait de la trop grande «transparence» des informations.
– Les exécutants sont seuls «épargnés»: effectuant un travail déjà peu gratifiant, l'informatisation ne leur ôte rien; leur investissement dans le travail restera tout aussi nul.

Comment dès lors introduire un changement important dans les systèmes organisationnels? Crozier est très clair à ce sujet: il ne faut pas compter sur les bonnes volontés pour améliorer l'information et la communication. La seule issue consiste à «*élaborer des modèles de jeux où les participants, tout en continuant naturellement à chercher leur avantage, aient intérêt à communiquer*».

➢ *Présentation du modèle*

Comment articuler de manière logique et opératoire les principes qui viennent d'être exposés? Avant toute tentative pour anticiper les *stratégies* et leur combinaison, il est indispensable d'avoir une vue claire des *acteurs* en présence, des *enjeux* qui les motivent et des *ressources* (ou pouvoirs) dont ils disposent.

(1) *Michel Crozier,* Le Phénomène Bureaucratique, *Seuil, 1963.*

La carte des acteurs

Appliqué à l'entreprise, le modèle va la représenter sous forme d'un *réseau d'interactions* (d'où le nom d'interactionnisme) composé d'une pluralité d'acteurs intelligents poursuivant des objectifs différents, sinon contradictoires, et qui s'ajustent en permanence par une série de « conflits/coopérations ».

D'où l'utilité de représenter sur une sorte de « carte sociologique » les principaux acteurs et les divers types de relations qu'ils entretiennent entre eux. Dans cette démarche, on est obligatoirement conduit à schématiser quelque peu la situation.

Par delà ses diversités individuelles, le personnel de l'entreprise se regroupe en effet en quelques familles d'acteurs, chacune caractérisée par une similarité d'attitudes et de comportements. Naturellement, ces groupes d'acteurs ne sont pas aussi homogènes et aussi cohérents que postulé pour la commodité de l'exposé (la hiérarchie intermédiaire, par exemple, ne constitue pas un bloc monolithique) ; il ne s'agit que d'une approximation généralement acceptable. Enfin, ces acteurs n'épousent pas forcément le découpage de l'organisation (acteurs « organisations syndicales » par exemple) même s'ils s'en inspirent très souvent.

Dans une analyse sociologique d'entreprise, on considère généralement comme *acteur* (souvent au singulier) un groupe ou une catégorie tels que :
- le personnel d'exécution,
- l'encadrement direct,
- les fonctionnels,
- la direction générale et la direction des Relations sociales ou des Ressources humaines,
- les instances représentatives du personnel, élues et désignées.

Mais il peut aussi en exister bien d'autres suivant le cas étudié.

Pour illustrer la démarche et l'intérêt de disposer d'une carte des acteurs, ne serait-ce qu'à des fins pédagogiques, rappelons l'usage fait pendant plusieurs années dans de nombreuses entreprises et organismes de formation du fameux *losange des relations sociales*. Ce losange, dont je crois utile de rappeler brièvement la structure dans l'encadré de la page suivante, fait clairement apparaître l'existence d'un jeu à quatre acteurs conduisant à six types de relations sociales. Le type de relations sociales conditionne et contraint, au moins en partie, le jeu des acteurs concernés relativement à leurs enjeux et à leurs ressources.

Ce jeu à quatre acteurs a relativement bien fonctionné durant toute la période du taylorisme. Il s'appuyait alors essentiellement sur les quatre relations de base (les côtés du losange). S'il n'en va plus de même aujourd'hui, c'est parce que les acteurs sont devenus plus nombreux et que les relations se sont, par voie de conséquence, multipliées et enrichies. Ainsi, on ne peut plus considérer le personnel comme constituant un acteur unique, et ses représentants encore moins; l'encadrement est lui-même divers selon le niveau considéré. Avec le développement des démarches participatives, les nouveaux modes de management des hommes, le développement de la communication interne, les relations entre acteurs sont également devenues plus complexes et de nouveaux acteurs sont apparus. Toutes ces raisons conduisent à un effacement progressif du modèle losangique, mais sans pour autant dispenser de devoir rechercher un modèle de substitution sans doute plus complexe.

LE LOSANGE DES RELATIONS SOCIALES

Dans de nombreux manuels de formation, le jeu des relations sociales au sein de l'entreprise est visualisé par un losange dont les sommets représentent les quatre principaux groupes d'acteurs.

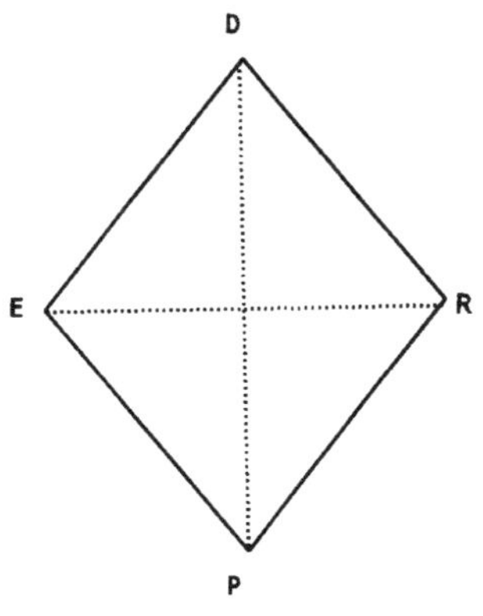

D = Direction de l'entreprise, en particulier Direction du personnel

E = Encadrement, principalement sous sa forme opérationnelle et hiérarchique

R = Représentants du personnel à la fois élus (Comités d'entreprises, délégués du personnel, CHSCT...) et désignés (sections syndicales)

P = Personnel lui-même

Les relations sociales se nouent lors de la rencontre de deux groupes d'acteurs, rencontres matérialisées par les côtés et les diagonales du losange. Mais pour autant, ces divers types de relations ne sont pas équivalents entre eux:

- ils ne sont pas de même nature,
- certains ont plus d'importance que les autres, et cet ordre d'importance est variable suivant l'entreprise et son environnement social et politique.

Relation D E (Direction/Encadrement)

Elle peut se caractériser par le diptyque Délégation/Concertation, délégation de pouvoir de la Direction à son Encadrement, et cela par voie descendante concentrique. Cette délégation traduit en fait un *rapport d'allégeance* de l'encadrement à la Direction, rapport de nature monarchique car «le pouvoir vient d'en haut». Ce lien hiérarchique dérive directement du fondement institutionnel de l'entreprise. Il s'agit d'un *lien particulièrement fort*, même s'il est de plus en plus tempéré par la concertation qui s'introduit comme une phase préparatoire de la décision. La concertation ne saurait prendre néanmoins une forme d'opposition ouverte. La relation sociale D E se trouve donc être beaucoup plus harmonique que conflictuelle. Elle apparaît comme un des principaux facteurs structurateurs et stabilisateurs du champ social.

Relation E P (Encadrement/Personnel)

Par suite de la coupure sociale et historique qui a existé et existe encore entre ceux qui commandent et ceux qui exécutent (coupure maîtres/esclaves), cette relation est souvent vécue sur un mode *conflictuel*. Le commandement purement disciplinaire, caractéristique de beaucoup d'entreprises tayloriennes, n'autorise qu'une seule forme, très appauvrie de relations sociales, la domination/soumission. A cette forme, on tend à substituer de plus en plus aujourd'hui une forme plus riche et satisfaisante: l'animation/expression. L'animation, version nouvelle et développée du commandement autorise en retour l 'expression des salariés sur le contenu de leur travail.
Même sous sa forme modernisée, la relation sociale E P demeure un facteur d'incertitude, lieu toujours possible de déstructuration et de renaissance du conflit.

Relation P R (Personnel/Représentants)

C'est la relation qui se met en place spontanément au niveau d'un groupe social qui se sent opprimé ou simplement mal considéré. Il cherche en son sein des leaders pour porter et exprimer les revendications du groupe. Ces derniers ont ensuite pour mission d'informer et de rendre compte au groupe.
La relation sociale qui se met en place peut donc être caractérisée par le diptyque représentation/compte rendu de mandat. Elle est validée habituellement par *l'élection*. On a donc affaire à un lien de nature démocratique: «le pouvoir vient d'en bas». Par suite des conditions historiques de son instauration (luttes ouvrières des XIXe et XXe siècles), ce lien est vécu le plus souvent sur un mode mythiquement

unanimiste; l'unité de la classe ouvrière et de son combat. Il rejette donc tout aspect conflictuel et est de nature harmonique.
La différenciation de la classe ouvrière et la montée du pluralisme syndical rendent néanmoins ce modèle unanimiste (qui marque encore les mentalités) de moins en moins pertinent.

Relation D R (Direction/Représentants)

Elle résulte de la rencontre de la Direction, garante des objectifs de l'entreprise et des représentants que s'est donné le personnel pour exprimer ses revendications.
Il s'agit a priori d'un ajustement à *potentialité conflictuelle* et qui ne peut se résoudre que par le compromis entre les parties. La caractéristique principale de cette relation est donc la *négociation.*
Même convenablement maîtrisée, cette relation demeure un grand facteur d'incertitude pour l'entreprise.

Relation D P (Direction/Personnel)

Cette relation n'existe pas toujours et a rarement un caractère permanent. Le plus souvent, elle a une forme unilatérale et descendante. C'est notamment le cas de l'information générale diffusée par la Direction, au travers d'une multiplicité de médias, à tout le personnel.
Dans le sens ascendant, la relation sera quelquefois individualisée (pour quelques salariés pris comme échantillon ou témoins) ou médiatisée par le recours à des techniques sociométriques (sondages, enquêtes d'opinion).
Le mot caractérisant le mieux cette forme de relation sociale est celui *d'opinion publique de l'entreprise.*

Relation E R (Encadrement/Représentants)

Elle n'existe qu'exceptionnellement au sein des entreprises. On pourrait la définir comme le rôle social collectif de l'encadrement, complétant son rôle d'animation (pour le personnel) et de concertation (avec la Direction et les autres cadres).

Récapitulation

- Deux relations (D E et P R) apparaissent relativement rigides et stables. Elles ont un caractère quasi institutionnel. Leur évolution peut être assez facilement maîtrisée et prévue.
- Deux relations (E P et D R) apparaissent comme les lieux de l'ajustement social au sein de l'entreprise. Elles sont fortement turbulentes, soumises à de nombreux aléas, facilement conflictuelles. Facteurs d'incertitude, qu'il importe à tout prix de maîtriser, elles constituent dans la plupart des cas, le principal enjeu de la politique des relations sociales.
- Deux relations (D P et E R) sont peu valorisées dans l'entreprise traditionnelle et n'y jouent, le plus souvent, qu'un rôle mineur.

L'explicitation des enjeux

Relativement aux finalités ou projets de chacun des acteurs, tout changement au sein de l'entreprise fait apparaître un certain nombre d'*enjeux*. Ces enjeux peuvent se situer par rapport:
– *à la tâche elle-même* (conditions de travail, qualification, autonomie...);
– *au groupe de travail* (relations de voisinage, reconnaissance d'un savoir-faire...);
– *à l'entreprise* (statut hiérarchique, compétitivité, sécurité d'emploi, climat social, intégration...);
– *à l'environnement* (vie privée, vie locale...).

Ces enjeux peuvent être *positifs ou négatifs*, c'est-à-dire traduire pour l'acteur considéré un gain ou une perte, gain ou perte plus ou moins importants. Reprenons à ce propos l'exemple donné par Robert Bosquet (1): «*L'organisation du travail va être modifiée dans un atelier, à la fois pour mieux répondre à des demandes plus diversifiées des clients et pour utiliser des équipements plus automatisés. Ces équipements, importants et coûteux, seront gérés par de petites équipes d'opérateurs, alors que les machines anciennes étaient utilisées individuellement par des ouvriers. La démarche classique consiste à faire étudier le projet technique par le Bureau d'Études et à l'exposer aux intéressés lorsqu'il est prêt à fonctionner. Que montre la méthode? Tout d'abord qu'il existe une grande diversité d'acteurs impliqués, pour qui les enjeux sont très variés et souvent forts. Le tableau suivant l'illustre (de façon simplifiée).*»

Acteurs	**Enjeux**	
	Positifs	**Négatifs**
Direction	Améliorer la qualité. Diminuer le prix de revient. Mieux adapter les produits aux demandes des clients.	Investissements élevés à un moment où la situation financière est difficile. Le retour sur investissement doit être rapide. Difficultés probables avec les syndicats.

(1) *Robert Bosquet,* Fondements de la performance humaine dans l'entreprise, *Éditions d'Organisation.*

Acteurs	Enjeux	
	Positifs	Négatifs
Maîtrise	Travail plus intéressant. Plus d'autonomie et de responsabilité.	Difficultés d'acquérir connaissance et savoir-faire nouveaux pour une maîtrise relativement âgée. Travail en 3 équipes au lieu de 2 pour rentabiliser l'investissement.
Opérateurs	Elévation de qualification. Amélioration des salaires. Satisfaction de travailler sur du matériel moderne.	Changement d'habitude (travail en équipe au lieu du travail individuel). Effort important d'apprentissage. Travail en 3 équipes. Compression d'effectifs.
Services fonctionnels techniques	Projet technique intéressant.	Difficultés probables avec la maîtrise et les syndicats.
Syndicats	Qualification des emplois. Opportunité de négociation.	Compression d'effectifs.

«Mais il apparaît rapidement que cet exposé des enjeux ne correspond pas à toute la réalité. Les perceptions des acteurs ne sont pas le simple reflet de la réalité, loin s'en faut. Ainsi pour les opérateurs»:

Les faits	Les perceptions
- Le travail sera plus varié et autonome.	Ce sera plus difficile et on aura des ennuis. Ce sera notre faute si on ne produit pas assez.
- Un travail en équipe se substitue au travail individuel.	Cela va favoriser les jeunes. On va se disputer.
- 7 postes supprimés.	Cela va se faire à la tête du client...

En d'autres termes, il convient de distinguer entre:
– *le réel*, c'est-à-dire l'enjeu objectif tel que mesuré par un observateur extérieur et désengagé;
– *le perçu*, c'est-à-dire la manière dont l'acteur se représente ce même enjeu. Or, seule cette représentation mentale – l'interprétation que chaque acteur fait de la réalité sociale – aura un impact sur son comportement. Et cette représentation est façonnée par l'idéologie, les valeurs, les normes sociales et professionnelles de l'acteur.

Les ressources en pouvoir

Simultanément partenaires et adversaires, les acteurs sont en relation de pouvoir inégale (l'un en a toujours un peu plus que l'autre) mais cependant réciproque (le plus démuni dispose toujours d'une part de contre-pouvoir). Selon Erhard Friedberg (1), le pouvoir d'un acteur dépend de deux facteurs:

– de sa marge de manœuvre, c'est-à-dire de sa possibilité concrète de choisir entre plusieurs comportements, donc en dernière analyse de l'imprévisibilité de son comportement pour les autres;

– de sa capacité à résoudre les problèmes qui se posent aux autres.

Dans une entreprise, les ressources en pouvoir vont dépendre pour chaque acteur de la possibilité que la position occupée et les responsabilités associées lui donnent de maîtriser des sources d'incertitude. Ces sources d'incertitude sont nombreuses et portent sur des problèmes à caractère:

– économique: clients, parts de marché, trésorerie;

– technologique: pannes, nouvelles technologies, information scientifique, compétences;

– organisationnel: contrôles, règlements, répartition des tâches, communication;

– socioculturel: motivation, appartenance, identité.

Mais ce qui importe surtout est le type de pouvoir que l'acteur se met en situation d'exercer pour contrôler une source d'incertitude. Erhard Friedberg distingue ainsi quatre grands types de pouvoir:

Source d'incertitude	Type de pouvoir
Savoir, savoir-faire	Expert
Environnement	« Expert d'environnement » et ses « relais »
Information et Communication	« Portier » ou « Aiguilleur »
Création, modification et application des données formelles (règles, procédures, structures)	Hiérarchie

Le type de pouvoir détermine en partie sa modalité de mise en œuvre: pression directe, commandement, négociation, influence, séduction...

(1) *Erhard Friedberg,* L'analyse sociologique des organisations, *L'Harmattan, 1988.*

L'articulation des stratégies

Dotés de ressources en pouvoir, mobilisés sur des enjeux, les acteurs mettent en œuvre des stratégies, ou conduites collectives, dont l'ajustement toujours provisoire est la base de l'équilibre social. On débouche ainsi sur un système élaboré de compromis et d'accords que l'acteur respectera tant qu'il y trouvera intérêt. Il n'y a pas en effet d'engagements éternels. Les «valeurs» dont l'acteur peut se réclamer dans son action ne sont tout au plus que des conventions. Dans le modèle interactionniste, les conflits de valeurs ne sont que des conflits d'intérêts ou – comme dit Crozier (1) – des conflits entre des rationalités différentes. Mais il s'agit d'une «rationalité limitée», interagissant fortement avec les opportunités qui se présentent. Les acteurs s'inscrivent dans une logique d'adaptation dynamique aux situations.

Ce concept de «rationalité limitée» a été développé par March et Simon (2). Il suppose de faire intervenir la notion d'incertitude dans les situations de prise de décision. Il est de fait que l'acteur cherche à maximiser son profit et pour cela, fait intervenir un «ordre de préférence» quant aux conséquences de ses décisions: certaines sont pour lui plus souhaitables que d'autres. Pourtant, en face d'une alternative, l'acteur ne sera souvent pas en mesure d'attribuer une probabilité rigoureuse aux conséquences d'un choix ou d'un autre. Il manque d'informations suffisamment fiables pour avoir des certitudes. Il va donc rechercher le «risque minimum» (en mettant les conséquences «au pire»). Citons March et Simon: «... *on ne peut parler de rationalité que relativement à un cadre de référence; et ce cadre de référence sera limité par les connaissances de l'homme rationnel...*»; et encore: «*le choix (d'une décision) est toujours exercé au regard d'un «schéma» simplifié, limité et approximatif, de la situation réelle.*»

Les limitations de l'acteur proviennent aussi des particularités de son fonctionnement psychologique: ses besoins ne sont pas insatiables et il ne cherche pas, en toute circonstance, une satisfaction immédiate et absolue de ces derniers. Il se contente donc de leur donner des réponses «au coup par coup» et se montre capable d'ajuster son niveau d'exigence. Plutôt que d'optimiser la solution, il en restera souvent à la première solution «jugée satisfaisante» qui lui vient à l'esprit, généralement celle déjà utilisée antérieurement.

(1) Michel Crozier, «Une approche sociologique des stratégies dans les organisations», Revue française de gestion, *Janvier 1988.*
(2) J.G. March et H.A. Simon, Les organisations, *Dunod, 1971.*

En pratique, on assiste donc rarement à un choix optimal mais plutôt, la plupart du temps, à une suite de choix jugés satisfaisants. C'est pourquoi les possibilités de compromis entre acteurs aux intérêts différents sont habituellement plus nombreuses qu'on ne le pense de prime abord.

Cette propension naturelle au compromis est ce qui assure finalement la survie de la société. Ces compromis se construisent autour de la résolution de problèmes concrets. Ils débouchent sur des *règles du jeu* qui limitent le pouvoir et canalisent les comportements de chaque participant. Certaines de ces règles deviennent explicites, codifiées, officielles. Elles font partie de la structure formelle du système organisationnel (règles et procédures du SRP, système de fonctions), lequel est par ailleurs tenu, ainsi que le STE, à expliciter et afficher ses contraintes. D'autres règles sont plus informelles, mais néanmoins prégnantes sous forme d'us et coutumes de l'entreprise.

Ces règles du jeu s'imposent en principe aux acteurs. Mais ceux-ci, lorsque leurs intérêts sont en cause, n'ont de cesse bien souvent que de les détourner – ce que l'on appelle *le jeu sur les règles* – en jouant très habilement des espaces de liberté qui subsistent entre elles. Ainsi, si le système organisationnel détermine pour partie le jeu des acteurs, ces derniers rétroagissent-ils sur lui en venant remodeler sa structure et ses lois de fonctionnement.

Cette boucle de rétroaction peut résumer, en définitive, le jeu des acteurs dans une organisation.

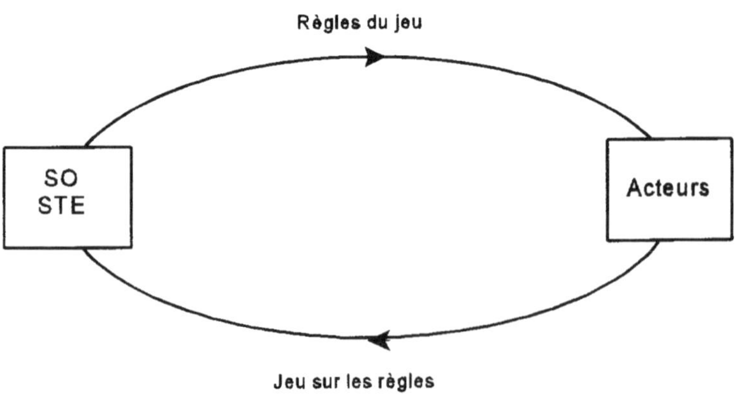

➢ *Utilisation du modèle*

Quel peut être, pour un dirigeant ou un responsable, l'intérêt pratique de l'interactionnisme? On peut répondre que son apport et essentiellement descriptif et de connaissance. Le modèle permet à un acteur (le décideur par exemple) de s'abstraire du système pour analyser l'enchevêtrement des enjeux et y puiser les enseignements stratégiques et tactiques pour son action. Ainsi, pour reprendre l'exemple déjà cité de Robert Bosquet (page 230), ce dernier conclut son analyse par quelques suggestions aux dirigeants: «*L'analyse fait apparaître que si la Direction veut effectivement réaliser rapidement la mise en place de ses nouveaux équipements et en obtenir un plein emploi, elle doit prendre de nombreuses microdécisions pour maximiser les enjeux positifs et minimiser les enjeux négatifs perçus:*
– actions d'information et d'expression des opérateurs, agents de maîtrise et représentants du personnel,
– actions de formation (technique, entraînement au travail en équipe, formation économique...),
– actions de revalorisation des qualifications et rémunérations (cohérence avec les autres ateliers),
– actions de reconversion sécurisante pour le personnel excédentaire et un agent de maîtrise trop âgé,
– etc.

Cet exemple illustre une nouvelle fois que l'attention fine apportée aux personnes (en tant qu'actions individuelles ou de groupes, par rapport à leurs enjeux et à leurs perceptions...) modifie de façon sensible les décisions, les situations, les modes de management et le climat social. L'efficacité économique et l'efficacité sociale y ont également leur place.»

Pratiqué habituellement sous le nom *d'Analyse stratégique par acteurs*, le modèle interactionniste fait donc partie de la «boîte à outils» du responsable social, du consultant, du sociologue d'entreprise.

En forme de conclusion à cette section et pour servir de guide aux futurs utilisateurs, j'en rappellerai sous forme d'une check-list les principales étapes.

1° Identifier les acteurs concernés

Le plus souvent, des coalitions de nature diverse suivant le lieu, les circonstances, le problème, le niveau d'observation.

Représentation simplifiée de ces acteurs et de leurs relations sur un sociogramme.

Les syndicats: une famille d'acteurs importante pour les relations sociales.

2° Rechercher les enjeux possibles de chaque acteur

Relatifs aux objectifs ou projets de chacun des acteurs et relativement à leurs différents domaines d'implication:
- Le travail lui-même.
- Les relations au groupe.
- Le statut dans l'entreprise.
- Les conséquences externes (vie familiale, vie publique).

3° Qualifier et mesurer ces enjeux

Positifs ou négatifs, c'est-à-dire traduisant un gain ou une perte pour l'acteur considéré. Mais surtout une distinction entre:
- le réel: l'enjeu tel que mesuré par un observateur impartial,
- le perçu: l'enjeu tel que perçu subjectivement par l'intéressé.

4° Établir un bilan des ressources en pouvoir de chaque acteur

Quelles sources d'incertitude sont contrôlées par chaque acteur et sous quelle forme? Comment dans le contexte de l'entreprise chacun voit-il ses atouts, ses contraintes, ses points faibles?

Évaluer ce que chaque acteur peut mettre en jeu:
- pour parvenir à ses fins,
- tirer le meilleur parti de la situation.

5° Anticiper les stratégies pour chacun des acteurs

La stratégie d'un acteur résulte:
- de son projet et de ses valeurs,
- de sa perception des enjeux,
- de sa perception des contraintes et opportunités.

Face à un projet de changement, la stratégie de chaque acteur s'établit en un point déterminé de l'axe conflit/coopération:
- opposition conflictuelle (conflit ouvert, grève...),
- opposition larvée (on «traîne les pieds», on fait semblant),
- indifférence,
- appui partiel et conditionnel (contreparties au travers d'une négociation ponctuelle),
- appui franc et massif (coopération).

6° Imaginer un possible point d'équilibre

Enserrés dans des réseaux de conflits/coopérations, les acteurs recherchent des compromis provisoires par une série de négociations.

Peut-on anticiper le résultat de ces négociations? Une manière de s'y essayer consiste à imaginer et analyser un certain nombre de scénarios possibles.

Représentations sociales, valeurs, appartenance

Peu présente, jusqu'à une date récente dans les études de sociologie du travail, l'approche culturaliste (ou modèle culturaliste) est toutefois d'origine fort ancienne puisqu'on peut la faire remonter à Emile Durkheim et aux premières études ethnologiques. Elle doit aujourd'hui son succès aux nombreux travaux publiés depuis quelques années sur le modèle industriel japonais autour du thème de la culture d'entreprise.

Toujours dans l'esprit de la méthode de triangulation, mon parcours commencera par l'aspect historique avec un bref inventaire des sources pour se poursuivre par un long développement autour du concept de culture d'entreprise (aspect structural) ce qui me prendra deux sous-sections. De même que pour le modèle interactionniste, je terminerai par quelques considérations sur l'application possible du modèle au management (aspect fonctionnel).

➢ *Bref inventaire des sources*

Les contenus, traditions et valeurs des différents peuples ont suscité depuis longtemps la curiosité des savants et des philosophes. Aussi, la réflexion sur la culture a des origines fort anciennes. Mais la constitution de la culture comme objet d'investigation scientifique date de notre siècle, avec l'essor de l'ethnologie. Je retiendrai seulement ici les auteurs dont la recherche s'applique – ou peut être transposée directement – à l'étude de l'entreprise.

Les travaux des précurseurs

Bien qu'il soit rangé parmi les «structuro-fonctionnalistes», Talcott Parsons (1), sociologue américain, peut être considéré comme un des précurseurs de cette approche. En effet, il était l'ardent défenseur de la prégnance des modèles culturels (*patterns*) sur l'activité et les comportements sociaux. Pour lui, toute société est une articulation de quatre fonctions primaires:

– Le maintien des modèles, fonction culturelle déterminant le sens et les valeurs.
– L'intégration, déterminant la communauté sociale par le biais de statuts et de normes.
– La réalisation des fins, qui se concrétise dans le système politique.
– L'adaptation, qui préside aux modalités de survie économique.

Dans cette optique, la structure et l'organisation de la société dépendent entièrement du système culturel. Les normes et les valeurs se réfèrent, en dernière analyse, à la dimension du sacré, qui surdétermine les activités humaines les plus matérielles, essentiellement par le biais du langage.

Même si Parsons n'applique pas directement sa théorie à l'entreprise, on voit quelle transposition peut en être faite. Communauté humaine, l'entreprise serait déterminée dans le quotidien par l'existence d'un système culturel sous-jacent. Connaître et pouvoir influencer ce système deviendrait alors, pour le dirigeant, de la plus haute importance.

D'autres théories de la culture et surtout de son émergence au sein d'un groupe humain sont issues d'observations psychologiques et psychanalytiques. Les recherches nord-américaines en psychologie ont mis en évidence la pression des «normes spontanées» d'un groupe sur les comportements de ses membres. Ce facteur a été utilisé sur un plan commercial ou politique mais on peut considérer qu'il a une grande place dans certaines formes instituées de dynamique de groupe, les cercles de qualité par exemple.

A un niveau plus profond, le psychanalyste W.R Bion (2) ouvre une perspective surprenante sur les phénomènes culturels. Il les relie à des structures inconscientes de la personnalité qui viennent façonner les comportements collectifs. D'après lui, lorsque l'on rassemble au

(1) *Talcott Parsons,* Sociétés: essai sur leur évolution comparée, *Dunod, 1973.*
(2) *W.R. Bion,* Recherches sur les petits groupes, *PUF, 1987.*

sein d'une entreprise un groupe de personnes à des fins d'activité productive, les sentiments inconscients du «groupe de base» se heurtent aux besoins «adultes» et rationnels du «groupe de travail.» Aussi, par réaction, les participants vont-ils créer un hybride entre rationnel et irrationnel, la «culture de groupe.»

Notons également que pour W.R. Bion toute pression vers le changement est porteuse de souffrance pour le substrat inconscient d'un groupe. Aussi celui-ci répond-il généralement à cette menace par la fragmentation en sous-groupes, l'un, traditionaliste et «démagogique», qui refuse tout changement, l'autre, plutôt élitaire, qui tend à s'enfermer dans son sentiment de supériorité, à la manière d'une société d'experts coupée de la «base.» Description qui ne manque pas d'illustrations au sein des entreprises.

Pour cet auteur, on ne peut ignorer les éléments irrationnels dans l'attitude des groupes humains face au changement ni l'importance du «freinage» induit par leurs productions culturelles spontanées.

Développements actuels

Dans l'abondante littérature aujourd'hui disponible, de nombreux auteurs seraient à citer. Plutôt que de faire référence à Philippe d'Iribarne (1), défenseur de longue date de l'approche culturaliste, je retiendrai les réflexions de Renaud Sainsaulieu car elles me paraissent révélatrices d'une évolution en train de se faire en France parmi les sociologues du travail.

Parti d'un point de vue interactionniste, R. Sainsaulieu a repositionné sa pensée dans un sens plus culturaliste. Dans un texte de 1986, cosigné avec D. Ségrestin (2), il récuse l'impérialisme du modèle interactionniste. Celui-ci, avec son insistance sur les jeux d'acteurs, les stratégies internes, les conflits et les négociations sous-estime la dimension de «*lieu social central*» et de «*foyer de production identitaire*» que constitue l'entreprise. Cette dernière ne se réduit pas à un «*théâtre*» pour des jeux d'acteurs, mais se caractérise par une propension à produire des valeurs, des normes et des représentations.

(1) Tous les travaux de Philippe d'Iribarne seraient à citer, mais plus particulièrement son livre, La logique de l'honneur, *Seuil, 1993.*

(2) R. Sainsaulieu et D. Ségrestin, «Vers une théorie sociologique de l'entreprise», Sociologie du Travail, *n° 3, 1986.*

En somme, il y a à la fois importation de cultures exogènes (professionnelles, régionales, nationales) et production spécifique de culture au sein de l'entreprise. Valeurs partagées, sentiment d'appartenance, consensus autour de projets, encouragés par un management plus axé sur la ressource humaine en tant que telle, tout conspire à ce que «*l'entreprise fonctionne à la croyance*». Elle sort de la logique technocratique pour «*redéfinir les conditions humaines et sociales de la survie*». Le culturalisme substitue à la réduction utilitariste de l'entreprise du «*chacun pour soi*» la vision globalisante de «*l'entreprise à plusieurs*», comme l'écrit Sainsaulieu.

La crise économique et surtout «*l'affaiblissement des repères sociaux*» auraient précipité un ancrage dans cette référence fixe que reste encore pour nous l'entreprise. Ce qui en fait un lieu privilégié dont la mission est de «*promouvoir la créativité collective et le développement économique*». A son tour, elle devient capable d'influencer la société globale: produire son identité interne autour des valeurs de «*technologies de pointe*», par exemple, permet d'agir «*culturellement*» sur le milieu social.

Attention: il ne s'agit pas d'une thèse idyllique, noyant dans l'effusion communautaire les différences et les oppositions. Plus qu'un objet d'adhésion inconditionnel, la culture d'entreprise est un enjeu, source d'affrontements potentiels. Car il n'y a pas forcément une, mais plusieurs cultures d'entreprise, toutes «*importées*» par des acteurs différents.

➢ *Qu'est-ce qu'une culture d'entreprise?*

Il existe peu de mots au sens aussi piégé que celui de culture. Il convient de distinguer d'abord entre:
– sa signification académique, telle qu'utilisée dans le langage courant et où l'on désigne essentiellement par ce mot la connaissance et la pratique des arts et lettres. L'«honnête homme» du XVIIe siècle pouvait ainsi être qualifié, à juste titre, de cultivé;
– sa signification anthropologique, la seule qui m'intéresse ici et qui vise alors tout un ensemble de croyances, de connaissances et de pratiques communes à une société, ensemble qui fonde l'unité profonde et l'originalité de cette société.

Les divers aspects d'une culture

De façon générale, toute culture va se décliner autour de la manière dont un groupe humain se représente trois grands types de rapports:

• **Rapports à la «nature»**: connaissance acquise sur le monde pour pouvoir s'y situer et l'utiliser. C'est par exemple l'ensemble des savoirs scientifiques, techniques et économiques, requis pour tirer de la nature sa subsistance, transformer, transporter et échanger les biens et services.

Dans l'entreprise, ces processus sont façonnés à la fois par le produit et par le process (l'outil de production). Il existe ainsi une culture de la mine, du chemin de fer, de la chimie lourde, du produit de luxe...

• **Rapports des hommes entre eux**: c'est l'enjeu de l'éthique (pour les rapports interpersonnels), du politique (pour les rapports collectifs) et pour une part de l'économique (tout ce qui concerne les rapports sociaux de production). Ces différents rapports trouvent leur expression la plus élaborée dans la codification juridique.

Dans l'entreprise, ces aspects sont naturellement très présents dans le système des règles et procédures, mais ils façonnent également les relations les plus informelles. Suivant les représentations dominantes, on aura des styles de travail très différents: bureaucratique et guindé, consensuel, détendu...

La culture d'entreprise explique donc une gamme de comportements: comportements en affaires, entre collègues, vis-à-vis de la hiérarchie, etc. Elle façonne le style de communication, elle s'inscrit dans les méthodes et les moyens d'évaluation (ou d'appréciation), de contrôle. Elle a ses conventions et ses tabous. L'établissement de relations dans l'entreprise requiert pour chacun de bien connaître son rôle dans la structure. Chaque nouveau salarié, par son apprentissage au contact des autres va se mouler dans le style secrété par l'organisation (c'est ce que l'on appelle l'acculturation).

• **Rapports au symbolique**: c'est par excellence le domaine de l'art sous ses multiples formes (musique, peinture, danse, poésie...), de la religion et de la philosophie (notion de sacré, relations au tout, sagesse, sens de la mort, etc.). Le beau, le vrai, le bien constituent, de façon très classique, l'enjeu de ces rapports.

Au niveau de l'entreprise, cela pourra s'exprimer dans une esthétique du produit (design), voire du fonctionnement (démarche qualité) ou dans une certaine vision de la place et du rôle de l'entreprise au sein de son environnement (mission de service public, entreprise citoyenne, sauvegarde de la nature...), dans la conception du travail et de ses finalités (conquête de marché, progrès technique, activité ludique...).

Mais cela se traduit souvent, et bien davantage, par la mémoire de l'histoire de l'entreprise, les grands événements qui l'ont façonnée, les personnages de légende de l'ère des bâtisseurs... Ainsi les fondateurs de Michelin, Schlumberger, Danone, Leclerc, Darty, Moulinex et bien d'autres, ont alimenté un héritage dont l'entreprise conserve une forte empreinte.

Mythes, rites et interdits

Les différents aspects d'une culture ne sont pas indépendants les uns des autres. En quelque sorte, *ils font système.* Ils sont liés entre eux et présentent de multiples plages de recouvrement ainsi que le montre la figure ci-après:

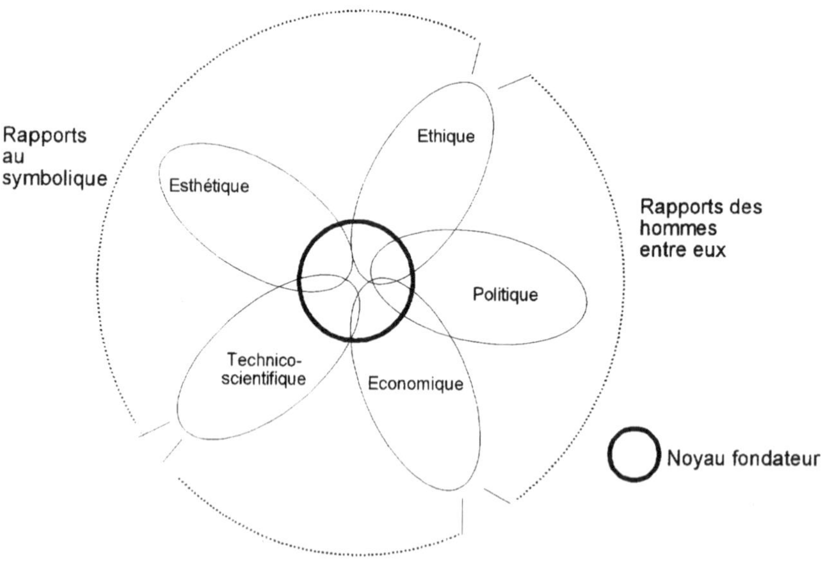

De plus, un ensemble bien particulier de représentations, désigné en ethnologie sous les termes de *mythes, rites et interdits*, joue un rôle tout à fait unique et déterminant. Cet ensemble se comporte en fait comme un véritable *noyau fondateur* pour tous les autres aspects de la culture... Ce point a été particulièrement mis en évidence par les travaux d'anthropologie religieuse (toute l'œuvre de Mircea Eliade serait à citer à ce sujet).

Ce noyau fondateur existe aussi dans l'entreprise. Il constitue en quelque sorte le «liant symbolique» de l'organisation. Rassemblant parfois sur le mode épique des événements historiques majeurs de la vie de l'entreprise, il participe du mythe.

C'est ce que l'on observe dans les diverses *success stories* que colportent, à des fins d'édification, les prosélytes des entreprises nord-américaines: telle celle du président de Mac Donald's, s'arrêtant pour ramasser un papier gras à l'entrée d'un de ses établissements. Le principe est celui du «héros» mythique qui s'applique à lui-même la loi générale, s'abaissant ainsi jusqu'à l'humaine condition. Mais en même temps, on exprime sous forme d'interdit cette loi générale (rejet de la saleté et du désordre dans l'entreprise Mac Donald's). Et la réitération de l'histoire, y compris sur le mode humoristique, devient un rite (où un rituel) qui contribue par le fait même à entretenir la culture du groupe.

Selon Nadine Lemaître (1), l'entreprise dispose d'une diversité de rites pour promouvoir et réitérer son modèle culturel:

– «*les rites intégrateurs: initiation, passage et renouveau, fêtes symbolisant la communauté, la cohésion, l'appartenance;*

– *les rites différenciateurs symbolisant les conflits et les différences sociales tolérées, voire souhaitées: la hiérarchie, les différents départements...;*

– *les rites marquant la frontière de l'organisation, tels que cérémonies de dégradation ou d'humiliation, processus d'exclusion renforçant les valeurs du groupe dominant*».

On peut donc considérer que le respect d'un modèle culturel, ne serait-ce que sous forme ritualiste, renforce rétroactivement son pouvoir de contrainte. Et cela en dehors de toute conscience claire de la part des participants. Comme le note Anthony Giddens (2): «*lorsque je parle ou j'écris de façon correcte en anglais, je contribue du même coup à reproduire la langue anglaise*». Et cela, ajouterai-je, même s'il s'agit d'une diatribe contre l'usage de l'anglais!

(1) *Nadine Lemaître, «La culture d'entreprise: outil de gestion?»,* Direction et Gestion, *n° 6, 1984.*

(2) *Anthony Giddens,* La constitution de la société, *PUF, 1987.*

Ainsi, une culture d'entreprise impose des valeurs et des comportements à ses participants sur le mode d'«*évidences fondatrices*» qui déterminent leur spécificité en tant que groupe humain. Comme le dit Nadine Lemaitre, elle a pour vocation de «*fournir aux individus une interprétation de leur propre situation*», influençant concrètement leurs actes et leurs décisions, à condition qu'elle soit «*collectivement acceptée*». Elle rend alors certaines décisions absolument «*naturelles*» et d'autres totalement «*impensables*». En ce sens, elle fédère fortement les acteurs.

Ce jugement rejoint tout à fait celui de Philippe d'Iribarne pour qui la culture est un «*référentiel de sens*». Il écrit (1): «*Si, pour comprendre les conduites humaines, dans les entreprises comme ailleurs, il est essentiel de faire référence à la culture, c'est parce que ces conduites ne sont pas indifférentes aux questions de sens. Si une position est recherchée, si une marque d'autorité est jugée acceptable, si une manière d'être suscite la confiance, le dégoût ou la colère, ce n'est souvent pas parce qu'elles sont dans leur pure matérialité, mais à cause de ce qu'elles signifient. Et ce qu'elles signifient varie avec les cultures.*»

Pour savoir si une pratique de gestion peut être utilisée avec succès dans une entreprise donnée, on ne peut se dispenser d'examiner quels sens vont revêtir, pour ceux qui seront concernés, les situations où elle va les mettre. Ce sens pèsera sur les stratégies des acteurs, pouvant conduire dans les cas extrêmes au rejet pur et simple de la pratique en question.

L'entreprise devient ainsi un lieu d'intégration et d'identité sociale pour ses salariés. Ceux-ci s'ajustent non d'abord sous l'effet d'une recherche d'intérêt, mais par respect d'une norme sociale à laquelle ils ont adhéré explicitement ou implicitement et qui façonne leur comportement.

Typologie des cultures d'entreprise

Dès que l'on dispose d'un corps de concepts pour décrire et analyser un phénomène – et tel semble être le cas avec la culture d'entreprise – il devient tentant de bâtir une typologie. De nombreux auteurs se sont essayés à cet exercice et plutôt que de vouloir tous les citer, je me bornerai à en présenter trois qui s'inscrivent chacun dans un choix bien tranché. Suivant en effet que l'on donne la priorité, pour

(1) Philippe d'Iribarne, «Contre l'anti-culturalisme primaire», Revue française de gestion, *novembre/décembre 1992.*

décrire une culture, aux rapports à la nature (produit, process, marché, économie), aux rapports des hommes entre eux, aux rapports au symbolique (tradition, vision du monde...) on obtient une typologie bien particulière.

• **Une culture commandée par le rapport à l'économie.** C'est la thèse de T. Deal et A. Kennedy (1) pour qui le niveau de risque (élevé/faible) et la rapidité de connaissance des résultats de l'action (immédiate/lente) viennent façonner les valeurs et les comportements du groupe. En croisant les deux critères, ils obtiennent ainsi quatre types de culture.

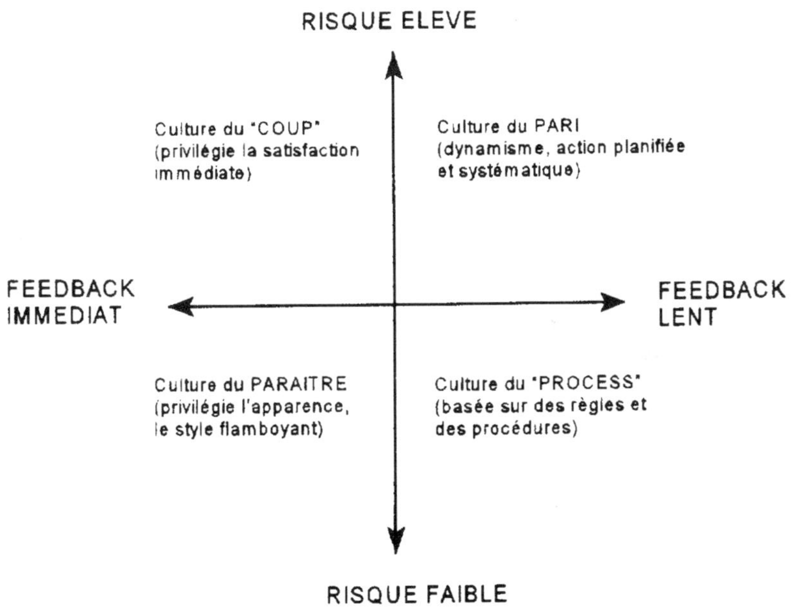

La faiblesse de cette typologie est d'être exogène à la culture proprement dite, puisqu'elle repose sur un point de vue économique et non sur l'analyse directe des représentations sociales.

(1) *T. Deal et A. Kennedy,* Corporates Cultures: the rites and rituals of corporate life, *Addison Wesley, 1982.*

• **Un rôle central donné aux rapports entre les hommes.** C'est la thèse de William Ouchi (1) qui met l'accent sur le type de transaction liant l'individu à l'entreprise. Les règles de cette transaction expriment la manière dont le groupe se représente l'équité.

Selon Ouchi, trois types de transaction sont possibles:
– un mécanisme de marché qui met l'accent sur le contrat. Bien adaptée à des milieux de professionnels mercenaires, cette culture s'accommode moins de la complexité et de la pérennité. En revanche, elle peut s'avérer très performante pour des entreprises à géométrie variable, fonctionnant en réseau ou en groupes-projets et dans lesquelles l'ajustement social s'opère par consensus délimités et successifs et non par un «engagement à vie». Ce type de culture est très répandu dans les entreprises nord-américaines (mais pas toutes!),
– un mécanisme bureaucratique avec création d'un rapport hiérarchique et de nombreuses règles formelles et informelles. Cette forme de contrat social fonctionne bien tant que l'environnement n'est pas trop ambigu ou incertain. La thèse de Ph. d'Iribarne sur la logique de l'honneur, qui selon lui façonnerait la culture des entreprises françaises, peut être interprétée comme une modalité de ce second modèle,
– un mécanisme de clan qu'Ouchi observe dans les entreprises japonaises. Les membres du personnel agissent spontanément dans le sens des intérêts de l'entreprise car ils en ont intériorisé les règles et les buts et ont le sentiment qu'à terme leur engagement sera traité avec équité. La culture de clan serait mieux adaptée que les deux premières pour affronter l'incertitude et la complexité de l'environnement. Mais bâtir un clan est long et difficile et requiert en particulier une stabilité des membres.

Retenons cependant que, selon Ouchi, chaque entreprise participe en fait aux trois formes de culture, tout en donnant la primauté à l'une d'entre elles sur les deux autres.

• **Une culture façonnée par l'imaginaire collectif**: l'Américain Cameron (2) propose une typologie inspirée des «types psychologiques de Jung». C'est le rapport à l'imaginaire collectif, c'est-à-dire en fait le

(1) *William Ouchy,* Théorie Z, *InterÉditions, 1982.*

(2) *Repris par C. Besseyre des Horts in «Typologie des pratiques de gestion des ressources humaines»,* Revue française de gestion, *novembre/décembre 1987.*

symbolique, qui se trouve alors priorisé. Deux axes sont proposés par Cameron:
– axe stabilité/flexibilité qui exprime la fixation sur la tradition, le passé ou l'ouverture sur le projet, l'avenir;
– axe interne/externe qui traduit la préférence donnée par les personnes, soit à leur milieu intérieur (on reste entre nous), soit à l'environnement et à l'ouverture aux autres et au monde.

Cela lui permet de bâtir un graphe (figure ci-après) faisant apparaître quatre grands types de culture d'entreprise:

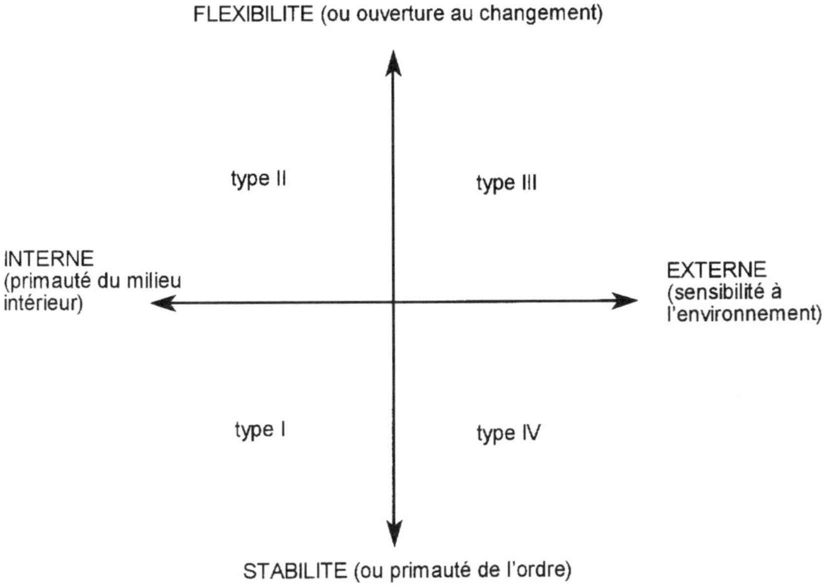

– le type 1 est caractérisé par le traditionalisme, le poids de la hiérarchie, le respect formel des règles et des procédures,
– le type 2 s'apparente à la culture de clan d'Ouchi. Il est orienté par le maintien d'un esprit de famille, un haut degré d'intégration et d'adhésion, des rapports sociaux privilégiant la participation,
– le type 3 se rapproche d'une société de pionniers. Il s'agit d'une entreprise en perpétuel mouvement où rien n'est jamais acquis, aux rapports sociaux directs (sinon durs) et à dominante individualiste,
– le type 4 correspond à une optique de maximisation du résultat. Il s'agit d'une collectivité fédérée par des intérêts et des objectifs de puissance, de renommée, de prestige.

On notera la similitude de la typologie de Cameron avec celle utilisée par le CCA (Centre de Communication Avancée) dans son étude des courants socioculturels en France et développée par Mike Burke (1).

➢ *Limites de l'approche par la culture*

Dans la prochaine section, j'ouvrirai une confrontation entre modèle interactionniste et modèle culturaliste. Mais dès maintenant, il n'est pas sans intérêt de recenser les principales objections qui sont faites au concept de culture d'entreprise et qui en montrent les limites.

Un effet de mode et une mystification

Je signale, pour mémoire et pour mieux l'écarter, cette objection qui a eu cours chez certains intellectuels français. Partant du constat que les modes managériales avaient tendance à se succéder à vive allure et qu'un nouveau gadget chassait le précédent, d'aucuns en déduisirent qu'il en serait de même du discours culturaliste. Pour eux, tout ce qui se disait et s'écrivait autour du thème de la culture d'entreprise n'était qu'une variation de plus sur le management par le verbe. Ce dernier avait suffisamment démontré son caractère magique et incantatoire, son inefficacité et ses effets pervers pour se dispenser d'en dire davantage.

Néanmoins, on peut penser avec R. Sainsaulieu (2), et bien d'autres, que cet intérêt pour la culture va bien au-delà de l'effet de mode. Et puis, pourquoi des méthodes d'observation et d'analyse qui sont utilisées depuis des décennies en ethnologie et s'y avèrent efficaces seraient-elles interdites d'application dès qu'il s'agit d'observer une société industrielle moderne? Y aurait-il par hasard deux catégories d'hommes: les primitifs et les civilisés?

Une autre objection, plus virulente encore, met en cause le caractère totalitaire du concept. Le rassemblement autour de valeurs communes deviendrait normatif. Ainsi certaines entreprises ont-elles des «*bibles*» révérées à l'égal du Décalogue; elles se présentent comme en charge de la civilisation et du progrès. «*Au moment où les Églises, les États disparaissent, l'entreprise vient se présenter comme une institution qui permet de rêver un ensemble cohérent, paisible, promis à de l'avenir.*

(1) *Mike Burke,* A chacun son style d'entreprise, *Interéditions, 1987.*
(2) *Renaud Sainsaulieu,* Culture et mutation de l'entreprise, *Échanges et Projets, 1988.*

Toutes les angoisses des gens sont absorbées, on vient leur promettre identité et sécurité. On peut davantage alors parler de culte d'entreprise que de culture d'entreprise.» (1)

D'une telle entreprise, on pourrait sans doute dire alors qu'elle tend à devenir une communauté totalitaire, c'est-à-dire englobant et contrôlant les comportements de tout son personnel. C'est la critique que font certains du fameux «*consensus à la japonaise*». Ainsi Michel Godet (2) lorsqu'il dénonce, derrière sa façade très «*négociatrice*», une «*autocensure collective*». Selon lui, dans l'entreprise nippone, il faut absolument «*rentrer dans le rang*». Et par quels moyens! L'auteur prétend citer les expressions des intéressés eux-mêmes:
– «*enfoncer le clou qui dépasse*» (la «*régulation*» des déviants),
– «*se faire taper sur la tête*» (par la hiérarchie) ou «*tirer par les pieds*» (par le groupe de ses pairs ou collaborateurs).

Que révèlent ces critiques? Bien sûr, une organisation peut toujours s'abandonner à une espèce de tentation totalitaire chassant «*les ennemis de l'intérieur*». Mais l'essentiel n'est quand même pas là et il n'est guère honnête, sur le plan intellectuel, de monter les cas particuliers en épingle.

Ces critiques me paraissent plutôt traduire la crainte de certains devant le développement d'un mode de contrôle social qui cessant d'être hiérarchique ou bureaucratique (ce qui est très sécurisant) devient un autocontrôle par la collectivité de travail elle-même. Mais après tout, n'est-ce pas cela le prix de la responsabilité? Peut-on laisser plus d'initiative et de liberté aux acteurs sans exiger d'eux que la norme morale, intériorisée et librement acceptée, vienne remplacer la contrainte extérieure imposée par voie disciplinaire?

Culture ou cultures

Comme toute organisation d'une certaine taille, l'entreprise est confrontée à la coexistence de cultures communautaires diverses. Les microcultures sont liées à l'existence de groupes distincts: catégories professionnelles, ateliers, directions, bureaux... L'entreprise rencontre également une culture globale car elle s'inscrit dans un contexte économique national bien précis; elle est à ce titre plus ou moins dépendante de ces cultures nationales globales.

(1) *Françoise Piotet, «La tentation communautaire»,* **Projet,** *n° 221, printemps 1990.*
(2) *Michel Godet, «Dix idées pour devancer les crises»,* **Harvard, l'Expansion,** *n° 60, 1981.*

Culture d'entreprise, culture nationale, culture professionnelle de microgroupes, lequel de ces trois niveaux va l'emporter? Contrairement aux critiques précédentes, l'objection est ici sérieuse et la réponse ne va pas de soi. Le niveau dominant donne en effet la clé de l'appartenance pour le salarié. Tout est affaire de circonstances et de dosage dira-t-on, fidèle en cela au principe de contingence. Le débat va justement porter sur l'appréciation de ce plus ou de ce moins.

• **Primauté de la culture nationale.** C'est la position de Gert Hofstede (1) qui s'est livré à une étude approfondie des valeurs liées au travail dans une cinquantaine de pays. Selon lui, ces valeurs peuvent être décrites selon quatre paramètres indépendants les uns des autres:
– *individualisme contre collectivisme*: exprime le degré de liberté de l'individu par rapport au groupe;
– *grande ou petite distance hiérarchique*: manière dont la société traite le fait que les individus sont inégaux;
– *fort ou faible contrôle de l'incertitude*: attitude vis-à-vis du risque dont on cherche à se protéger;
– *masculinité contre féminité*: division du travail selon le sexe ou non.

La combinaison de ces paramètres deux à deux détermine une large constellation de situations par rapport auxquelles on peut ranger les différents pays. Ainsi, les États- Unis favoriseraient une culture nettement plus individualiste que la France, mais avec une distance hiérarchique plus faible. Le risque y serait beaucoup mieux accepté qu'en France où l'on recherche un haut contrôle de l'incertitude; enfin, la division sexuelle s'y trouverait plus affirmée.

Selon Hofstede, ces caractéristiques nationales s'imposent de manière quasi automatique aux entreprises du pays, lesquelles ne peuvent consentir que quelques variations mineures autour du thème central.

Philippe d'Iribarne, avec sa «logique de l'honneur» (2), partage un point de vue assez semblable. Les caractéristiques culturelles nationales façonneraient fortement les croyances et les comportements au sein de chaque entreprise. Il y aurait ainsi une «gestion à la française», différente de l'approche «contractuelle» américaine ou «consensuelle» germanique.

(1) *Gert Hofstede, «Relativité culturelle des pratiques et théories de l'organisation»,* Revue française de gestion, *septembre/octobre 1987.*
(2) *Philippe d'Iribarne,* La logique de l'honneur, *Seuil, 1989.*

• **Primauté de la culture professionnelle.** Cette seconde position met l'accent sur les microcultures des groupes ou collectifs de travail, cultures pouvant être totalement étrangères les unes aux autres, voire antagonistes. Les identités culturelles se formeraient soit sur des appartenances locales (l'atelier, le service, le groupe catégoriel), soit sur des appartenances extérieures à l'entreprise, comme la profession ou le métier.

Dans un de ses ouvrages, Renaud Sainsaulieu (1) a étudié longuement ces cultures professionnelles susceptibles de prendre de plus en plus d'importance à partir du moment où le lien à l'entreprise s'affaiblit.

Toute culture est-elle efficace?

Une forte culture d'entreprise est la clé du dynamisme des entreprises, disent les discours en vogue sur le management. Voire! Il peut exister des cultures contre-productives qui, le moment venu, vont constituer un obstacle puissant à la remise en cause et au changement, la conviction partagée renforçant l'aveuglement collectif. La loyauté ou l'«esprit-maison» ne sont pas une garantie face aux exigences technologiques nouvelles. Le dévouement actif au Service Public ne met pas à l'abri de la mise en cause économique. Qu'on pense à l'acharnement durable de la population de tout un secteur industriel, tel que les charbonnages, a repousser l'évidence de la rationalité strictement économique. Michel Bauer (2) y voit la conséquence de la survivance d'un mythe: celui du charbon assurant l'indépendance énergétique de la France.

Un autre exemple, assez courant cette fois, est cité par Isabelle Berebbi-Hoffmann (3). Il s'agit d'une entreprise de services fonctionnant sur une culture de convivialité et de coopération. Globalement, cette culture représente un atout certain pour l'entreprise. Néanmoins, elle produit aussi quelques effets moins heureux, en particulier celui d'interdire d'aborder directement – et donc de traiter – les dysfonctionnements organisationnels (on risquerait de mettre en cause «les copains» d'un autre service). Pour Isabelle Berebbi, «*la culture fait*

(1) *Renaud Sainsaulieu,* Les mondes sociaux de l'entreprise, *Desclée de Brouwer, 1995.*
(2) *Michel Bauer,* Notes du séminaire du 3e cycle de R. Sainsaulieu, *IEP Paris, novembre 1984.*
(3) *Isabelle Berebbi Hoffmann, «Le management culturel de face et de profil»,* Gérer et Comprendre, *Décembre 1990.*

obstacle à certains possibles, tout en favorisant d'autres. C'est ainsi qu'elle peut retarder, ou au contraire faciliter, la résolution de la plupart des problèmes que rencontre l'entreprise».

Réfléchissant à ce même problème, R. Sainsaulieu (1) est ainsi conduit à préconiser l'abandon de certaines conceptions culturelles jugées incompatibles avec la mutation actuelle des entreprises:
– une conception communautaire fermée, conçue sur le mode paternaliste de la culture «maison»,
– une conception rationalisatrice et bureaucratique, telle qu'elle est spontanément portée par une vision technicienne de l'entreprise,
– une conception utopique faisant de l'entreprise un laboratoire pour une société réconciliée et parfaite.

Pour Sainsaulieu: «*La culture à venir en entreprise est donc celle d'une véritable société humaine de production où tout le monde peut compter et intervenir pour y jouer un rôle, mais aussi un jeu d'intérêts négociés.*»

➢ *Application au management*

A la fin de cette analyse du modèle culturaliste, tout responsable d'entreprise ne peut manquer de poser la question: que peut-on en faire pour mieux diriger? Il n'y a pas bien sûr de réponse simple et automatique, mais on peut cependant rechercher dans un premier temps les conditions requises pour qu'une culture d'entreprise soit un facteur contributif à l'efficacité. Dans un deuxième temps, j'analyserai une application qui eut, voici quelques années, son heure de gloire: le projet d'entreprise.

A quelles conditions une culture facilite-t-elle l'action?

Tout au long de cette section, la culture d'entreprise est apparue comme le ciment social requis pour fédérer des hommes au travail sur un projet collectif tout en les laissant juges de leurs initiatives. Mais pour qu'il en soit ainsi, il me semble que cette culture doit satisfaire à trois impératifs:

• **Enracinement dans la réalité vécue de l'entreprise et dans son histoire.** Une culture qui serait plaquée de l'extérieur, par exemple par la seule volonté d'un dirigeant a très peu de chance de jouer ce

(1) *Renaud Sainsaulieu,* Culture et mutation de l'entreprise, *Échanges et Projets, 1988.*

rôle fédérateur. Au mieux, on y fera référence de manière ritualiste et superficielle, mais sans qu'elle inspire réellement les décisions.

On ne décrète pas une culture d'entreprise et maint dirigeant, qui a cru pouvoir le faire, s'y est cassé les dents. La culture est une propriété émergente du système social. Produite par l'ensemble des acteurs, elle n'est la propriété d'aucun, même si certains d'entre eux ont bien entendu plus de poids que d'autres dans cette production. C'est bien sûr le cas des dirigeants mais aussi des personnages charismatiques. Qu'on pense par exemple à la valeur hautement représentative d'un personnage tel que le militant syndical Charles Piaget dans la culture de l'entreprise LIP des années 70.

• **Ouverture large sur l'environnement socioculturel.** Il s'agit d'une conséquence immédiate des principes systémiques. Tout système qui n'échange plus, ou qui échange peu, est voué à se désagréger puis à disparaître. Pour rester vigoureuse et active, une culture d'entreprise doit rester en contact avec la culture extérieure, celle de la société globale. Elle doit lui emprunter en permanence idées et nouvelles manières de faire, interrogations, remises en cause, valeurs...

Sur ce plan plus spécifique des valeurs, cela suppose que la culture d'entreprise demeure en ligne avec le mouvement général des idées et des mentalités ou tout le moins ne soit pas en incohérence. Encore faut-il s'interroger sur ce mouvement général et chercher à le connaître, ne serait-ce que pour l'infléchir.

• **Très forte intériorisation.** Sans aucun doute, c'est là l'exigence la plus déterminante. La culture d'entreprise ne pourra jouer son rôle que si elle bénéficie d'une adhésion forte et durable de la grande majorité des acteurs.

Cela exclut en particulier toute opération, même inconsciente de manipulation («faire passer les idées de la direction dans la tête du personnel»). De telles opérations, surtout si elles sont menées avec de grands moyens médiatiques, peuvent provisoirement réussir. Mais à long terme, le résultat s'avérera le plus souvent catastrophique. Les travailleurs finissent toujours par s'apercevoir qu'ils ont été subtilement endoctrinés et il en résulte une réaction de rejet qui marque durablement leurs comportements ultérieurs (méfiance, attitude de retrait, passivité). La manipulation, en matière de culture d'entreprise, comme d'ailleurs en matière politique, n'a qu'un temps.

Si ces trois conditions sont réalisées, la culture d'entreprise est apte à recevoir une adhésion stable et durable de la part de tout le personnel... parce que fondée sur la réciprocité, la transparence, le choix éthique. Adhérer à une telle conception apparaît en effet comme un acte éminemment raisonnable, suffisamment altruiste tout en étant conforme à son intérêt bien compris.

Il va de soi que certaines des valeurs de chaque culture d'entreprise peuvent être différentes, ce qui permet à chaque salarié potentiel de trouver un milieu correspondant à ses aspirations... et de ne pas se fourvoyer dans une entreprise aux valeurs manifestement contraires aux siennes.

Position et rôle du projet d'entreprise

C'est à la lumière de l'évolution de l'entreprise vers une prise en compte de la culture qu'il convient de juger de la pertinence du discours sur le projet d'entreprise. On observera d'abord qu'il s'agit d'une démarche typiquement française, les anglo-saxons répugnant à utiliser ce terme alors qu'ils sont particulièrement prolixes en matière de culture d'entreprise. Cette différence n'est sans doute pas fortuite!

• **Le projet d'entreprise.** Le but affiché par les directions est d'améliorer l'efficacité par une meilleure mobilisation des ressources humaines. Cet aspect composite du projet, à la fois économique (par ses objectifs) et social (par ses moyens) le situe à la frontière de deux domaines:
– le dessein de l'entreprise, c'est-à-dire la détermination de sa stratégie, le choix de ses objectifs, en particulier économiques. Ce dessein est principalement élaboré par la direction (ou la technostructure). Il constitue la dimension stratégique du projet;
– la culture de l'entreprise, caractérisée notamment par son système de valeurs, sa «morale», ses règles de comportement. Comme nous l'avons vu, cette culture est produite de manière diffuse par tous les acteurs... et pas seulement par les dirigeants. Elle constitue la dimension culturelle du projet.

De manière générale, le projet d'entreprise comporte donc un double volet:
– l'affirmation des choix stratégiques, l'énoncé de quelques objectifs clés proposés à l'action de tous les salariés;
– une charte précisant les devoirs de l'entreprise vis-à-vis des clients à fidéliser, des actionnaires à mettre en confiance, des salariés à mobi-

liser et de la collectivité environnante à respecter. Cette charte indiquera les principes réglant la vie au sein de l'entreprise: l'emploi, la formation, les évolutions de carrière, les relations hiérarchiques. Elle mentionne explicitement un minimum de valeurs morales et humaines à promouvoir.

• **Sa mise en œuvre.** Au carrefour des dimensions stratégique et culturelle, le projet doit, pour réussir, être reconnu et accepté. Or, cela implique que sa dimension culturelle ne soit pas occultée ou seulement minimisée. Le risque en effet, pour une direction générale soucieuse avant tout d'efficacité économique, est de se préoccuper uniquement du volet stratégique et de croire qu'il lui sera possible de mobiliser les hommes par l'énoncé de quelques grands objectifs. Le summum de l'erreur consiste alors à essayer d'obtenir l'adhésion à ce projet incomplet par des techniques médiatiques qui encourront inévitablement le reproche de manipulation.

Certes, si on ne désigne pas d'objectifs à atteindre, le projet ne peut mobiliser (faute d'indiquer le sens de la marche), mais les moyens de la mobilisation sont d'abord dans une culture forte et partagée. Ces considérations expliquent pourquoi l'établissement d'un projet d'entreprise:
– est nécessairement un *acte de direction*, laquelle doit s'impliquer fortement dans l'opération en exhibant les choix stratégiques qu'elle propose à l'entreprise et en affichant une volonté ferme et persévérante d'améliorer le système de management;
– suppose obligatoirement une *démarche participative* de longue durée, impliquant tous les salariés. Cette démarche participative est indispensable pour élucider la culture existante et éventuellement la faire évoluer (ce qui prend toujours beaucoup de temps, les mentalités n'évoluant que lentement).

Faute de ces deux conditions, un projet d'entreprise est à peu près sûrement voué à l'échec:
– échec technocratique des projets téléguidés du haut, comme si la mobilisation des intelligences et des cœurs pouvait être obtenue par de la discipline et de la réglementation, à l'instar du travail taylorisé!
– échec des intentions généreuses et des bons sentiments, à base de non-directivité, d'illusion autogestionnaire, d'idéalisme social, mais sans objectif clairement affiché.

Vers un modèle de synthèse

Est-il possible de réconcilier interactionnisme et culturalisme? A première vue, les positions semblent inconciliables tant diffèrent les postulats théoriques. De plus, comme dans tout débat de ce type, chaque bord a tendance à forcer, voire à caricaturer la position de l'adversaire.

Cependant, une fois dépassées les fixations et les raideurs intellectuelles, l'opposition entre les points de vue ne paraît pas aussi irréductible. Le débat conserverait donc des issues.

Dans ces conditions, il est légitime de tenter une réconciliation de thèses que je considère plus comme complémentaires qu'antagonistes. Faces différentes d'une même réalité, interactionnisme et culturalisme entreraient ainsi comme matériaux de base dans une théorie plus générale et englobante.

➢ *Un débat qui reste ouvert*

Même si chaque camp compte ses «irréductibles» partisans, on en trouve aussi qui s'interrogent sur les limites de leur position.

Ainsi Michel Crozier, référence centrale de la thèse interactionniste. Dans son ouvrage *L'entreprise à l'écoute* (1), il déclare que, pour rendre viable une organisation de plus en plus décentralisée et une autonomisation de plus en plus marquée des acteurs, il ne voit de recours possible qu'au «*gouvernement par la culture*» (opposé au gouvernement par les procédures et les ordres, caractéristique des organisations centralisées). La culture d'entreprise devient, dans cette optique, «*les règles du jeu social*», elles-mêmes issues du «*système des relations humaines*» au sein de l'entreprise. Mais Crozier nous alerte aussitôt sur une méprise possible: la culture d'entreprise n'est pas assimilable au «*projet d'entreprise*» qui «*ne reflète que des valeurs officielles*». Les valeurs effectives proviennent des sanctions effectives, encouragements ou pénalisations, du comportement des acteurs. Aussi l'auteur préconise-t-il une réflexion «*sur la culture actuelle, telle qu'elle est réellement, ici et maintenant*». Ce que l'on peut traduire par exemple

(1) Michel Crozier, **L'entreprise à l'écoute: apprendre le management post-industriel,** *Interéditions, 1989.*

par: avant de déclencher une opération «*Qualité Totale*», repérer tout d'abord la conception «*spontanée*» que les acteurs se font de la qualité.

De son côté, Sainsaulieu, bien que «*converti*» aux positions culturalistes, ne voit pas la culture d'entreprise comme l'identité de vue de tous les acteurs sur les valeurs et les représentations, ce qui serait évidemment impensable; il suffit pour lui qu'il y ait un «*large recouvrement*» de celles-ci. D'autre part, il ne conteste pas que les valeurs culturelles interfèrent avec de très réelles logiques d'«*opportunités de pouvoir*». Mais il croit pouvoir dire aussi qu'elles les conditionnent, car elles créent des différences de capacité d'action. Il voit par exemple dans la réussite de France Télécom le produit d'un «*mixte culturel entre la bureaucratie, la technocratie gestionnaire et certaines poches de cultures de métiers.*» (1)

D'une façon plus générale, les ajustements conjoncturels d'intérêts entre acteurs (noyau de la thèse interactionniste) n'expliquent pas la loyauté ni l'adhésion durable qui apparaissent parfois au détriment même des intérêts desdits acteurs. Cet argument est opposé à Crozier, à partir de ses propres observations dans «*Le phénomène Bureaucratique*», par Philippe d'Iribarne (2). Pour celui-ci, l'entreprise française renvoie à un modèle culturaliste stratifié, c'est-à-dire à la juxtaposition d'une mosaïque de microcultures de groupes, microcultures fédérées néanmoins par une culture nationale commune: la «*logique de l'honneur*». On observe, par exemple, qu'un ouvrier jugera intolérable de travailler sous la contrainte mais pour autant, trouvera normal de «*faire correctement son boulot*»; un directeur d'usine, bien qu'il en ait le pouvoir, ne s'abaissera pas à faire pression sur un ouvrier comme pourrait le faire un contremaître. La «*logique de l'honneur*», au sens de Montesquieu, entraîne des exigences. Elle implique un «*sens du devoir*», mais aussi des droits, liés à un rang dans l'organisation. Ils ne sont pas fixés par décret ou règlement, mais par une série de «*préjugés*» associés à un état social et à ses traditions propres, que l'on pourrait dire «*de caste*», aux exigences desquels nul ne peut déroger. Elle explique et légitime «*l'ensemble des "contrôles sociaux" qui empêchent chacun des membres de tirer tous les avantages possibles de*

(1) *Renaud Sainsaulieu,* Sociologie de l'entreprise et de l'organisation, *Presses de la Fondation Nationale des Sciences Politiques, Dalloz, 1987.*
(2) *Philippe d'Iribarne,* Le système d'action français, *document CNRS, septembre 1990.*

sa propre situation stratégique». Ce que Crozier lui-même, dans sa description, ne peut ignorer, comme le montre bien d'Iribarne.

En somme, en réduisant le jeu social à des luttes d'intérêts et des stratégies d'alliance, l'interactionnisme ne prendrait pas en compte les aspects culturels qui mettent des limites à l'action possible. Tout n'est pas permis. Des droits, mais aussi des devoirs, sont attachés à la place, au rang que l'on tient dans l'organisation.

Ce à quoi cependant les interactionnistes opposent que les conduites apparemment «irrationnelles» procèdent seulement d'une «rationalité limitée». Elles ne traduisent qu'une incapacité essentielle d'un groupe à prendre la mesure de nouveaux enjeux ou de l'existence d'autres moyens d'action, ce qui aboutit à la «presque irréversibilité» (J.-D. Reynaud (1)) de certains choix et alliances initiaux. Suivant le point de vue d'où l'on se place, la même situation peut être analysée selon l'une ou l'autre des deux thèses et sans que l'on puisse en privilégier une. On vient de voir que même au cœur de l'affrontement interactionniste, les acteurs ne peuvent se permettre de faire n'importe quoi. Parmi les paramètres à prendre en compte pour trouver la solution la plus avantageuse, on trouve ainsi des exigences purement culturelles, mais si l'acteur ne les prend pas en compte, il risque de provoquer la rétorsion ou le rejet de son groupe d'appartenance, ce qui n'est pas son intérêt! Et l'on retrouve alors l'interactionnisme et sa «rationalité limitée».

On observe de la même manière que l'acteur est capable d'adapter son idéologie et ses valeurs déclarées quand les nécessités de sa situation paraissent l'exiger (thèse interactionniste). En témoigne, par exemple, l'évolution des discours syndicaux (la CFDT en particulier) et patronaux par rapport aux formes participatives de management, autrefois taxées de «récupération» par les uns et plutôt rejetées par les autres. Mais on peut aussi expliquer cette adaptation par une analyse culturaliste du type «mouvement des idées»!

Les deux approches se trouvent le plus souvent indissolublement mêlées, ce qui transparaît dans quelques problèmes classiques de la théorie de l'entreprise et des organisations, par exemple:

– Comment définir l'identité professionnelle des salariés? Sous quelles conditions sera-t-elle de facture unitaire (style entreprise japonaise),

(1) Jean-Daniel Reynaud, «Les régulations dans les organisations: régulation de contrôle et régulation autonome», Revue Française de Sociologie, *n° 29, 1988.*

de facture stratifiée (style corporatisme), de facture éclatée (individualisme utilitaire)?

– Comment arbitre-t-on l'opposition, classique, entre le centre et la périphérie? entre «identité centrale» et «identité locale». Crozier observe que toute décentralisation importante favorise l'apparition de «baronnies». Quelle est alors la place d'une culture forte comme antidote à cette dérive?

– Quels rapports entre le projet d'entreprise et la ou les cultures spontanées? Une *corporate culture* est toujours porteuse d'un projet explicite, alors qu'une culture spontanée traduit souvent la logique du fonctionnement réel. Le projet d'entreprise peut-il prendre le contre-pied des perceptions de la grande majorité des acteurs? Selon Nadine Lemaître (1), rejoignant en cela la position que j'ai soutenue précédemment (pages 352 et 353) il ne peut aller à l'encontre des valeurs dominantes (en particulier, de la morale généralement admise).

➣ *Des voies d'approche*

L'imbrication qui vient d'être observée en pratique entre les interprétations interactionniste et culturaliste traduit-elle une nécessité et correspond-elle en quelque sorte à la nature des choses? Et si oui, est-il possible d'en rendre compte au moyen d'un même modèle théorique? Nous voici rendus là au cœur du débat, au point focal d'où peuvent découler d'innombrables conséquences.

A vrai dire, le soupçon sur la pertinence du pur comportement utilitariste ne date pas d'aujourd'hui. Voici trente ans, la théorie des jeux, au travers d'un paradoxe célèbre, connu sous le nom de *dilemme du prisonnier* (dont on trouvera dans l'encadré ci-après un exposé logique complet), mettait en évidence les limites des stratégies individualistes et utilitaires. L'utilitarisme ne peut fonder, à lui seul, les conditions d'une vie en société. Il y faut également des principes de nature culturelle. La disposition à jouer coopératif, c'est-à-dire à faire confiance à l'autre – «mon semblable, mon frère» – est par exemple la condition nécessaire pour pouvoir s'extraire du dilemme du pri-

(1) Nadine Lemaître, La culture d'entreprise: outil de gestion?, *Direction et Gestion, novembre 1984.*

sonnier. Elle n'est rien d'autre que l'application du précepte éthique de réciprocité: «Ne pas faire à autrui ce que nous ne voudrions pas qu'il nous fît.»

Ainsi, au cœur même de la logique utilitariste, et pour lui permettre de fonctionner, font irruption des éléments bien peu réductibles à l'intérêt pur et simple et qui sont incontestablement d'ordre culturel: représentations sociales, cadre de référence, perception de sa dignité et de sa place, confiance faite à autrui, etc. Le fonctionnement social réel devient alors un *mixte de valeurs et d'intérêts*. Les acteurs sociaux se comportent en vue d'optimiser leurs intérêts (thèse interactionniste) sous contrainte du respect d'un minimum de valeurs morales (thèse culturaliste).

Cette intuition est à la base de la réflexion développée dans les années 70 par l'américain John Rawls (1). Il écrit: «*Le principe d'utilité est incompatible avec une conception de la coopération sociale entre les personnes égales en vue de leur avantage mutuel*». Mine de rien, ce jugement est une véritable récusation de l'utilitarisme intégral tel que formulé par Adam Smith, et faisant émerger l'intérêt général (par le moyen de la «main invisible» du marché) de l'affrontement des intérêts particuliers. Pour J. Rawls, l'instauration d'une société juste suppose un accord préalable sur une «constitution», même si ce préalable n'a pas nécessairement à être explicité et situé dans le temps. Il ajoute: «*Nous devons imaginer que ceux qui s'engagent dans la coopération sociale choisissent ensemble, par un seul acte collectif, les principes qui doivent fixer les droits et les devoirs de base et déterminer la répartition des avantages sociaux. Les hommes doivent décider par avance selon quelles règles ils vont arbitrer leurs revendications mutuelles et quelle doit être la charte fondatrice de la société*».

Nous voilà bien alors en plein culturalisme. Et ce qui, selon Rawls, est vrai de la société globale n'a guère de peine à être transposé au niveau de l'entreprise. Les exigences éthiques de confiance et de prise en compte de l'intérêt d'autrui, rencontrées dans le dilemme du prisonnier pour s'extraire du paradoxe, vont trouver des traductions dans de nombreuses chartes d'entreprise.

(1) John Rawls, Théorie de la justice, *Seuil, 1987.*

LE DILEMME DU PRISONNIER

Le dilemme du prisonnier a été énoncé ainsi par le mathématicien Albert W. Trucker, l'un des fondateurs de la Théorie des Jeux : deux prévenus sont suspectés de vol à main armée mais le magistrat instructeur ne dispose pas de preuve concluante à leur encontre. Si les deux hommes n'avouent pas le hold-up, ils risquent tout au plus six mois de prison pour détention illégale d'armes à feu. Aussi leur propose-t-il un marché : s'ils avouent tous les deux, ils n'écoperont que de la peine minimale, soit deux ans de prison ; mais si un seul avoue, il devient témoin à charge et sera purement relaxé, l'autre écopant de vingt ans. Aussitôt, les prévenus sont enfermés dans des cellules séparées, sans possibilité de se concerter entre eux.

Les prisonniers ont le choix entre deux stratégies :

I (individualiste) : j'avoue tout et risque au maximum deux ans de prison et je peux gagner la relaxe si mon complice ne dit rien.

C (coopérative) : je ne dis rien, en espérant que mon complice fera de même. Nous écopons tous deux de six mois de prison.

Cela donne quatre configurations possibles au jeu, chacune assortie d'une perte ou d'un gain pour chacun des protagonistes.

		Premier prisonnier	
		C	I
Second prisonnier	C	R / R'	T / S'
	I	S / T'	P / P'

Ainsi, si les deux prisonniers jouent la stratégie coopérative ils obtiennent chacun les gains R et R' (la peine minimale, mais pour tous les deux).

S'ils jouent tous deux la stratégie individualiste, ils obtienne chacun une perte P et P' (deux ans de prison, la peine minimale pour un hold-up).

Les deux stratégies croisées, en revanche, donnent lieu à des résultats contrastés. Ainsi le premier prisonnier jouant C, et le second I, c'est-à-dire dans ce cas précis la délation, il en résulte pour le premier prisonnier une sur-perte S (la peine maximale) et pour le second, un sur-gain T (la liberté comme récompense).

Or, un des axiomes de la théorie des jeux est l'élimination des stratégies dominées. En conséquence, si les joueurs disposent d'une stratégie dominante, ce qui est le cas ici, ils sont rationnellement portés à la choisir. On se trouve donc obligatoirement conduit à la configuration II, alors qu'il existe pourtant une issue CC, nettement plus avantageuse pour les deux joueurs! En cela réside le dilemme et son résultat paradoxal.

Tant que l'on reste au seul niveau de la logique de l'utilitarisme individuel, il n'existe pas d'autre réponse au dilemme du prisonnier: la solution choisie II est toujours sous-optimale par rapport à CC.

Pour en sortir, il faut changer de logique ou plus précisément supposer que le jeu va se dérouler dans un cadre métalogique qui munira les protagonistes de critères de jugement irréductibles au seul intérêt individuel. Ce critère sera, par exemple, le degré de confiance que l'on peut accorder au partenaire. Mais la confiance signifie que l'on crédite le partenaire d'une certaine propension à jouer coopératif et que l'on est sujet soi-même à cette propension.

La confiance s'établit donc déjà dans un cadre de coopération possible. Elle recèle l'idée d'une répartition possible des gains entre protagonistes. Elle exprime la prise en compte de l'intérêt de l'autre, en plus de son intérêt individuel. Or, il s'agit là typiquement d'une «valeur morale», de nature culturelle!

Pour autant, la réponse donnée au dilemme ne viole pas le principe d'utilité. La solution optimale CC se trouvera en effet choisie lorsque seront simultanément remplies deux conditions:
- recherche par chacun de son intérêt (principe utilitariste),
- confiance accordée par chacun au partenaire (principe moral de réciprocité).

Étudiant les problèmes posés par l'introduction de la micro-informatique à la RATP, Hamid Bouchiki (1) en vient également à réintroduire indirectement la culture des acteurs pour expliquer ce qui s'est passé. Son interprétation le conduit à renvoyer dos à dos la vision technocratique (modèle cybernétique) qui voit dans le phénomène la résultante des seules décisions des dirigeants et l'interactionnisme critique qui fait de l'organisation le simple reflet des jeux de pouvoir, des rapports de domination et des stratégies d'acteurs.

Pour bâtir sa théorie explicative, qu'il qualifie de constructiviste, Bouchiki fait appel aux concepts d'assimilation/accommodation élaborés par Jean Piaget. L'illustre psychologue genevois, fondateur de l'épistémologie génétique, les avait forgés pour analyser le développement de l'intelligence chez l'enfant. Je rappellerai que l'assimilation est ce processus par lequel le sujet (l'enfant) fait «rentrer» les données d'observation dans un schéma mental déjà existant; l'accommodation

(1) Hamid Bouchiki, «Vers une approche constructiviste des structures organisationnelles», **Revue Internationale de Systémique,** *n° 4, 1990.*

est au contraire la construction d'un modèle de représentation nouveau, dans la mesure où les schémas pré-existants ne sont plus capables d'intégrer les observations de façon satisfaisante.

Appliqués par Bouchiki à l'entreprise, ces concepts le conduisent à concevoir l'organisation comme une construction émergeant progressivement du jeu des acteurs qui « incrémentent des règles » (accommodation), règles qui à leur tour deviennent contraignantes pour ces mêmes acteurs (assimilation). Ainsi, dans l'exemple RATP:
– dans un premier temps, le nouvel outil « micro-informatique » est « assimilé » par ses détenteurs aux schémas de l'organisation existante; la direction, dans une certaine mesure « entérine » une expérience déjà fortement étendue;
– dans un second temps, ressentant l'inadéquation de la situation instaurée, elle modifie la réglementation en imposant ses propres normes (accommodation) qui vont à leur tour modifier la structure et le « jeu » possible des acteurs (par assimilation).

Parce qu'elle repose sur un processus d'ajustement perpétuel (Piaget parle d'« équilibration »), cette théorie est ouverte sur le temps de l'évolution et de l'histoire. Contrairement à Crozier qui ne voyait de possibilité de changement que par rupture venant de l'extérieur de l'organisation (nouvelle technologie par exemple), pour Bouchiki, au contraire, « *les organisations changent continuellement* » mais pas obligatoirement dans le sens voulu par leurs dirigeants.

➢ *La réponse systémique (1) (2)*

Elle est, pour l'essentiel, la reprise des points de vue précédents, mais enrichie par l'apport des concepts propres à la pensée systémique. Les deux modèles apparemment contradictoires sont réconciliables pour peu que l'on veuille bien les exprimer sous la forme dialectique suivante:

- Par leurs pratiques, leurs conflits, leurs ajustements, les acteurs *construisent*, (de manière intentionnelle et non intentionnelle) des représentations, des normes, des règles, des « valeurs »;

(1) *Gérard Donnadieu et Gérard Layole, « La régulation sociale entre l'intérêt et les valeurs »,* Personnel, *n° 341, mai 1993.*
(2) *Gérard Donnadieu, Gérard Layole,* Essai d'interprétation systémique de la régulation sociale dans une organisation, *Publications de recherche du Gregor, IAE de Paris, Université Paris I, avril 1995.*

• Ces représentations, cristallisées en *corpus culturel*, vont venir à leur tour contraindre, orienter ou limiter les comportements des acteurs.

Explicitons plus avant ces deux prédicats en recourant à la modélisation systémique.

En premier lieu, le modèle de la boucle de rétroaction met bien en lumière l'imbrication permanente et la complémentarité des modèles culturaliste et interactionniste:

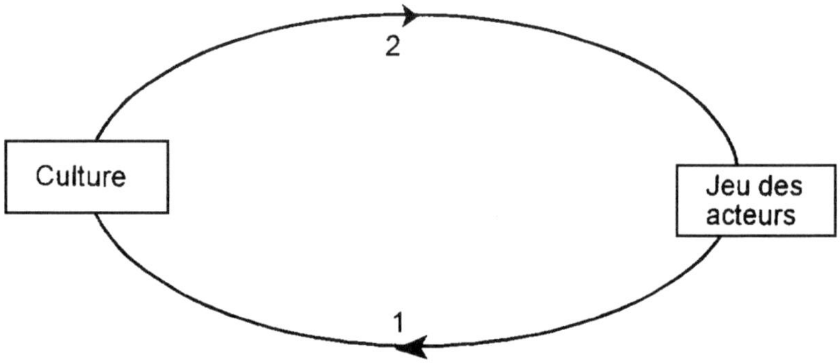

La flèche 1 correspond à la production (volontaire ou involontaire) par les acteurs sociaux de nouvelles représentations et normes. Illustrant le principe de Von Foerster (*order from noise*), la culture émerge en quelque sorte du «bruit» des acteurs. La flèche 2 traduit les contraintes comportementales que la culture fait peser, de par sa seule existence, sur le jeu des acteurs; contraintes tellement intériorisées par ces derniers que, bien souvent, ils n'en ont même plus conscience.

Naturellement, cette interaction n'est pas statique; sinon, on ne parlerait pas de boucle de rétroaction. L'ajustement est à concevoir comme une recherche perpétuelle d'équilibration se déroulant dans le temps. Suivant le cas, il s'exprimera sous la forme d'une tendance au maintien de la situation initiale (on parlera alors de rétroaction négative) ou d'un processus cumulatif de changement (rétroaction positive).

Ainsi, nous distinguons deux formes de régulation sociale, homéostasie et changement, passibles de la même explication par le même mécanisme; seule diffère la polarité de la rétroaction. D'où provient alors cette différence de polarité?

La rétroaction positive est source d'accroissement de variété pour le système. Elle est donc liée au bruit, au désordre, et à ce titre se rattache sans doute davantage au jeu des acteurs. Attention toutefois! Cette concordance est loin d'être absolue: il existe des cultures de changement et des jeux d'acteurs autobloquants.

Symétriquement, la rétroaction négative reposera principalement sur une culture (ou des cultures de groupes) gardienne des finalités, des valeurs et des orientations stratégiques. Mais il peut exister, ici également, de puissants intérêts d'acteurs les conduisant à conserver le cap.

Allant plus avant, pénétrons dans la «boîte noire» du jeu des acteurs et tentons d'en modéliser le mécanisme.

L'interaction acteurs/culture
A. Le jeu des acteurs

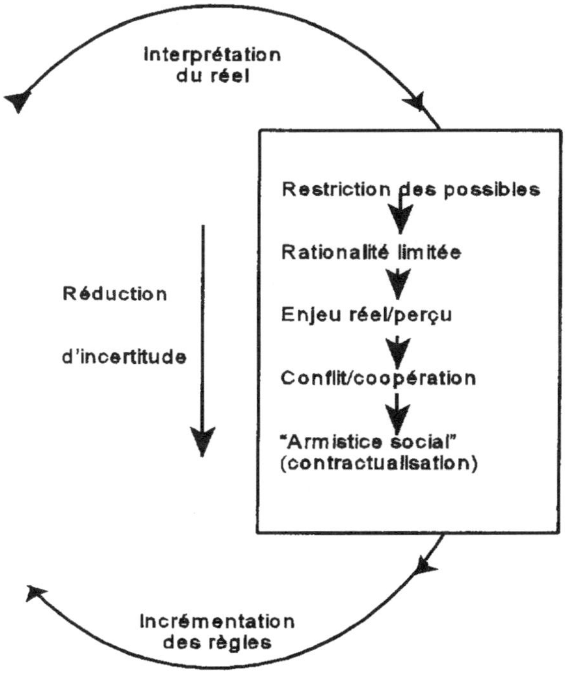

Nous savons que pour les interactionnistes, l'acteur aborde les relations sociales dans une optique rationnelle: il cherche à «maximiser son avantage» en termes de gain ou de pouvoir. Mais nous savons aussi que sa vision n'est pas sans présenter quelque biais: il ne maîtrise pas tous les paramètres objectifs de la situation; il ne peut envisager *tous les choix possibles*, ni en anticiper toutes les conséquences avec certitude.

Cette limitation intrinsèque de sa rationalité se traduira par les écarts – parfois énormes pour l'observateur extérieur – entre enjeu réel et enjeu perçu. Ce qu'a bien mis en lumière l'analyse stratégique par acteur. C'est cette même rationalité limitée (par des facteurs autres que l'intérêt immédiat) qui conduit l'acteur en général à éviter les solutions «maximalistes» – tel l'anéantissement complet de l'adversaire – au profit d'un certain nombre de compromis jugés plus satisfaisants.

Nous retrouvons alors le «conflit/coopération» de François Perroux et la tendance – corroborée par l'observation de la société et plus nettement encore, de l'entreprise – à contractualiser des accords du type «armistice social».

Par cette actualisation ininterrompue d'accords, le jeu des acteurs fait ainsi émerger peu à peu un corps de règles qui s'impose à la conscience de chacun (incrémentation des règles). On peut sans doute estimer que, dans un premier temps, ce corps de règles ne modifie qu'accessoirement les comportements et les représentations sociales des diverses familles d'acteurs, ces dernières tirant leurs valeurs et leur identité d'appartenances externes à l'organisation: par exemple appartenance à la classe ouvrière dans l'entreprise taylorienne, ou appartenance ethnique pour des travailleurs immigrés. Mais il n'en va plus de même lorsque ce corps de règles, par effet cumulatif, franchit un certain seuil et quadrille l'ensemble de la vie sociale dans l'organisation. Il y a alors une véritable imprégnation des comportements, imprégnation d'autant plus forte que la règle a été l'enjeu d'un long et dur débat collectif qui a laissé des traces dans l'inconscient du groupe. R. Sainsaulieu a d'ailleurs souligné l'importance des règles adoptées par un groupe pour expliquer l'intégration culturelle, qu'il nomme encore l'«adhésion ritualisée».

Et en effet, ces règles deviennent vite modèles de comportement, quelquefois adoptées sans conscience réelle de leur origine comme «normes de groupe», ce que la psychologie sociale a bien relevé. Le consensus d'un groupe se fait «spontanément» sur elles.

L'interaction acteurs/culture
B. La culture

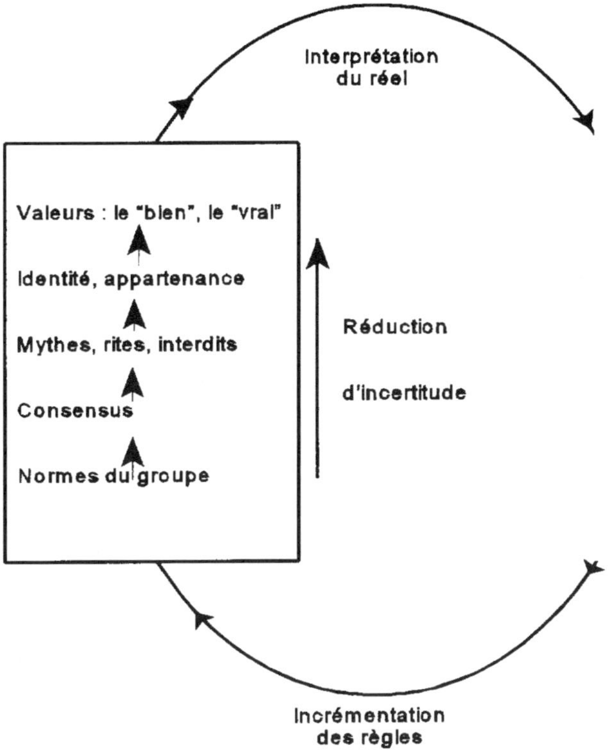

Nous pouvons alors, en ethnologues, suivre au fil du temps leur déclinaison en «mythes, rites et interdits», noyau structurant de toute société humaine.

La culture est née, consolidant le sentiment d'appartenance et d'identité des membres du groupe. Alors émergent les valeurs qui orientent profondément la «lecture» du monde objectif et conditionnent les jugements portés sur les différentes opportunités d'action: le «bien» et le «vrai». C'est ainsi armés, mais également limités dans leurs possibilités d'agir, que les acteurs se retrouvent sur le champ des relations sociales (interpersonnelles et intergroupes).

On le voit, le mécanisme tend, au final, à réduire de plus en plus l'incertitude de l'acteur, lui conférant à la fois un statut, un rôle et un certain pouvoir dans le jeu social.

Ces développements démontrent bien que, pour comprendre la régulation sociale dans une organisation, il faut tenir ensemble les deux pôles de la boucle de rétroaction, c'est-à-dire bien se garder d'ouvrir ou de couper celle-ci. Il faut également noter que ce processus circulaire inclut impérativement le temps comme facteur de dévoilement. Il faut du temps pour faire émerger, par effets cumulatifs, une culture qui viendra fédérer et unifier une organisation à partir d'acteurs initialement séparés et autonomes. Et encore, le résultat n'est-il jamais garanti d'avance ni acquis irréversiblement. Une telle boucle de rétroaction est toujours plus ou moins ago-antagoniste, selon l'expression de Eric Bernard-Weil (1), sa polarité peut s'inverser. Elle peut favoriser aussi bien le renforcement des convergences de comportements que leur divergence, l'appartenance à l'organisation que la désagrégation.

On a un autre exemple de l'indissoluble complémentarité des modèles interactionniste et culturaliste avec l'évolution actuelle visant à extraire l'entreprise de l'organisation taylorienne. En voulant développer l'initiative chez le plus grand nombre, et pas seulement chez les cadres, l'évolution actuelle accroit l'étendue du jeu des acteurs et donc la production de désordre et d'incertitude. Il devient alors nécessaire de contrôler et gérer ce désordre qui peut entraîner des conséquences graves pour l'entreprise (en la transformant en tour de Babel, par exemple). Mais cela ne peut plus se réaliser par le production de règles et directives, conformément à la pratique du taylorisme. Ce serait en effet contradictoire avec l'autonomie et l'initiative que l'on entend promouvoir. Le facteur d'ordre nécessaire au bon fonctionnement de l'entreprise devient alors l'adhésion du plus grand nombre à un certain nombre de valeurs, de comportements et d'objectifs fédérateurs. Et nous voici revenus à la culture!

Complexité et étendue du jeu des acteurs, richesse de la culture, ne sont donc pas en opposition mais se renforcent plutôt l'une l'autre. Dans une organisation taylorienne, le jeu des acteurs est limité et la culture pauvre et stratifiée. Dans une «entreprise du troisième type», où les acteurs disposent de marges de liberté infiniment plus larges, on peut s'attendre à une culture forte et fédératrice, encore qu'il n'existe en ce domaine aucune garantie.

(1) Eric Bernard-Weil, Précis de systémique ago-antagoniste, Introduction aux stratégies bi-latérales, *L'interdisciplinaire, Limonest, 1988.*

Une ultime synthèse reste à faire pour détenir le modèle provisoirement le plus complet du système social. Adjoindre à la boucle Culture/Jeu des acteurs que je viens de commenter, celle déjà présentée page 234, en forme de récapitulation du modèle interactionniste. Je propose de donner à cette seconde boucle le nom de Crozier, signifiant en cela l'apport décisif de ce sociologue à l'élaboration du modèle interactionniste. Quant à la boucle Culture/Acteurs, je propose de l'appeler boucle de d'Iribarne, celui-ci ayant consacré une grande partie de ses recherches à l'analyse des rapports entre les acteurs et leurs représentations culturelles.

Modélisation systémique du jeu social

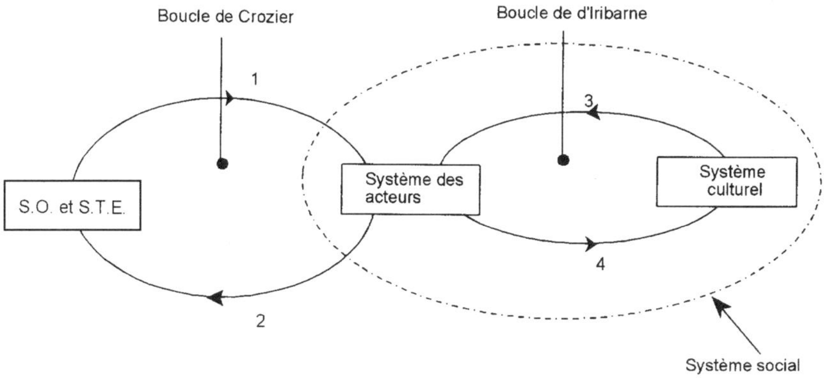

Flèche 1 : les règles du jeu.
Flèche 2 : les jeux sur la règle.
Flèche 3 : le conditionnement culturel des acteurs.
Flèche 4 : le façonnage des représentations par les acteurs.

C'est désormais ce modèle unifié qui me servira de fil conducteur pour analyser le fonctionnement social d'une organisation.

LA GESTION DES PERSONNES

« Mettre en œuvre l'homme, c'est le rendre actif et, conformément à sa condition spécifique, capable de travail et de création. A ceux qui seraient tentés de ne voir là qu'un productivisme démarqué du passé, on rappellera que la mise en œuvre de l'agent humain n'est jamais séparable, en rigueur, de sa mise en valeur. »

François Perroux. L'économie de la Ressource Humaine.

Dans le chapitre 2, pages 79 et 80, j'ai présenté le Système de Gestion des Ressources Humaines (SGRH) comme le sous-ensemble du Système Organisationnel plus particulièrement en charge de la gestion des interfaces avec le Système Social. J'observais que ce SGRH se subdivisait lui-même en deux grandes fonctions :
– la gestion des personnes dont il va être question dans ce chapitre,
– la régulation sociale, objet du prochain chapitre.

Prenant appui sur des *décisions à impact individuel*, même si elles s'inscrivent le plus souvent dans un corps de règles générales, la gestion des personnes vise à réguler les flux humains de l'entreprise au moyen des trois familles classiques d'opérations :
– *acquisition de main-d'œuvre* : connaissance du marché de l'emploi, recrutement, intégration ;
– *professionnalisation et développement* : appréciation, détection de potentiels, gestion des carrières, promotion, formation ;
– *séparation* : départs en retraite, licenciements, plans sociaux.

La politique des rémunérations peut être considérée comme une retombée logique de cette gestion des personnes, même si elle a à voir également avec la question de la régulation sociale.

Le champ couvert par ce chapitre est donc considérable et constitue l'objet de la plus grande part des manuels relatifs à la gestion des ressources humaines... sans compter les nombreux ouvrages qui se focalisent sur un seul des points du domaine (appréciation, formation, rémunération, par exemple). Il ne peut donc être ici question de prétendre délivrer une quelconque somme, même abrégée, de l'ensemble du champ de la gestion des personnes. Vouloir le faire serait d'ailleurs contradictoire avec le projet généraliste que je me suis fixé dès l'introduction de ce livre.

En revanche, il importe de donner de ce champ une vision panoramique qui soit pour le manager source d'intelligibilité et d'opérationalité. Pour réaliser ce programme, l'approche systémique va s'avérer, une nouvelle fois, l'outil méthodologique le mieux adapté et le plus performant. D'où le plan de ce chapitre qui commence par une présentation, de facture entièrement systémique, du système général de gestion des personnes; le schéma auquel on aboutit met particulièrement bien en évidence le caractère intégré des diverses opérations et les interactions des différents acteurs. Les deux parties suivantes vont se focaliser sur deux questions qui restent centrales dans tout processus de GRH et auxquelles aucun décideur ne peut échapper: les politiques d'emploi et de gestion des carrières, les politiques de rémunérations.

Le système général de gestion des personnes (1)

Avant d'entreprendre le montage progressif de la carte systémique visualisant le système de gestion des personnes, deux mises en garde sont nécessaires. Au vu du schéma relativement complexe auquel on aboutit (une «usine à gaz» diront certains), deux attitudes opposées également dangereuses sont possibles.

• *Le rejet partiel* de la modélisation proposée, au regard qu'elle ne serait pertinente que dans de très grandes entreprises, qui seules ont besoin de mettre en œuvre des processus très élaborés de gestion. La moyenne et petite entreprise s'en trouveraient par contre dispensées, le bon sens ordinaire s'y avérant suffisant pour bien gérer les hommes.

En réalité, et sans vouloir anticiper sur ce qui apparaîtra à la fin de cette section, les différentes opérations de gestion qui se trouvent

(1) Une présentation du système de gestion des personnes a déjà été faite dans les autres ouvrages de Gérard Donnadieu: Du salaire à la rétribution, *Éditions Liaisons, 1992.* Classification-Qualification, *Éditions Liaisons, 1994 (en collaboration avec Philippe Denimal).*

recensées sur la carte du système de gestion des personnes existent dans toute entreprise, y compris dans la petite affaire familiale de dix personnes. Simplement, elles n'ont pas besoin dans ce cas d'être explicitées, formalisées, rendues transparentes. Un décideur unique (le chef d'entreprise) garantit la cohérence des choix. Tous les actes de gestion visualisés sur le schéma (évaluation des emplois, appréciation de la performance, du potentiel, affectation dans de nouveaux postes...) se déroulent dans sa tête.

En revanche, dans une organisation plus importante (mais cela commence dès la centaine de personnes) l'existence de plusieurs décideurs en matière de GRH, et dont il convient de rendre les choix compatibles et convergents, impose le passage par l'explicitation et la formalisation des actes de gestion.

Le schéma général conserve donc sa capacité de compréhension du phénomène dans tous les cas de figure, même si son formalisme n'a en effet besoin d'être explicité que pour des entreprises d'une certaine taille.

• *L'adhésion technocratique au modèle,* partant d'une croyance naïve dans l'efficacité «en soi» des règles et des outils. Or, la formalisation des processus, la recherche d'outils performants n'ont par eux-mêmes aucune vertu suffisante pour produire une bonne gestion. Les outils de gestion ne peuvent se substituer à la responsabilité et au talent du gestionnaire. Une gestion médiocre des ressources humaines n'est pas la conséquence de la mise en œuvre de tel ou tel outil; elle peut être obtenue avec des outils en eux-mêmes excellents! Et inversement, une excellente gestion des ressources humaines peut s'accommoder d'outils relativement frustes... mais remarquablement utilisés. Comme l'observe Alain Meignant (1) à propos de la gestion de la formation: *«Il ne s'agit pas d'accumuler des rapports, des nomenclatures, des cartes des emplois, des catalogues de stages, mais de prendre de meilleures décisions de gestion individuelle et collective des hommes et des femmes de l'entreprise (...). Aucune analyse des emplois, aucun projet de formation n'ont la moindre chance d'aboutir à des résultats significatifs s'ils ne prennent pas en compte la capacité des "acteurs" à prendre les bonnes décisions au bon moment, et le système qu'ils ont mis en place pour le*

(1) Alain Meignant, «Analyse des emplois, formation et décisions de gestion», Éducation Permanente, *4e trimestre 1990, n° 105, p. 21-30.*

faire (...). La réussite tient à la volonté politique et à la mise en place d'un système de gestion qui intègre les apports des différents spécialistes en optimisant les inter-faces (...). La clé du problème est dans le système de décision et sa cohérence, donc dans le management d'ensemble.»

Une fois convaincu de cette exigence de cohérence au niveau du comportement des acteurs, on comprend alors qu'une bonne «carte systémique» du système de gestion des personnes se doive de visualiser clairement:
– les opérations nécessaires aux décisions de gestion et les actes de gestion eux-mêmes;
– les lieux ou instances concernés par les décisions de gestion, avec les acteurs correspondants;
– les variables de pilotage prises en compte pour prendre les décisions.

Par variables de pilotage, j'entends toutes celles qui sont susceptibles de jouer un rôle dans le fonctionnement du système de gestion des personnes. Ce qui ne veut pas dire qu'elles aient toutes le même poids. Le poids d'une variable peut d'ailleurs être différent d'une entreprise à une autre.

➢ *Au centre du processus, l'interaction homme/emploi*

Cette question a déjà été longuement abordée au chapitre 3 (pages 107 à 114) à propos d'une éventuelle détermination de l'emploi par la technologie, ce qui m'a conduit à établir une première distinction entre classification et qualification. On l'a retrouvée au chapitre 4 à propos de l'étude du système de fonctions (pages 133 à 137). Je reprends ici l'ensemble de ces concepts, mais dans l'optique de la gestion des personnes.

Le point de départ du schéma général, qui sera présenté au paragraphe suivant, est l'adéquation recherchée entre l'homme et son emploi, adéquation qu'il importe bien sûr de réaliser pour le présent, mais qui doit également être anticipée et préparée pour le futur.

Pour réaliser cette adéquation, connaissance des hommes et connaissance des emplois sont en connexion étroite. Elles reposent toutes deux sur une évaluation qui passe par des méthodes plus ou moins complexes et formalisées. En cohérence avec ce que j'ai écrit au chapitre 3, je propose à nouveau de réserver le terme de *classification* à l'évaluation des emplois, en observant que cette classification renvoie

toujours au mode d'organisation de l'entreprise qui a découpé le travail d'une certaine manière. De même, je réserverai le terme de *qualification* à l'évaluation des capacités ou compétences des hommes, en observant que cette qualification ne peut être évaluée abstraitement, mais toujours de manière concrète, c'est-à-dire en référence à la situation de travail qui est celle de l'évalué. La qualification est donc au croisement d'un double constat:
– plus l'emploi est reconnu complexe (par sa position dans la grille des classifications), plus la qualification du travailleur sera reconnue élevée;
– mais, en même temps, plus la réussite d'un travailleur dans son emploi sera établie (ce qui est l'objet de l'appréciation de performance), plus sa qualification se trouvera confirmée.

Il y a interférence entre la complexité du poste et la réussite du travailleur dans son emploi pour fonder la qualification. On peut représenter cette interférence selon le schéma suivant:

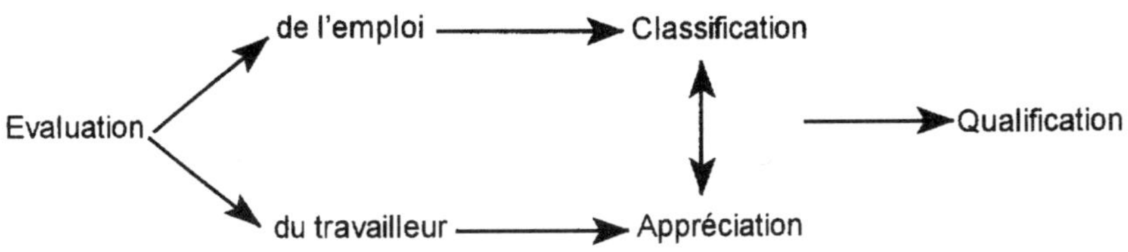

La qualification dépend donc de l'emploi tenu et de la manière dont il est tenu. Classification et qualification sont en quelque sorte les deux manières complémentaires de repérer l'adéquation homme/emploi, en se plaçant suivant le cas soit du côté «pile» (les emplois en tant que cases d'un organigramme), soit du côté «face» (les personnes titulaires de ces emplois). Concept Janus, le doublet classification/qualification peut être explicité au moyen du tableau de la page suivante.

Mais on peut aussi rechercher par quoi il est influencé et sur quels grands domaines de la gestion de l'entreprise il intervient. Quatre cas de figure principaux, mettant en œuvre le concept classification/qualification, sont alors identifiables:
– *la relation avec l'environnement économique*. Elle se manifeste classiquement sous forme de l'ajustement au «marché du travail» et le

L'enchaînement des concepts	Du côté des	
	Emplois	**Personnes**
La notion de base dans : - l'entreprise taylorienne - l'entreprise posttaylorienne	 le poste la fonction, les activités, les missions	le titulaire d'un poste (agent) le titulaire d'une fonction (acteur)
Ces notions se déclinent en termes de	exigences	compétences
qui peuvent être repérées par un(e)	niveau d'exigence	capacité
ce qui suppose une mesure désignée sous le nom de	évaluation	appréciation (de la capacité)
qui appelle ensuite une comparaison (ou un rangement) sur une échelle hiérarchique	classification	qualification

plus souvent en termes de lien avec la rémunération. J'y reviendrai plus longuement dans la section 3 (pages 305 et suivantes);
– *la relation avec le système social interne.* Il s'agit de réaliser une hiérarchie des positions sociales (statuts, coefficients, rémunérations...) estimée équitable par le corps social. Ce point sera développé dans la section 2 (pages 287 à 304) à l'occasion de la présentation des systèmes d'évaluation;
– *la relation avec l'organisation.* Le travail est rarement défini indépendamment de toute donnée extérieure à lui-même. Les choix d'organisation, la structure, l'importance des délégations de responsabilité et de pouvoir conditionnent fortement le contenu et la classification des emplois. Tous ces aspects, qui tournent autour des problèmes d'organisation et d'analyse du travail, ont déjà été largement développés dans le chapitre 3 (pages 107 à 114) et le chapitre 4 (pages 133 à 137);
– *la relation avec le système de gestion des personnes et plus précisément des carrières.* Assurer dans l'instant la meilleure utilisation du personnel, développer pour demain les compétences de chacun ne sont pas des actes de gestion indépendants de la connaissance des emplois et des hommes. La classification/qualification devient ainsi un des points de passage obligés pour améliorer la performance actuelle et future de l'entreprise.

La figure suivante est une tentative pour schématiser sous forme immédiatement perceptible l'analyse qui vient d'être faite.

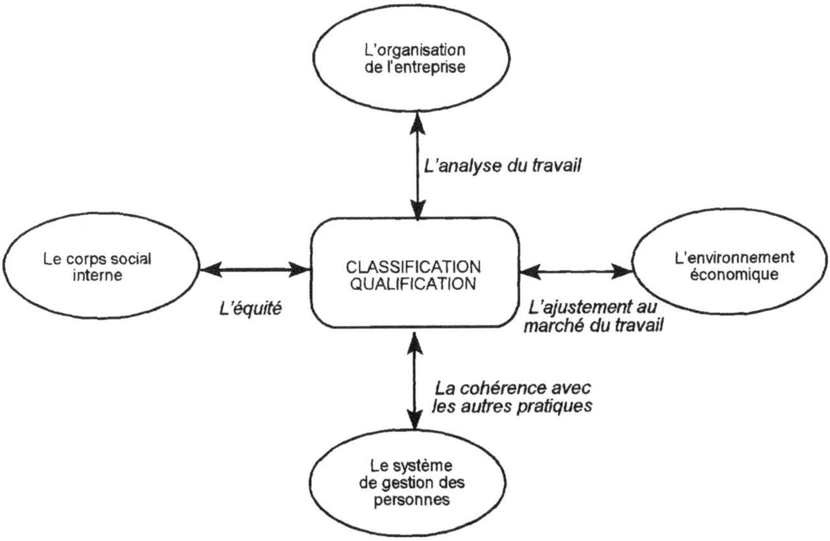

On observera que l'organisation de l'entreprise renvoie plutôt à l'aspect classification du concept; à l'inverse, l'aspect qualification est plutôt concerné par la gestion des personnes. Quant à l'équité interne et à l'ajustement au marché du travail, qui concernent directement la rémunération, ils renvoient suivant les cas à l'un ou l'autre aspect du concept. Sur le plan de l'histoire de la société industrielle, l'aspect classification a été cependant le plus souvent dominant.

➢ *Les variables de pilotage et leur interconnexion*

En partant de l'adéquation homme/emploi, le schéma général donné à la page suivante permet alors d'identifier puis de suivre dans leur ordre logique les différentes opérations de gestion. Ces dernières sont décrites plus largement dans les paragraphes suivants et je me limiterai ici à recenser les cinq variables de pilotage qui interviennent dans les actes de gestion.

Le système de gestion des personnes

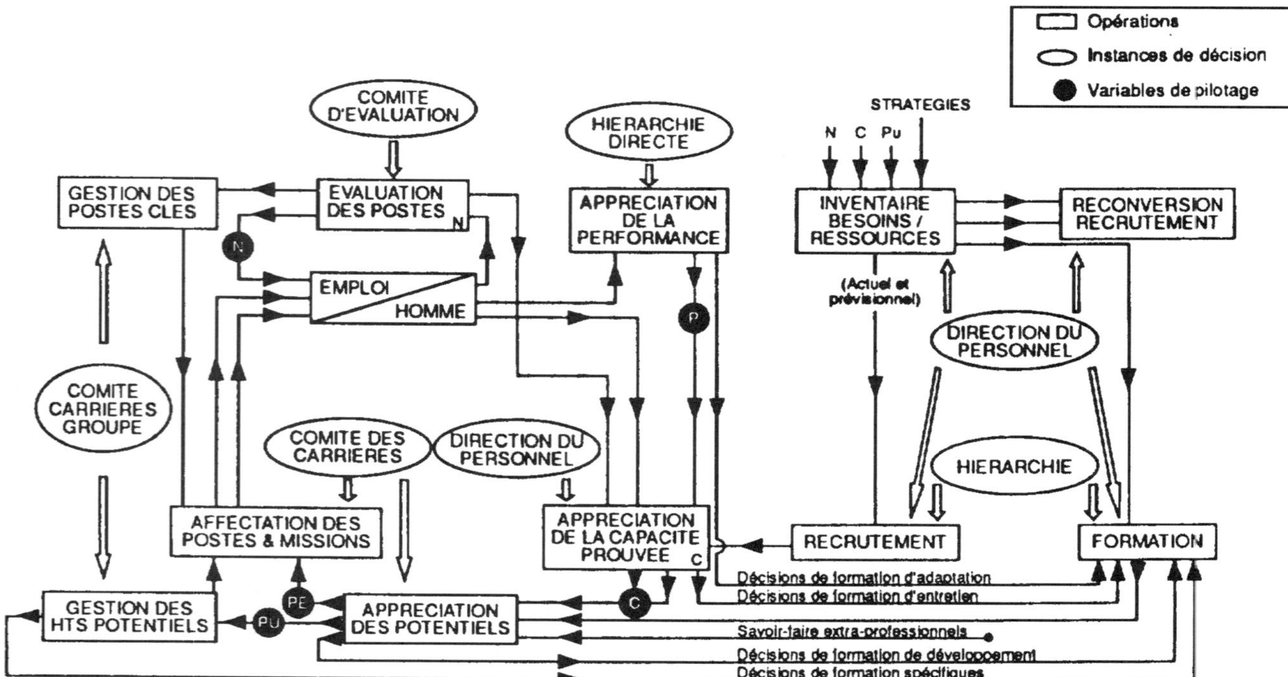

Niveau de l'emploi (N)

La variable résulte de la description puis de l'évaluation de chaque emploi ou situation de travail selon une méthodologie rigoureuse mise en œuvre par un comité d'évaluation constitué le plus souvent par des analystes etdes représentants de la hiérarchie. Cette analyse permet également de dégager un certain nombre d'emplois stratégiques, souvent appelés postes clés de l'entreprise et qui nécessitent une gestion particulière.

Performance (p)

Connaître les hommes est à coup sûr plus difficile que de connaître les emplois. Une question se pose d'abord. Que veut-on connaître des hommes et à quel usage?

Le plus immédiat et le plus utile pour la recherche de la meilleure adéquation homme/emploi consiste à évaluer la manière dont le collaborateur a tenu son emploi pendant une période donnée. C'est l'appréciation de performance ou de résultat. Pilotée par la hiérarchie, elle s'exprime par la variable de performance p.

Capacité prouvée (C)

Bien que précieuse, l'appréciation de performance ne peut répondre à tous les objectifs de la gestion. Factuelle et contingente, elle ne dit rien sur les réussites anciennes du collaborateur, ses points forts, ses points faibles, ses préférences. Une évaluation synthétique et historique des résultats tout au long de l'itinéraire de carrière permet alors de dégager une nouvelle variable de pilotage: la capacité prouvée C.

Potentiel escompté (Pe)

Pour permettre les prochaines affectations des hommes dans les postes et missions, la connaissance de la capacité prouvée ne peut suffire, il faut en effet effectuer un pronostic – toujours risqué – sur l'aptitude du collaborateur à tenir à court/moyen terme la fonction nouvelle, généralement de plus haut niveau de responsabilité. C'est le potentiel escompté (ou immédiat) Pe.

Potentiel ultime (Pu)

Dans le but de détecter précocement les talents et de préparer longtemps à l'avance les futurs responsables (gestion des hauts potentiels), certaines entreprises procèdent à l'appréciation d'un potentiel ultime (ou en développement) Pu. Il s'agit d'un pronostic à long terme (15 à 20 ans) sur la position que peut atteindre le collaborateur à l'apogée de sa carrière.

Il importe de montrer maintenant comment ces différentes variables de pilotage s'articulent entre elles dans le fonctionnement réel de l'entreprise. Et cela, en nous plaçant dans la situation la plus générale où coexistent dans l'organisation :
– des emplois bien définis assurant la stabilité de l'organisation, et qui peuvent donner lieu à une évaluation précise ;
– des emplois plus flous, à « géométrie variable » repérés par comparaison aux précédents,
– des missions temporaires, en forme de « task-forces » ou de groupes de traitement de problèmes qui permettent de tester et de révéler plus rapidement les potentiels des collaborateurs ;
– des procédures d'appréciation des hommes (performances, capacité prouvée, différents types de potentiels) avec les diverses instances de décision que cela suppose ;
– une gestion des hauts potentiels et des postes clés ;
– une gestion prévisionnelle et préventive de l'emploi, les connaissances acquises sur les emplois et sur les hommes (capacité prouvée et potentiel) permettant une projection dans le futur en fonction des choix stratégiques de l'entreprise.

Ce cas général, visualisé sous forme du schéma systémique précédent, montre comment sont bouclés l'un sur l'autre le système d'appréciation des hommes et le système d'évaluation des emplois. Il positionne l'ordre logique des différents actes de gestion : évaluation des emplois, appréciation de performance, appréciation de potentiels, notifications salariales, notifications de classification, affectations de postes, propositions de formation.

Il permet surtout de définir de manière interactive et intégrée les variables de pilotage et les différents composants du système de gestion des personnes.

Le schéma illustre parfaitement ce que j'écrivais au début de cette section : ce qui fait l'efficacité finale d'un système de gestion des ressources humaines est moins la qualité des outils et des méthodes utilisées pour la réalisation de chacune des opérations, que la bonne intégration de ces opérations dans le processus global.

➢ *L'évaluation des emplois*

Cette évaluation est d'abord nécessaire pour situer l'emploi dans la grille de classification conventionnelle et satisfaire ainsi à une obligation légale. Mais il s'agit là d'une contrainte légère qui n'impose généralement pas de recourir à une méthode très élaborée.

Il n'en va pas de même lorsque l'évaluation sert de fondement à une cotation fine et précise des emplois portant effet sur le montant de la rémunération, ce qui est le cas par exemple dans les systèmes de rémunération anglo-saxons. C'est alors que l'on va observer dans les entreprises le recours à des méthodes d'évaluation savantes, proposées par les cabinets-conseils, du type par exemple de la méthode Hay. J'aurai l'occasion, dans la prochaine section (pages 294 à 302) de parler plus longuement de ces méthodes. Il subsiste cependant l'obligation de faire coexister ces méthodes savantes avec les grilles de classification conventionnelles issues des négociations sociales (grille type Parodi par exemple).

Il se trouve aujourd'hui que l'on assiste à un mouvement de convergence entre:
– les méthodes des négociateurs sociaux qui se veulent plus rigoureuses, plus rationnelles et donc plus complexes;
– les méthodes d'experts qui se simplifient et se banalisent sous l'effet de la demande des entreprises et de l'impératif de flexibilité.

Au final, ce que l'on demande désormais et de plus en plus à une bonne méthode d'évaluation est d'être:
– *simple et légère*, de manière à permettre une mise en œuvre par l'entreprise elle-même, sans recours à un «expert» extérieur, et à pouvoir s'adapter sans délais excessifs aux multiples changements d'organisation et modifications de postes. Face aux mutations technologiques, aux réorganisations permanentes, à l'émergence de nouveaux modes d'organisation du travail, les méthodes sophistiquées deviennent en effet rapidement contraignantes. Lourdes à mettre en œuvre, de maintenance difficile, elles sont de surcroît coûteuses et d'une précision illusoire face à des emplois aux contours mal définis. Une évolution s'est donc fait jour dans les entreprises pour simplifier les méthodes d'évaluation;
– *adaptable*, c'est-à-dire ajustée «sur mesure» à l'entreprise en tenant compte de ses spécificités, de son organisation, de sa culture;
– *participative*, afin de se prêter à une évaluation par consensus recherchant l'accord le plus large avec les intéressés eux-mêmes, les instances représentatives, les syndicats. Cela est déterminant pour la future acceptabilité sociale;

– *compatible* avec les conventions collectives de branche, ou à défaut l'accord d'entreprise, lesquels constituent – il faut le rappeler – une obligation juridique en matière de classification.

➢ *L'appréciation des performances (ou des résultats)*

Conformément à la définition déjà donnée, elle consiste à:

• porter un jugement sur l'activité d'un collaborateur au cours d'une période déterminée;

• analyser avec l'intéressé les causes des écarts entre les résultats attendus (objectifs) et les résultats constatés;

• en tirer les conséquences sous forme d'actions correctrices immédiates (nouveaux objectifs, formation d'adaptation, montant du bonus...);

• fournir des indications pour la gestion des personnes en matière de:
– plans d'augmentations des rémunérations,
– plans de formation,
– orientation de carrière,
– plans de promotion.

Indépendamment de cette utilisation gestionnaire, l'appréciation de performance s'inscrit généralement dans un projet de management par objectifs. C'est le management par objectifs qui donne d'abord à cette appréciation sa raison d'être, sa cohérence, sa vigueur, les retombées sur la gestion des ressources humaines n'intervenant que comme moyen de consolidation, de renforcement et d'implication. Deux étapes clés peuvent être distinguées dans le processus.

La fixation des objectifs

C'est l'élément clé de l'opération.
– *Dans un premier temps*, il s'agit de déterminer clairement à quel niveau de la hiérarchie doit être attribuée la responsabilité de fixer les objectifs et par voie de conséquence d'apprécier. Le plus souvent, on constatera qu'il s'agit du supérieur hiérarchique direct de l'intéressé.
– *Dans un deuxième temps*, les objectifs sont fixés dans le cadre d'une négociation entre le hiérarchique et ses collaborateurs. Pour pouvoir jouer leur rôle mobilisateur, les objectifs doivent être ambitieux mais

réalisables. De même, il ne faut pas multiplier leur nombre: entre 4 et 7 semble être un bon chiffre.

On peut distinguer trois familles d'objectifs:
– objectifs permanents: liés à la définition de l'emploi et à sa description;
– objectifs conjoncturels: liés aux objectifs du moment de l'entreprise ou de l'établissement (par exemple: campagne de qualité ou de sécurité), ils permettent d'exprimer les priorités collectives;
– objectifs personnels: liés à la personne, au titulaire du poste (exemple: suivre une formation complémentaire), ils entrent dans le processus d'acquisition des compétences et jouent sur la qualification.

La mesure des résultats

Pour un poste donné, il s'agit de mesurer comment le titulaire a plus ou moins bien assumé sa tâche. Il s'agit donc d'une appréciation factuelle, portant le plus possible sur des indicateurs objectifs ou aisément repérables concernant le passé proche, par exemple l'année écoulée. A cet effet, il convient de rechercher, dès la phase de fixation des objectifs, les indicateurs de réalisation qui permettront cette mesure. Ces indicateurs devront être quantifiés chaque fois que cela sera possible. Mais il ne faut pas avoir l'idolâtrie du chiffre: tous les objectifs ne peuvent être quantifiés! Il faut alors imaginer des repères qualitatifs et factuels qui permettront, entre personnes de métier et de bonne foi, de porter un jugement sur le résultat.

Vouloir éliminer toute subjectivité dans l'appréciation serait une illusion et une erreur. La subjectivité est ce qui permet l'ajustement, la souplesse. Mais il faut une subjectivité canalisée, et c'est là le rôle du système d'objectifs et d'indicateurs.

L'appréciation est habituellement élaborée au cours d'un entretien de une à deux heures, préparé par le hiérarchique et le collaborateur à partir d'un support normalisé. Ce document sera contresigné par les deux parties qui pourront y reporter leurs observations. On atteint ainsi une réelle transparence de la démarche.

Conception du document support, procédures de l'entretien, détermination des niveaux hiérarchiques appréciateurs et décideurs, règles de concertation et de décision, recours éventuel en cas de litige, rôle de la direction des ressources humaines... tous ces aspects constituent autant de points directeurs du système. Ils doivent être clairement définis lors de l'étude initiale.

➢ *L'appréciation de la capacité prouvée et des potentiels*

Si je traite ensemble les trois appréciations, C, Pe, Pu, c'est parce qu'elles ont en commun de concerner la totalité de la personne dans son histoire professionnelle et non plus pour ses résultats immédiats. La capacité prouvée vise le passé, les potentiels visent le futur proche et lointain.

La capacité prouvée

On peut la définir comme le repérage de l'ensemble des compétences, savoir-faire et savoir-être dont l'intéressé à déjà fait preuve au cours de sa carrière passée (soit dans l'entreprise, soit ailleurs) et sur lesquelles l'entreprise sait pouvoir compter de manière quasi certaine.

Cette capacité prouvée est bien entendu fonction de l'emploi actuellement occupé, et elle est donc reliée à la performance dans cet emploi, mais pas uniquement. Elle doit pouvoir prendre en compte d'autres aspects jugés secondaires pour la bonne tenue de l'emploi actuel, mais révélateurs des qualités professionnelles de la personne.

La capacité prouvée est également fonction des postes occupés précédemment, lesquels ont pu faire appel à d'autres compétences ou d'autres aptitudes peu valorisées par l'emploi actuel. Enfin, elle dépend aussi, même si c'est de manière plus lâche, des conditions d'entrée dans l'entreprise, c'est-à-dire des références extérieures dont a pu faire état l'intéressé (expériences professionnelles antérieures).

Pour ces diverses raisons, la principale étant la nécessité de disposer d'une « mémoire de longue durée », l'appréciation de la capacité prouvée ne peut être laissée à la hiérarchie directe, mais doit être confiée à une cellule spécialisée (développement des carrières par exemple) à la direction des ressources humaines. Débarrassée des contraintes opérationnelles de l'action, protégée par son éloignement d'implications affectives trop fortes, cette cellule spécialisée est dans les meilleures conditions d'objectivité pour rassembler et intégrer les informations diversifiées provenant d'une multitude de sources:
- renseignements glanés et vérifiés lors du recrutement;
- historique des appréciations de performance dans les divers postes occupés successivement;
- multiples appréciations subjectives émanant des principaux partenaires avec lesquels l'intéressé se trouve en relation de travail et qui ne se limitent pas forcément à la ligne hiérarchique. Ces appréciations

n'ont pas besoin d'être émises à périodicité rapprochée, ni même sous forme officielle. Il suffit que le gestionnaire spécialisé puisse avoir le bon contact au bon moment (par exemple à l'occasion du changement de poste du collaborateur ce qui libère l'expression de l'interlocuteur);
– expression par le collaborateur lui-même de ses préférences et de ses attentes, perception de ses points forts et de ses points faibles. Ce contact direct avec le gestionnaire doit rester toujours possible. A défaut d'être sollicité, il doit pouvoir même être provoqué périodiquement (tous les trois à cinq ans par exemple).

Le potentiel escompté (ou potentiel immédiat)

Il s'agit du pronostic dans une optique court/moyen terme (un mois à trois ans par exemple) sur la capacité d'un collaborateur à tenir un emploi de niveau plus élevé. Destiné à préparer la prochaine étape de la carrière, ce pronostic débouche en principe sur des perspectives de promotion.

L'estimation du potentiel escompté est normalement du ressort des divers responsables hiérarchiques susceptibles d'employer la personne, ce qui suppose de faire émettre ce pronostic à un niveau élevé de la hiérarchie et en y associant la direction des ressources humaines. Pour les emplois de haut niveau, la direction générale elle-même doit se trouver impliquée.

Ce caractère multi-acteurs de l'appréciation de potentiel explique pourquoi les entreprises l'ont organisée sous forme collégiale au sein d'un comité des carrières (ou des promotions), comité dans lequel le gestionnaire de personnel joue souvent un rôle de cheville ouvrière. Cette dimension collégiale est également un moyen de se prémunir contre la subjectivité du pronostic, partant du principe que la confrontation des subjectivités est le meilleur rempart contre la subjectivité. Dans le fonctionnement des comités de carrière, l'appréciation du potentiel repose sur la connaissance:
– de l'appréciation de capacité prouvée telle qu'exposée précédemment;
– de données externes (de type extraprofessionnel) qui peuvent s'avérer importantes dans certains cas (par exemple une expérience associative ou municipale pour le futur directeur d'un établissement de province);

– des actions de formations reçues par l'intéressé en vue justement de développer son potentiel;
– des renseignements directs et personnels que chaque participant du comité est en mesure d'apporter.

Pour les jeunes diplômés (ingénieurs, école de commerce), l'estimation initiale du potentiel escompté repose en fait presque uniquement sur le diplôme.

Le potentiel ultime

Il s'agit du pronostic sur ce que sera, à long terme, l'apogée de carrière d'un collaborateur. Cette appréciation n'a en principe d'intérêt que pour les cadres à haut potentiel qui ont une chance d'accéder un jour à des fonctions dirigeantes. Elle permet en effet d'orienter ces cadres vers des emplois diversifiés et particulièrement formateurs – à l'étranger par exemple – ou de les inscrire à des cycles de formation indispensables et qui doivent être suivis avant un certain âge.

Cette pratique existe surtout dans les grandes entreprises et les groupes multinationaux où travaillent souvent plusieurs milliers de cadres. Le nom donné au potentiel ultime varie d'ailleurs d'une entreprise à l'autre; on parlera ainsi de potentiel en développement ou de potentiel de développement estimé (PED) comme dans le groupe Shell.

On doit cependant souligner le danger qui consiste à donner une importance excessive à l'évaluation du potentiel ultime et en faire la variable principale de la politique de gestion des cadres. Les risques d'erreur sont en effet très grands et on peut stériliser une part notable de la ressource humaine de l'entreprise.

➢ *Clarifier les variables pour mieux les utiliser*

Je l'ai déjà noté, la valeur de la gestion repose beaucoup plus sur la qualité des connexions entre outils et leur bonne intégration que sur la perfection technique des outils eux-mêmes. Mais cela ne doit pas dispenser d'une réflexion sérieuse sur les outils.

La présentation rigoureuse des variables de pilotage à laquelle je me suis astreint a permis d'en proposer, à travers le schéma systémique précédent, une mise en perspective à la fois précise et dynamique. Il ressort également de ce schéma qu'une gestion efficace des hommes est toujours un *jeu à trois partenaires.*

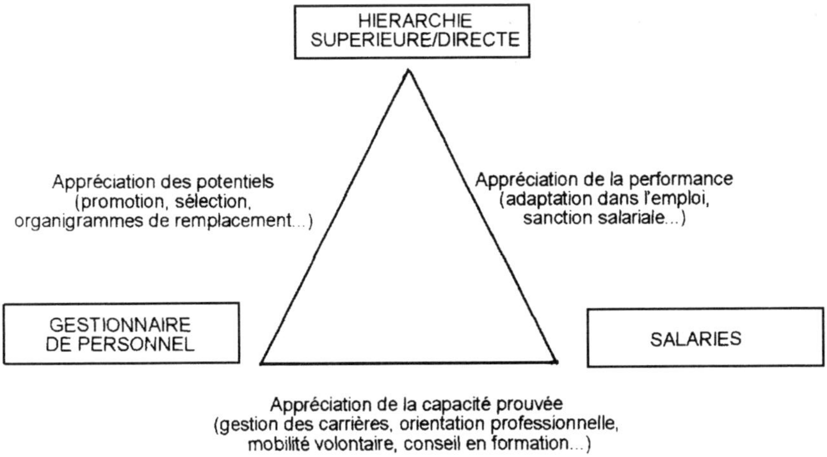

La tentation consiste bien entendu, au nom d'une efficacité illusoire, à réduire ce jeu à trois à un jeu à deux, c'est plus simple et plus facile! Mais des effets pervers surviennent nécessairement et des dysfonctionnements apparaissent:

– Si tout se passe entre le salarié et sa hiérarchie, celui-ci devient entièrement dépendant de son «chef» qui détient seul les clés de sa carrière professionnelle. On a alors une gestion autocratique des hommes, caractéristique de beaucoup d'entreprises françaises.

– Si le salarié a pour interlocuteur principal de sa carrière le service du personnel, il sera tenté de confier aux syndicats la défense de ses intérêts. On versera alors dans une gestion bureaucratique, caractéristique de beaucoup d'administrations. Tout se déroule au moyen de règles, de codes et de normes suivant une logique d'ayant droit.

– Si hiérarchie supérieure et direction du personnel s'entendent pour planifier la carrière de leurs salariés dans une optique essentiellement productiviste, les hommes deviennent alors des pions déplacés au gré des intérêts de l'entreprise. On a le modèle de gestion technocratique de certaines multinationales.

De la gestion des emplois à celle des compétences

Dans un passé encore récent la mission d'un service du personnel consistait à recruter des hommes pour les affecter à des emplois précis et bien évalués, puis à administrer ces hommes en leur appliquant des règles prédéterminées. Ainsi décidait-on d'une augmentation de salaire en fonction d'une règle d'avancement à l'ancienneté.

Lorsque le problème n'est plus d'administrer mais d'optimiser la ressource humaine, c'est-à-dire d'organiser son utilisation la plus efficace aujourd'hui et son développement pour demain, cela sur les plans à la fois individuel et collectif, d'autres approches sont nécessaires, centrées directement sur les personnes plus que sur l'emploi et l'organigramme.

C'est alors qu'émerge dans le discours managérial la notion qui se veut nouvelle et clarificatrice de compétence, et dont les diverses formulations encombrent aujourd'hui la littérature spécialisée. Mais s'agit-il d'une notion vraiment nouvelle et clarificatrice? Pour le moins un inventaire s'impose, que je ferai en développant dans les paragraphes suivants les aspects historiques (page 288), structural (pages 291 et 294) et fonctionnel (page 302).

➢ *L'irrésistible mouvement vers les compétences*

Il ne faudrait pas s'imaginer qu'une approche des problèmes du travail à partir des compétences des personnes soit chose entièrement nouvelle. A certains égards, cette approche est aussi vieille que les empires, inventeurs des armées de métier, qui ont très tôt connu un système de grades. Certes, le grade pouvait être en partie lié à l'origine familiale – l'aristocratie du sang – ou à la faveur du prince. La capacité au combat, les qualités de stratège, n'en étaient cependant pas absentes, surtout en période de guerre où l'efficacité et le résultat demeuraient essentiels. De l'armée, ce système des grades s'est progressivement répandu aux divers corps de la Fonction publique ainsi qu'à de grands secteurs professionnels comme la Banque ou l'Assurance. Les assurances ont quitté le système des grades par l'accord sur les classifications du 27 mai 1992; mais jusqu'à cette date, l'ancienne logique avait prévalu.

Dans le système qui régit depuis plus d'un siècle la Fonction publique française, il existe un grand nombre de corps qui correspondent en gros à une dénomination de métiers: agents administratifs, secrétaires, ouvriers d'État, gardiens de la paix, instituteurs, professeurs, techniciens de la défense, infirmières, ingénieurs des travaux publics, inspecteurs, ingénieurs de l'armement, etc. Par ailleurs, chaque corps appartient à l'une des trois grandes catégories de la Fonction publique.

L'évolution d'un agent s'effectue toujours dans son corps d'origine et selon une logique de grade, un corps pouvant recouvrir un ou plusieurs grades. Le grade est attaché à la personne et non à l'emploi; il est censé représenter les compétences de celle-ci. A l'intérieur du grade, la progression se fait quasi exclusivement à l'ancienneté sous forme d'échelons de rémunération.

Mais comment attribue-t-on le grade? Tout est déjà joué au moment de l'arrivée dans le corps puisque le grade et son coefficient de départ sont fixés par le statut. C'est donc l'entrée dans le corps qui est déterminante. Or, celle-ci dépend dans l'immense majorité des cas de la réussite à une épreuve académique: examen, concours interne ou externe.

Dans une telle conception qui fonde sa légitimité sur le principe d'égalité de traitement de tous les citoyens, il n'est pas nécessaire de connaître les emplois; on dispose avec l'examen et le concours d'un moyen «objectif» pour connaître directement les hommes et pour les classer! Naturellement, il est facile d'objecter que la réussite, même brillante, à une épreuve académique ne renseigne que médiocrement sur les capacités réelles de la personne en situation d'action. Mais dans une grande bureaucratie, cet argument fondé sur la recherche d'efficacité n'est pas nécessairement entendu.

Il ne faudrait pas croire que la logique du diplôme ou du concours pour déterminer la qualification soit une spécialité de la Fonction publique. Elle existe aussi ailleurs, mais sans revêtir le caractère universel qu'elle possède dans cette dernière. De nombreuses branches professionnelles ont accepté de reconnaître les diplômes professionnels alors même que l'esprit de leur grille de classification repose sur l'emploi. Ainsi, dans certaines conventions collectives, métallurgie par exemple, on reconnaît la qualification supposée être attachée à certains diplômes à travers un coefficient minimum d'embauche. C'est en particulier le cas des BTS/DUT.

La prise en compte de l'homme plutôt que du poste a donc déjà donné lieu à de nombreuses réalisations. Mais ce qui est plus nouveau, en revanche, est la prise de conscience du caractère insuffisant, sinon déficient, de cette approche purement académique de la qualification. On souhaite croiser cette approche avec une véritable connaissance du travail, dans sa réalité la plus concrète. Ce que l'on vise désormais, dans la nouvelle approche de la qualification, est de prendre en compte non plus les compétences ou connaissances en elles-mêmes mais bien celles qui ont une utilité avérée ou prévisible dans le cadre du travail concret et compte tenu du mode d'organisation choisi. On s'extrait en quelque sorte d'une approche gestionnaire rigide pour reconnaître les situations de travail pour ce qu'elles requièrent en termes de savoir-faire ou de compétences particulières mais... sans quitter la référence au travail réel et à la finalité de l'entreprise.

Ce qui importe alors est de situer le concept de compétences dans sa relation à la qualification et plus largement à la nécessité non plus d'administrer mais de gérer les hommes. Et on s'inscrit du même coup dans le mouvement tendant à l'individualisation croissante de la GRH. Deux cas de figure, d'ailleurs complémentaires, peuvent se rencontrer aujourd'hui dans les entreprises qui mettent en œuvre cette individualisation.

• **L'homme qui fait son emploi.** J'ai déjà montré (chapitre 3, pages 107 à 111) comment, avec des organisations flexibles ou semi-flexibles, le titulaire d'un emploi pouvait élargir progressivement les frontières de celui-ci. S'appropriant successivement des activités nouvelles, le salarié est tenu d'acquérir et de mettre en œuvre les compétences correspondant à ces activités. Ce modèle, que j'ai qualifié de schumpeterien, traduit le fonctionnement d'une organisation dans laquelle les hommes ne sont pas enfermés dans des postes rigides, mais construisent en permanence leur fonction. Le problème est alors de suivre l'évolution de ces fonctions, de les décrire et de les évaluer.

• **La mobilité qualifiante.** Plus que d'ajuster sur mesure le vêtement de la fonction aux caractéristiques de la personne, il s'agit ici de tenir compte des compétences – savoirs, savoir-faire, savoir-être – réellement acquises par le collaborateur au cours de sa trajectoire professionnelle, ces compétences fussent-elles apprises dans des postes au sens le plus taylorien du terme.

Pour déterminer la qualification globale du salarié à partir de l'historique validé des emplois qu'il a tenus avec succès, il faut alors disposer d'une loi de combinaison des compétences successivement requises. Suivant la nature de cette loi, il est clair que l'on peut favoriser plus ou moins l'acquisition de polyvalence, les mobilités horizontales, les redéploiements et rebondissements de carrière.

➢ *Qu'est-ce que la compétence?*

Il n'est pas indispensable d'avoir clairement défini un concept pour l'utiliser en situation d'action. Ce que je viens d'écrire sur le recours croissant aux compétences dans les pratiques de gestion en constitue l'illustration évidente. Néanmoins, le brouillard dans lequel nous sommes aujourd'hui lorsque l'on fait référence aux compétences n'est pas sans danger. La confusion naît de la fausse simplicité du concept, en réalité beaucoup plus ambigu qu'il n'y paraît.

Aussi, sans vouloir le cerner de manière définitive, il paraît nécessaire d'en donner une ébauche de définition en faisant appel à quelques auteurs récents qui ont réfléchi à la question.

Patrick Gilbert et Michel Parlier (1) définissent la compétence comme «*un ensemble de connaissances, de capacités d'actions et de comportements structurés en fonction d'un but dans un type de situation donnée*». Entièrement tournée vers une action, «*la compétence est donc finalisée*». Cette définition est recoupée par celle d'Alain Meignant (2) qui insiste davantage sur la dimension d'utilité pour l'organisation: «*La compétence est un savoir-faire opérationnel validé: savoir-faire, c'est-à-dire capacité à faire (et pas seulement à connaître); opérationnel, c'est-à-dire mis en œuvre concrètement en situation de travail; validé, c'est-à-dire reconnu par l'environnement. C'est une autre façon de dire «utile, utilisable, utilisé*».

Sur la manière de décliner en pratique cette compétence, la plupart des auteurs renvoient au fameux triptyque: «savoir, savoir-faire, savoir-être» qu'on trouve fréquemment dans de nombreux documents d'entreprises. Ou bien encore sous forme de: «connaissances,

(1) Patrick Gilbert, Michel Parlier, «La gestion des compétences. Au-delà des discours et des outils, un guide pour l'action des DRH», Personnel, *n° 330, février 1992.*
(2) Alain Meignant, «Analyse des emplois, formation et décisions de gestion», Éducation Permanente, *n° 105, décembre 1990.*

savoir-faire, comportement» si ce n'est sous les cinq éléments: «savoir, savoir-faire, savoir-être, savoir apprendre, faire savoir».

C'est en se référant au triptyque que Henri Davignon, dans *l'Enjeu Humain* (1), propose de prendre comme support du recensement de l'évaluation et de la gestion des compétences:
– les savoirs: connaissances générales et spécifiques;
– les savoir-faire: expériences pratiques et «tours de main»;
– les savoir-être: aptitudes et qualités personnelles.

Pour lui, ces différents savoirs doivent être saisis et mesurés en situation de travail, ce qui rejoint la «compétence finalisée» de Patrick Gilbert.

Ces débats n'ont cependant quelque chance de sortir du champ de la théorie que si l'on est capable d'apporter des réponses pratiques à deux questions:

• Comment mesurer les compétences? Ceci va être l'objet du prochain paragraphe.

• Comment les prendre en compte de manière réellement opératoire dans les pratiques de gestion? Sur ce second point, le lien avec la qualification conçue comme une variable individuelle de gestion objectivant la position sociale du collaborateur (sur une échelle des qualifications par exemple) est alors évident. Aboutissement d'une individualisation référée aux situations de travail, la qualification devient la variable de pilotage principale d'une gestion des personnes.

Mais cette observation, tout en reconnaissant la pertinence du concept de compétence, en relativise la nouveauté et surtout la prétention à se donner comme une réponse radicalement nouvelle au problème de la gestion des personnes. Entre emploi, classification, capacité, qualification, compétences, les choses ne sont pas aussi tranchées, des passerelles nombreuses existent. Même si elle est conceptuellement liée aux notions de compétences et de capacité, la qualification peut difficilement récuser le *détour par l'emploi*, c'est-à-dire par la situation réelle de travail, pour asseoir et valider sa mesure. En dernière analyse, l'emploi reste le plus souvent la variable auxiliaire indispensable au repérage de la qualification et à la gestion des personnes. La situation peut alors être résumée de la manière suivante:

(1) Henri Davignon, **La gestion prévisionnelle des compétences,** ***l'Enjeu Humain, décembre 1991, volume 2, Créations Éditions Productions Publicitaires.***

• En tout état de cause, l'adéquation homme/emploi reste au point de départ de toute démarche de gestion.

• Pour réaliser cette adéquation, connaissance des hommes et connaissance des emplois sont en connexion étroite. Mais si connaître les emplois renvoie à des méthodes bien connues plus ou moins complexes et formalisées, il n'en va pas de même de la connaissance des hommes.

• La qualification d'un individu est une notion dynamique qui se réfère à son histoire personnelle. Elle se construit à partir de sa formation initiale mais aussi et surtout à partir des savoir-faire opérationnels que l'individu intègre au cours de sa trajectoire professionnelle et qui correspondent aux exigences successives des emplois occupés. Le dernier emploi tenu n'est pas seul en cause. S'il est tenu de manière performante, il actualise et enrichit certes les compétences du collaborateur. Mais la qualification globale peut intégrer également des savoir-faire sur un emploi antérieur et qui ne trouvent pas d'utilisation dans l'emploi actuel.

• La qualification se trouve donc au croisement d'un triple constat:
– l'emploi actuel dont la complexité et l'importance, exprimées par la position dans la grille de classification, commandent au premier chef la qualification du collaborateur;
– la réussite du travailleur dans cet emploi. Mieux elle est établie – ce qui est l'enjeu de l'appréciation de performance – plus le salarié fait la preuve de sa maîtrise des savoir-faire exigés par l'emploi et donc de sa qualification;
– l'histoire professionnelle, c'est-à-dire la mémorisation des réussites passées dans des emplois aux profils et aux contenus différents de l'emploi actuel.

La qualification globale s'enrichit lors de parcours professionnels où les emplois occupés sont autant d'occasions d'élargir un champ d'expériences, un champ de savoirs, d'acquérir une meilleure maîtrise de soi. Dans une telle perspective, on comprend très bien comment la mobilité professionnelle peut devenir un instrument de progression dans la qualification. Cette dernière se trouve alors au cœur de la gestion des carrières, du processus d'acquisition systématique des compétences, du plein développement de la ressource humaine.

➢ *Le problème de la mesure*

Que l'on pose la question à partir du versant classique de l'emploi ou du versant plus inédit des compétences des personnes, le problème de la mesure constitue dans tous les cas un préalable absolu. Mais comment le traiter?

La réponse que je vais présenter ici est tirée d'un précédent ouvrage (1) où le sujet est plus longuement développé.

Essai de typologie

Il existe quantité de méthodes visant à décrire et à évaluer les emplois et les compétences des personnes. D'où l'utilité d'une typologie pour s'orienter dans cette diversité.

Compte tenu des développements actuels, il paraît réducteur de continuer de raisonner sur la base d'une typologie fondée sur la seule manière d'évaluer les emplois. Pour autant, comme il vient d'être montré au paragraphe précédent, il va être difficile d'évacuer toute référence à l'emploi dans le dispositif de mesure.

Si l'on s'en tient à ce qui oppose fondamentalement les différentes méthodes de classification, dont on peut légitimement préjuger qu'elles correspondent, les unes et les autres, aux demandes des entreprises et des partenaires impliqués, on constate que ces outils – directement opérationnels donc nécessairement proches des réalités du terrain – se distinguent de moins en moins par l'aspect méthodologique proprement dit mais plutôt par ce que l'on choisit de privilégier pour observer, évaluer et gérer les situations de travail. Les distinctions méthodologiques majeures qui subsistent trouvent même parfois leur origine, directement ou indirectement, dans ce choix qui est devenu primordial dans le domaine des classifications.

C'est pourquoi la typologie proposée implique de porter un double regard en éclairant simultanément *le mode* d'évaluation des situations de travail (démarches globales, méthodes critérielles, unicritérielles...) et l'*objet* de l'évaluation (l'emploi, l'activité, la personne). Cette double entrée, dont le tableau ci-après fournit une illustration particulièrement probante, s'avère très utile pour rendre compte des évolutions récentes, précisément du fait du déplacement de la problématique:

(1) *Gérard Donnadieu, Philippe Denimal,* **Classification/qualification. De l'évaluation des emplois à la gestion des compétences,** *Éditions Liaisons, 1994.*

les préoccupations d'aujourd'hui portent davantage sur l'objet à évaluer que sur la façon de réaliser cette évaluation, même si ce dernier aspect suscite encore des débats.

Les pratiques d'évaluation qui se sont progressivement développées au sein des entreprises correspondent à un certain type de croisement préférentiel objet-méthode. Cela conduit à isoler quatre grandes familles de démarches qui seront présentées successivement dans les paragraphes suivants et qui correspondent approximativement à leur ordre de succession historique dans les préoccupations des entreprises (type 1 à 4). Dans le tableau, les croisements modes d'évaluation/objet de l'évaluation correspondant à chacune de ces familles sont repérés par des zones ombrées.

Ce qui est évalué →	De l'emploi à la personne				
Les méthodes d'évaluation ↓	Postes	Fonctions	Activités	Compétences	Capacités
Globales					
Critérielles					
Type fonction publique ou essai professionnel					

Type 1	Type 2	Type 3	Type 4

Enfin, une illustration imagée de ces différentes notions est proposée dans un second schéma (donné ci-après) dont les différentes figures se déduisent les une des autres par enrichissement progressif ou changement de logique.

La première notion, la plus rigide et la plus pauvre, est celle renvoyant au poste taylorien qui est tout à la fois le travail prescrit, la tâche élémentaire, l'écrou symbole des *Temps Modernes* de Charles Chaplin en 1935.

Lorsque le travail devient plus flexible, que l'on ajoute des éléments à l'écrou de base, de la polyvalence sur plusieurs postes par exemple, le poste taylorien ne rend plus vraiment compte de la réalité et l'on peut parler de fonction.

Quand l'unité pertinente de la classification devient l'activité, c'est-à-dire un segment homogène d'emploi, on peut alors évoquer un *travail recomposé* qui tient compte des situations de travail particulières au regard de la maîtrise plus ou moins large de ces activités au-delà même de la notion d'emploi.

Si l'activité n'est pas elle-même pertinente dans le contexte de l'entreprise, on peut porter le regard sur les compétences en ce qu'elles permettent une vision transversale des situations de travail. Mais

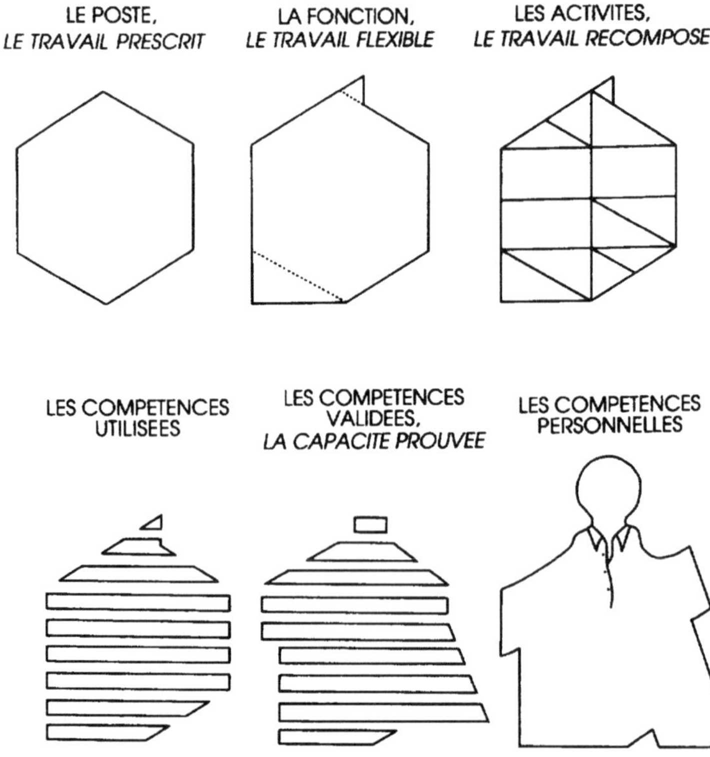

encore faut-il déterminer avec précision de quelles compétences il est question. Il peut s'agir uniquement des compétences utilisées de façon permanente, ou bien validées dans le cadre de situations de travail antérieures ou de formations opérationnelles précises qui permettent à l'organisation d'y recourir en cas de besoin. Dans ce dernier cas, on retrouve le concept de capacité prouvée. Mais les ambiguïtés du vocabulaire constituent alors un danger certain et il convient de déterminer avec clarté et précision ce dont il est question à travers ces *compétences.*

Enfin, on peut prendre en considération la personnalité humaine avec toutes ses richesses actuelles, voire potentielles, dont une partie se situe hors de la situation de travail ou de la vie professionnelle. Ce mode de reconnaissance, qui renvoie à l'intelligence globale, pour utopique qu'il soit, nous fait oublier presque complètement l'écrou de Chaplin, et nous amène pourtant non loin du sens de certains accords récents qui admettent par exemple des évolutions de carrières pour les représentants du personnel.

Les approches emploi de nature globale (Type 1)

Les démarches globales permettent de ranger les emplois de manière ordinale. Elles sont simples à mettre en œuvre mais bien sûr assez peu précises, le classement ne permettant pas de distinguer les écarts respectifs entre les emplois mais seulement un ordre d'importance.

Le problème des barèmes de salaires s'étant posé dès le début de l'ère industrielle, et peut-être même dès le Moyen Âge à l'occasion des règlements des corporations, l'évaluation des emplois par approche globale se perd dans la nuit des temps. Par ordre de complexité croissante, et sans doute d'apparition historique, il est néanmoins possible de distinguer plusieurs types de méthodes.

- *Le rangement global ou l'ancêtre de toutes les méthodes.* Les méthodes de rangement consistent à comparer les emplois les uns par rapport aux autres de façon globale, sans les décomposer dans leurs éléments constitutifs, ni se préoccuper du *degré* et de la *nature* de leurs différences.

Cette méthode a été mise en œuvre pour la première fois dans la fonction publique américaine dès 1871 et, sous une forme vraiment élaborée, à partir de 1923: il s'agissait alors d'harmoniser les salaires du personnel des services publics dont les disparités étaient considérables d'un État à un autre.

• *La comparaison par paires.* C'est une méthode que beaucoup emploient sans même le savoir, tant elle paraît naturelle. Il s'agit de comparer chaque poste avec un autre sur la base d'une appréciation globale et subjective de son «poids», de sa «valeur» ou de sa «contribution pour l'entreprise». Tous les postes sont ainsi successivement considérés, l'un par rapport à l'autre. Il en découle un classement intuitif car reposant sur une «hiérarchie implicite des postes».

Cette méthode a pour avantage d'être simple, rapide, souple d'administration et de maintenance, peu coûteuse et facilement communicable. En revanche, elle a pour inconvénient d'être imprécise, subjective, vague dans ses définitions, difficilement transférable d'une filière à une autre et, pour cette raison, peu utilisable dans une grande organisation.

• *Le rangement par filières ou méthode des conventions collectives.* Très largement pratiquée par les partenaires sociaux, elle consiste à positionner chaque poste dans une grille de classification *prédéterminée* en comparant son profil aux caractéristiques de quelques postes repères choisis dans sa filière professionnelle et étalonnés sur l'ensemble des filières.

Simple et d'apparence peu coûteuse, souple d'utilisation, facile à expliquer, cette méthode a été utilisée durant des décennies pour construire et mettre à jour les grilles de classification (connues sous le nom de grilles Parodi) dans les conventions collectives. Il s'agissait de hiérarchiser, en fonction de leurs exigences supposées, un ensemble de métiers ou de postes de travail relativement standards, connus au travers de leur appellation et sans qu'il soit jugé nécessaire d'en donner une description détaillée.

Les grilles de classification Parodi ont bénéficié pendant longtemps d'une double légitimité: non seulement les emplois étaient connus et reconnus par chacun, aisément identifiables et stables, mais il était admis en outre que l'État – par les arrêtés d'extension des conventions collectives – légifère dans ce domaine.

Les limites de la méthode tiennent à la bonne connaissance des emplois exigée des évaluateurs. Cette condition est de plus en plus difficile à satisfaire du fait de la multiplication et de la diversification des emplois au sein des entreprises. Par ailleurs, le caractère partiellement subjectif du classement peut conduire à des arbitrages délicats et à des temps prohibitifs.

Les approches emploi de nature critérielle (Type 2)

C'est au début du siècle que sont nées les premières méthodes d'évaluation analytiques. Les travaux de l'Américan Management Association et d'un certain nombre de chercheurs ont conduit par la suite à élaborer des critères et des évaluations en points. Les systèmes de *job évaluation* qui bénéficièrent du succès que l'on connaît, sont nés d'une double nécessité. La première fut de cesser de se contenter de hiérarchies implicites dans les entreprises et la seconde de prendre acte des développements de l'Organisation Scientifique du Travail en les intégrant dans les systèmes d'administration du personnel, grilles de rémunération et de classification notamment. C'est la raison pour laquelle les critères ne prenaient pas seulement en compte les connaissances professionnelles mais aussi des éléments tels que l'exigence physique, les conditions de travail ou les risques professionnels... et parfois les qualités morales.

Les méthodes actuelles des grands cabinets internationaux sont les héritières de ces systèmes, notamment la méthode Hay dont on peut dire qu'elle a elle-même influencé, du fait de sa notoriété, nombre de méthodes critérielles plus récentes. Elle repose sur trois critères principaux qui sont: *la compétence, l'initiative créatrice* et *la finalité.* Elle doit à son principe d'universalité, autorisant une comparaison précise des postes d'un secteur économique à un autre, ou d'un pays à un autre, d'avoir séduit beaucoup de grandes entreprises désireuses de sortir des cloisonnements traditionnels. La méthode a été introduite en France en 1966.

Relativement à la cotation finale des emplois (sommation des points attribués à chaque critère), il convient de signaler que le principe d'universalité de Hay est abandonné aujourd'hui par de nombreux cabinets qui proposent des systèmes d'évaluation en sur mesure. En autorisant un choix de pondération pour les critères, ils n'imposent pas de réponse standard et rendent possible une meilleure prise en compte d'une culture d'entreprise particulière. En revanche, la comparaison externe n'est plus possible.

Les approches purement compétence (Type 3)

Aussi paradoxal que cela puisse paraître, cette approche a connu une très provisoire heure de gloire dans les années 40-60 au temps du taylorisme triomphant. C'était l'époque où le «*langage des aptitudes*» dominait une psychologie industrielle naissante. Portée par le courant

des «*relations humaines*», le MTM (Micro- Time Measurement), *la méthode des tests* était à la mode et dominait les pratiques de sélection et de recrutement. On pensait pouvoir décrire les compétences d'un individu par une série de tests portant sur les «facteurs élémentaires» ou «critères» de l'activité professionnelle. Ces critères, souvent nombreux (de 20 à 50, parfois plus) se rapportaient:
– à des exigences d'ordre intellectuel, psychomoteur, caractériel;
– à des contraintes d'ordre physique et physiologique;
– à des impératifs de responsabilité sur le produit, sur le matériel, sur les hommes;
– à des connaissances théoriques et pratiques.

Cette approche par les aptitudes, dont les tests prétendent être les révélateurs fidèles, fut récusée par le psychologue J.-M. Faverge dans les années 60. Celui-ci montrait que le concept d'aptitude était un «faux psychologique», inadapté à l'étude de l'activité professionnelle.

Depuis cette récusation, il ne reste pour illustrer la «mesure in vitro» des compétences que l'antique méthode de l'examen ou du concours, dont il a déjà été question page 288 et dont on a mis en évidence les limites. On peut rattacher à cette approche l'essai professionnel qui existe dans un certain nombre de métiers manuels, notamment parmi ceux liés aux activités de maintenance. On y retrouve la logique de l'examen, mais sur une base de savoir-faire pratiques plutôt que de connaissances générales ou théoriques. Ces essais professionnels sont utilisés soit lors du recrutement, soit pour progresser dans la qualification et changer de coefficient.

Il faut enfin citer la pratique des centres d'évaluation (*Assessment Centers*) empruntée aux anglo-saxons et le plus souvent utilisée pour les cadres. Leur méthode s'inspire de l'essai professionnel des ouvriers, puisqu'il s'agit d'une «mise à l'essai» réalisée à blanc sur des simulations d'actions qui se veulent représentatives de la future situation de travail. Les centres d'évaluation sont utilisés le plus souvent à l'occasion du recrutement, pour sélectionner le bon candidat. Mais ils peuvent l'être aussi en matière de gestion des carrières et de qualification: on identifie les collaborateurs dont les capacités justifient une promotion, une mutation, une réorientation à court ou moyen terme. Dans ce dernier cas, on est bien dans une approche de la qualification par l'appréciation directe des compétences des personnes et non par l'évaluation des emplois.

Au final, il semble bien que mesurer les compétences indépendamment de toute référence à une situation de travail déterminée, et en considérant seulement la personne, demeure très problématique. D'où la réponse moins ambitieuse, mais aussi plus complexe, que je vais maintenant présenter.

Les approches mixtes ou emploi/compétence (Type 4)

L'emploi joue ici le rôle de variable auxiliaire pour permettre la mesure de ce qui est réellement recherché et qui est la compétence. Deux réponses sont concevables suivant que l'on se focalise d'abord sur l'emploi, en le décomposant en activités, ou plutôt sur la personne en recensant sous forme analytique les compétences requises par la situation de travail.

Nombre de chercheurs universitaires et de cabinets conseils sont engagés aujourd'hui dans ces recherches.

• *La segmentation des emplois en activités.* En 1986, le Cabinet Hay, soucieux de répondre à la demande du Centre National des Caisses d'Épargne et de Prévoyance (CENCEP), qui éprouvait des difficultés dans l'identification des postes repères pour les emplois de guichetier du fait de la diversité des contenus de la fonction d'une agence à l'autre, a accepté de modifier profondément son approche jusqu'alors ciblée sur le poste. Une nomenclature d'activités préclassées a donc été réalisée, certaines de ces activités étant équivalentes et toutes n'étant pas nécessaires pour tenir un emploi de guichetier.

La plupart des méthodes critérielles d'évaluation des emplois, à condition qu'elles ne soient pas trop lourdes, peuvent de même être transposées dans des applications ciblées sur les activités. En particulier, la méthode fondée sur le couple complexité/responsabilité, présentée au chapitre 3 (pages 113 et 114), a donné lieu sous le nom de « classification bien tempérée » à des applications de ce type.

On voit bien l'intérêt de recourir à un tel découpage, afin de pouvoir traiter des emplois qui apparaissent de plus en plus « à géométrie variable ». Ou bien lorsqu'il s'agit de raisonner en termes d'équipe de travail jouant l'auto-organisation et la polyvalence et au sein de laquelle n'existe pas d'emploi rigidement défini. Ce ne sera vraisemblablement pas le moindre paradoxe de l'histoire sociale de cette fin de siècle, si tant est que cette tendance se confirme, que de vouloir ainsi décomposer les emplois pour en finir avec... la division du travail.

Le salarié n'est plus payé alors en fonction de l'emploi qu'il occupe à un moment donné mais pour ce qu'il est capable de faire dans le cadre de sa situation de travail et après vérification de cette capacité. Il ne s'agit plus de définir ce qui manque au salarié pour accéder à un poste supérieur, lui-même défini de façon trop précise pour permettre une quelconque souplesse, mais de se préoccuper de ce que le salarié peut faire immédiatement en cas de besoin pour l'entreprise.

• *La segmentation des emplois à partir des compétences.* S'agissant de la mesure des compétences, Hewitt Associates a mis au point, vers 1980 aux États-Unis, un outil d'analyse et d'évaluation des fonctions devant faciliter la gestion prévisionnelle des emplois appelé *Basic Abilities*. On reste bien dans l'approche visant à privilégier les contenus réels d'emplois – les situations concrètes de travail – plutôt que de se limiter à décrire, analyser et évaluer un poste de travail prédéterminé et supposé être la meilleure réponse à un moment donné pour une production donnée.

Il s'agit d'identifier sans omission ni répétition l'intégralité des compétences de telle sorte qu'elles puissent être isolées des fonctions tenues et reconnues comme des composants de chacune d'elles. Un dictionnaire des compétences est constitué en sachant qu'elles sont réparties en différents types et que l'on identifie celles qui sont effectivement mises en œuvre et non l'intégralité des compétences détenues par chaque agent.

On s'attache par le fait même à mesurer les compétences en elles-mêmes, dans l'absolu, mais sans que le lien à la situation concrète de travail soit évacué. Par rapport à la réponse en termes d'activités, il s'agit davantage d'une différence de degré que de nature.

Avec les méthodes du type 4, nous nous rapprochons indiscutablement d'une approche ciblée plus sur la personne que sur l'emploi, mais sans que ce dernier soit évacué de l'analyse.

➢ *Avantages et inconvénients de la gestion par les compétences*

La gestion des compétences est rendue nécessaire par les changements de mentalité en cours dans la population salariale. Les hommes et les femmes qui constituent l'entreprise veulent avoir une action sur le développement de leur carrière. Ils acceptent de moins en moins d'être des pions que l'on déplace sur un échiquier et ressentent la nécessité d'une concertation, d'une planification, d'une préparation en ce qui concerne leur évolution.

Dans le même temps, les entreprises prennent conscience des nouveaux défis auxquels elles vont se trouver confrontées du fait du ralentissement de la croissance et du vieillissement de leur population. Déficit de création de nouveaux postes à proposer aux ambitieux de valeur et peu de départs naturels, les mesures d'âge (comme dans la sidérurgie) ayant asséché pour plusieurs années les générations au voisinage de la soixantaine... Comment, dans ces conditions, éviter la sclérose des hommes, l'immobilisme des organigrammes, maintenir un minimum de motivation et d'intérêt pour le travail? La gestion des compétences, parce qu'elle porte en germe une politique de mobilité qualifiante, à base de mutations horizontales et pas seulement de promotion ascendante, permet de répondre, au moins partiellement, à ce défi.

Des retombées qualitatives multiples

Pour l'entreprise qui s'engage résolument dans une telle démarche, les retombées sont extrêmement nombreuses et bénéfiques, même si elles ne sont pas immédiatement chiffrables en termes économiques à la différence des inconvénients, ainsi que nous le verrons plus loin.

Le gain probablement le plus important est à rechercher au niveau de la flexibilité de l'organisation du travail et de la réactivité de l'entreprise face à des bouleversements de son marché, de ses produits, de sa technologie. Parce qu'elle dispose en permanence d'une surpuissance en compétences, l'entreprise est en mesure de recomposer très vite son organisation et ses moyens.

L'effet communication interne peut également être important. Les salariés qui ont «traîné leurs bottes» dans les différents services de l'entreprise ne peuvent plus avoir un comportement de rouage anonyme dans une organisation impersonnelle. Ils ont une connaissance plus large et concrète du processus de production et de distribution ainsi que des hommes qui s'y dépensent. On peut penser que cette connaissance a des retombées relationnelles bénéfiques, particulièrement en situation de tension ou de crise. Bien des dysfonctionnements, liés à la mauvaise communication, ont des chances de se trouver éliminés.

Des salariés dont la mobilité, le perfectionnement permanent, l'attribution de missions ponctuelles, entretiennent l'agilité d'esprit ont également toutes les chances de se montrer efficaces, plus motivés, plus impliqués dans les objectifs de l'entreprise.

L'entreprise peut enfin gagner en cohérence de gestion à la faveur d'une telle opération. C'est pour elle le moment de mettre en concordance sa stratégie commerciale et industrielle avec sa politique de gestion des ressources humaines.

L'obstacle discutable du coût

L'objection majeure est bien entendu le risque de dérapage en matière de coût du travail. L'entreprise paie des compétences dont elle n'a pas, à chaque instant, un besoin avéré. On peut observer, à terme, une concentration excessive en professionnels de haut niveau par rapport aux professionnels débutants ou en voie de formation, avec une sous-utilisation du personnel relativement au salaire et au niveau de compétence atteints. Par rapport à la logique taylorienne où l'on ne paie que le travail effectivement réalisé, la rupture est totale.

Toute la question est de savoir à combien on évalue les gains en matière de flexibilité, réactivité, communication, motivation... et réduction d'effectifs par rapport au surcoût consistant à *thésauriser* des ressources humaines de fort calibre. Il ne faudrait pas que les outils de comptabilité analytique conduisent, une nouvelle fois, à donner la préférence à des solutions de *statu quo* sous prétexte que l'on sait calculer ce que coûterait la solution évolutive mais que l'on ne connaît pas ce qu'elle rapporterait.

Deux autres objections, plus spécifiques, sont faites par les sceptiques. Si l'on n'y prend garde, disent-ils, la gestion des compétences pourrait conduire à la constitution d'une armée de polyvalents aptes à remplir quasiment toutes les tâches. Et conformément à l'adage «bon à tout, bon à rien», il n'est pas évident que la productivité y trouve son compte. Enfin, la surqualification non utilisée peut conduire les salariés à se démobiliser.

Ces objections sont réelles, mais peuvent à mon avis aisément se désamorcer par une bonne gestion des personnes venant en appui d'une hiérarchie compétente, consciente de ses responsabilités et de ses devoirs. Comme dans tout ce qui a trait aux hommes, il n'y a jamais de système ou d'outil apportant automatiquement la solution. Mais n'est-il pas mieux qu'il en soit ainsi? C'est à l'homme, à sa liberté, à son intelligence, qu'est remise en dernière analyse la clé de son propre devenir.

Les politiques de rémunération

Je viens de présenter plusieurs des aspects gestionnaires auxquels renvoient les concepts d'emploi, de classification, de qualification... Un dernier aspect manque cependant, particulièrement important car à fort enjeu pour les différents acteurs, celui du lien à la rémunération.

Mon propos (1) sera de rechercher d'abord (aspect fonctionnel) les fondements d'une politique de rémunération avant d'en présenter (aspect structural) les mécanismes. Une troisième section s'essayera à une évaluation critique des diverses composantes d'une politique de rémunération.

➢ *Entre logique du marché, équité sociale et impératif gestionnaire*

L'un des enjeux historiquement les plus forts de l'établissement des grilles de classification fut de traduire et de consolider l'équilibre et la cohérence des rémunérations entre les différents emplois. Il s'agit au final de rendre sociablement acceptables les différences salariales. Or, cet équilibre est une notion complexe qui renvoie aux données du marché du travail, mais également au sentiment d'équité sociale tel qu'il s'exprime aussi bien au sein de chaque entreprise qu'au niveau des entreprises d'une même branche ou d'un même bassin d'emploi.

Comment les divers acteurs sociaux, tant au niveau de l'entreprise que de la branche, vont-ils articuler les exigences du marché du travail avec celles de l'équité sociale... sans oublier les impératifs de bonne gestion?

Les exigences de l'équité

C'est généralement au niveau de l'entreprise que ces exigences s'expriment aujourd'hui le plus fortement, même si dans le passé la branche professionnelle a longtemps été le lieu central de la négociation. En

(1) Les principaux développements de cette section sont repris du livre de Gérard Donnadieu, **Du salaire à la rétribution. Pour une nouvelle approche des rémunérations,** *Éditions Liaisons, 1993.*

effet, les situations d'injustice ou supposées telles sont toujours plus fortement ressenties sur le lieu de travail ou dans son voisinage immédiat. Chacun a naturellement tendance à regarder dans l'assiette de son voisin et à se scandaliser de la moindre inégalité qui ne lui semble pas entièrement explicable et légitime.

Selon Bernard Galambaud (1), les grilles et les méthodes de classification des emplois «*ne visent pas à la modification de la hiérarchie existante dans l'entreprise. Elles sont un outil de gestion, pas un outil de révolution. Elles cherchent plutôt à clarifier les justifications de cette hiérarchie et, cette clarification opérée, à corriger les anomalies pouvant apparaître, des incohérences pouvant être révélées*». Aussi, les grilles de classification et par suite les barèmes de salaires, ont d'abord pour objet de retrouver et légitimer les fondements de la hiérarchie sociale en vigueur et de permettre son application de façon rationnelle et systématique. Cette hiérarchie sociale n'a le plus souvent rien d'objectif, au sens par exemple de l'équilibre qui s'établirait entre valeurs relatives des emplois sur un marché libre. Elle renvoie bien davantage à des éléments de nature culturelle et historique, à la manière dont un corps social distingue le juste et l'injuste, dont il entend reconnaître et récompenser le travail, l'utilité, le talent. Cela dans un contexte permanent de rapports de pouvoir entre les principaux acteurs (2).

Bernard Galambaud observe: «*Ainsi, des situations acquises peuvent se perpétuer alors même que les conditions objectives qui les justifiaient ont disparu. Des groupes socioprofessionnels ont pu à un moment donné obtenir une situation favorable et réussir par la suite à la maintenir. Bien entendu, la hiérarchie sociale n'est pas étrangère à la notion de rapport de forces.*

Enfin, on ne peut passer sous silence des éléments qui relèvent d'un simple symbolisme social. Il est bien connu que des emplois modestes exercés à proximité d'emplois prestigieux bénéficient d'une surqualification grâce à ce voisinage. Le cas des secrétaires est un bon exemple de cette situation. Une secrétaire de directeur et une secrétaire de chef de service peuvent fort bien avoir des descriptions de fonctions identiques. Mais le seul fait que le directeur ne se situe pas au même niveau que

(1) Bernard Galambaud, Des hommes à gérer, *Entreprise Moderne d'Édition, Paris, 1983.*
(2) On peut se reporter avec profit aux écrits de Pierre Bourdieu sur ce thème de la légitimation des distinctions et des hiérarchies sociales.

le chef de service sur l'organigramme de l'entreprise entraîne bien souvent une différence de qualification entre les deux secrétaires.»

C'est tout cela qui va être traduit par la grille de classification, surtout lorsque cette dernière s'accompagne d'une méthode d'évaluation des emplois entièrement «internalisée» et spécifique à l'entreprise. La politique salariale qui résulte alors de cette grille se réfère, pour l'essentiel, à l'entreprise et à sa logique interne. Aux salariés, elle propose l'entreprise comme univers de référence et lieu d'intégration.

La référence au marché

Pris au pied de la lettre, le discours précédent revient à nier toute forme de pertinence à une approche interentreprise de la classification et des barèmes de salaires. Si la rareté, élément majeur de la fixation du prix sur un marché libre, n'est pas le facteur classant de l'emploi, à quoi bon établir des grilles de classification au niveau d'une branche professionnelle?

En réalité, la question est plus complexe. Le marché intervient malgré tout, mais à la marge. D'abord au moment de l'embauche, lorsqu'un écart minime de rémunération, toutes choses étant égales par ailleurs, peut s'avérer pour le candidat le critère déterminant du choix. Ensuite, lorsqu'à poste comparable, l'écart de salaire entre entreprises devient tel qu'il finit par constituer une incitation à la démission ou à la démotivation. En ce domaine, on sait que les cabinets de chasseurs de têtes considèrent que pour espérer débaucher un salarié satisfait de son emploi, il faut lui proposer une espérance de gain supérieure de 20-25 % à son revenu d'origine.

«L'effet marché» joue donc, mais avec des écarts relativement élevés. C'est pourquoi les entreprises, afin d'éviter le creusement de tels écarts, ont développé des instruments de cohérence et d'harmonisation: grilles de classification au niveau des branches professionnelles, méthodes «universelles» d'évaluation des postes. Dans cette recherche de cohérence les systèmes de classification professionnelle ont historiquement constitué le pivot de l'identité professionnelle de chaque branche. Ces systèmes étaient l'instrument privilégié de l'ajustement entre les «forces du marché» et les «rapports de force» entre acteurs institutionnels. Corrélativement, la branche était le lieu stratégique pour cet ajustement.

Or, à partir de la fin des années 70, on a assisté à une mutation dans le contenu et le fonctionnement de ces systèmes de classification. Les grilles Parodi, fondées sur une énumération des dénominations des postes et de leur contenu, ont cédé progressivement la place aux grilles fondées sur des critères classants. Ces dernières permettent de répondre beaucoup plus rapidement et efficacement à des demandes du type: classement de nouveaux emplois, prise en compte de la polyvalence, identification de parcours qualifiants... Mais surtout, elles permettent, au moyen d'un regroupement des emplois sur quelques grands niveaux, d'établir des barèmes des salaires minima de branche, qui vont ensuite jouer un rôle d'homogénéisation et d'arasement des disparités entre entreprises.

Parallèlement s'est généralisé dans les entreprises l'emploi de méthodes «universelles» d'évaluation, du type méthode Hay. Celles-ci ne procèdent pas à une «hiérarchisation *a priori*» des emplois comme les grilles de classification conventionnelles, mais produisent une «hiérarchisation *a posteriori*» issue de la cotation des différents postes réellement existants et analysés. Par exemple, deux postes cotés au même nombre de points Hay sont censés être de même niveau, même s'ils appartiennent à deux entreprises différentes. Il sera alors possible de les comparer en matière de rémunération et de contenir un éventuel écart à un niveau raisonnable. Telle est la philosophie de l'enquête annuelle de rémunération du cabinet Hay. Elle concerne toutes les entreprises dont les postes sont évalués en points Hay, ce qui dispense l'enquêteur de procéder à une description détaillée de chaque emploi, contrairement à d'autres enquêtes de rémunération. La restitution se présente sous la forme d'un graphique portant en abscisse le poids des postes en points Hay et en ordonnée la rémunération. Il s'en dégage une tendance centrale exprimée par une droite de régression avec une fourchette de 20 % de part et d'autre de cette tendance. Chaque entreprise peut alors situer sa politique de rémunération dans ce cadre général et envisager, si nécessaire, des mesures correctrices pour retrouver une parité au marché.

Les impératifs de la gestion

Pour le gestionnaire d'entreprise, cette double fonction d'ajustement au marché du travail et d'équité sociale, a toujours été perçue au moment de construire une politique de rémunération. Elle a dû toutefois composer avec d'autres considérations également impératives:

• **Le point de vue comptable** selon lequel on est porté à considérer le travail uniquement sous son aspect facteur de production dont il convient de minimiser le coût (masse salariale).

• **Le point de vue macroéconomique et sociétal**, hérité du Fordisme, et dans lequel le salaire est tenu de progresser à la mesure des gains de productivité afin de pouvoir constituer, au travers du revenu des salariés, le moteur de la demande de consommation. On se rappelle le pari de Henri Ford, décrétant en 1914 le doublement du salaire de ses ouvriers et prétendant par la suite qu'il ne fit jamais plus belle économie.

Le paradoxe n'est qu'apparent. La situation de Ford en 1914 était très particulière ; à Détroit, siège de la Ford Motor Company, le marché du travail n'était pas favorable aux entrepreneurs en général et à Henri Ford en particulier. Dans ses usines, les conditions de travail étaient très dures, notamment en raison de la mise en place des convoyeurs (la chaîne). L'augmentation des salaires était donc porteuse d'une belle économie en ce qu'elle permit de stabiliser un collectif ouvrier fuyant une usine qui poussait à son extrême la logique taylorienne. Mais la mesure comportait également d'autres volets sous-tendus par une conception originale du rôle du salaire. Il faut se rappeler que tous les ouvriers de Ford n'avaient pas accès à ce haut salaire. Son obtention était en quelque sorte conditionnée à la présentation d'un certificat de bonne conduite. Henri Ford avait en effet créé un corps d'inspecteurs chargés de la surveillance du mode de vie des ouvriers, et seuls ceux qui vivaient convenablement aux yeux de Ford obtenaient le salaire annoncé. On aboutit alors à ce qui est présenté comme la pièce maîtresse du projet fordien: il s'agit de verser des hauts salaires puis d'en orienter l'utilisation pour que l'ouvrier se transforme en consommateur de voitures Ford.

Mine de rien, une telle approche soulève une double question:
– économique, avec le repérage des gains de productivité et leur traduction en pouvoir d'achat pour dynamiser l'équilibre production/consommation;
– sociale, avec le partage jugé le plus équitable possible de ces gains de productivité (plus-value) au niveau de l'entreprise. Et ce partage peut prendre des formes très diverses: augmentations de salaire sans doute mais aussi participation et intéressement.

Cet exemple montre bien l'enchevêtrement des thèmes propres à la recherche économique (productivité, coûts unitaires, pouvoir d'achat...) et à la recherche sociologique (organisation du travail, qualification ouvrière, statut du salarié...). L'avènement du fordisme se caractérise en quelque sorte par une organisation nouvelle de la production qui élargit la relation salaire/travail. Il l'enrichit d'une référence qui n'est plus spécifiquement interne à l'entreprise, mais qui ouvre sur l'ensemble du système social. L'ouvrier est désormais perçu comme un consommateur dont on ne peut plus se passer, mais dont il faut aussi assurer la soumission à l'ordre de la consommation de masse.

• **Le point de vue de la gestion des ressources humaines.** C'est bien parce que la société industrielle développée est en recherche d'un dépassement du fordisme que le problème de la rémunération se pose aujourd'hui en termes nouveaux.

Il ne s'agit plus seulement de réaliser le meilleur ajustement au marché du travail tout en garantissant l'équité sociale. Il ne s'agit pas non plus de répartir au mieux les gains de productivité afin de contribuer à la croissance du pouvoir d'achat et de maintenir la paix sociale. Il s'agit, plus précisément, par la politique de rémunération de contribuer à l'atteinte des objectifs d'une gestion efficace des ressources humaines: optimisation de la ressource humaine, hautes qualifications, motivation et performance.

L'individualisation de la rémunération apparaît aujourd'hui comme l'un des points d'application privilégiés de cette nouvelle approche. Après avoir été longtemps pratiquées chez les ouvriers sous le nom de salaire aux pièces ou salaire au rendement, les formes personnalisées et variables de rémunération ont eu mauvaise presse et sont progressivement tombées en désuétude. Ce phénomène a coïncidé avec la grande vague de mensualisation des ouvriers qui a suivi en 1969 l'élection de Georges Pompidou à la présidence de la République (c'était l'une de ses promesses électorales). On notera au passage que cela a coïncidé également avec l'entrée de la majorité des ouvriers dans la société de consommation!

Or, il se trouve que l'on voit réapparaître de nouvelles expériences d'individualisation des salaires, ainsi qu'un nouveau discours en ce domaine. Paradoxalement, ces approches ne visent plus les ouvriers mais principalement les cadres, et même les cadres supérieurs! On y retrouve étroitement imbriqué, le double volet économique (se donner une flexibilité en matière de masse salariale) et sociologique (meilleure valorisation de la ressource humaine, en particulier la plus coûteuse, c'est-à-dire les cadres). L'individualisation renvoie ainsi à une autre conception de la gestion des hommes, elle-même liée à la meilleure prise en compte de données économiques nouvelles, comme le besoin de flexibilité et de décentralisation des opérations.

Récapitulation

Les trois aspects qui viennent d'être étudiés – logique du marché, équité sociale, efficacité gestionnaire – se trouvent récapitulés dans le tableau ci-après. Celui-ci est bâti sur un découpage logique par domaine (économique, social et gestionnaire) qui redistribue un peu différemment les trois aspects.

Les trois aspects de la rémunération

	Définition	Référence	Traduction (pour l'homme de personnel)
ECONOMIQUE	Rémunération ↗ contrepartie d'un travail Rémunération → revenu Rémunération ↘ coût	Marché, rareté (libéralisme) Équilibre Production/Consommation (fordisme) Équilibre financier de l'entreprise	Enquêtes salaires Négociations salariales Masse salariale } augmentations générales
SOCIAL	Rémunération ↗ partage Rémunération → récompense	Justice sociale Équité collective Mérite, équité individuelle	Participation, intéressement Classifications, grille de salaires Individualisation
GESTIONNAIRE	Rémunération = moyen de gestion des ressources humaines	Optimisation de la ressource humaine Motivation/implication des hommes	Gestion des carrières (capacités, potentiels) Performance individuelle et d'équipe (bonus, augmentations individuelles) Performance d'entreprise (intéressement)

➢ *Les systèmes de rémunération*

Par quels mécanismes réaliser à chaque instant cet équilibre entre forces du marché, équité sociale et impératifs de bonne gestion ? C'est bien sûr l'objet d'un système de rémunération que de réussir ce savant dosage, mais on conçoit que cela ne soit possible qu'à la condition d'accepter la complexité.

La représentation systémique

Utilisons une nouvelle fois le modèle cybernétique pour tenter de décrypter le système de rémunération, pris à la fois au niveau de sa structure interne, mais également dans ses rapports à l'environnement économique et social. Comme tout système, on peut d'abord le considérer comme une «boîte noire» transformant des variables d'entrée (les variables de pilotage) en variables de sortie (les variables d'action).

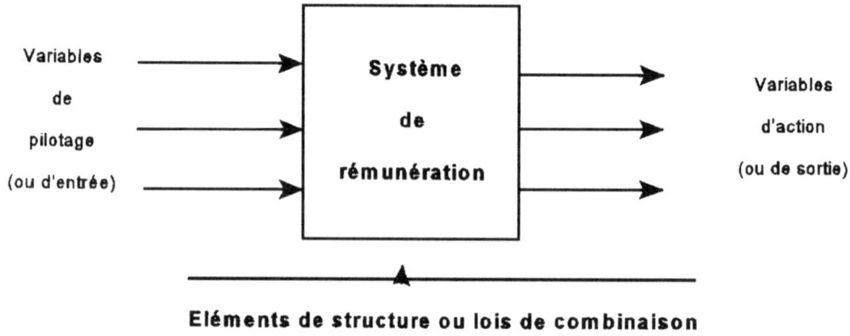

– Les variables de pilotage sont au cœur de la prise de décision sur les rémunérations et renvoient à la question «que faut-il payer?»
– les variables d'action permettent la mise en œuvre de la décision salariale et correspondent à la question «comment faut-il payer?»
– Les lois de combinaison caractérisent le type de politique de rémunération choisi. Elles agencent suivant diverses modalités les variables de pilotage pour déterminer la valeur des variables d'action. La diversité de ces lois de combinaison est très grande et il n'existe pas de réponse universelle.

Le problème pour chaque entreprise sera donc de rechercher, dans l'extrême variété des politiques de rémunération théoriquement possibles, celle qui sera le mieux adaptée à son organisation, à son histoire, à sa situation économique.

Rares sont les entreprises aujourd'hui qui peuvent se prévaloir d'avoir traité leur politique de rémunération de cette façon. Cette dernière a été généralement élaborée de manière empirique, selon une logique purement économique ou sociale, et non selon une logique gestionnaire de régulation.

Les variables de pilotage

Je distinguerai deux types de variables de pilotage: les variables économiques et les variables individuelles.

• **Les variables économiques.** Elles sont liées d'une part à l'économie générale et d'autre part à l'économie de l'entreprise. Ce type de variable a la particularité d'être facilement quantifiable. On va par exemple y trouver, s'agissant de données économiques générales:
- le taux d'inflation (des prix à la consommation...);
- le taux de croissance (du PIB, de la productivité...).

Et s'agissant de données liées à la prospérité de l'entreprise:
- le bénéfice ou résultat d'exploitation (RBE);
- le ratio de profitabilité RBE/Chiffre d'affaires;
- le ratio de rentabilité RBE/Capitaux propres;
- la valeur ajoutée VA;
- le ratio VA/effectifs;
- la réserve spéciale de participation (RSP);
- la marge brute d'autofinancement (MBA);
- etc.

• **Les variables individuelles.** Elles sont au cœur du système de gestion des personnes et en particulier de l'appréciation du personnel, telles qu'on les a présentées en section 1. Dans les pages qui précèdent, deux d'entre elles ont donné lieu à de longs développements:
- la classification, qui renvoie au niveau (N) du poste ou de l'emploi;
- la qualification, qui renvoie aux compétences ou à la capacité prouvée (C) détenues par la personne occupant cet emploi.

A ces deux variables clés, il convient d'adjoindre:
- la performance (p) issue de l'appréciation périodique des résultats dans un système de management par objectifs;
- le potentiel, défini comme la capacité pronostiquée à tenir une fonction plus importante, sous ses deux formes de potentiel escompté Pe et de potentiel ultime Pu.

Enfin, à ces cinq variables de gestion, il faut ajouter quatre variables individuelles à caractère sociodémographique et dont l'importance dépendra de la politique choisie:

– âge	A
– ancienneté dans l'entreprise	Ae
– ancienneté dans le poste	Ap
– situation de famille	F (peu utilisée)

Les variables d'action

Bien plus nombreuses qu'on ne le croit souvent, elles concernent les différentes composantes de la *rémunération globale* telles que l'on peut les visualiser au travers de la pyramide des rémunérations présentée déjà dans un ouvrage précédent (1).

Cette pyramide regroupe quatre rubriques distinctes depuis la rémunération directe (telle que résultant du contrat salarial et des politiques d'individualisation) jusqu'aux périphériques éloignés. Le terme de «périphériques de la rémunération» désigne les divers avantages matériels se rajoutant au salaire et faisant généralement partie du contrat de travail. Ces périphériques sont bien souvent le résultat des habitudes et de l'histoire de l'entreprise, mais ils peuvent être mis au service de sa politique. La somme de tous les avantages additionnels (lorsqu'ils existent) au salaire de base débouche bien entendu sur la notion de *rémunération globale*

• **La rémunération directe**. Elle apparaît dans la partie haute de la pyramide et correspond aux différents éléments repris sur le bulletin de salaire et donnant lieu, pour la plupart d'entre eux, aux diverses retenues pour charges sociales. En première analyse, la rémunération directe peut se décomposer en trois rubriques.

Une part fixe et rémanente: le salaire de qualification

Cette part fixe s'identifie souvent au salaire de base mais peut également se décomposer en salaire de base et complément individuel, ce dernier exprimé suivant les cas en nombre de points ou directement en francs.

Les augmentations individuelles de ce salaire de qualification, par nature irréversibles et cumulatives, dépendent, suivant les entreprises, de paramètres très divers: le niveau du poste, la capacité prouvée du titulaire, son potentiel, son âge, son ancienneté...

(1) *Gérard Donnadieu,* Du salaire à la rétribution, *Éditions Liaisons, 1992.*

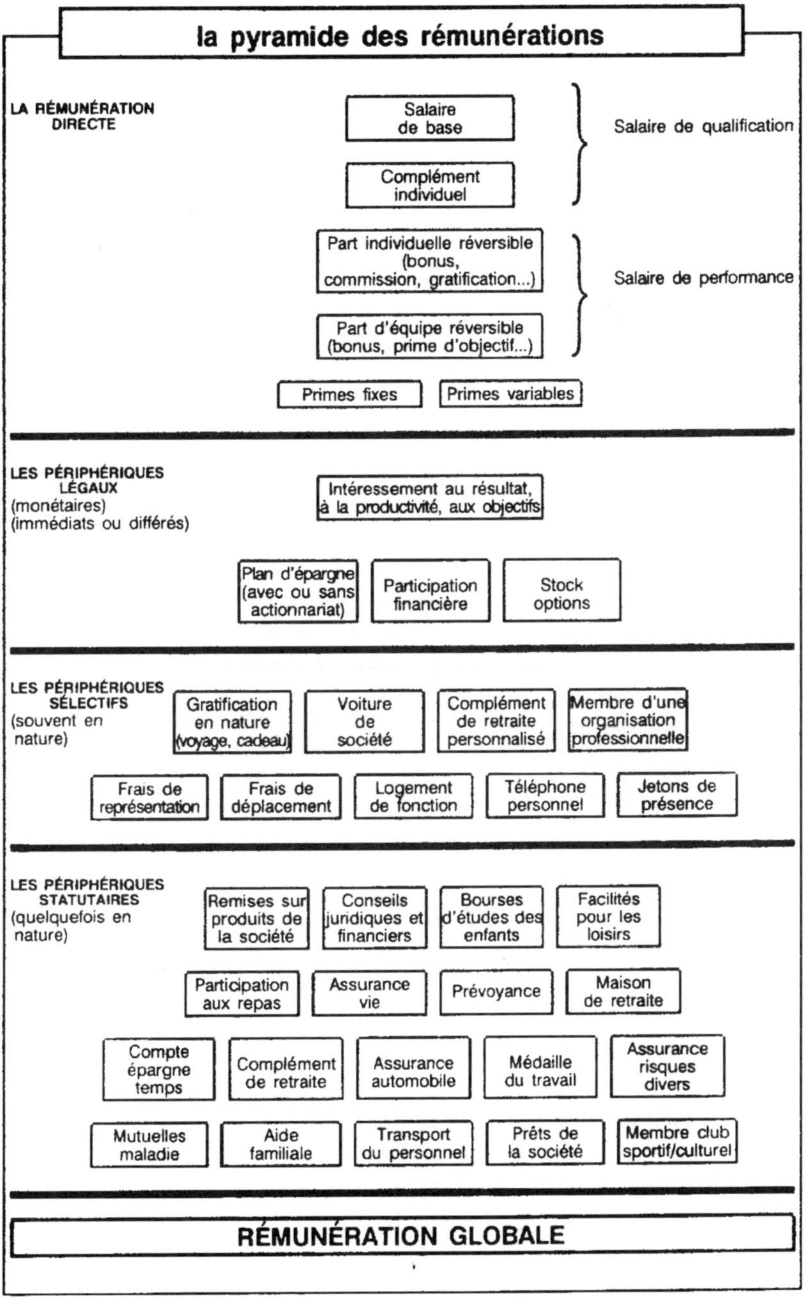
la pyramide des rémunérations
LA RÉMUNÉRATION DIRECTE
Salaire de base
Complément individuel
Salaire de qualification
Part individuelle réversible (bonus, commission, gratification...)
Part d'équipe réversible (bonus, prime d'objectif...)
Salaire de performance
Primes fixes
Primes variables
LES PÉRIPHÉRIQUES LÉGAUX (monétaires) (immédiats ou différés)
Intéressement au résultat, à la productivité, aux objectifs
Plan d'épargne (avec ou sans actionnariat)
Participation financière
Stock options
LES PÉRIPHÉRIQUES SÉLECTIFS (souvent en nature)
Gratification en nature (voyage, cadeau)
Voiture de société
Complément de retraite personnalisé
Membre d'une organisation professionnelle
Frais de représentation
Frais de déplacement
Logement de fonction
Téléphone personnel
Jetons de présence
LES PÉRIPHÉRIQUES STATUTAIRES (quelquefois en nature)
Remises sur produits de la société
Conseils juridiques et financiers
Bourses d'études des enfants
Facilités pour les loisirs
Participation aux repas
Assurance vie
Prévoyance
Maison de retraite
Compte épargne temps
Complément de retraite
Assurance automobile
Médaille du travail
Assurance risques divers
Mutuelles maladie
Aide familiale
Transport du personnel
Prêts de la société
Membre club sportif/culturel
RÉMUNÉRATION GLOBALE

On sanctionne aussi souvent de cette manière les résultats obtenus dans le poste (la performance, le mérite) alors qu'il s'agit de données temporaires liées à la période considérée.

Une part réversible: le salaire de performance ou bonus

Cette part réversible lorsqu'elle existe, ce qui n'est pas toujours le cas, a justement pour objet de sanctionner au moyen d'une somme significative, remise en jeu à chaque exercice, les résultats obtenus sur l'exercice, c'est-à-dire la performance. Elle implique donc la mise en place préalable d'un système d'appréciation de la performance, système géré par la hiérarchie opérationnelle.

Cette part réversible sera donc le plus souvent liée à la performance de la personne (individualisation). Néanmoins, on rencontrera des cas, notamment en production, où l'équipe de travail, à condition qu'elle soit petite, sera le niveau pertinent pour l'application du système (bonus d'équipe, prime d'objectif...).

Diverses primes

Fixes ou variables, individuelles ou collectives, elles sont liées à la fonction, à l'organisation du travail, à la personne, à l'établissement: prime d'ancienneté, prime de poste, prime de sécurité, prime de suggestion, prime de panier, etc.

On a assisté à la prolifération de ces primes dans certaines entreprises, ce qui a induit des effets pervers, tout finissant par être rétribué de cette manière. Pour cette raison, la variable prime n'est pas d'une grande utilité dans la mise en œuvre d'une bonne politique de rémunération.

• **Les périphériques légaux**. Ils ont pour caractéristique d'avoir fait l'objet d'une loi ou d'une ordonnance et sont aujourd'hui au nombre de quatre:
- l'intéressement dont l'origine remonte à une ordonnance de 1959;
- la participation financière dont l'origine est l'ordonnance du 17 août 1967;
- le plan d'épargne (couplé ou non avec l'actionnariat), dont l'origine est à rechercher dans l'ordonnance du 17 août 1967;
- les stocks options, mis en place par la loi de 1970 et celle de 1983.

Ces périphériques se traduisent toujours en termes monétaires, habituellement par un versement d'argent, soit en fin d'une période de référence (intéressement), soit au bout d'un temps de blocage (habituellement cinq ans). Ils viennent compléter la rémunération mais sans avoir légalement le caractère d'un salaire.

Le plus souvent de nature collective, ils peuvent pour certains d'entre eux ouvrir sur une certaine plage de flexibilité individuelle (stocks options). Ils bénéficient d'un régime fiscal privilégié et peuvent être dispensés de tout ou partie des charges sociales.

Pour ces diverses raisons, ces périphériques se prêtent particulièrement bien à servir *d'instruments complémentaires* à une politique des rémunérations. Cela semble particulièrement vrai de l'intéressement qui offre une grande diversité de formes (productivité, objectifs, résultats économiques).

• **Les périphériques sélectifs**. On les nomme aux États-Unis «incentives». Souvent accordés en nature (logement, voiture, téléphone...), ils peuvent être variables et réversibles et entrer alors dans le cadre d'une politique de rémunération dynamique, par exemple comme éléments de gratification.

Toutefois, la grande diversité de ces avantages, la difficulté de les chiffrer avec précision, l'équivalence souvent contestable sur le plan fiscal rendent délicate leur utilisation délibérée et systématique. Enfin, leur transparence fait problème (acceptabilité sociale) pour une application à l'ensemble du personnel.

• **Les périphériques statutaires.** Ils sont à caractère distributif et réglementaire, du type avantages acquis. Entrent dans cette rubrique aussi bien les œuvres sociales gérées par le comité d'entreprise que divers avantages octroyés traditionnellement par l'entreprise: prêts à taux préférentiel, remises sur les productions de l'entreprise (exemples: automobile, électricité, transport, etc.), conseil juridique et financier, ramassage du personnel... Y entrent également la plupart des dispositions complémentaires relatives à la retraite et à la prévoyance sociale.

Ce caractère collectif, prédéterminé et rigide ne permet guère l'utilisation de ces périphériques dans le cadre d'une politique de rémunération dynamique. De plus, faisant partie intégrante du statut de l'entreprise, ils sont peu visibles et les salariés en sont rarement conscients sauf au moment de l'embauche, ou lors de la concrétisation d'un risque ou d'un avantage.

• **Douze variables d'action**. A partir des différentes composantes de la pyramide des rémunérations, il est alors possible d'identifier une douzaine de variables d'action (ou groupes de variables) susceptibles d'être utilisées dans une politique de rémunération. On peut classer ces variables de la manière suivante:

Action sur le salaire fixe (ou salaire de qualification)
- Augmentation générale AG
- Augmentation individuelle AI

Il s'agit de deux variables très importantes.

Action sur le salaire variable (ou salaire de performance)
- Bonus individuel Bi
- Bonus d'équipe Be
- Primes spécifiques PR

Trois variables dont seule Bi est largement utilisée.

Périphériques légaux
- Intéressement d'entreprise Ie
- Intéressement d'unité Iu
- Participation dérogatoire RSP
- Abondement au plan d'épargne AB
- Stock options SO

Cinq variables dont Ie et Iu sont les plus utilisées.

La RSP (sous forme dérogatoire) est de peu d'intérêt et demeure exceptionnelle.

Autres périphériques
- Périphériques sélectifs (ou «incentives») PS
- Périphériques statutaires PST

Deux variables. Elles peuvent être importantes en volume mais jouent le plus souvent un rôle auxiliaire, à l'exception de certains «incentives» dans des entreprises particulièrement dynamiques souvent sur le plan commercial.

Les lois de combinaison

Sélectionner et commander les variables d'action à partir des variables de pilotage, tel est le problème que doit traiter toute politique de rémunération. Par suite du grand nombre de variables, les réponses sont multiples et aucune ne peut prétendre à la «vérité». Il y a probablement autant de bonnes réponses que de situations différentes d'entreprise et de contextes économiques.

Il est permis cependant de s'interroger sur l'existence de quelques règles de bon sens présidant à l'association variables de pilotage/variables d'action.

• **Qualités d'un bon système de rémunération**. En théorie, on pourrait imaginer une savante formule mathématique permettant de déterminer les douze variables d'action à partir des douze variables de pilotage. Mais en pratique, une telle solution n'a aucune chance de fonctionner; elle serait totalement incompréhensible pour les salariés et ne produirait donc sur eux aucun effet, sinon des effets pervers. Il existe de ce fait une forte exigence de simplicité quant aux lois de combinaison... sans tomber pour autant dans le simplisme.

L'observation des entreprises montre que les salariés ont une perception correcte de ce qui commande une variable d'action lorsque cette dernière est influencée par trois variables de pilotage au maximum, et plus vraisemblablement deux. De manière plus précise, on peut énoncer une sorte de principe de séparation des variables. Pour être efficace auprès des salariés, une variable d'action doit être:
– commandée par une variable de pilotage principale;
– modulée par une, ou au plus deux, variables de pilotage secondaires.

Au-delà de ce nombre de trois, le processus de fixation des rémunérations paraît opaque – on parle de «procédure tunnel» – et la politique salariale n'est pas comprise. Le sentiment est celui d'une fixation arbitraire des salaires, à la «tête du client».

A ces exigences de simplicité, d'équité et aussi de sécurité qui sont déterminantes du point de vue des salariés, il convient d'ajouter d'autres caractéristiques nécessaires du point de vue des dirigeants de l'entreprise:
– adaptativité, car un bon système de rémunération doit disposer d'une souplesse suffisante pour s'adapter aux changements;
– motivation, car le système de rémunération doit inciter le personnel à s'engager dans son travail;
– compétitivité, car le système ne doit pas pénaliser l'entreprise par rapport aux concurrents.

Ces dernières conditions seront souvent obtenues en augmentant la flexibilité de la rémunération (réversibilité de certains éléments comme le bonus et l'intéressement).

• **De quelques lois fréquentes de combinaison**. Munis des orientations et règles précédentes, on peut alors reprendre les principales

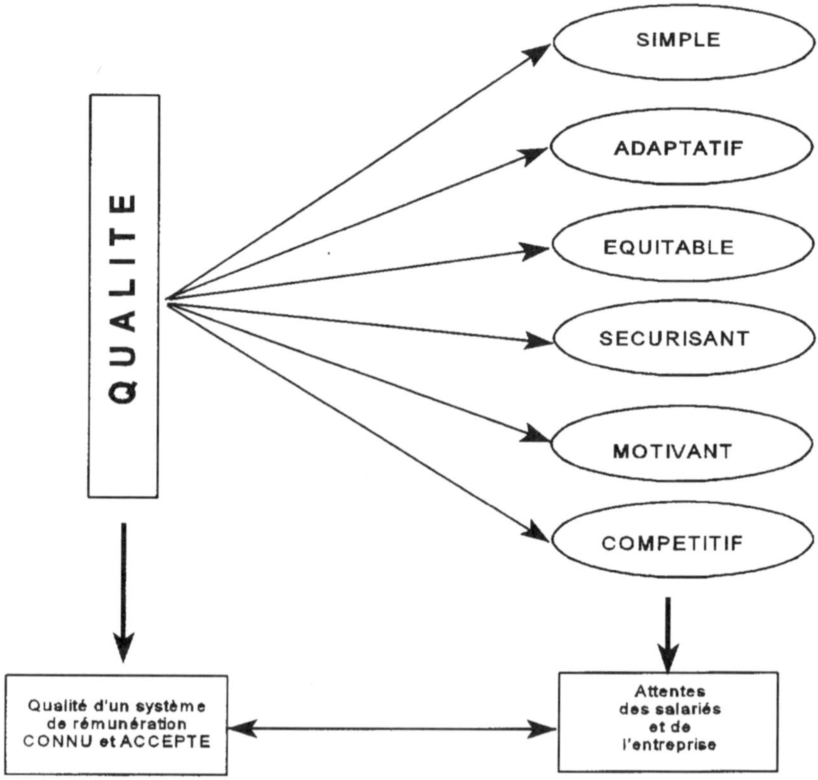

variables d'action en recherchant, parmi les variables de pilotage, celles qui peuvent leur être associées efficacement.

– *Augmentation générale: AG*

Elle est normalement dépendante des conditions économiques de l'environnement et de l'entreprise.

$$AG = \text{fonction } (i, c, s)$$

i : coût de la vie, avec choix d'un indice de prix ou de dépenses;

c : croissance économique générale, avec mesure de la progression du PIB ou de la productivité globale des facteurs de production;

s : prospérité de l'entreprise avec un indicateur ad hoc.

On sait, d'observation courante, que les entreprises prospères sont habituellement des entreprises qui paient bien leur personnel. Cette remarque relativise le rôle du marché du travail comme variable directrice dans la fixation des rémunérations. A emploi équivalent, le jeu du marché interdit certes le creusement d'écarts excessifs, mais la plage de variation ainsi autorisée est relativement large. Et à l'intérieur de cette plage, ce sont les évolutions relatives qui comptent, évolutions qui sont commandées par les trois familles de variables économiques qui viennent d'être identifiées.

– *Augmentation individuelle: AI*

A priori, elle peut dépendre de toutes les variables de gestion individuelle, ainsi que des quatre variables démographiques, soit neuf variables au total. Comme ce nombre est bien trop élevé, il faut choisir, parmi ces variables, les deux ou trois qui fondent la politique d'individualisation des salaires. Et il y a naturellement plusieurs réponses possibles que l'on rencontre aujourd'hui dans les entreprises.

– *Bonus: Bi*

Dans la majorité des cas, le bonus individuel est commandé par l'appréciation de la performance p. Pour les cadres dirigeants, il peut arriver que ce bonus soit également lié à la prospérité de l'entreprise.

$$\text{Bi} = \text{fonction } (p, s)$$

– *Intéressement Ie et Iu*

Cet outil collectif ne peut être commandé que par des indicateurs liés à la prospérité de l'entreprise ou à l'efficacité de l'unité.

$$\text{Ie, Iu} = \text{fonction } (s)$$

s peut renvoyer à plusieurs indicateurs ad hoc

– *Autres périphériques légaux*

Il s'agit de l'abondement AB au plan d'épargne et des stocks options SO. Ils sont liés souvent aux possibilités de l'entreprise, c'est-à-dire à sa prospérité. De plus, pour les stocks options, rien n'interdit une individualisation sur la performance par exemple.

$$\text{AB} = \text{fonction } (s) \quad \text{SO} = \text{fonction } (s, p)$$

– *Autres périphériques: PS, PST*

Les périphériques sélectifs peuvent être utilisés en appui d'une politique d'individualisation. Ils sont alors concernés par les mêmes variables de pilotage que l'augmentation individuelle AI. Certains de ces périphériques (gratifications en nature par exemple) sont souvent pilotés par la seule performance p.

Les périphériques statutaires peuvent être liés, en longue durée, à la prospérité de l'entreprise. La marge de manœuvre qu'ils offrent au gestionnaire reste cependant limitée.

➢ *Essai d'évaluation critique*

L'approche stratégique des rémunérations, c'est-à-dire leur mise au service des objectifs de l'organisation, s'impose aujourd'hui de plus en plus aux dirigeants d'entreprise. Dans ce cadre, les concepts de rémunération globale, de variables de pilotage, de variables d'action, de lois de combinaison, s'imposent comme des instruments indispensables pour construire et mettre en œuvre un tel projet.

Pour déboucher sur le succès, la nouvelle approche laisse apparaître une série d'impératifs:
– nécessité de rendre variable une part significative du salaire pour éviter les effets cumulatifs tout à fait intolérables en période de stabilité des prix et de croissance faible;
– nécessité de jouer à la fois sur le volet individuel (la motivation, les objectifs individuels) et le volet collectif (l'équipe, l'entreprise), les deux volets se complétant et se corrigeant l'un l'autre;
– intérêt de s'insérer dans les formules des périphériques légaux lorsque c'est possible, afin de bénéficier des avantages qui y sont attachés, contrairement aux périphériques sélectifs soumis aux prélèvements sociaux;
– nécessité d'étaler et de planifier dans le temps (de l'ordre de trois ans) pour des raisons économiques et sociales, la mise en place d'un nouveau système de rémunération.

Les nouvelles pratiques de rémunération doivent ainsi satisfaire à une double exigence de flexibilité et d'implication:
– flexibilité, car on établit un lien formel et fort entre la rémunération globale et les résultats économiques (de l'entreprise et/ou de l'unité);
– implication, car la motivation des salariés se voit clairement sollicitée en faveur d'une meilleure efficacité individuelle et collective.

Par rapport à ce double critère, on peut procéder à une tentative de rangement (tout à fait subjective) des différentes variables d'action sur une grille à deux axes. En utilisant un code typographique (mot souligné une ou deux fois suivant l'intensité de la contribution), on peut également introduire un troisième critère: l'amélioration du climat social et le maintien de la paix sociale.

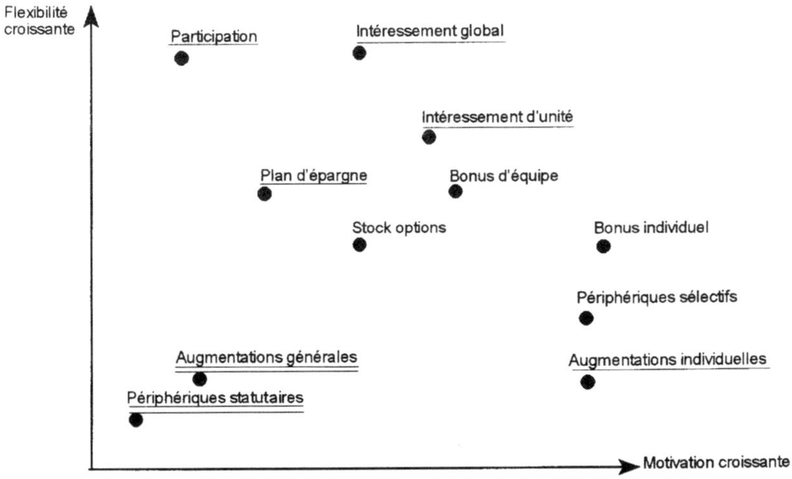

Bonus et intéressement apparaissent comme des outils particulièrement bien adaptés au contexte économique de faible croissance et faible inflation. Ce n'est pas le cas avec les autres outils qui semblent soit nettement plus rigides (augmentations individuelles, périphériques sélectifs), soit nettement moins motivants (participation financière, augmentations générales). En revanche, certains de ces outils comme les périphériques statutaires peuvent contribuer efficacement à la sauvegarde du climat social.

En conclusion, l'évolution des politiques de rémunération paraît s'effectuer aujourd'hui dans le sens d'une plus grande sophistication: développement du bonus avec mesure de la performance individuelle, diversification des critères d'efficacité, intéressement composite avec volet global et volet local, formalisation du management par objectifs, recherche de synergies entre plan d'épargne et actionnariat, etc. Cette complexité est désormais inéluctable pour pouvoir répondre à la diversité des situations.

Le système de rémunération de demain sera diversifié, ajusté à la variété des populations, et mettra en œuvre plusieurs outils jouant sur l'individuel et le collectif. Nous sommes définitivement sortis de la «one best way»! Il n'existe pas de solution universelle, pas plus en matière de rémunération que sur tout autre sujet. En revanche, il existe sans doute, pour une situation donnée, un contexte social et historique donné, une combinaison plus efficace que les autres. Mais il s'agit là d'une réponse contingente, à découvrir empiriquement par des responsables d'entreprise observateurs et intelligents.

Glossaire de quelques termes clés utilisés en gestion des ressources humaines

Emploi
Situation de travail d'une ou plusieurs personnes effectuant les mêmes activités et correspondant au versement d'un salaire. Il s'agit d'un terme générique décrivant le mode d'occupation des individus.

Poste
Situation de travail entièrement définie par l'organisation quant à son lieu d'exercice, son contenu et ses modalités d'exécution, indépendamment de son titulaire. La formule – l'individu fait son poste – décrit une organisation qui justement n'a pas de poste.

Fonction
Situation de travail dans laquelle l'organisation présente une certaine plasticité, le titulaire disposant d'un pouvoir d'influence pour élargir et enrichir le contenu de son emploi.

Activité (ou activité unitaire)
La plus petite unité organisationnelle de travail, finalisée par un objectif clair (ou mission) et qui peut, de ce fait, être efficacement confiée à un salarié disposant d'une marge minimale d'initiative.

Évaluation
Pesée ou cotation des emplois consistant à établir entre eux une hiérarchie de niveau légitimée par des critères réputés objectifs et rationnels.
L'évaluation commence le plus souvent dans des entreprises où existent des postes bien définis par l'organisation.

Performance (appréciation de)
Situation consistant pour une personne à atteindre voire à dépasser, les objectifs qui lui ont été fixés. On peut parler dans le même sens d'appréciation de résultats.

Compétences
Ensemble de connaissances, de savoir-faire et de comportements structurés en fonction d'un but dans un type donné de situation de travail.

Capacité
Degré d'aisance démontré, naturel ou acquis par l'expérience, dans un champ d'activité professionnelle.
La capacité se vérifie à l'occasion de la tenue efficace de postes ou fonctions. C'est pourquoi on l'appelle aussi *capacité prouvée* pour la distinguer d'une capacité présumée, à terme plus ou moins lointain, que l'on appelle aussi *potentiel*.

Potentiel
Hypothèse plus ou moins fondée par l'observation et l'extrapolation portant sur les ressources de toute nature encore non exploitées d'un individu et sur l'ampleur

de leur développement éventuel dans le temps. Lorsque ce pronostic est effectué dans une optique court/moyen terme (0 à 3 ans) en vue de préparer la prochaine étape de carrière d'un collaborateur, on parle de potentiel escompté. Lorsqu'un même pronostic est effectué à un horizon de long terme en vue d'estimer ce que sera l'apogée de carrière d'un collaborateur (généralement au voisinage de 50 ans), on parle de potentiel ultime.

Mérite
Notion morale, mettant l'accent sur les efforts et la volonté engagés par un collaborateur en vue d'atteindre certains résultats, que ces derniers soient ou non réellement obtenus.
Le problème posé par la notion de mérite est que sa mesure ne peut être que subjective car déconnectée des résultats. (*Cf.* la déclaration d'un chef d'entreprise : je reconnais vos mérites mais je ne paie que vos résultats).

Classification
Hiérarchie des emplois et en règle générale des postes, établie le plus souvent en référence à une grille construite *a priori.*
Les classifications sont définies par une convention collective. Cette classification peut aussi résulter d'une évaluation par le biais d'une méthode.

Qualification
- Dans son acception commune, la qualification désigne l'attribut d'un individu ayant accumulé un savoir et un savoir-faire susceptibles d'être valorisés socialement, par exemple en termes de rémunération ou de promotion.
- Dans l'acception précise et opératoire qui est la mienne dans ce livre, la qualification désigne la hiérarchie que l'on peut établir entre les individus selon leur capacité prouvée.

Individualisation
Gestion des rémunérations dans laquelle on prend en compte, pour déterminer le montant des salaires, les caractéristiques de l'individu (suivant les cas : performance, mérite, capacité prouvée, potentiel ou toute combinaison de ces variables). En ce sens, l'individualisation s'oppose au salaire au poste (qui ne reconnaît que le niveau de poste défini dans la grille des classifications). La méthode Hay par exemple, en retenant le poste/performance débouche sur une forme de compromis entre les deux approches. En matière de modalités de mise en œuvre, on distingue entre une individualisation basée *:*
- sur le niveau du salaire, par le jeu d'augmentations individuelles successives et cumulatives. C'est la voie la plus fréquente et on parle alors de salaire personnalisé *;*
- sur le montant d'une prime périodique (bonus, gratification, part variable...) généralement annuelle et liée à la performance de l'intéressé. On parle alors de salaire variable ou salaire de performance.

LA RÉGULATION SOCIALE

«La conception de la régulation et de l'action collective que nous avons présentée suppose des acteurs réellement autonomes (capables d'inventer des règles). Et la réponse doit être cherchée en poursuivant l'analogie : les sciences sociales doivent être conçues comme des sciences d'aide à la décision. Puisque cette décision est une décision complexe et, le plus souvent, implique plusieurs parties – ce que nous appelons une régulation conjointe – il s'agit d'une aide à la régulation conjointe.»

Jean-Daniel Reynaud. Les règles du jeu.

Le concept de régulation n'est pas nouveau. Élaboré d'abord par les mécaniciens en vue d'acquérir la maîtrise du fonctionnement de la machine à vapeur (régulation renvoie à régulateur dont le premier modèle fut le célèbre *régulateur à boules* de Watt), il a été considérablement enrichi par les travaux des électroniciens puis des automaticiens. La fécondité du concept va entraîner sa récupération par les sciences économiques et sociales, disciplines qui en étaient jusqu'alors fort éloignées. François Perroux fut, en économie, un des pionniers de cette évolution. En 1978, il organisait au Collège de France un colloque international sur le thème «Équilibre et Régulation» (1). En sociologie, dès 1971, on trouve dans l'ouvrage de référence de Henri Mendras (2) un chapitre intitulé : «La régulation sociale : valeurs, normes et mœurs».

Dans le cadre bien particulier du fonctionnement social de l'entreprise le concept de régulation doit être précisé et adapté. Sans mettre en cause la dimension volontariste du concept – comme pour une régu-

(1) Les travaux en furent publiés intégralement dans la revue Économie appliquée *de l'ISMEA (Institut des Sciences Mathématiques et Economiques Appliquées), Tome 31, n°s 3 et 4, 1978.*

(2) Henri Mendras, Éléments de Sociologie, *Armand Colin, 1971.*

lation industrielle, il s'agit bien d'indiquer les voies et moyens d'une action de pilotage à l'avantage du «pilote» – il convient de prendre en compte la complexité et le caractère multi-acteurs du système social bien mis en évidence par le chapitre 5 (pages 187 à 269). J'ai suffisamment dénoncé les insuffisances du modèle cybernétique de l'entreprise pour croire qu'un corps social composé d'acteurs de plus en plus intelligents et autonomes puisse se réguler comme s'il restait composé d'agents, notamment en ce qui concerne le traitement des multiples tensions et conflits qui ne manquent pas de survenir dans tout ensemble humain.

Quels sont alors les mécanismes permettant au management d'assurer cette régulation d'un système social devenu plus complexe et plus imprévisible dans ses réactions?

Comment agir sur le système social

Il ne peut s'agir bien sûr d'édicter des préceptes, ni de promouvoir une «énième recette» par rapport à celles, déjà suffisamment nombreuses, proposées par les consultants et qui se trouvent bien souvent périmées aussitôt qu'énoncées. En revanche, je pense que l'on peut prendre appui, conformément à la citation mise en exergue de Jean-Daniel Reynaud, sur les sciences sociales et les connaissances du système social acquises au chapitre 5, pour proposer aux dirigeants un certain nombre de repères, voire de conseils sur la conduite à tenir.

Dans cette perspective, la mise en œuvre d'une action de régulation sociale efficace peut se décliner sous la forme mnémotechnique suivante que je vais successivement développer:
- 2 formes,
- 3 modalités,
- 4 canaux.

➢ *Régulation autonome et régulation de contrôle*

Faut-il d'abord concevoir la régulation sociale comme constituée par les différents processus par lesquels un groupe maintient son équilibre social interne, arbitrant les différends et dénouant les conflits? On retrouve alors le concept d'*homéostasie* caractéristique des équilibres biologiques et selon lequel un organisme génère lui-même ses propres facteurs de rééquilibre face aux perturbations de l'environnement. La régulation sociale se trouve alors sous le signe de la stabilité. Ou bien faut-il la définir plutôt comme la capacité du groupe à piloter son évolution, voire à prendre en charge sa propre transformation. On rejoint alors les conceptions développées dans les discours sur la *conduite du changement.*

Homéostasie ou conduite du changement? En réalité ces deux définitions de la régulation sociale sont plus complémentaires qu'opposées et jouent le plus souvent ensemble. Ainsi, dans un environnement qui évolue, l'homéostasie à elle seule ne peut garantir la pérennité du système social. Sans conduite raisonnée du changement, on risque de laisser se creuser des écarts entre l'interne et l'externe, écarts qui deviendront progressivement explosifs. Mais réciproquement, toute conduite du changement, pour être efficace, est obligée de prendre en compte les ré-équilibrations spontanées de l'homéostasie. Le volontarisme a ses limites et comme l'a écrit Michel Crozier: «*On ne change pas la société par décret.*»

Une seconde distinction, plus essentielle, a été introduite par Jean-Daniel Reynaud(1) à partir des travaux déjà anciens de l'école des relations humaines (Elton Mayo et ses successeurs) et selon lesquels la régulation sociale procéderait de deux types de logique:
– la première, officielle et formelle, obéit à la logique des coûts et de l'efficacité et «*répond à des contraintes externes*». C'est celle de la rationalité;
– la seconde, officieuse et informelle, peut être considérée comme la sécrétion naturelle des groupes de travail. Elle répond «*à certains besoins créés par les rapports sociaux*» dans les groupes de travail et reste d'abord une «*logique de sentiments*».

Procédant à une relecture de ces travaux et nous alertant sur le fait que les choses ne sont peut-être pas aussi simples, Jean-Daniel Reynaud est conduit à redéfinir de manière différente, et en abandonnant la distinction formel/informel, les deux types de régulation. Il distingue ainsi entre:

(1) Jean-Daniel Reynaud, «Les régulations dans les organisations: régulation de contrôle et régulation autonome», **Revue Française de Sociologie,** *n° 29, 1988.*

– la régulation des dirigeants, qui descend du sommet vers la base: *la régulation de contrôle*;
– la régulation qui est produite par les groupes d'exécutants eux-mêmes: *la régulation autonome.*

Observons tout de suite que l'on ne doit pas donner aux termes de dirigeants et exécutants une connotation sociologique ou catégorielle. Il s'agit de distinguer entre ceux qui sont à l'intérieur du groupe et ceux qui se trouvent à l'extérieur, en position d'exercer sur le groupe un commandement ou une action conforme aux objectifs officiels de l'organisation (on pourrait tout aussi bien parler de *responsables*). Suivant le niveau d'organisation où l'on se place, le même acteur peut être producteur de l'une ou de l'autre des deux régulations. Ainsi, un agent de maîtrise, ou un chef de service sont à la fois producteurs (par leur statut et leur fonction) de régulation de contrôle, et de régulation autonome (par leur capacité à négocier en tant qu'individu avec leur propre hiérarchie, à passer des compromis informels, à jouer de leur influence personnelle...).

Selon Jean-Daniel Reynaud, la caractéristique de la régulation de contrôle est qu'«*elle s'exerce de l'extérieur*» sur les «*groupes d'exécutants*». Et la régulation autonome qui émane de ces mêmes groupes, c'est-à-dire pour simplifier «*la pratique des ateliers*», n'est pas nécessairement en opposition avec les règles édictées par les dirigeants. Seulement, leur articulation donne lieu à des ajustements: «*les régulations réelles sont des compromis (souvent assez instables) entre autonomie et contrôle*». Même s'il est dans l'ambition de la régulation de contrôle de vouloir régler l'ensemble de l'activité de travail, elle doit composer pour ce faire avec les diverses formes de régulation autonome. Les conflits qui apparaissent proviennent essentiellement des désajustements qui s'instaurent en ces occasions.

Par exemple, lors d'un choix technologique nouveau, plusieurs options d'organisation sont possibles au départ. Mais – selon Jean-Daniel Reynaud – ce sont les dirigeants qui, par le biais de règles nouvelles, vont chercher à «*contrôler les zones de liberté*» dégagées sur le terrain par l'apparition de nouveaux outils (ces derniers rendant possible une redistribution des rôles et des pouvoirs). Il y aura donc confrontation globale des deux logiques, puis ajustement.

La régulation de contrôle s'exerce classiquement par la voie hiérarchique, mais pas seulement. Des pans entiers peuvent en être délégués à des fonctionnels, y compris en ce qui concerne la «*régulation technique de production*». Les règles de gestion des Ressources Humaines souvent élaborées avec les partenaires sociaux en constituent un volet essentiel; de même, la mise en place d'une structure de communication interne.

Muni de ces clarifications, il est possible désormais de proposer une définition de la régulation sociale, définition certes imparfaite mais qui reprend les principaux aspects qui viennent d'être évoqués.

La régulation sociale est l'ensemble complexe des mécanismes d'ajustement:
- que le *système social* de l'entreprise invente et met en œuvre en permanence, de manière officielle (*régulation de contrôle*) ou officieuse (*régulation autonome*),
- pour maintenir son *équilibre interne*,
- et, dans le même temps s'adapter à, et anticiper *l'évolution* de ses divers environnements (changements d'organisation notamment).

Dans la suite de ce chapitre, je vais me focaliser sur l'étude de la seule régulation sociale de contrôle. Mais il ne faudra jamais perdre de vue que celle-ci s'exerce conjointement à la régulation autonome qui elle n'attend pas l'arrivée du manager pour exister et produire des effets. Le dirigeant lorsqu'il met en œuvre une action de régulation de contrôle doit toujours garder à l'esprit les interactions possibles avec la régulation autonome.

➢ *Les trois modalités de la régulation de contrôle* (1) (2)

A partir du modèle de synthèse du système social, réconciliant interactionnisme et culturalisme, présenté à la fin du chapitre 5 (page 269), il est possible de construire une représentation cartographique faisant apparaître parmi les diverses boucles de rétroaction

(1) *Gérard Donnadieu,* Essai d'interprétation systémique de la régulation sociale dans une organisation, *Communication au 2e Congrès Européen de Systémique, Prague, 5/8 octobre 1993.*
(2) *Gérard Donnadieu, «Systémic interpretation of social relations in organizations»,* World Futures, *vol. 42, n^o spécial 1994, «Problems of Systems Identity in the Natural, Human and Social Sciences».*

celles qui vont se trouver directement concernées par la régulation de contrôle. Cela implique naturellement d'identifier et de faire ressortir séparément sur la carte systémique l'acteur dirigeant de l'ensemble des autres acteurs.

Le schéma permet de repérer la place et le rôle possible des différents sous-systèmes en cause: les dirigeants, le système organisationnel (SO), le système culturel (SC) et le jeu des acteurs.

Remarquons que jeu des acteurs et système culturel sont en synergie au sein du système social, conformément à la boucle de rétroaction (boucle de d'Iribarne) décrite page 264. Et ce même chapitre montre également (boucle de Crozier) que les acteurs sont en interaction complexe avec le système organisationnel dont ils subissent «l'emprise de structure» tout en disposant à son égard d'une capacité d'influence (même si elle est bien souvent à la marge).

Les trois modalités de la régulation de contrôle

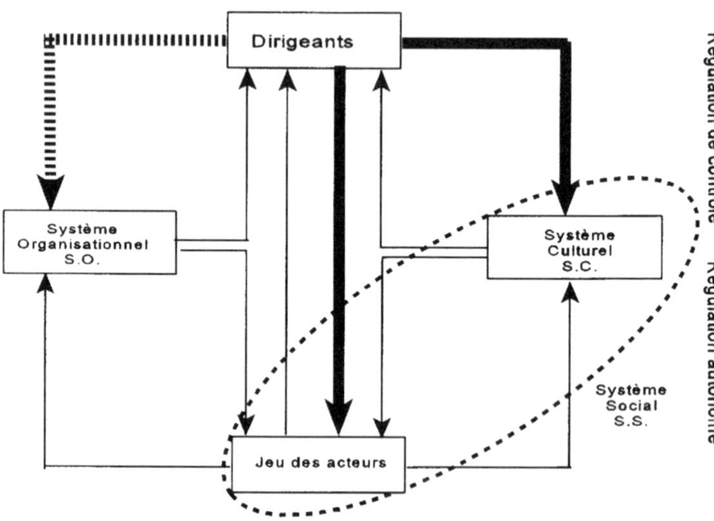

Régulation sociale autonome

Régulation sociale de contrôle

Action des dirigeants sur l'organisation (ou régulation organisationnelle) qui peut également être considérée comme entrant dans la régulation de contrôle

La place privilégiée occupée par les dirigeants apparaît alors clairement. En tant qu'acteurs positionnés pour agir sur tous les sous-systèmes, les dirigeants sont en bonne posture pour exercer la *régulation de contrôle.* Ils ont en effet la possibilité:
– de modifier le système organisationnel (SO), en changeant les règles et procédures, en déterminant la structure et les définitions des fonctions, en élaborant des décisions qui auront un impact sur l'ensemble du fonctionnement de l'organisation;
– de s'impliquer directement dans le jeu des acteurs en utilisant ou modifiant les enjeux, en négociant et en utilisant leur pouvoir statutaire;
– d'agir, dans une certaine mesure, sur le système culturel (SC), en influençant les valeurs des acteurs ou, plus indirectement, en créant les conditions de leur émergence.

Naturellement, ces actions ne sont pas sans réciprocité. Les différentes boucles de rétroaction fonctionnent la plupart du temps en interconnexion. Tel est notamment le cas des boucles relatives au système organisationnel et au système culturel. C'est-à-dire que toute modification de la structure, des procédures, des règles du jeu, déstabilise et repositionne les enjeux d'acteurs, induisant indirectement et par à-coup des modifications des normes et valeurs, explicites ou non, du corps social. Renaud Sainsaulieu (1) cite l'exemple de l'entreprise Bouygues: le système de facturation interservices induit chez chacun un «*comportement de commerçant vis-à-vis des autres*»: «*Ainsi tout le monde négocie et acquiert une sorte de dignité d'acteur-négociateur...*»

Les règles influent sur les jeux d'acteurs; les jeux d'acteurs sur les comportements; les comportements sur les rites; les rites sur les jeux d'acteurs... Mais à l'inverse, la «promotion» de telle nouvelle valeur échouera si l'écart qui la sépare des mentalités actuelles est trop important.

Cet ensemble d'interactions aux nombreuses boucles (5 sur le schéma systémique) fait clairement apparaître les trois grands leviers ou modalités d'action qui sont à la disposition des dirigeants et qu'il convient de combiner avec le maximum de cohérence.

(1) Renaud Sainsaulieu, «L'entreprise, une affaire de société?», CFDT Aujourd'hui, *juin 1991.*

Agir sur l'organisation

Le système organisationnel détermine les marges et les limites du jeu des acteurs (surtout par le biais du système des règles et procédures); d'autre part, son impact culturel est évident. Aussi, si l'on veut éviter de se bercer d'illusions, il est le premier système à prendre en compte. Avant de gérer la culture, il faut gérer la structure et en vérifier la cohérence.

Par exemple, les hommes ont-ils effectivement les moyens (accès à l'information, budget, ressources) correspondant aux responsabilités qui leurs sont déléguées? Le système de gestion des personnes est un élément clé de cette action de régulation sociale, dans la mesure où il permet d'agir sur les flux d'entrée (recrutement) et de sortie, ainsi que les mécanismes de développement de la ressource humaine (formation, appréciation, promotion). Ces facteurs ont une incidence, à la fois sur le jeu possible des acteurs et sur leur «imprégnation» culturelle. Modifier les systèmes de classification, de rémunération, d'évolution de carrière a un impact très important sur la régulation (ou la dérégulation) sociale.

Cette affirmation est validée *a contrario* par les dysfonctionnements qui surviennent à peu près toujours lorsque les dirigeants prétendent agir sur le seul système culturel ou sur le jeu des acteurs sans toucher au schéma organisationnel. Il s'agit de l'illusion type d'une certaine conception dégradée des relations humaines, conception taxée par certains de manipulation ou de jeux de masques sans réelle prise sur le réel. Les actions entreprises apparaissent vite comme des «opérations-gadgets»: fausse participation, pseudo-projet d'entreprise, cercles de qualité «bidon»...

Les acteurs naïfs qui ont répondu à l'appel se sentent grugés et piégés. D'où une dégradation ultérieure du climat social avec installation de la méfiance et de la suspicion. Toute nouvelle tentative sera interprétée en termes de «poudre aux yeux» et les acteurs sociaux se défendront énergiquement contre elle, se raidissant sur la sauvegarde des garanties et avantages acquis.

Intervenir dans le jeu des acteurs

S'il y a des enseignements pratiques à retenir de l'interactionnisme, c'est assurément ici. L'accent mis sur l'identification des intérêts et des enjeux, le repérage des partenaires ou adversaires potentiels et des possibilités d'alliances ou d'oppositions par rapport à la stratégie des dirigeants, tout cela coule de source dès que l'on se situe dans cette optique. Se demander, par exemple, quel intérêt peut avoir telle ou telle catégorie de personnel à adhérer à une démarche participative, ou au contraire à s'y opposer, peut épargner bien des déconvenues. Et de même pour l'instauration d'un nouveau système de rémunération devant lequel on place l'acteur en l'invitant à en jouer le jeu. Combien de réformes avortées, de grands projets fédérateurs restés dans les cartons, pour avoir escamoté l'importance de cette analyse préalable!

De même, la prise en compte du contexte aura une forte incidence sur le choix du moment: mettre en œuvre, par exemple, une politique d'appréciation du personnel en pleine menace de restructuration est certainement voué à l'échec.

Enfin, on peut tirer de l'interactionnisme l'enseignement que, même dans le cas de changements radicaux impliquant une complète redistribution des cartes, la règle d'or est de savoir négocier, quel que soit le «poids» stratégique du partenaire (adversaire ou allié). Vouloir ignorer le jeu des acteurs et ses règles implicites conduit le dirigeant à de lourdes déconvenues. Cette ignorance est rarement délibérée mais découle le plus souvent de deux attitudes naïves:

– un *rationalisme* primaire caractéristique d'une approche purement technicienne des problèmes. Le dirigeant croit qu'il suffit d'élaborer la décision logique et de mettre en place l'organisation ad hoc pour que les acteurs suivent naturellement ses injonctions;

– un *humanisme* sentimental qui se refuse à voir la réalité des affrontements d'intérêts. Le dirigeant prévoit des structures harmonieuses, édicte des valeurs et un projet d'équité. Malheureusement, les acteurs restent inchangés et n'entendent pas sacrifier leurs habitudes et encore moins leurs zones d'autonomie. Par dessus tout, ils veulent préserver leur intérêt immédiat. Ceux qui n'ont rien à gagner dans l'opération en «sabotent» alors le processus.

Agir efficacement sur le système social exige donc une attitude de *grande lucidité*. Il faut prendre la réalité telle qu'elle est et non telle qu'on la voudrait; il faut être sans illusion sur les hommes, leur égoïsme naturel, leurs oppositions.

Influencer la culture

Peut-on mobiliser les hommes par la culture? Celle-ci est-elle toujours efficace et peut-on agir sur elle? Ou bien a-t-on comme unique latitude de s'y adapter?

Une culture n'est forte que si elle influence réellement les comportements (ce qui est loin d'être le cas de toutes les chartes d'entreprise!). Roger Bevand(1) préconise de prendre en compte les caractéristiques socioculturelles préexistantes, pour les renforcer ou les modifier; ce qui passe par le relais et la fonction pédagogique du management. Peut-être, si l'on en croit cet auteur, faut-il «segmenter» la gestion culturelle, au lieu de viser une globalité illusoire? Et avant de promouvoir les valeurs d'appartenance à l'entreprise, chercher à renforcer le sentiment de propriété du salarié sur son entreprise. En tous les cas, il serait fou et probablement malsain de vouloir contrôler jusque dans le détail les processus de création des différentes sous-cultures et leurs interactions. Sainsaulieu rejette une telle idée comme irréaliste(2); de plus, il y a intérêt à tolérer les microcultures spontanées (d'atelier, de service) tant qu'elles ne sont pas contre-productives.

Alors, adaptation ou action? Page 333, on vient de voir que l'on pouvait jouer sur les recrutements et les promotions pour renforcer l'incidence de facteurs culturels favorables; on peut former également les individus dans le sens de certaines valeurs et les «apprécier» en référence à celles-ci. L'intervention sur le système organisationnel constitue donc un levier puissant, même s'il est indirect, pour agir sur la culture. Mais il existe aussi des moyens spécifiques d'action. Nadine Lemaître(3) distingue trois voies de production culturelle:
– *le langage*: attention au «poids des mots»! Parler de ses collaborateurs ou de son équipe, plutôt que de ses subalternes, n'est certainement pas sans incidence;
– *les rites*: des occasions existent de célébrer sous forme festive les arrivées, les promotions ou les départs. La reconnaissance des performances ou même les grands moments fédérateurs peuvent revêtir une dimension symbolique en frappant l'imaginaire: remise de distinctions et de médailles... (Compagnons du Minorange dans l'univers culturel de Bouygues par exemple);
– *les comportements*: ceux des dirigeants en particulier. Ils sont avant tout affaire de perception, mais il faut qu'ils soient perçus en accord

(1) Roger Bevand, «Peut-on manager la culture d'entreprise», Personnel, *n° 312, février 1990.*

(2) Renaud Sainsaulieu, La culture d'entreprise, *Actes du colloque des 4 et 5 novembre 1988, APS, Paris.*

(3) Nadine Lemaître, «La culture d'entreprise: outil de gestion?», Direction et Gestion, *n° 6, 1984.*

avec les discours. Il faut qu'il y ait congruence entre les valeurs déclarées des dirigeants et la perception que les autres acteurs de l'entreprise ont d'eux. Il importe donc de «dire ce que l'on fait et de faire ce que l'on dit». Les comportements informels du dirigeant (contrôle-surprise par exemple) marqueront plus sûrement la culture que ses déclarations sur les valeurs (la confiance).

N'oublions pas non plus l'importance de l'image externe de l'entreprise sur la représentation que le personnel s'en fait: les exploits techniques ou sportifs, renvoyés par les médias, renforcent la fierté d'appartenance du salarié. Mais fondamentalement, c'est la dimension du temps qui prime: la culture d'une entreprise ne s'est pas faite en un jour; ce n'est pas en un jour qu'on la changera.

Quels sont les dysfonctionnements rencontrés lorsqu'un dirigeant néglige ou utilise mal le levier culturel?

Une situation fréquente renvoie à l'attitude *rationaliste* déjà dénoncée au paragraphe précédent. Par étroitesse d'esprit, le responsable ne conçoit pas que les acteurs puissent avoir une autre logique que la sienne. Les réactions du type «logique de l'honneur» (dignité, respect de soi, souci de la solidarité de groupe) lui échappent et ses plans sont déjoués par ce qu'il croit être l'irrationalité, l'immaturité ou l'affectivité des acteurs.

Pour autant, un comportement de type purement interactionniste soumis à la seule référence utilitaire, n'est pas sans danger. Très vite perçu comme manipulateur, le dirigeant voit se dresser devant lui des partenaires prévenus, défensifs, cherchant à lui arracher le maximum d'avantages à court terme. Et il ne pourra susciter que des adhésions de circonstance.

Prendre en compte la rétroaction culture/jeu des acteurs a des conséquences *éthiques* pour le dirigeant: cela suppose d'être conscient du système de valeurs de l'autre et de demeurer capable de le respecter *même dans l'âpreté du conflit et de la négociation utilitariste.* Ce qui suppose de chercher à comprendre quelle valeur symbolique le partenaire attribue à ses actes et à ses décisions, mais aussi, et surtout, de s'abstenir de pressions qu'il jugera inacceptables au regard de ses croyances.

➢ *Les quatre canaux de la régulation de contrôle*

Au-delà des trois grandes modalités d'action qui viennent d'être identifiées, le schéma précédent ne nous dit pas comment l'acteur dirigeant peut exercer de manière concrète cette action de régulation. Par quels relais, moyens et outils déterminés, par quelles démarches *top down*, le dirigeant va-t-il s'assurer de la qualité de son pilotage du système social?

Dans une grande organisation, le dirigeant peut rarement, en effet, intervenir de manière directe. Il a besoin de *médiateurs*, lesquels heureusement ne font pas défaut. C'est ce que j'appelle les voies ou canaux de la régulation sociale.

Qu'est-ce qu'un canal?

Etymologiquement, un canal est un moyen de liaison entre deux réservoirs permettant un transfert de l'un à l'autre. Le flux transféré peut être de nature physique (liquide, onde hertzienne) ou symbolique. Ici, il s'agit bien évidemment d'un échange symbolique particulier, porté par le langage humain et dont le but est d'exercer une influence.

Tout canal de régulation sociale suppose donc au moins deux acteurs (un émetteur et un récepteur), mais il en comporte le plus souvent beaucoup plus. La direction de l'entreprise se trouve être généralement un des acteurs clés du canal, en bout de chaîne habituellement.

Enfin, je désigne par le terme de canal un processus structuré, un dispositif concret mettant en œuvre des moyens et des acteurs spécifiques selon des processus définis. Pour cette raison, le terme de «canal» ne convient pas pour désigner des processus de communication informels, tels que la rumeur. Le canal est un dispositif maîtrisé, à la disposition de l'émetteur, le dirigeant en particulier. Il convient d'entendre le mot de la même manière que dans la formule «élever une protestation par le canal diplomatique» (convocation d'ambassadeur, remise de lettre de doléances, etc.).

Les canaux et leurs acteurs

Traditionnellement, les canaux de la régulation sociale s'identifiaient au système de relations sociales et au rôle confié à l'encadrement. Or le syndicalisme, acteur traditionnel et puissant de cette forme de régulation sociale, connaît aujourd'hui une grave crise au sein de la société française. Quant à l'encadrement, pris de plein fouet dans la tourmente des remises en cause structurelles, bousculé par l'essor des démarches participatives et/ou le raccourcissement de la ligne hiérarchique, il n'est pas resté non plus un relais parfaitement sûr.

Cette situation a conduit les entreprises, tout en cherchant à réactiver ces vieux canaux et essentiellement l'encadrement, à en rechercher de nouveaux. Aujourd'hui, on peut identifier quatre grands canaux de régulation sociale (voir figure de la page suivante).

H: encadrement ou canal hiérarchique,

R: système de représentation du personnel ou canal des relations sociales,

M: canal médiatique (communication interne impulsée par la direction),

P: canal des groupes de proposition ou canal participatif, que je désigne ainsi faute d'un terme mieux approprié.

Au sein de chaque canal, on a affaire à des acteurs différents:

Canal	Acteurs
H	encadrants de différents niveaux
R	syndicalistes, élus, hommes de personnel
M	professionnels de la communication, sociologues d'entreprise
P	animateurs de groupes, responsables de groupe de pilotage, certains encadrants et fonctionnels, formateurs, DRH

Les canaux ne sont pas indépendants mais accusent et retransmettent chacun les contrecoups des impulsions qu'ils reçoivent les uns des autres. C'est le sens des «pontages» latéraux qui figurent sur le schéma. Par exemple, un encadrant ou un élu peuvent faire partie d'un groupe de traitement de problème, un groupe projet peut se trouver impliqué dans le journal d'entreprise...

Les canaux et leurs missions

Les canaux ont chacun une mission particulière dans l'ensemble du processus de régulation, mission que je vais essayer de définir brièvement.

– *Canal encadrement.* Il constitue le passage obligé de la plupart des directives, procédures et changements organisationnels. L'information économique et sociale peut également l'emprunter. Mais c'est alors

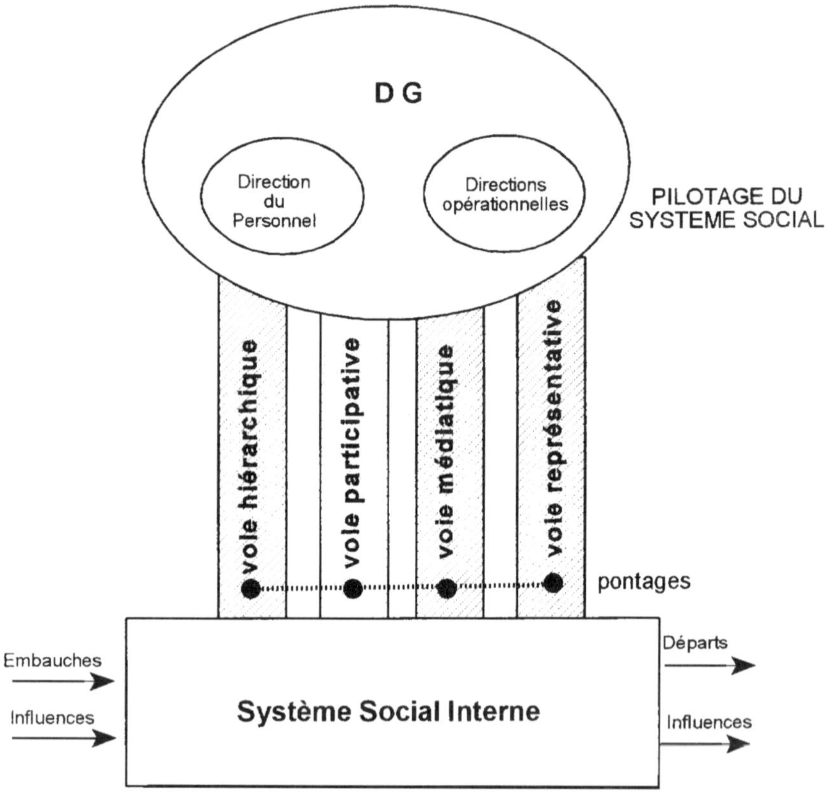

au service de la microrégulation sociale sur laquelle ce canal est traditionnellement positionné. Les encadrants (cadres et maîtrise de commandement) en constituent les acteurs clés.

– *Canal représentatif (ou des relations sociales)*. Il s'agit de l'ensemble des instances représentatives du personnel, structurées sur la base de dispositifs et d'acteurs légaux et institutionnalisés (CE, représentants syndicaux, délégués du personnel) auxquelles il faut adjoindre les hommes de la fonction personnel directement impliqués dans les relations sociales.

L'information transitant par ce canal est plutôt de nature sociale (et économique). Traditionnellement, ce canal est positionné sur la régulation macrosociale. Celle-ci s'exerce sur le mode de la pression remontante, s'accumulant puis donnant lieu à des «purges» généralement cycliques (conflit-négociation-accord). Mais cela concerne son mode traditionnel d'exercice.

– *Canal médiatique.* C'est une voie nouvelle qui fait de la communication interne une fonction à part entière, avec ses professionnels (Dircoms, spécialistes des sondages, etc.) et son arsenal de moyens souvent fort coûteux (journaux d'entreprise, campagnes de communication, enquêtes d'opinion, observatoire social).

Ce canal médiatique est chargé aujourd'hui de missions multiples, parfois contradictoires, souvent implicites. Porte-parole de la direction, rédacteur du journal d'entreprise, correspondant de terrain pour la communication, organisateur de grands rassemblements, pédagogue de l'encadrement... autant de rôles différents dont ce canal a la charge.

– *Canal participatif.* Sorte de «doublage» diffus du canal hiérarchique, il constitue une tentative pour impliquer directement le personnel de base dans les projets de transformation. Les acteurs principaux en sont les membres des différents groupes participatifs (cercles de qualité, groupes de progrès, groupes de traitement de problèmes, etc.) et surtout leurs animateurs et pilotes.

Ni strictement descendant, ni simplement ascendant, ce canal fonctionne à partir d'un réseau d'interactions multiples. Il relie les acteurs participants par «grappes» transversales et remet donc en cause les cloisonnements classiques par niveaux hiérarchiques ou par fonctions. En somme, il généralise un mode de régulation par projets et par réseaux.

Observons que la formation peut, dans certaines configurations particulières, s'intégrer dans ce canal. C'est le cas des formations intra-entreprises animées par des membres de l'encadrement choisis pour leurs qualités pédagogiques. Les groupes composés par les participants aux sessions de formation peuvent devenir des relais interactifs pour une information montante et descendante, en imbrication d'ailleurs avec le canal de l'encadrement (existence d'un pontage latéral).

➢ *L'art de la combinatoire et le clavier du dirigeant* (1)

Si l'approche systémique, avec son principe de variété requise, met en évidence un danger possible, c'est bien celui de l'activation uni-

(1) Gérard Donnadieu, Gérard Layole, «Des relations du travail à la régulation sociale», Personnel, *n° 341, mai 1993.*

latérale d'un seul canal. N'agir que par le canal représentatif ou hiérarchique par exemple, engendre des chocs en retour du circuit négligé, qui risquent de saboter l'efficacité propre du canal activé: la hiérarchie se désinvestit ou bien ce sont les partenaires sociaux qui se rebiffent. De même, se lancer dans le «tout médiatique» est bien périlleux, car autant il est des décisions dont l'annonce requiert impérativement la mise au premier plan de la direction, autant il en est d'autres, remodelage de l'organisation dans les services par exemple, qui appellent l'implication personnelle des différents hiérarchiques. Enfin, n'insistons pas sur les mirages du participatif érigé en système autosuffisant, l'expérience démontrant qu'il finit par s'épuiser dans une multitude d'initiatives sans lendemain, faute de soutien et de relais explicites. Au final, c'est au travers d'une *combinatoire optimisée* des différents canaux et des diverses formes d'action que l'on a les meilleures chances d'assurer une régulation de contrôle efficace.

Certains feront sans doute observer que en violant une nouvelle fois le principe taylorien de division du travail, cette combinatoire n'est pas sans risque. Ainsi, pour prendre un exemple, les démarches participatives, en redistribuant aux exécutants un pouvoir d'influence sur les décisions, ne sont pas sans causer quelque malaise à la hiérarchie de terrain jalouse de ses prérogatives. En même temps, renforçant les possibilités pour la base d'être entendue du sommet, elles dépossèdent quelque peu le canal représentatif de son monopole revendicatif. Mais ce risque de «trop d'actions» me paraît autrement moins grave que le risque «par défaut», lorsque le personnel se trouve dépendant d'un canal unique pour son information et sa mise en mouvement. De plus, le principe de division du travail et de rationalité économique derrière lequel s'abritent les opposants n'est le plus souvent qu'un habitus culturel qu'il convient justement de remettre en cause.

Comment mettre alors en œuvre cette combinatoire multicanaux, en reprenant également tout ce que j'ai écrit précédemment sur les multimodalités d'action? Dans la pratique, le responsable qui a à faire face à un problème précis de régulation sociale doit procéder à l'inventaire et au classement hiérarchisé des diverses réponses théoriquement possibles. Pour le faire, il peut s'aider de la grille d'analyse suivante que j'ai appelée *clavier du dirigeant.*

Canaux / Action sur	Encadrement	Représentatif	Médiatique	Participatif
Organisation				
Culture				
Jeu des acteurs				

A l'intérieur de chacune des cases de la grille, on peut caractériser l'efficacité de l'action au moyen par exemple de la symbolique suivante:

++ action très efficace, + action efficace, o action peu efficace

Illustrons les possibilités de cette méthode au moyen d'un exemple simple:

Un manager repère un turn-over anormal, excessif (et coûteux!) dans la population des jeunes Bac + 2 recrutés depuis quelques années. Pour remédier à ce dysfonctionnement qui traduit un malaise social, il va pouvoir, en fonction du diagnostic qu'il porte sur la situation, utiliser divers moyens d'action:

– agir sur l'organisation en demandant à l'encadrement de confier à chaque technicien nouvellement embauché la réalisation d'un projet clairement identifié, et de le piloter dans cette démarche;

– jouer plutôt la dimension culturelle en améliorant la qualité des stages d'intégration et en leur donnant une forme plus active (canal participatif);

– contractualiser plus précisément les relations entre les nouveaux embauchés et l'entreprise, avec introduction de contreparties négociées (jeu des acteurs) avec les partenaires sociaux (canal représentatif);

– organiser des réunions régulières d'expression de cette population (levier d'action culturel) avec l'appui de moyens de communication adaptés (canal médiatique);

– introduire parmi les critères d'appréciation de l'encadrement (levier organisationnel et canal hiérarchique) l'aptitude à intégrer les jeunes techniciens dans les équipes.

On le voit, les réponses possibles sont multiples, et chacun peut s'interroger, face à un problème de régulation, pour savoir quels sont les leviers les plus pertinents dans la situation donnée et quel est le bon dosage.

➢ *Pour conclure: conditions d'une bonne régulation sociale*

Dans une démarche de diagnostic, il est important de vérifier la qualité du dispositif sur lequel peut s'appuyer une direction pour mettre en œuvre des actions de régulation sociale. Cette vérification revêt en principe un double aspect:
– la qualité des canaux de régulation pris séparément. Il est clair que si le canal encadrement, par exemple, dysfonctionne profondément, il sera vain de compter sur lui pour exercer une quelconque action d'influence sur le personnel de base;
– la qualité de la combinatoire multicanaux/multi-actions, conformément à ce qui vient d'être dit. Cette combinatoire est très contingente à la situation de l'entreprise, au problème posé, à la stratégie choisie.

Améliorer la régulation sociale de contrôle suppose donc pour les dirigeants de réaliser deux choses:
– renforcer l'efficacité de chaque canal pris en lui-même. Naturellement, ce renforcement est d'autant plus nécessaire qu'il concerne un canal qui va se trouver davantage mis à contribution dans la stratégie retenue. L'oubli, dans ce cas, serait signe d'une inconséquence coupable. Je traiterai de cet aspect dans les pages suivantes;
– faire jouer en synergie les différents canaux en les intégrant dans une même perspective de fonctionnement. Toute bonne stratégie étant par hypothèse une combinatoire, ce second aspect est très important. Je le présenterai pages 385 et suivantes.

Mettre en place un autre encadrement

Rien de tel pour situer la place de l'encadrement dans la régulation sociale que de suivre son évolution. Ce canal est historiquement le plus ancien. Bien avant les discours sur l'importance de la hiérarchie, on s'appuyait manifestement sur elle non seulement pour transmettre et faire exécuter les directives du sommet, mais aussi pour contrôler et réduire autant que possible les manifestations de mécontentement en «réglant au mieux» les problèmes quotidiens. Il s'agissait donc d'une microrégulation sociale.

Plus tard, à l'époque du taylorisme triomphant et de la séparation entre concepteurs et exécutants, le rôle de l'encadrant de base devient purement disciplinaire (le «petit chef»). Sa mission consiste à faire appliquer mécaniquement les standards et les consignes.

Au cours des dernières décennies, on assiste à une remise en cause progressive de cette situation. Le style de commandement autoritaire se trouve répudié au profit d'une manière plus humaine, plus participative, bref plus «démocratique» d'exercer l'autorité. C'est l'époque des formations aux «relations humaines», axées sur la prise en compte des individus et l'animation d'équipe. Mais il est apparu très vite que la formation de cet encadrement n'était opérante que là où elle entérinait un rôle réellement élargi.

Qu'en est-il exactement aujourd'hui dans les organisations marquées par la complexité, l'ouverture à l'environnement, la flexibilité?

➢ *Vers un nouveau rôle de l'encadrement*

Le raccourcissement de la ligne hiérarchique et la promotion des initiatives de la base ne peuvent que conduire à modifier les attentes en matière d'encadrement. Rappelons, pour fixer les idées, que là où l'on identifiait chez Ford, à l'époque de l'organisation taylorienne, jusqu'à 17 niveaux hiérarchiques superposés, on n'en trouve aujourd'hui que 5 à l'instar de ce qui existe chez la plupart des grands constructeurs automobiles. Inutile de dire que cela a considérablement amélioré le «temps de réponse» de la structure, c'est-à-dire la réactivité, la rapidité et la fiabilité de la communication. Pour l'encadrant, les responsabilités d'intégration et de microrégulation de son équipe l'emportent alors sur le pouvoir disciplinaire et les missions traditionnelles (répartir le travail, donner des ordres, surveiller).

Pour caractériser ce nouveau rôle de l'encadrement, il faut se placer de deux points de vue différents mais complémentaires: sur quoi et comment a-t-il à agir? Autrement dit, quels sont les principaux domaines d'intervention de l'encadrant (sa *mission* en matière de régulation sociale)? Et quels sont les compétences et les moyens (son *métier*) qu'il doit mettre en œuvre pour réaliser cette mission?

Une mission de catalyseur d'efficacité des hommes

Dans une entreprise où la performance dépend désormais pour une large part de l'efficacité des hommes, *l'encadrement a pour mission de catalyser cette efficacité.* A cette fin, et conformément à ce que j'ai écrit au chapitre 2 (pages 83 à 86) concernant les trois déterminants de l'efficacité des hommes, les encadrants ont à mettre en œuvre des actions en matière de:

• **développement des compétences individuelles et collectives**: moins directement présents sur les décisions techniques, les encadrants doivent, en revanche, s'impliquer davantage dans les affectations de travaux, la formation, la bonne adaptation à l'emploi des collaborateurs, la détection des talents et des potentiels. Sans être eux-mêmes détenteurs de tous les savoirs et savoir-faire, ils sont les «facilitateurs» de leur transfert;

• **motivations individuelle et d'équipe**: un accent particulier est mis ici sur les capacités d'animation. Il s'agit d'aider les hommes à agir ensemble et à coopérer, ce qui est bien autre chose que d'arbitrer d'éventuels conflits et de régler des différends de frontières dans les attributions respectives. Mais agir en commun suppose le plus souvent des objectifs partagés. L'encadrant est donc celui qui porte en permanence les objectifs et en fait le ciment de la coopération de l'équipe.

Pour obtenir ce résultat, l'encadrant dispose d'une panoplie de moyens pour influencer, entraîner, stimuler. Il doit tabler en premier lieu sur ses qualités propres d'animateur, de leader reconnu et volontairement suivi. Mais au-delà de cette indispensable implication personnelle, l'encadrant doit aussi pouvoir jouer sur la distribution d'un certain nombre d'enjeux rares, adjuvants traditionnels de la motivation (augmentations de salaires, bonus, primes, promotions, etc.), bref, tout ce qui concerne le système de sanction-récompense de l'entreprise. Chaque responsable doit pouvoir en effet clarifier avec ses collaborateurs directs le contenu du contrat implicite qui les lie: quelles rétributions en échange de quelles contributions.

Dans ce second aspect des choses, on retrouve la subtilité des jeux et stratégies d'acteurs du modèle interactionniste;

• **communication et transmission de la culture interne**: l'encadrement va s'efforcer d'utiliser la communication pour créer et développer un langage commun. Cette *régulation par la culture* constitue un antidote de cohérence face aux tendances centrifuges rendues possibles par la libération des initiatives.

Cette action sur la communication se joue d'abord au sein de l'équipe de travail où elle a à s'exercer de façon constante et non seulement occasionnelle, «lorsque les urgences le permettent». Aussi bien pour le dirigeant que pour l'agent de maîtrise, ce n'est pas un effort de communication de temps à autre, ou en cas de crise, qui pourrait suffire.

Mais cette action concerne aussi l'ensemble de l'entreprise où les encadrants deviennent les représentants de leurs équipes au sein du réseau d'entreprise; ils ont une fonction d'interface à jouer auprès d'autres groupes coopérant à des réalisations communes; ils sont des relais indispensables de communication. L'organisation de la ligne hiérarchique doit naturellement être pensée pour leur permettre de tenir ce rôle.

Le métier d'encadrant

Henry Mintzberg, dont on sait qu'il a beaucoup étudié la fonction d'encadrement, l'avait défini (1) comme la combinaison de dix rôles dont six au moins avaient directement affaire à la régulation sociale: trois rôles liés à la communication (observateur actif, porte-parole, diffuseur), trois autres liés aux relations interpersonnelles (leader, agent de liaison, négociateur).

Conscient des limites de cette première modélisation, il est revenu sur elle dans ses derniers écrits (2) et a développé de nouveaux concepts. Il considère ainsi que l'encadrant, pour agir sur son environnement interne (l'équipe ou l'unité sur laquelle il exerce une autorité formelle) et externe (les autres unités, l'extérieur de l'entreprise), est conduit à *diriger à trois niveaux.*

• **Diriger par l'information.** Ce niveau correspond à la perception classique de la fonction de direction telle qu'elle a été décrite par les grands classiques (Fayol et Taylor notamment). Le manager se tient à distance et agit sur les autres en modulant les règles et procédures au travers des flux d'information. Cette action informationnelle (que l'on pourrait qualifier tout autant d'organisationnelle) a deux visages:
– *la communication.* Pour Mintzberg, «*les managers consacrent beaucoup d'efforts au double flux de l'information avec les personnes qui les entourent: les collaborateurs au sein de leur propre unité, les autres dans le reste de l'organisation, et un grand nombre de personnes extérieures*

(1) *Henry Mintzberg,* Le manager au quotidien, *Editions d'Organisation, 1982.*
(2) *Henry Mintzberg, «Un tour d'horizon des vraies fonctions du dirigeant»,* Expansion Management Review, *mars 1995.*

avec lesquelles ils maintiennent un contact régulier... Ils doivent donc passer un temps considérable à partager les informations avec les personnes à l'extérieur (rôle de porte-parole) et avec celles de l'intérieur (rôle de diffuseur)». Revenant sur ses premiers travaux, Mintzberg rappelle qu'il avait alors observé «*que près de 40 % de leur temps était consacré presque exclusivement au strict rôle de communicateur, juste pour acquérir et partager l'information*»;
– *le contrôle*. Il s'agit alors pour les managers «*non seulement d'acquérir et partager l'information, mais aussi de l'utiliser de manière directive à l'intérieur de leur unité et provoquer ainsi une action générale des gens qui leur rendent compte*».

• **Diriger par les personnes.** C'est sans doute le rôle le mieux connu de l'encadrant: celui de leader ou d'animateur. Depuis bientôt cinquante ans, il a fait l'objet d'innombrables études. On se trouve ici au niveau de la relation interpersonnelle où prime la rencontre individuelle et où le manager dirige «un par un» selon l'expression. Mintzberg écrit: «*Ils encouragent et dirigent les personnes de leurs unités, ils les motivent, les inspirent, les alimentent, les poussent, leur servent de mentor... Deuxièmement, les managers dirigent au niveau du groupe, notamment en établissant et en gérant les équipes... Troisièmement, ils dirigent au niveau de l'unité, en particulier pour créer et maintenir la culture.*»

A ces missions, dirigées principalement sur l'intérieur, il faut ajouter une *mise en relation* des personnes à l'extérieur et prenant la forme de création et d'entretien de réseaux. Cet aspect avait déjà été perçu par Mintzberg dès ses premiers travaux et à propos des rôles d'agent de liaison et de porte-parole, mais aussi et surtout de négociateur.

• **Diriger par l'action**. Ici, l'encadrant intervient directement dans les opérations. Mais on doit tout aussitôt noter que, pour spectaculaire qu'elle soit, cette implication (qui peut être de caractère technique dans certaines opérations) reste limitée et a surtout valeur d'exemple pour les autres. Elle vise à donner le sens de la marche. Mintzberg appelle cela le *rôle agissant*, même si, observe-t-il, les managers «font» rarement eux-mêmes. Il n'en demeure pas moins qu'à l'occasion, les managers «*gèrent des projets, résolvent des problèmes ou éteignent des incendies à l'intérieur de leur unité; ils passent des marchés et négocient des accords avec des personnes de l'extérieur*».

Pour Mintzberg, la combinaison suivant des proportions variables de ces trois niveaux d'intervention définit non seulement la nature de la fonction d'encadrement mais aussi le *style de management*. Ainsi, les managers devant impérativement animer une équipe comme dans certains laboratoires de recherche ou certains sports professionnels mettent-ils l'accent sur le leadership et de ce fait sur la direction par les personnes. A l'inverse, les entrepreneurs qui sont à l'origine de leur affaire et dirigent leurs propres activités ont-ils tendance à porter l'accent sur la direction par l'action. Enfin, le manager traditionnel dans une organisation techno-bureaucratique, préfère généralement diriger par la communication et le contrôle.

Si l'on se reporte maintenant à la théorie de la régulation sociale et à ses trois modalités d'action, on peut dire que la direction par l'information est plutôt de nature organisationnelle, la direction par les personnes est plutôt de nature jeu des acteurs, la direction par l'action est plutôt de nature culturelle (le manager s'efforce de poser des actes exemplaires à fort impact symbolique). L'analyse des rôles par Mintzberg retrouve ainsi l'approche régulation sociale au travers de ses trois grandes modalités d'action.

➢ *Comment sélectionner et faire vivre cet encadrement?*

Mettre en place un encadrement jouant le rôle qui vient d'être décrit n'est pas chose aisée. Pour activer (ou éventuellement inhiber) l'action de ce catalyseur social, il faut un certain nombre de conditions relatives au système de gestion des encadrants. Ces conditions peuvent se décliner autour des cinq procédures clés de cette gestion: sélection, appréciation, formation, information, gestion des carrières.

Sélection

Il s'agit de la condition impérative d'instauration puis de maintien dans l'existence du canal encadrement. D'évidence, un mode de sélection fondé sur les connaissances ne peut convenir. Les capacités requises pour un encadrement d'animation et de communication ne sont pas de celles qui s'enseignent dans les grandes écoles. Elles se révèlent dans l'action elle-même, au contact des hommes et des réalités du terrain. Les repérer avec le moins d'erreur possible, les développer, puis promouvoir dans les postes d'encadrement les hommes qui en sont le mieux pourvus est à coup sûr une des missions les plus importantes de la gestion des ressources humaines dans l'entreprise.

Sur quelles bases, avec quels critères, par quelles instances de décision doit alors s'effectuer la cooptation ? Deux séries de considérations sont à prendre en compte dans le processus :

• **La compétence d'encadrement n'est pas d'abord fondée sur la technique**, même si celle-ci reste pour partie nécessaire. La capacité technique demeure une condition d'accès, elle n'est pas le critère de sélection. En revanche, les membres de l'encadrement doivent avoir une aptitude reconnue et une expérience de terrain en matière de conduite des hommes et de communication. Il n'est pas évident que le profil traditionnel du cadre issu de l'enseignement supérieur soit adapté à ces exigences.

• **Existence d'un critère de cohérence culturelle**, c'est-à-dire adhésion sans arrière-pensée de l'encadrant au rôle qu'on entend lui faire jouer. Comment imaginer en effet que l'encadrement, vecteur privilégié au niveau local de la culture de l'entreprise, puisse échapper à la quasi-obligation morale de se conformer aux valeurs qu'il a charge de promouvoir ?

Ces exigences prédéterminent les autres aspects du processus de cooptation :
– préférence donnée à la sélection interne sur le recrutement extérieur (sauf si l'on souhaite initier un processus massif de changement) pour se donner les garanties de l'observation *in situ* ;
– caractère collégial de la décision afin d'éviter les dérives de la subjectivité individuelle ;
– forte implication de l'encadrement lui-même dans le processus de cooptation ;
– intervention et soutien fonctionnel d'une direction du personnel à l'expertise reconnue, gardienne des procédures, des outils d'observation et de la « mémoire longue ».

Appréciation

Il ne suffit pas de sélectionner, il faut s'assurer également que l'encadrant remplit efficacement son rôle. Or, quels sont les acteurs le mieux à même de le dire sinon :
– le chef direct (ou manager de managers) : cet aspect est classique et va de soi ;
– les subordonnés directs : bien que tout le monde s'accorde à reconnaître que les subordonnés portent généralement sur leur chef un

jugement averti et pertinent, bien peu son disposés à en tirer les conséquences;
– les collatéraux fonctionnels: sous ce terme, on vise les différents travailleurs qui sont en relations fréquentes de travail avec l'intéressé mais sans lien de dépendance hiérarchique. Ce type de relation est de plus en plus courant dans les organisations en réseaux. Il se traduit par un échange permanent d'informations à l'occasion de réunions, coups de téléphone, notes de service, contacts informels, etc.

Tout le problème est d'articuler ces trois sources d'information pour produire l'appréciation la plus objective possible sur les capacités de l'encadrant à manager les hommes et les équipes. Longtemps tabou, la question commence à être évoquée dans un certain nombre d'entreprises françaises après l'avoir été depuis longtemps dans les entreprises anglo-saxonnes. Cette formule d'appréciation composite est connue sous le nom d'appréciation à 360°(1).

Voici plus de vingt ans, dans un ouvrage aujourd'hui épuisé(2), j'avais eu l'audace de proposer un dispositif semblable, ce qui me fit considérer à l'époque comme un joyeux utopiste. J'imaginais une sorte de représentation graphique des trois appréciations, visualisant la synthèse obtenue par chaque encadrant et illustrée de manière un peu caricaturale, par quelques profils extrêmes.

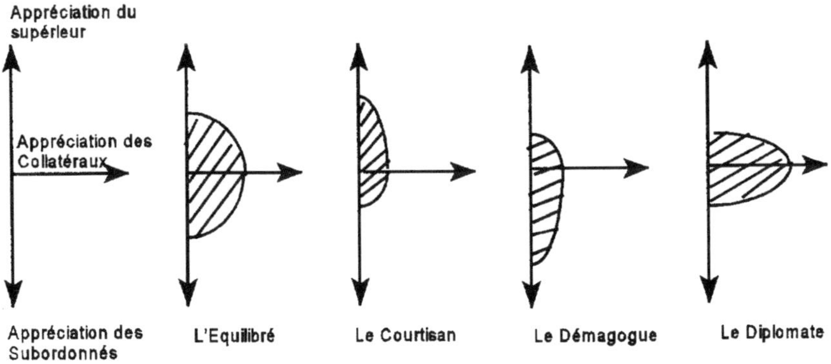

(1) Gilles Alexandre, «L'évaluation des managers par leurs équipes», Personnel, *n° 375, décembre 1996.*
(2) Gérard Donnadieu, Citoyens dans l'entreprise, *chapitre 11, pages 194 à 210, Resma, 1974.*

Refaites périodiquement, ces trois appréciations entraient ensuite dans le processus général de gestion des personnes nourissant toutes les décisions en matière de rémunération, formation, promotion, etc. Ce n'est pas sans une certaine ironie que je vois revenir aujourd'hui, sous les plumes les plus autorisées, une proposition qui avait eu sans doute le tort d'avoir raison trop tôt.

Formation

L'animation et la microgestion de la ressource humaine exigent un encadrement particulièrement formé à ce rôle. Pour entretenir et développer ce professionnalisme, l'entreprise doit donc mettre en place un ensemble de formations spécifiques se situant à deux moments bien distincts:

- **Une formation initiale**. Elle survient au moment de la désignation du collaborateur comme membre de l'encadrement, soit en anticipation, soit en accompagnement. Relativement lourde (plusieurs semaines?) cette formation a pour objet de faire acquérir par le responsable les savoirs, méthodes et outils de son nouveau métier.
- **Une formation d'entretien**. De périodicité plus souvent annuelle (une semaine par an?), elle accompagne le responsable au cours de sa carrière, lui permet d'accroître son professionnalisme et de se mettre au courant des évolutions de l'entreprise, de l'apparition de nouvelles méthodes et de nouveaux outils, des changements de procédure, etc.

Information

Pour permettre une bonne cohérence de communication et de décision, l'encadrement doit bénéficier d'une *information spécifique et de qualité*. Vis-à-vis de son équipe, elle lui permet de jouer efficacement son double rôle d'informateur et de fédérateur. Cette information emprunte deux canaux:

– le canal hiérarchique. Il doit être conçu selon une logique de circuit court (on retrouve là la nécessité du raccourcissement des lignes hiérarchiques) avec un certain nombre de réunions d'information obligatoires;

– le canal médiatique. Des vecteurs spécifiques (cahiers du management, lettres à l'encadrement, télex, messagerie électronique, etc.) doivent être mis en place pour l'encadrement. Il s'agit là d'un pontage tout à fait essentiel entre canal encadrement et canal médiatique.

Gestion des carrières

L'appréciation tripartite dont il a été question en pages 349 et 350 porte principalement sur la performance managériale. Elle ne constitue que le premier maillon d'un système de gestion des encadrants qui a pour vocation principale de reconnaître les accroissements de compétences et décider des promotions, organiser la mobilité verticale et géographique, détecter les hauts potentiels...

Tous ces actes de gestion concernent sans doute l'ensemble du personnel; ils ont néanmoins des modalités d'application spécifiques pour l'encadrement. Il ne faut pas cependant qu'ils enferment l'encadrement dans un ghetto, fût-il doré. La fonction d'encadrement ne doit pas être la seule voie possible de carrière au sein d'une entreprise. Il doit exister des emplois de très haute compétence (type fonctions d'expertise) permettant d'accéder aux niveaux les plus élevés. De plus, pour ceux qui ont les capacités et la plasticité requises, il doit rester possible de passer d'une fonction à une autre et par exemple d'un poste d'encadrement à un poste d'état-major (et réciproquement).

Si la détection des capacités d'encadrement doit devenir une exigence forte pour l'entreprise, celle-ci devra néanmoins maintenir et gérer une grande diversité de profils et de carrières. Et s'agissant d'hommes libres et responsables, il ne peut être question de leur imposer une gestion déterministe mais, au contraire, de leur offrir les possibilités d'évolution les plus larges de manière à ce qu'ils construisent eux-mêmes leur avenir.

Organiser une communication médiatique efficace

La création, depuis quelques années, de directions de la communication (Dircom) souvent directement rattachées au Président, le lancement de nouveaux vecteurs d'information venant en appoint du classique journal d'entreprise, la mise en place d'observatoires sociaux, la multiplication de travaux et de colloques autour de ces questions, démontrent l'intérêt dont le canal médiatique est soudain l'objet. On y voit notamment un moyen pour avoir prise sur la culture. Parent pauvre, voire inexistant, dans les formes traditionnelles d'entreprise, ce canal a pris dans le management moderne une grande importance, à la limite quelquefois du gadget ou de l'incantation.

Cet engouement conduit à poser une série de questions: à quelles conditions d'abord un canal médiatique est-il efficace? Au service de quelle politique et pourquoi? Et avec quels types de professionnels? Ces questions se déclinent à un double niveau:
– celui de l'information descendante qui grâce à des supports médiatiques adaptés établit un circuit court et rapide entre la direction et le personnel de base;
– celui de l'observation sociale qui remonte à la direction, grâce à une instrumentalisation de facture sociologique, des informations concernant l'état du corps social.

➢ *L'information descendante*

Selon Christian Michon (1) «*La communication interne ne peut fonctionner à vide, elle est un levier qui doit contribuer à faire partager le devenir de l'entreprise par son personnel. La communication est un outil qui ne servira pas s'il n'y a pas derrière une main qui sait pourquoi et comment l'utiliser... C'est la volonté d'en faire un outil stratégique de mobilisation dans le cadre d'un management de valorisation des ressources humaines.*» On ne saurait être plus clair sur l'affirmation de la dimension stratégique du canal médiatique descendant. Mais il ne suffit pas d'afficher une intention pour être efficace, d'autant qu'une telle conception de la communication risque d'être suspecte de manipulation pour de nombreux salariés.

On sait qu'il existe deux conceptions de la communication au sein d'une organisation. Selon la première, que l'on peut qualifier de **balistique**, la communication aurait pour but de faire passer les messages de la direction vers une «cible» (le personnel), de manière à ce que cette cible assimile les messages, y adhère et que son comportement soit ainsi durablement infléchi en faveur des intérêts de l'émetteur de messages. Selon la seconde conception, que l'on peut qualifier de **maïeutique**, la communication interne se donnerait au contraire pour but de favoriser l'éclosion puis l'entretien du consensus qui doit exister entre les acteurs de l'entreprise (direction, encadrement, personnel,

(1) Christian Michon, **Communication interne et culture de l'entreprise,** ***L'enjeu humain de l'entreprise, Vol. 1, 1988.***

représentants élus) autour de quelques règles du jeu et de projets d'intérêt commun. On reconnaît là l'adhésion collective raisonnée, postulée par l'interaction culture/jeu des acteurs dans le modèle unifié du système social que j'ai présenté au chapitre 5 (pages 263 et suivantes).

Mais il ne faut pas s'illusionner. Ce n'est pas parce que le dirigeant croit s'inscrire dans cette seconde approche qu'il s'interdit nécessairement les fausses facilités de la première, surtout lorsqu'elle lui est proposée par les meilleurs spécialistes, ou soi-disant tels, de la communication. Et c'est alors que les difficultés commencent! Plus on va développer les moyens techniques pour convaincre, mobiliser, faire adhérer, plus on risque d'observer un comportement des salariés à base de méfiance, de réserve, d'évitement. L'intention rationnelle des dirigeants et les moyens mis en œuvre par les spécialistes seront perçus par le personnel comme une tentative pour le prendre comme « objet » d'une démarche instrumentale, ce qui suffira à empêcher l'adhésion recherchée.

Cet effet pervers, connu sous le nom de communication paradoxale, a été mis en évidence dans les relations interpersonnelles par Grégory Bateson et son école de psychologie systémique de Palo-Alto (1).

Un message est dit paradoxal lorsqu'il transmet à la fois une injonction et son contraire, plaçant ainsi le récepteur dans une insupportable indétermination. Ainsi exigera-t-on par le discours un certain comportement qui sera simultanément contredit, ou rendu impossible, par la nature de la relation instaurée. Cette double contrainte contradictoire, ou « *double bind* » comme l'a désignée G. Bateson, est à l'origine de multiples effets pathogènes au sein des groupes sociaux, aussi bien les plus petits comme la famille, que les plus vastes comme l'entreprise et les grandes organisations.

Dans une organisation, la communication paradoxale engendre le trouble et l'incertitude; elle débouche à peu près sûrement sur une inhibition de l'action et sur des réactions d'évitement. C'est la raison pour laquelle des dirigeants bien intentionnés qui veulent mettre en œuvre, par des voies autoritaires, un processus d'adhésion aux objec-

(1) P. Watzlawick, J. Helmich, D. Jackson, Une logique de la communication, *Collection Points « Sciences humaines », Seuil, 1981.*

tifs de l'entreprise, sapent à peu près sûrement dès le départ l'efficacité attendue de leur démarche.

Que faire alors pour éviter ce piège sinon accepter un certain pluralisme de l'information en multipliant les sources et en jouant la diversité des réseaux et des acteurs. Même si la direction doit s'assurer une bonne maîtrise de l'information descendante par les différents médias à sa disposition (presse interne, messagerie téléphonique, audio-visuel, plaquettes d'information, notes-flash...) et s'attacher à leur *qualité* et leur *rapidité*, la communication ne doit pas constituer pour autant son monopole. Au contraire, il y a intérêt à segmenter, à différencier les médias par public et à permettre une expression remontante à travers eux.

En jouant avec doigté cette ouverture et ce pluralisme, on évite les risques de la «communication-propagande» qui est le plus souvent contre-productive comme je viens de le montrer. Ainsi que le souligne R. Sainsaulieu (1), l'intégration culturelle ne passe pas seulement par l'«adhésion ritualisée» mais aussi par le «débat critique», permettant la «reconnaissance des identités naissantes».

Favorisant l'expression de chacun dans un cadre de convivialité, aidant à la prise en compte des aspirations personnelles, contribuant à fédérer les initiatives autour d'un projet commun, la communication interne est alors au service des buts stratégiques de l'entreprise. Elle aide à construire l'identité culturelle de l'entreprise et la rend visible aux yeux de tous.

Subsiste une dernière question, plus simple car strictement technique: la qualité de l'information et des médias qui la transmettent. C'est ici que se pose le problème des professionnels à recruter, de leur profil, des compétences requises... tout en demeurant conscient que cette maîtrise technique, sans doute souhaitable, n'est pas la chose la plus importante par rapport à la question «au service de quels objectifs, de quelle politique?» Reste cependant la nécessité de produire une information digeste, pertinente, rapide. Il ne suffit pas en effet de transmettre un message pour véhiculer de l'information; encore faut-il contrôler ce message, le mettre en forme pour qu'il soit compris, l'acheminer au bon moment aux personnes qui en ont besoin. L'information est, de plus, une «denrée périssable» et elle

(1) Renaud Sainsaulieu, «L'entreprise, une affaire de société», CFDT Aujourd'hui, *juin 1991.*

nécessite parfois une «cuisson» appropriée pour être «dégustée». J'emprunterai à F. Jacq et J.-L. Muller(1) le tableau suivant qui résume les critères auxquels on reconnaît qu'une information est de qualité ou non.

Une bonne information est

Exacte
Elle peut être vérifiée et contrôlée. Si possible, elle ne devrait pas donner lieu à une interprétation.

Originale
L'information prend son sens véritable si elle apporte des éléments nouveaux à ses destinataires. Elle retient l'attention grâce à son originalité.

Complète
Une information doit fournir tous les éléments d'un problème. Sinon, les intéressés compenseront ce manque par des courts-circuits et des rumeurs.

Sélectionnée
De nombreuses informations circulent dans l'entreprise. Certains ne s'y retrouvent plus, ils ont l'impression de ne pas être informés. Dans ce magma, la donnée utile et sélectionnée prend toute sa valeur.

Traitée
Les données brutes sont parfois difficiles à comprendre pour les destinataires. Elles sont nombreuses et inorganisées. Leur traitement consiste à en faire une synthèse adaptée au langage des interlocuteurs.

Objective
Une information n'est pas un jugement de valeur ou un état d'âme. Fait indiscutable, toute subjectivité lui fait perdre sa crédibilité.

➢ *L'observation sociale*

Pour pouvoir agir sur le corps social, une direction doit commencer par le connaître, ce qui passe par un système d'écoute utilisant en synergie tous les canaux de la régulation sociale. Pour ce qui est du canal médiatique, il s'agit d'une observation mettant en œuvre une série de techniques scientifiques du type indicateurs sociaux, enquêtes

(1) *Francis Jacq et Jean-Louis Muller,* De l'expression des salariés... à la stratégie de l'entreprise, *Editions d'Organisation.*

d'opinion, capteurs sociaux, etc. Cette instrumentalisation suppose bien entendu de faire appel à des professionnels de l'analyse sociale, du type sociologues d'entreprise ou autres spécialistes.

Pour éviter toute confusion terminologique, je propose de réserver le terme d'*observation sociale* à cette observation pour partie instrumentalisée et concernant exclusivement le système social interne. Par opposition, on parlera de *veille sociale* pour tout ce qui concerne l'observation de l'environnement social de l'entreprise. Quant aux *observatoires sociaux*, créés ces dernières années par quelques grandes entreprises, il s'agit d'un lieu (ou d'un service) où l'on organise, met en œuvre et traite la collecte des multiples informations remontées par l'observation sociale. Apparus pour répondre à des besoins conjoncturels, il n'est pas évident que leur existence soit éternelle. En revanche, l'observation sociale restera toujours nécessaire, même si elle doit emprunter demain des formes nouvelles.

Quels sont les moyens techniques dont dispose aujourd'hui une observation sociale instrumentalisée, inscrite par conséquent dans le canal médiatique? Ils sont extrêmement divers et peuvent être rangés sous trois grandes rubriques:

• **Les indicateurs objectifs.** Il s'agit de données factuelles, très souvent quantifiables, dont il importe d'assurer le collationnement et l'historique. Leur restitution s'effectue sous forme de bilan social, indicateurs sociaux, tableaux de bords, notes d'analyse...

Outre la lourdeur de leur suivi, se pose le problème de leur pertinence en matière prévisionnelle car ils ne permettent guère qu'une extrapolation à partir du passé.

• **Les indicateurs perceptifs.** Pour l'essentiel, il s'agit des enquêtes d'opinion qui présentent pour le management plusieurs avantages. Précises et chiffrées, elles appréhendent les aspects qualitatifs qui échappent aux indicateurs objectifs. Leur utilisation périodique permet un suivi historique des mouvements de l'opinion des salariés.

Mais ces techniques ne sont pas neutres. Elles reposent généralement sur des hypothèses à caractère psychosociologique qu'il importe de clarifier. Différents types d'enquête sont concevables dont le tableau suivant donne la récapitulation.

La tendance est aujourd'hui au développement des enquêtes socio-organisationnelles soit directement, soit au travers de formes hybrides.

		Méthode d'observation			
		Psycho-socio-logique	Socio-culturelle	Socio-organisa-tionnelle	Hybride
But et pé-riode d'obser-vation	*A visée managériale* Moyen/long terme 2 à 3 ans *Diagnostic social*	Les plus nombreux mais en déclin	En fort dévelop-pement il y a 10 ans. Stable aujourd'hui	En fort dévelop-pement	En dévelop-pement
	A visée conjoncturelle Court terme 3 à 6 mois *Baromètre social*	Les plus nombreux (A orien-tation climat social)	Rare	En dévelop-pement sur des thèmes liés au changement	En dévelop-pement (conflictualité motivation)

Ces enquêtes sont conçues pour la plupart comme un instrument de connaissance pour éclairer l'action des dirigeants. Mais on commence également à rencontrer des enquêtes décentralisées s'inspirant de l'approche IBM et dont le but principal est de produire des changements de comportements dans le corps social, particulièrement parmi l'encadrement.

On note enfin un intérêt récent pour les baromètres sociaux, outils légers, à périodicité courte, et dont les questions tournent pour l'essentiel autour de la mesure du climat social, de la conflictualité, de la motivation.

• **Les indicateurs interprétatifs.** Bien conscients des limites des informations officielles, les dirigeants d'entreprises ont souvent cherché à vérifier la qualité de leurs renseignements en recoupant les sources. Ce recoupement était alors réalisé de façon informelle au travers d'un réseau entièrement personnel d'informateurs.

De tels réseaux informels ont toutefois de la difficulté à exister dans de grandes organisations, d'où l'idée de les créer de toute pièce. C'est à ces réseaux d'observations que s'applique particulièrement le terme de *capteurs sociaux.* Ni «honorables correspondants», ni «cafteurs», les capteurs sociaux n'ont pas vocation à devenir les renseignements généraux de l'entreprise. Il ne s'agit pas pour eux de remonter des informations de nature privée sur des hommes, sur des événements déterminés, des comportements individuels. Ce qui leur est demandé est un *jugement d'ensemble* sur le climat social, l'ambiance de travail, le degré d'adhésion ou de contestation de leur secteur. C'est bien pourquoi on peut parler à leur sujet d'indicateurs interprétatifs, car les capteurs sont laissés juges de l'interprétation de la situation sociale locale.

Ces interprétations ne seront jamais diffusées telles quelles, mais toujours intégrées dans une synthèse relative à l'ensemble de l'entreprise. Le travail du capteur demeure en principe confidentiel et ne peut être utilisé directement au niveau de l'unité elle-même.

La construction d'un réseau de capteurs pose le problème de leur sélection, de leur formation (ou étalonnage) et du traitement final des données (interprétation et synthèse).

Comme je l'ai déjà signalé, le développement de ces nouveaux outils d'observation sociale suppose de faire appel à des professionnels sachant analyser et traiter les données les plus diverses, réaliser des synthèses, animer et faire fonctionner des réseaux de renseignement. Il s'agit donc d'une instrumentalisation de la fonction sociale, faisant assumer désormais par des spécialistes ce qui faisait jusqu'alors partie de la mission spontanée des divers responsables et leaders locaux: agents d'encadrement, militants syndicaux, élus. On risque alors, si on n'y prend garde, de démobiliser ces acteurs et de récolter au final passivité et retrait. L'antidote se trouve bien entendu dans la combinatoire des canaux de la régulation sociale. Après avoir à une certaine époque joué le «tout hiérarchique» ou le «tout syndical», il ne faut pas aujourd'hui tomber dans les excès du «tout médiatique» et de l'instrumentalisation.

En matière d'observation sociale, je suis convaincu que l'utilisation des nouveaux outils, par ailleurs très souhaitable, sera d'autant plus efficace que l'on saura dans le même temps:
– renforcer l'encadrement dans sa mission de communication ascendante et d'analyse des faits sociaux;
– intégrer ou réintégrer la ligne représentative dans sa mission nécessaire d'expression des dysfonctionnements et des revendications.

Piloter les démarches participatives

Dernier venu dans la régulation sociale, le canal participatif est sans doute celui qui suscite encore aujourd'hui le plus d'interrogations. Dans les entreprises qui ont su l'utiliser, ce canal a permis de faire émerger tout un potentiel inemployé de créativité, particulièrement aux échelons les plus bas.

Des agents jusqu'alors passifs et routinisés se sont trouvés mis soudain en situation d'acteurs, ce qui a eu bien sûr des conséquences importantes sur le jeu social. Conséquences positives mais aussi négatives, car les autres acteurs du jeu (encadrants, spécialistes, fonctionnels, délégués et syndicalistes) ne voient pas forcément toujours d'un bon œil l'arrivée d'un nouveau membre.

Au-delà de cette déstabilisation provisoire, nous avons à nous interroger sur le bon usage qui peut être fait du canal participatif (aspect fonctionnel), ce qui suppose de connaître d'abord sa structure pour être à même de l'améliorer (aspect structural).

➢ *La structure du canal participatif*

Dans le vocabulaire managérial, pourtant souvent imprécis et flottant, il est peu de qualificatifs aussi flous que celui de «participatif». «Concept-valise», le mot recouvre des réalités bien différentes. Qu'y a-t-il de commun par exemple entre un cercle de qualité, un projet d'entreprise, le management par projets, un conseil d'atelier, et la participation aux bénéfices? Le risque de confusion est grand, aussi convient-il de préciser ce qui relève réellement du canal participatif.

Pour qu'une pratique de gestion puisse être rangée dans le canal participatif, il faut qu'elle soit en rupture avec le modèle traditionnel au moins à deux niveaux différents:
– **Le niveau de l'organisation**: on passe d'une organisation cloisonnée, pyramidale, verticale à une organisation ouverte, c'est-à-dire commençant à fonctionner en réseau sur le plan horizontal ou transversal. Provisoirement (dans un groupe de travail) ou plus durablement (dans une équipe projet), l'organisation traditionnelle se disloque et se recompose sur d'autres bases, avant d'ailleurs de retourner parfois à son état «taylorien».
– **Le niveau du fonctionnement**: le commandement hiérarchique directif ou autoritaire, incarné par la personne du chef ou symbolisé par une procédure standardisée cède pour un temps la place à un fonctionnement plus démocratique où est favorisée et recherchée la négociation entre acteurs. L'ajustement mutuel, au sens de Henry Mintzberg (*cf.* chapitre 4, page 128) prime sur la supervision et la standardisation.

Double rupture donc, qui va induire ou supposer d'autres ruptures, par exemple d'ordre culturel: le chef n'est plus celui qui sait et qui décide seul; les subordonnés ont des idées qui méritent d'être examinées; le changement négocié «passe mieux» que le changement imposé, etc. Ainsi, un inventaire des pratiques participatives peut-il être esquissé à partir de ce double critère organisation/fonctionnement. C'est ce que tente d'illustrer le schéma suivant dont la topographie n'a qu'une valeur indicative.

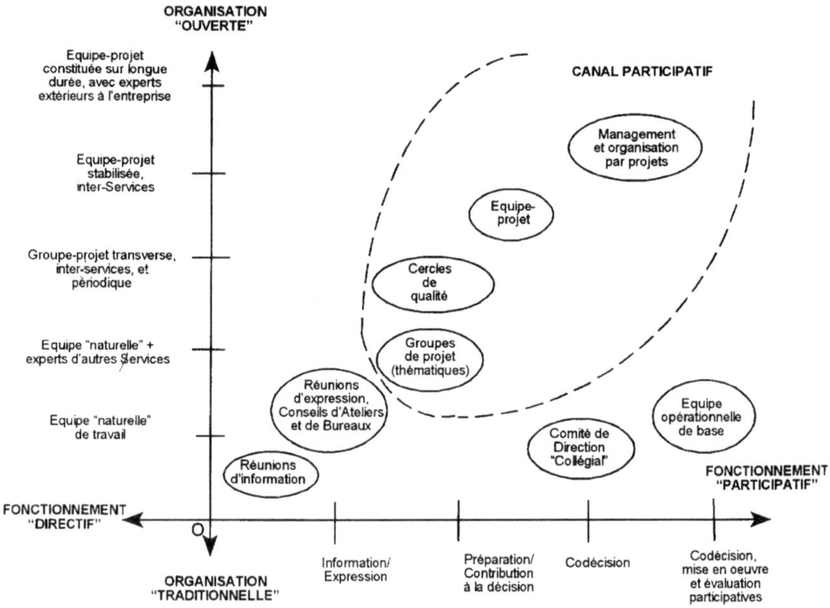

Ce n'est qu'à partir d'un certain degré d'éloignement du point d'origine O que l'on peut véritablement parler de pratiques participatives... sans pour autant se laisser piéger par les étiquettes: certains cercles de qualité peuvent en effet se montrer plus participatifs que certaines équipes-projet qui restent dans une logique traditionnelle. La véritable ligne de rupture me paraît se situer au moment où l'on sort à la fois de l'équipe «naturelle» et de la simple information/expression.

Lorsque l'on pousse très loin le fonctionnement participatif au sein de l'équipe naturelle, du service, de l'atelier, on fait du *management participatif*, ce qui est une modalité de fonctionnement sans doute souhaitable du canal encadrement, mais qui ne fait pas partie du canal participatif proprement dit. De même, l'instauration de structures plus ouvertes, type organisation matricielle ou même *staff and line*, ne peuvent être rangées dans le canal participatif car elles restent généralement d'inspiration technocratique.

Au final, on rangera dans le canal participatif un certain nombre de groupes et de structures aux objectifs divers, à la durée de vie très variable mais qui ont tous comme caractéristiques principales d'instaurer de la *transversalité* dans l'organisation et de fonctionner sur la base de *l'ajustement mutuel*. Trois de ces microstructures peuvent être plus précisément décrites:

- **Groupes de projet**. Le nom peut varier; on les appelle aussi groupes de travail, groupes de progrès, groupes de traitement de problème, etc. L'effectif est généralement de taille modeste (moins de 15 à 20 personnes).

Institués pour un temps donné, ils permettent de mener à bien rapidement une étude jusqu'à la phase de proposition. Après décision de la hiérarchie, ils peuvent aussi être impliqués dans le début de réalisation. Réunissant des compétences habituellement dispersées, s'affranchissant des procédures parfois lourdes en vigueur dans nombre de grandes entreprises, ces groupes sont souvent animés par un encadrant de terrain (pontage avec le canal encadrement) ou un fonctionnel de bon niveau, mais sans que l'animateur ait une quelconque autorité hiérarchique sur le groupe.

Par nature, ils peuvent être transhiérarchiques et transfonctionnels et concerner, dans certains cas, des problèmes de grande ampleur (par exemple, l'élaboration d'un projet d'entreprise).

- **Cercle de qualité**. C'est le groupe de projet au niveau du terrain et avec généralement une préoccupation forte sur la qualité du produit. Il se caractérise également par l'utilisation d'une méthodologie très structurée (diagramme de Pareto, arbre des causes, matrice multicritères, etc.) que les participants apprennent à bien maîtriser. On notera également qu'il s'adresse le plus souvent aux exécutants et/ou aux niveaux d'encadrement subalternes. Et c'est bien parce qu'il s'agit là de catégories privées de pouvoir que leur accession à une certaine capacité d'influence dans et sur l'entreprise en est d'autant plus remarquée.

Ce mode de travail en groupe a donné lieu à une littérature abondante.

• **Équipe-projet**. La rupture organisationnelle est ici plus forte. Cette formule fait éclater les structures hiérarchiques et fonctionnelles classiques. Fonctionnant toujours sur le mode de l'ajustement mutuel, l'équipe gère elle-même son fonctionnement, répartit les ressources, arbitre entre les priorités, négocie son plan de charge avec la structure environnante.

Sous l'animation d'un chef de projet, l'équipe peut regrouper un grand nombre de personnes, certaines à temps plein, d'autres à temps partagé et pour des durées plus ou moins longues.

➢ *Quelle utilisation du canal participatif dans la régulation sociale?*

Même si elles ne sont pas d'abord mises en place dans ce but, mais plutôt pour améliorer la décision technique en récupérant «l'intelligence de la base», les pratiques participatives font émerger de nouveaux acteurs qui sont pour l'essentiel:
– les animateurs des groupes de travail et équipes-projets;
– les membres des groupes participatifs, salariés souvent choisis sur une double base de cooptation et de volontariat;
– les chefs de projets;
– les membres des «comités de pilotages» ou «faciliteurs»;
– les initiateurs de ces démarches (managers, DRH, etc.)

Ces acteurs sont aussi, dans la plupart des cas, acteurs du fonctionnement «habituel»: tel agent de maîtrise, manager de son équipe, sera animateur de groupe; tel chef de service siégera dans un comité de pilotage; tel ou tel employé sera un membre actif de groupes thématiques... Mais les acteurs du canal participatif possèdent aussi leurs enjeux propres: désir de reconnaissance, souci d'efficacité, volonté d'apparaître «modernistes», motivations humanistes, difficulté à vivre dans un système traditionnel, ambition ou carriérisme, goût pour l'innovation socio-organisationnelle, plaisir du risque, etc. Et c'est bien à ce titre qu'ils vont finir par constituer tous ensemble un canal participatif structuré et cohérent, disposant d'une réelle capacité d'influence sur le système social et dont la mise en mouvement dans une perspective de régulation sociale ne peut laisser la direction indifférente.

Certes, une direction peut mettre en place une participation «poudre aux yeux»; il faut «faire participer» comme on l'entend dire quelquefois. Ce simulacre ne mène pas très loin. Rapidement convaincus de l'inanité de leur contribution, soupçonnant une manipulation subtile, les salariés s'en désintéressent très vite. L'essoufflement, décrit maintes fois, des formules participatives dans des entreprises demeurées traditionnelles dans leur mode profond de fonctionnement en est bien sûr l'illustration.

Cependant, le phénomène participatif connaît depuis vingt ans une telle ampleur et une telle généralisation, malgré de nombreux échecs et enlisements, qu'on peut penser qu'il n'est pas sans conséquence sur le fonctionnement de l'entreprise en général, et sur son mode de régulation sociale en particulier. En effet, là où ce fonctionnement tend à se généraliser, souvent d'ailleurs sous la pression économique, on peut observer un certain nombre de phénomènes qui ont une incidence directe ou indirecte sur la régulation sociale.

Créant de l'acteur, les pratiques participatives développent du même coup la régulation autonome à base d'ajustement mutuel. Pour une direction, le problème va être alors, par une forme d'institutionnalisation officialisant les acteurs, leur jeu interactif, leurs ressources et leurs zones d'influence, d'insérer cette régulation autonome à l'intérieur même de la régulation de contrôle. Bref, il s'agit de piloter, dans un souci de cohérence et pour les mettre au service des buts de l'organisation, ces nouvelles possibilités d'actions offertes au personnel. C'est alors que le participatif émerge comme quatrième canal.

Dans les entreprises où cette question de l'amélioration du pilotage est prise sciemment en compte, deux types de réponses sont habituellement observées :

• **Action sur les structures**. Il convient d'abord de clarifier les missions de chaque groupe, le mode de désignation des membres, le rôle de l'animateur, les moyens mis à sa disposition (notamment en temps de travail). Suivant la nature des problèmes abordés, le groupe devra également être situé dans son rapport à la structure hiérarchique et aux services fonctionnels. Ainsi, un cercle de qualité est habituellement un groupe situé au plus près du terrain, dans l'atelier et en contact avec la hiérarchie de base ; un groupe de traitement de problème peut, en revanche, être situé très près de la direction pour éclairer une question à caractère général.

Dans leur découverte des problèmes et de leur traitement, les groupes n'ont pas intérêt à rester isolés ; une liaison intergroupes est souhaitable. Les problèmes étudiés par un groupe peuvent avoir des répercussions sur d'autres groupes ou secteurs de l'entreprise. Pour assurer ces liaisons et organiser la cohérence, les entreprises mettent en place des comités de pilotage où se retrouvent hiérarchiques de haut niveau, responsables ressources humaines et animateurs de groupes de base.

Enfin, pour que l'apprentissage relationnel développé par les démarches participatives ne soit pas perdu pour l'entreprise mais récupéré à son service, la direction peut charger certains hiérarchiques et fonctionnels (souvent la DRH) de jouer un rôle de relais. Ceux-ci doivent procéder par exemple au recensement régulier des nouveaux acteurs (animateurs de groupes, membres de comité de pilotage...) qui sont très souvent des leaders d'opinion potentiels. Ces acteurs doivent être mis en réseau en leur proposant des lieux et moyens de rencontre (forums périodiques, bulletins de liaison, plaquettes monographiques...) facilitant les échanges d'expériences et le débat. On retrouve ici un pontage possible avec le canal médiatique.

• **Action sur les acteurs**. D'observation la plus courante, les pratiques participatives déclenchent un effet d'apprentissage, elles apprennent quelque chose à l'ensemble des acteurs concernés. Bien plus, elles agissent sur les représentations des acteurs pour les transformer. En ce sens, on pourrait dire que la multiplication des initiatives participatives sur le terrain fait sans doute beaucoup plus pour la transformation culturelle de l'entreprise que nombre de démarches plus spectaculaires, de type projet d'entreprise. Les pratiques participatives se traduisent en effet pour les salariés concernés:
– par la prise de conscience des choses qu'ils ont à dire;
– par le fait de pouvoir les exprimer;
– par la découverte personnelle et collective du rôle qu'ils peuvent jouer non plus en tant que simples exécutants, mais en tant qu'*acteurs* prenant part à l'organisation de leurs conditions quotidiennes de travail.

A terme, trois types de changements se produisent dans le fonctionnement de l'organisation et le jeu des acteurs:
– *des changements factuels*, immédiatement observables et perceptibles, quelquefois quantifiables. Ils peuvent être d'ordre organisationnel, technique ou économique. C'est la partie émergée de l'iceberg; manifestations apparentes d'autres changements survenus plus en profondeur;

– *des changements relationnels.* Ils concernent une nouvelle distribution du pouvoir entre les acteurs, l'émergence de nouveaux acteurs, la modification des marges d'incertitude et de la façon de les maîtriser, les nouvelles zones d'autonomie;
– *des changements culturels.* Ils ont trait aux modifications des normes et valeurs qui sous-tendent le comportement des groupes et des individus dans l'entreprise. Il s'agit du niveau le plus souterrain, le plus difficile à observer et à maîtriser, mais sans doute celui qui s'inscrit le plus dans un processus durable et donc déterminant pour l'avenir.

Les changements factuels font naturellement le moins problème; ils sont même expressément recherchés lors de la mise en place d'une formule participative. Les changements relationnels et culturels au contraire apparaissent comme des retombées pas toujours voulues et prévues, déstabilisatrices de l'organisation et de la hiérarchie.

C'est sur ces deux derniers aspects qu'une direction doit concentrer son action en mettant en place un dispositif d'accompagnement à ces évolutions culturelles et relationnelles. La formation est bien sûr un moyen tout indiqué pour aider les personnes à accomplir ce changement. Mais cette formation ne doit pas se limiter aux seuls animateurs et membres de groupes, elle doit concerner également l'encadrement si l'on veut éviter de le déstabiliser.

Le canal médiatique peut également intervenir comme adjuvant de ces évolutions, en jouant un rôle de diffusion et d'écho.

Intégrer le canal représentatif

Dans la conception traditionnelle française des relations sociales, syndicats et instances représentatives sont considérés comme des corps étrangers que l'on doit subir par obligation légale mais dont il serait avantageux de se passer. Cette attitude se trouve aujourd'hui renforcée par la crise du syndicalisme qui a fait passer en France le taux moyen de syndicalisation en dessous du seuil de 10 %.

Laisser dépérir le canal représentatif me semble une position très dangereuse. Il est en effet certains problèmes collectifs dont le traitement efficace, au niveau de l'entreprise, exige la présence de représentants reconnus et légitimes des salariés. A laisser disparaître élus et syndicalistes, on risque de se retrouver demain avec d'ingouvernables coordinations.

Que faire alors du canal représentatif? La vraie question me semble être: Comment aider le syndicalisme français à passer de son vieux modèle oppositionnel à un modèle partenarial? Dans une telle perspective, le canal représentatif devient alors contributif d'une bonne régulation sociale de l'entreprise. Il se trouve intégré aux processus décisionnels. Avant de répondre à cette question, ce qui sera l'objet du dernier paragraphe, il est nécessaire de présenter plus longuement l'état actuel en France du canal représentatif à la fois au niveau de sa structure (les instances de représentation) et surtout de ses acteurs.

La connaissance des acteurs syndicaux est déterminante pour comprendre le fonctionnement du canal représentatif. Pour mener à bien cette analyse (pages 371 à 381) qui combine aspect structurel et aspect fonctionnel, je ferai appel au modèle de synthèse présenté à la fin du chapitre 5 (pages 263 et suivantes): l'acteur est connu à la fois par sa position dans le jeu social avec les enjeux correspondants et par sa culture d'appartenance qui conditionne son perçu. Cette analyse, où la culture tient une large part, conduit à donner une place importante à l'histoire. Seule, l'histoire du mouvement syndical depuis un siècle permet de comprendre aujourd'hui le pourquoi de certains comportements. L'approche historique servira donc de fil conducteur tout au long de cette analyse.

➢ *Les instances de représentation du personnel*

Des nombreuses institutions prévues par la loi, quatre me paraissent importantes pour comprendre le fonctionnement du canal:
– le comité d'entreprise qui, dans les entreprises multi-établissements, peut être éclaté en comité central d'entreprise (CCE) et en comités d'établissements locaux (CE). On peut rattacher à l'esprit de cette instance le comité de groupe (mis en place dans les grandes entreprises) et le comité d'entreprise européen;
– les délégués du personnel (DP);
– le comité d'hygiène, de sécurité et des conditions de travail (CHSCT);
– les syndicats et sections syndicales d'entreprise (SSE).

Ces quatre instances sont différentes par la nature et l'origine. La plus ancienne – les délégués du personnel – date de 1936; la plus récente – le comité d'entreprise européen – de la directive de Bruxelles du

22 septembre 1994; les CE ont été créés par une ordonnance du Général de Gaulle en 1945; le CHSCT, sous sa version actuelle, et le comité de groupe datent des lois Auroux de 1982; quant à la section syndicale d'entreprise, elle est une des retombée des événements de 1968.

Cette production législative s'est faite par voie de sédimentation historique, les nouveaux textes venant se superposer aux textes anciens sans jamais les abroger. Comparé à la simplicité du système de représentation allemand, le droit français est donc d'une rare complexité, cause dans les faits de nombreux chevauchements de prérogatives et de déperdition d'énergie.

Que peut-on dire au sujet de la structure de ces quatre instances et de leur fonctionnement?

Le comité d'entreprise (CE)

Qu'il soit unique ou décomposé en CCE et comités d'établissements, son rôle est double: gestion et consultation.

Il prend en charge la gestion des œuvres sociales de l'entreprise (vacances, restaurant d'entreprise, loisirs, sports, etc.), et joue un rôle de prestataire de services à l'égard de l'ensemble des salariés. Ce rôle en général bien tenu permet aux élus de prendre conscience des réalités de la gestion.

Il est consulté sur les dossiers économiques, industriels, commerciaux de l'entreprise et émet des avis. Il dispose d'un droit d'expertise en cas de restructuration. Le CE est un lieu privilégié de concertation et d'échange entre le personnel et la direction dont l'utilité semble presque unanimement reconnue.

Dans le domaine de la formation, il va jusqu'à cogérer puisque le plan de formation de l'entreprise est soumis à son approbation.

Composition. Obligatoire dans les entreprises de plus de 50 salariés, le CE comprend un nombre variable de représentants (de 3 à 15 dans les très gros établissements) élus pour deux ans au scrutin de liste à la proportionnelle et par collèges (en général, il y a trois collèges: ouvriers/employés, maîtrise/techniciens, ingénieurs/cadres). Seuls les syndicats reconnus représentatifs dans l'entreprise peuvent présenter des candidats au premier tour de l'élection, le second étant ouvert, en cas de quorum non atteint, aux candidats indépendants.

Les délégués du personnel

Leur rôle, très précisément défini par la loi, ne peut s'exercer que dans des domaines restreints: réclamations collectives et individuelles liées à l'application des textes réglementaires, aux problèmes d'avancement et de discipline, alerte du CHSCT.

On a beaucoup de mal à ce que les délégués restent dans leur rôle et de nombreux débordements sont constatés dans le domaine de la revendication générale. Il faut d'ailleurs reconnaître que la ligne de partage entre la revendication générale qui a normalement vocation à être traitée par la section syndicale ou le CE et la revendication particulière (sur un point d'application de la loi, de la convention collective ou du règlement intérieur) est quelquefois bien difficile à faire.

De plus, la mission des délégués du personnel a actuellement tendance à se vider de tout contenu concret par suite du double mouvement suivant:
– le renforcement de l'encadrement de proximité et le développement des pratiques participatives tendent à faire émerger et traiter les revendications locales à des niveaux plus bas. Ces questions ne remontent donc plus, ou rarement, aux délégués du personnel;
– l'accroissement des pouvoirs donné aux sections syndicales (obligation de négocier) et aux CE (possibilité de signer des accords) tend à faire traiter par ceux-ci, dont le professionnalisme est apprécié, de plus en plus de questions, y compris des revendications particulières qui seraient autrefois passées en DP.

Composition. Obligatoires dans les entreprises de plus de 10 salariés, les délégués du personnel sont élus pour deux ans selon les mêmes modalités que le CE. Quand CE et DP existent simultanément dans une entreprise, les élections ont lieu en même temps, mais sur des listes différentes.

Depuis la loi quinquennale de 1994, il est possible de fusionner, dans les entreprises de moins de 200 salariés, les deux instances mais à condition de distinguer dans le fonctionnement de l'instance unifiée la phase DP et la phase CE.

Les comités d'hygiène, de sécurité et des conditions de travail (CHSCT)

Il s'agit d'une instance très utile pour réfléchir et agir sur tout ce qui touche à la sécurité et à l'ambiance de travail. Participant aux enquêtes menées à la suite des accidents ou lorsque des anomalies sont constatées, ils jouent un rôle utile dans la prévention des accidents et l'évolution des conditions d'exercice des métiers. Ils permettent de transmettre des informations dans les deux sens pour ce qui touche à ces domaines.

Bien utilisés, ils pourraient même s'intégrer dans le fonctionnement participatif de l'entreprise, devenant des sortes de supercercles de qualité ou de groupes de traitement de problème pour toutes les questions concernant leur domaine de compétence.

Composition. Sous la présidence du responsable sécurité de l'entreprise, ou du hiérarchique qui en tient lieu, le CHSCT regroupe un certain nombre de spécialistes dont le médecin du travail. Les membres représentant le personnel sont désignés conjointement par le CE et les DP.

Les sections syndicales d'entreprise (SSE)

Elles interviennent par le canal d'un délégué syndical (DS) accrédité par le syndicat professionnel (ou la Fédération) auprès de la direction de l'entreprise. Elles sont par essence les instances chargées de la négociation et de la défense des intérêts du personnel.
– Ce sont elles qui débattent chaque année du problème des salaires et de l'emploi, avec la direction de l'entreprise.
– Ce sont elles qui négocient les évolutions de la réglementation liée aux accords d'entreprise et aux conventions collectives. Elles négocient également les protocoles électoraux et bénéficient du monopole de présentation des candidats au premier tour des élections professionnelles.

Au contraire des délégués du personnel, elles agissent en professionnels des relations sociales et sont les interlocuteurs privilégiés de la direction pour tout ce qui touche au droit du travail, aux litiges d'interprétation, au climat social.

Fondés de pouvoir du syndicat dans l'entreprise, les délégués syndicaux tirent leur légitimité de leur appartenance à l'appareil syndical et non d'une élection professionnelle au suffrage universel. Cela n'est pas sans poser quelques problèmes lorsque, comme je vais le développer dans le prochain paragraphe, la représentativité syndicale décline et que les membres des CE élus sans étiquette syndicale en viennent à représenter près de 30 % des voix lors des élections professionnelles(1) loin devant CGT et CFDT qui ne représentent plus que de l'ordre de 20 % des voix chacune.

(1) Derniers résultats publiés par le ministère du Travail et concernant l'année 1994. Des chiffres plus complets sont donnés dans le livre de Gérard Donnadieu et Jean Dubois,* Réguler le social dans l'entreprise, *Éditions Liaisons, Paris, 1995.

➢ *Les acteurs*

Pour le dirigeant qui s'interroge aujourd'hui sur ce qu'il peut faire du canal représentatif, le problème des interlocuteurs avec lesquels il aura à composer est bien entendu essentiel. Or, cette question est loin d'être simple pour plusieurs raisons:

– la distinction croissante entre élus et désignés que je viens d'évoquer. Même élus sur étiquette syndicale, les premiers sont de plus en plus sensibles aux sollicitations de leur électorat et sont donc conduits à penser le plus souvent «entreprise».
Les seconds, en revanche, doivent leur position au syndicat et peuvent être tentés, pour asseoir leur influence, de jouer les jeux d'appareil;

– le pluralisme syndical qui a pris en France des proportions démesurées. Aux cinq grandes confédérations reconnues représentatives (le Club des Cinq: CGT, CFDT, FO, CFTC, CGC) il faut ajouter désormais de nouveaux venus (UNSA, Groupe des Dix avec SUD) sans compter les innombrables syndicats catégoriels. Facteur permanent de surenchère et d'impuissance, ce pluralisme ne joue assurément pas en faveur de l'efficacité du canal représentatif.

Comment en est-on arrivé à une carte des acteurs aussi «tarabiscotée» et peut-on avoir quelque espoir de la voir évoluer? La réponse renvoie à l'histoire du syndicalisme français et exige quelques développements que je présenterai en trois temps.

D'où venons-nous?

Interdit d'association par la fameuse loi Le Chapelier du 14 juin 1791, le mouvement ouvrier est né chez nous au XIXe siècle sous le signe de l'opposition violente. Très vite, il allait se reconnaître dans la théorie marxiste de la lutte des classes. Dans le même temps, le pouvoir patronal se construisait selon une logique autoritaire et hiérarchique dérivée de la féodalité. Ainsi s'est mis en place en France le couple infernal des relations sociales que d'un point de vue systémique on peut représenter par la boucle page suivante.

Un patronat de combat qui justifie son attitude de contention par la nécessité d'éviter sur les entreprises la mainmise communiste. Un syndicalisme, qualifié de «masse et classe» par les sociologues, que la CGT incarne le plus souvent et qui justifie son attitude d'opposition et sa violence verbale par «l'intransigeance» patronale et la conviction que, dans un contexte de croissance économique, le «patron peut

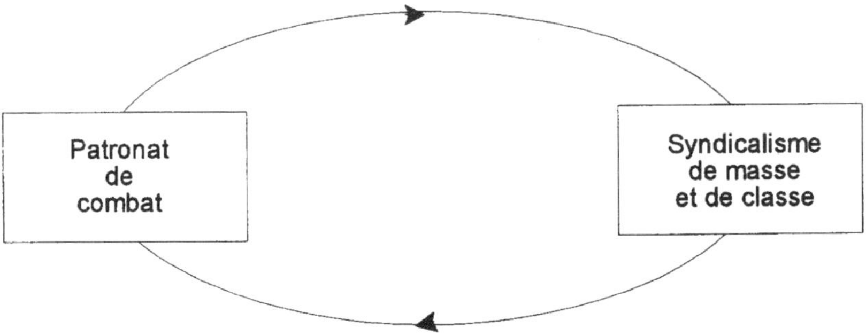

payer». De ces convictions opposées résultait un équilibre aussi solide que celui d'une voûte gothique dont les deux versants se renforcent l'un l'autre par le seul effort de leur opposition.

Et pourtant ce système a commencé à se fissurer à la fin des années 70, sans du reste que les protagonistes en aient eu véritablement conscience.

Où sommes nous?

Le sociologue Pierre-Eric Tixier(1) a proposé un intéressant diagramme pour ranger les différents modèles de relations sociales. Sur un premier axe, horizontal, il situe la nature du lien qui cimente entre eux les membres du syndicat. Ce lien est-il principalement à base d'intérêts matériels (comme dans le syndicalisme anglo-saxon) ou bien se fonde-t-il d'abord sur l'adhésion aux valeurs d'une communauté d'appartenance (par exemple la classe ouvrière comme dans le syndicalisme français)? Le second axe – vertical – introduit une distinction quant à la nature de la confrontation entre partenaires sociaux. On peut aller de l'opposition pure (le conflit permanent, la lutte des classes) à la coopération pure (la participation, l'intégration).

Sur ce diagramme, le modèle traditionnel français, incarné par la CGT, trouve naturellement sa place au voisinage du «type idéal» de «masse et classe» (voir figure ci-après).

Cependant, au fil du temps et surtout dans les grandes entreprises publiques et privées, ce modèle a dû apprendre à composer afin tout simplement de survivre. C'est que la lutte, à l'instar de la guerre, est épuisante et coûteuse économiquement et psychologiquement. Le

(1) *Pierre-Eric Tixier,* Crise ou mutation du syndicalisme, *PUF, Paris, 1992.*

syndicat a fini alors par accepter de s'inscrire partiellement dans le système, de prendre en charge certaines activités. Il s'est *institutionnalisé* et est devenu par obligation plus sensible aux intérêts diversifiés de ses «clients». Mais la prégnance en France de l'idéologie d'origine lui a interdit de s'installer franchement dans ce nouveau rôle. L'institutionnalisation à la française est donc la réponse paradoxale pour essayer de réconcilier l'irréconciliable, c'est-à-dire une pratique honteuse de la participation et un discours d'inspiration oppositionnelle, nostalgique de la lutte des classes.

C'est ce modèle qui est aujourd'hui en crise sous l'effet conjugué des évolutions à l'œuvre dans la société et dans l'entreprise. De cette crise, dont j'ai rendu longuement compte dans un précédent ouvrage(1), on peut relever de multiples symptômes:
– d'abord le faible taux d'adhésion syndicale, de l'ordre de 8 % des salariés, le plus faible de tous les pays développés;
– l'effondrement de la représentativité des syndicats lors des élections professionnelles dans les entreprises, dont il a déjà été question, mais aussi à l'occasion d'élections nationales comme les prud'hommes où l'abstention est massive;
– leur perte de crédibilité mise en évidence depuis quinze ans par toutes les enquêtes d'opinion;
– l'apparition de nouvelles formes de revendication sociale – grèves sauvages, conflits hors normes, coordinations... – d'autant plus déstabilisatrices et dangereuses qu'elles échappent au contrôle des syndicats traditionnels.

Dans une société menacée d'atomisation, en proie aux affrontements d'une multitude de catégories et de groupes aux intérêts contradictoires, le syndicalisme français apparaît lui aussi éclaté et incertain. Trois évolutions divergentes paraissent toutefois se dessiner comme réponses possibles à la crise, à moins qu'il ne s'agisse (c'est une autre interprétation) de simples avatars de celle-ci:

• *Un syndicalisme tribunicien*, marqué par l'exacerbation des intérêts catégoriels et par la logique du conflit. Ce qui lui importe est de fournir le porte-voix le plus bruyant possible à des mécontentements catégoriels, voire groupusculaires.

(1) Gérard Donnadieu, Jean Dubois, Réguler le social dans l'entreprise, *Éditions Liaisons, Paris, 1995.*

• *Un syndicalisme clientéliste.* Peu revendicatif et peu oppositionnel, ce qui le distingue du précédent, ce syndicalisme s'en rapproche par la priorité donnée aux intérêts les plus alimentaires (le plus souvent de nature individuelle).

• *Un syndicalisme partenarial.* L'action syndicale porte principalement sur la négociation des choix stratégiques concernant l'entreprise et ayant des conséquences importantes pour ses salariés. Cela suppose que la « communauté entreprise » ait une signification forte, en termes d'adhésion et d'appartenance, pour le personnel (on retrouve là un des thèmes de la culture d'entreprise).

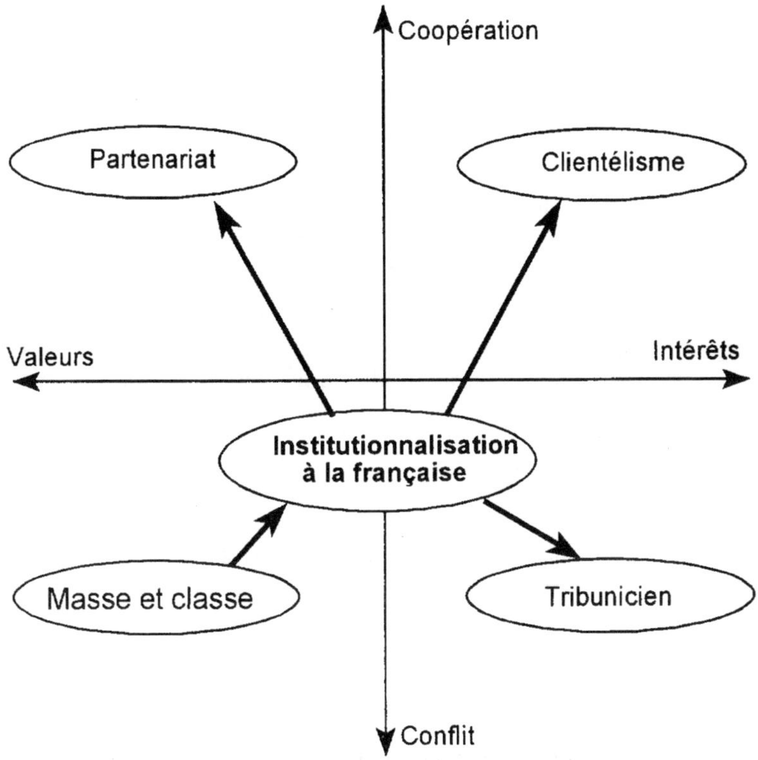

Où allons-nous?

Dans cet univers social en cours d'éclatement où tout paraît possible, il est clair que les rôles syndicaux sont remis en cause et que chaque syndicat est conduit à s'interroger sur son identité, ses objectifs, sa stratégie. Chacun va bien entendu le faire à partir de ce qu'il est aujourd'hui, de sa clientèle, mais aussi de son histoire qui pour certains est longue et pesante. De plus, le contexte local joue très fortement et oriente dès maintenant le choix des sections syndicales et syndicats professionnels.

On peut alors, avec quelque vraisemblance, imaginer pour demain un patchwork syndical où coexisteraient, suivant les entreprises, les branches professionnelles, les bassins d'emploi, les différentes formes de syndicalisme que je viens de présenter. La même étiquette syndicale pourrait même recouvrir, suivant les situations, des modèles aussi différents que le tribunicien ou le partenarial. Ne voit-on pas déjà des sections CGT signer, dans quelques entreprises moyennes, des accords de flexibilité du temps de travail en complète contradiction avec leur ligne confédérale?

Pour en dire plus, et proposer quelques scénarios d'avenir, il faut rappeler ce que sont les quatre grandes fonctions d'un syndicalisme efficace et responsable, telles qu'on l'observe dans les autres pays industriels et en particulier dans l'Europe du Nord.

• *Fonction revendicative*: exprimer les mécontentements, les revendications et «organiser les luttes» (comme dit la CGT). Cette fonction, le syndicalisme français traditionnel sait assez bien la tenir comme les mouvements sociaux de la fin 1995 ont pu le montrer. Le malheur est qu'il ne sait pratiquement faire que cela.

• *Fonction propositionnelle*: élaborer des contre-propositions, techniquement et économiquement viables, permettant de répondre de manière réaliste aux demandes des salariés. Malgré les tentatives souvent mal comprises de la CFDT (et aussi de CFTC et CGC), la fonction propositionnelle reste chez nous largement en jachère. Que ce soit au niveau de l'entreprise ou de l'économie générale, les propositions syndicales (peut-on même parler de propositions!) brillent le plus souvent par leur irréalisme, leur démagogie, leur faible pertinence. On est à 100 lieues de la micronégociation permanente japonaise, de la cogestion allemande, de la démocratie industrielle scandinave.

• *Fonction de négociation*: capacité à conduire dans la durée un débat argumenté, à produire des justifications techniques, à anticiper les convergences puis à conclure au meilleur moment. Cette fonction n'est pas chez nous réellement tenue alors qu'elle constitue le cœur du savoir-faire du syndicalisme américain par exemple. Comme l'observe Christian Morel (1), la négociation n'a pas dans le système français des relations sociales une fonction de recherche patiente du meilleur compromis; elle est la poursuite de la lutte par d'autres moyens. C'est ce qu'il appelle la négociation-manifestation.

• *Fonction de service*: très loin des riches syndicats de l'Europe du Nord qui proposent à leurs adhérents une multitude de services (prévoyance, assurance chômage, bourse d'emplois, loisirs, accession à la propriété...), le syndicalisme français a abandonné à des organismes para-étatiques (sous couvert d'un paritarisme de façade) cette fonction de service. Comme le montre Pierre Rosanvallon (2), c'est encore une fois au nom de la pureté du modèle «luttiste» que le syndicalisme français a refusé de s'engager au début du siècle dans la voie prometteuse des services, voie pourtant choisie par la plupart des syndicats européens.

Munis de ces clés de lecture, on peut s'essayer à anticiper les stratégies qui risquent demain d'être mises en œuvre, au moins au plan national, par les acteurs syndicaux.

• **L'impossible retour au masse et classe**. Par delà la nostalgie d'un certain nombre de militants et intellectuels de gauche, restés orphelins du marxisme et qui ont allègrement fantasmé à propos des grèves de fin 1995, il ne convient guère de se bercer d'illusions, ou de se faire peur (selon sa couleur idéologique). L'histoire, dit-on, ne repasse jamais deux fois les mêmes plats. Certes, la société occidentale n'est pas exempte de tares, d'injustices de toutes sortes, de souffrances sociales. Mais les phénomènes d'exclusion qui la caractérisent ne sont en rien comparables à ceux de l'exploitation dans la première société industrielle (ce qui ne signifie pas qu'ils soient plus bénins!). La plupart des analyses des sociologues convergent pour dire l'état croissant d'atomisation de nos sociétés. Ce qui menace est l'anomie, non la guerre civile. C'est devenu un pont aux ânes de la sociologie de parler de la montée irrépressible de l'individualisme et de l'effritement du lien social.

Dans un tel contexte, où font de plus en plus défaut les grands projets fédérateurs et les visions du monde englobantes, le corps social a

(1) *Christian Morel, «La drôle de négociation»,* Gérer et comprendre, *n° 22, mars 1991.*
(2) *Pierre Rosanvallon,* La question syndicale, *Calmann-Levy, Paris, 1988.*

tendance à se fragmenter. Les acteurs syndicaux se multiplient et la floraison des nouveaux sigles (SUD, FSU, UNSA...) en constitue d'ailleurs le révélateur. Pour un temps encore, le Code du travail avec ses critères stricts de la représentativité syndicale maintient à bout de bras le monopole du club des Cinq. Mais qui ne pressent que ce monopole finira un jour prochain par sauter (comme le décret de 1937 dans la Banque!), ce qui ouvrira la porte à toutes les nouvelles expressions syndicales. Le retour à un syndicalisme de masse fondé sur une classe ouvrière homogène et nombreuse, aux valeurs fortes et reconnues, mue par un grand projet de transformation sociale, apparaît donc comme une vue de l'esprit. Même la CGT, porte-parole officiel de ce modèle durant des décennies, est aujourd'hui conduite à s'en éloigner, tout du moins dans le discours. On peut interpréter dans ce sens les débats qui se sont déroulés lors de son dernier congrès, en décembre 1995, entre les tenants de la vieille ligne, fidèles à l'orthodoxie communiste et à la thématique de la classe ouvrière, et les modernistes souhaitant mettre une sourdine à des références idéologiques et politiques trop voyantes pour mieux coller, prétendaient-ils, aux revendications multiformes de la base. Mais cette ligne alternative souhaitée par les modernistes de la CGT et que son secrétaire général Louis Viannet semble encourager – non sans nuance, car il se doit de tenir la balance égale entre les deux thèses – est-elle autre chose qu'une des multiples expressions du modèle tribunicien, modèle en train d'envahir le champ social français?

• **Le trop-plein tribunicien**. L'avènement de ce modèle est bien entendu grandement facilité par l'éclatement du corps social en une multitude de catégories, groupes professionnels, statuts, chacun cherchant à garantir et à consolider ses avantages acquis, ses microprivilèges, ses rentes de situation. De plus, lorsque ces groupes manquent d'une vision globale de l'entreprise et de l'environnement économique, qu'ils sont en quelque sorte coupés du principe de réalité (avec ses dures exigences comme celles de la compétitivité et du service du client), ils peuvent naïvement s'imaginer que tout est possible, que leurs intérêts sont sacrés et méritent d'être défendus par tous les moyens et à n'importe quel prix.

On comprend pourquoi de telles attitudes trouvent leur terrain de prédilection dans le secteur public et les entreprises nationalisées ou anciennement nationalisées. Alors que les salariés du secteur privé savent de mieux en mieux et par expérience que les entreprises sont mortelles, l'employé de la Fonction Publique, des Hôpitaux, de la

Poste, d'EDF/GDF, voire d'Air France s'imagine que l'Etat est éternel et peut donc indéfiniment payer. Il suffit pour cela de l'y forcer par un conflit suffisamment tenace, long, bruyant, bien médiatisé. La plupart des grands conflits de ces dernières années sont passibles de cette analyse.

Le syndicalisme tribunicien, fidèle en cela à la tradition française de la «lutte», est une tentative pour récupérer à son avantage cette énergie de contestation. Ce qui lui importe n'est pas tant de chercher à satisfaire des revendications (au demeurant souvent irréalistes) que de fournir, comme je l'ai déjà signalé, le porte-voix le plus bruyant possible à des mécontentements corporatistes. Il s'agit de faire feu de tout bois, d'être à l'affût de toutes les revendications, fussent-elles les plus insensées, de flatter les égoïsmes de groupes. Ce syndicalisme prendra ainsi l'image auprès du personnel de celui qui crie et s'agite le plus, ne se laisse pas impressionner par la direction, fait preuve de la plus grande imagination critique dans ses slogans, ses tracts, ses manifs. Qu'il soit efficace sur le plan du résultat est relativement secondaire!

Ce modèle syndical, comme indiqué précédemment, a le vent en poupe, particulièrement dans le secteur public. La plupart des syndicats, anciens comme nouveaux, se précipitent aujourd'hui pour tenir ce rôle. On a vu déjà que c'était le cas de la CGT depuis son congrès de décembre 1995. Mais c'est aussi le modèle choisi implicitement par Marc Blondel pour permettre à FO (du moins le croit-il!) de doubler la CGT sur sa gauche. Enfin, les nouveaux syndicats du groupe des dix, SUD en particulier, inscrivent très clairement leur pratique sur une telle ligne syndicale. Et il n'est pas jusqu'à la minorité CFDT (le mouvement «Tous ensemble») qui ne manifeste quelque nostalgie pour cette conception de la lutte tous azimuts.

• **Le pari difficile en faveur d'un syndicalisme de coopération**. Reste alors une dernière issue, choisie depuis toujours par la CFTC et la CGC, de tout temps réfractaires à la lutte des classes. Mais ces deux organisations sont loin d'avoir l'audience et la masse critique suffisantes pour jouer un rôle d'entraînement dans le paysage social français. De plus, leur comportement pratique au niveau du terrain est loin d'être exempt de dérive tribunicienne. Sous l'effet des surenchères de l'action, de la prédominance du discours «luttiste» au niveau des médias, du complexe du minoritaire, le modèle standard français finit bien souvent par les contaminer.

Aussi, l'élément réellement neuf survenu dans le paysage syndical français se trouve dans le renforcement depuis quinze ans de la ligne de recentrage de la CFDT. Par son implantation diversifiée dans toutes les catégories socioprofessionnelles (employés, ouvriers, techniciens, cadres) et dans les divers secteurs de l'économie, en particulier ceux qui sont les plus porteurs d'avenir (services, distribution, entreprises moyennes...), la CFDT est seule en mesure de jouer le rôle d'attracteur pour un syndicalisme ayant fait le choix de la coopération.

Malgré toutes les contestations internes et externes, féroces et bien souvent haineuses, que cela lui vaut, Nicole Notat, Secrétaire Générale de la CFDT, ne craint pas de réaffirmer, en toutes circonstances, son choix en faveur d'un syndicalisme de coopération. Elle ne fait en cela que reprendre les positions de ses prédécesseurs, Edmond Maire et Jean Kaspar, lequel écrivait en 1997(1): «*Je suis convaincu que les entreprises et la société en général doivent être capables de passer de l'ère de la conflictualité à l'ère de la coopération... Il ne s'agit plus de gagner l'un contre l'autre, mais d'une démarche synergétique où l'on gagne ensemble... Dans une telle perspective, la négociation devient donc un moyen essentiel*». Cette stratégie de la coopération, la CFDT cherche aujourd'hui à la déployer sur deux plans:

– celui de la fonction d'agence sociale, au niveau national, en prenant solidement pied dans la gestion des systèmes de sécurité sociale et de prévoyance (Cnam, Unedic par exemple). D'inspiration clientéliste (au sens des modèles syndicaux de l'Europe du Nord), ce choix s'inscrit également en prolongement de l'institutionnalisation à la française;

– celui de l'entreprise, où par la recherche d'accords stratégiques, notamment autour de l'ARTT (Aménagement/Réduction du Temps de Travail) et de la flexibilité, la CFDT retrouve le meilleur du modèle partenarial.

Ce choix difficile et courageux de la CFDT sera-t-il couronné de succès? Pour certains, rien n'est moins sûr, tant paraît lourde la prégnance du modèle luttiste français. Ils estiment que si l'efficacité de sa stratégie n'est pas rapidement démontrée aux yeux de ses militants et de l'ensemble des salariés, la CFDT apparaîtra comme ayant fait un marché de dupes. De plus, ils pensent que le patronat, les directions d'entreprise, l'État lui-même ne sont pas mûrs pour s'engager dans une telle mutation des rapports sociaux... et pour négocier, il faut être au moins deux!

(1) Jean Kaspar, «De la conflictualité à la coopération», MCS, *n° 500, janvier 1997.*

Pour d'autres observateurs dont je suis, ce choix au contraire est le bon. Des événements dont certains extérieurs à l'espace français conspirent en effet à le rendre inéluctable.

– *la construction, lente mais irréversible, de l'Europe sociale* constitue sans aucun doute aujourd'hui un des plus importants facteurs de déstabilisation du modèle français. Que ce soit directement au travers de l'harmonisation des législations nationales, par les expérimentations déjà engagées par les firmes européennes (comités d'entreprise européens par exemple), par l'influence de la CES (Confédération Européenne des Syndicats) au sein de laquelle les syndicats de l'Europe du Nord (allemand en particulier) jouent du fait de leur poids numérique un rôle déterminant, une sorte de modèle européen des relations sociales se dessine peu à peu. Et ce modèle ressemble étrangement au *modèle rhénan*, c'est-à-dire à un syndicalisme partenarial incluant une bonne dose de services;

– *la modernisation des entreprises sous l'effet de la mondialisation.* Cette modernisation, à l'origine souvent technique et organisationnelle, ne peut se permettre d'ignorer durablement les rapports sociaux. L'impression prévaut aujourd'hui d'une dictature de la finance, et sans doute est-ce en partie vrai. Mais ne faudra-t-il pas réintroduire bientôt dans la décision managériale, et pour de simples considérations d'efficacité, la dimension des hommes; en particulier dans les activités à haute valeur ajoutée où la place de l'intelligence humaine est déterminante? Tout l'enjeu de ce livre est de tenter de le démontrer;

– *la conception d'une autre approche de la régulation des rapports sociaux*, plus colorée de négociation, de coopération et à base de jeux à somme positive, se développe au sein de l'opinion publique des pays riches. C'est également le cas en France où les derniers sondages sont révélateurs de cette tendance. Cette conception correspond mieux à la sensibilité des catégories socioprofessionnelles émergentes et aux nouvelles générations. Malgré son apparent succès actuel, le modèle tribunicien n'est donc guère porteur d'avenir et les syndicats qui s'y précipitent aujourd'hui pourraient bien ne se partager qu'un marché déjà saturé et bientôt déclinant.

➢ *Que faire?*

La situation actuelle est donc loin d'être stabilisée et l'avenir se présente comme largement ouvert. Les dirigeants d'entreprise ont alors le choix entre deux stratégies divergentes:
– soit partant du constat d'obsolescence du canal représentatif, ils le laissent progressivement dépérir, se bornant à appliquer strictement et formellement la loi. La régulation sociale est alors entièrement mise en œuvre par les trois autres canaux. J'ai déjà montré le danger d'une telle position: il est vain de penser pouvoir évacuer la dimension collective du système social; en cas de conflit grave, on se trouvera sans interlocuteur et dans l'impossibilité de passer des compromis acceptables;
– soit considérant que le canal représentatif reste utile pour contribuer à une bonne régulation sociale (le lecteur aura compris que c'est aussi ma position), ils en tirent toutes les conséquences en matière de plan d'action.

Ce plan d'action, on le sent bien, ne peut venir qu'en appui pour faciliter l'émergence du modèle coopératif, modèle minoritaire dans notre pays par rapport au bon vieux modèle «luttiste» qui prévaut encore dans l'imaginaire collectif. Certes, il est très clair que la responsabilité du changement repose avant tout sur les organisations syndicales elles-mêmes. L'entreprise ne peut pas se substituer à elles. Mais il dépend d'elle, par les dispositions qu'elle prendra, de favoriser l'évolution vers ce syndicalisme coopératif. Dans cette perspective, quatre grandes pistes d'action sont à retenir.

Reconnaître et renforcer le partenaire

Se placer dans la perspective d'une régulation sociale conjointe oblige à une inversion complète de la logique antérieure où l'on cherchait à affaiblir l'adversaire. Un partenaire faible ne serait d'aucune utilité. Au contraire, nous sommes dans un jeu à somme positive où l'accroissement du pouvoir de chacun des acteurs débouche sur un renforcement du pouvoir de régulation qu'ils exercent ensemble. Cela passe par:

• **Une reconnaissance claire** – et une affirmation forte – du rôle que l'entreprise entend voir jouer par les syndicats et les instances représentatives dans la régulation de l'entreprise. Ainsi l'accord GAN déclare-t-il que «*les syndicats, contre-pouvoir de proposition, sont au GAN des régulateurs de la vie de l'entreprise*».

- **Un renforcement des moyens matériels et financiers** mis à la disposition des syndicats et représentants du personnel. Les exemples allemands et suédois montrent que la détention de moyens financiers importants est une des conditions d'efficacité d'un syndicalisme puissant et organisé. Plutôt que d'avoir en face d'elle un syndicalisme pauvre et mal équipé, l'entreprise a sans doute intérêt à contribuer à son financement, soit en utilisant la formule du chèque syndical comme chez Axa, soit de manière directe comme chez Casino.
- **Un renforcement des élus et des militants.** Il est assez clair que l'efficacité du canal des relations sociales repose largement sur la valeur et la compétence des représentants et militants qui en assurent le fonctionnement. Pour ne pas être elle-même victime de ce que l'on décrit comme «la crise du militantisme», l'entreprise a divers moyens de faciliter l'émergence de représentants de bon niveau. Elle peut donner une valorisation professionnelle au mandat représentatif... rassurer les élus sur leur développement de carrière en les faisant bénéficier, comme au GAN, de «contrats-carrière»... prévoir des dispositifs spécifiques de formation pour faciliter leur réinsertion dans une activité professionnelle normale, comme chez Péchiney...

Faciliter la communication représentants/salariés

La crise de la représentativité est au cœur des difficultés actuelles du canal des relations sociales. Pour que les aspirations de la base trouvent un écho dans les positions des représentants du personnel et que ceux-ci puissent, en retour, peser sur le comportement des salariés, il est vital qu'existe entre eux une communication aussi riche que possible. Pour avoir en face d'elle des interlocuteurs représentatifs, pour que militants et élus collent mieux au terrain, l'entreprise a donc tout à gagner à promouvoir un dispositif qui garantira le maintien de la communication entre les représentants et leur base.

Cela veut d'abord dire que la gestion des heures de délégation soit aussi souple que possible et que l'on ne mette pas d'entraves à la tenue de réunions d'information syndicale. Mais, plus largement, plutôt que tenir les représentants du personnel à l'écart des autres lieux de communication existant dans l'entreprise, mieux vaudrait sans doute leur en favoriser l'accès. Pour que le développement des structures participatives – groupes d'expression, cercles de qualité, groupes de progrès, etc. – ne soit pas perçu comme une manœuvre antisyndicale, il est souhaitable qu'au contraire les militants aient la possibilité de s'enrichir des informations qui circulent dans ces multiples groupes participatifs.

Rechercher une négociation efficace

Le développement de la négociation est la pierre angulaire d'une stratégie de revalorisation des relations sociales. L'arme du conflit s'étant progressivement émoussée, il ne reste qu'une issue possible: démontrer que la négociation est payante. Le canal représentatif sera reconnu le jour où il aura fait la preuve de son utilité en apparaissant comme le moyen privilégié de construire une «entreprise négociatrice». Je mentionnerai ici diverses actions susceptibles de donner toute l'efficacité voulue à la négociation:

• **Décentraliser la négociation** pour qu'elle ne se limite pas au sommet de l'entreprise mais descende le plus bas possible et prenne en compte les particularités de chacun des sous-groupes de salariés.

• **Étendre son champ** au-delà des thèmes classiques portant sur la rémunération ou les conditions de travail. Elle n'apparaîtra utile que si elle touche aux aspects concrets de la vie de travail, à l'organisation et au fonctionnement de l'atelier ou du service.

• **Impliquer de nouveaux acteurs :** au lieu d'être le monopole des directions du personnel et des délégués syndicaux, le processus de négociation devra permettre l'implication de tous les acteurs intéressés. Cela signifie que l'encadrement aura son rôle à jouer et qu'il ne faudra pas hésiter à responsabiliser le personnel lui-même, soit en le faisant participer à des commissions de travail, soit en le consultant directement.

• **Expérimenter de nouvelles formes d'accord.** Plutôt que de vouloir aboutir à tout prix à des contrats en bonne et due forme, l'incertitude de notre époque devrait conduire à des accords de durée limitée, évolutifs et révisables. L'expérimentation devrait ici être la pratique courante: on arrive plus facilement à un consensus s'il porte seulement sur la nécessité de procéder à des expériences.

• **Adopter des techniques plus efficaces.** Pour être efficace, la négociation doit s'appuyer sur des techniques et des méthodes éprouvées. Pour parvenir en ce domaine à un vrai professionnalisme, il faudrait notamment mettre au point des processus de préparation... former les négociateurs... leur permettre de faire appel à des experts extérieurs, etc. On peut même, comme l'ont déjà fait quelques entreprises, envisager de rendre la négociation plus efficace en prolongeant l'obligation de négocier par l'obligation de résultats, la nécessité d'aboutir.

Faire évoluer le cadre institutionnel

Les entreprises se plaignent souvent que la législation concernant les instances représentatives soit source de lourdeurs et de rigidités. Nombre d'expériences montrent qu'elles n'ont pas besoin d'attendre que la législation change pour agir. Il est même probable que le Droit n'évoluera que si, préalablement, les entreprises ont procédé à des expériences qu'il restera ensuite à entériner.

C'est ainsi que plusieurs entreprises ont déjà procédé à des fusions d'instances ou à la création d'un conseil d'entreprise unique. D'autres ont négocié avec les syndicats la modification des structures de représentation pour qu'elles correspondent mieux à la physionomie de l'entreprise. On a ainsi vu se créer des «comités sociaux» dans des établissements de petite taille qui, sans cela, n'auraient pas été représentés dans les instances officielles.

Et signalons le cas de nombreuses grandes entreprises multinationales qui, sans attendre la directive de Bruxelles, ont créé des comités européens réunissant les délégués des différents pays.

Pour conclure: un avantage compétitif certain

Le canal représentatif ne retrouvera jamais la place prépondérante qu'il a occupée dans le passé. Il ne peut donc être question de vouloir revenir en arrière ni de procéder à un acharnement thérapeutique qui maintiendrait en vie des formes périmées. La régulation sociale est devenue trop complexe pour qu'elle ne s'appuie pas sur une pluralité de dispositifs: voie hiérarchique, communication directe, structures participatives, etc.

Mais cette complexité même interdit que l'on se prive de quelque outil de régulation que ce soit. Il apparaît notamment impossible d'occulter la dimension collective des comportements sociaux et de ne pas chercher un outil approprié pour réguler ces relations collectives; or, en dépit de tous leurs mérites, les autres canaux ne sont pas faits pour cela. Cela suffit à justifier la présence irremplaçable des relations sociales dans un dispositif régulateur d'ensemble.

Reste à rompre avec une tradition marquée essentiellement par le conflit pour y substituer un partenariat où le syndicalisme aurait vocation à proposer et négocier. Un regard sur les exemples étrangers comme des débuts de réalisation en France montrent que c'est possible. L'enjeu à terme pour les entreprises est de toute façon essentiel: disposer en matière de régulation sociale d'un canal représentatif rénové constituera pour elles une sécurité de management et un avantage compétitif certain.

Du bon usage du clavier du dirigeant

Une réflexion globale et interactive sur la bonne utilisation du clavier du dirigeant présenté en fin de section 1 (pages 340 à 343) est ici prioritairement requise. Comment articuler les trois modalités d'action avec les quatre canaux dans un cadre de cohérence qui n'étouffe pas les initiatives des acteurs? Selon les enseignements de la systémique, on obtiendra la meilleure efficacité en introduisant puis en conservant le maximum de *variété* dans la combinatoire. Il s'agit de bâtir une route de crête entre l'ordre et le désordre.

➢ *Utiliser en synergie les différents canaux*

Le principe de variété débouche sur une claire différenciation des rôles entre canaux mais en même temps sur leur articulation efficace en complémentarité/concurrence. Un précédent rencontré dans la régulation des systèmes biologiques peut servir de point de départ à la réflexion. On a vu au chapitre 4 (pages 163 à 173) que le système nerveux central de l'homme (SNC) était ce que la nature avait jamais produit de plus complexe. Or, le SNC repose sur l'intégration de nombreux circuits, partiellement concurrents les uns des autres et comportant de multiples redondances: juxtaposition des régulations orthosympathique et parasympathique à celle du paléencéphale, articulation du cerveau limbique et du néo-cortex, complémentarité/concurrence des hémisphères gauche et droit... Cette redondance des circuits, même si elle pose un problème de cohérence, débouche au final sur un renforcement de la fiabilité du fonctionnement de l'ensemble et constitue un «réservoir de variété» dont l'organisme tirera profit lors d'adaptations requises par l'environnement.

Toutes proportions gardées, ne peut-on considérer l'émergence dans l'entreprise de nouveaux canaux de régulation comme traduisant le processus de complexification à l'œuvre dans le social comme dans le vivant? La question est alors de reconnaître la légitimité et l'utilité de ces redondances, de s'appuyer sur elles, de les favoriser jusqu'au point limite où elles risqueraient de devenir contre-productives. Comme pour le vivant, la complémentarité/concurrence des canaux devient source de fiabilité, de haute performance, de plasticité et de potentiel d'adaptation.

Dans une telle perspective, un premier constat s'impose: on ne peut, en matière de régulation sociale, tout miser sur un seul canal. Cela donnerait immanquablement un cortège d'effets pervers que l'on observe d'ailleurs sans peine dans la réalité.

Par exemple, faire du «tout médiatique»: il s'agit d'entreprises où, en l'absence de projet réel autre que celui de se maintenir, on investit à grands frais dans divers médias (journaux, vidéo interne) et gadgets (charte sur papier glacé...), sans autre impact sur le personnel qu'un sourire sceptique et quelque peu moqueur. De même, compter exclusivement sur un participatif «tous azimuts», non maîtrisé par des orientations fortes: le foisonnement initial retombe presqu'aussitôt en désillusion devant le constat d'un système organisationnel aux dysfonctionnements inchangés.

Il semble exclu, *a fortiori*, d'en revenir aux mythes du «tout encadrement» (on ferme la porte à tout ce qui ne passe pas par la voie hiérarchique) ou du «tout syndical» (concentration exclusive des pouvoirs de négociation entre les mains des dirigeants et des partenaires sociaux): ces deux formules sont devenues aujourd'hui obsolètes.

En revanche, il est clair que certaines synergies peuvent produire un renforcement de chacun des canaux activés et déboucher au final sur une action plus efficace. Par exemple, on peut charger une hiérarchie d'accompagner et de faciliter localement une expérience participative, puis demander aux relais représentatifs de diffuser l'information concernant cette expérience. On peut également utiliser le canal médiatique (enquête d'opinion interne) pour impliquer les encadrants dans des actions de réflexion participative avec leur équipe et visant à améliorer le fonctionnement. C'est tout l'enjeu des enquêtes d'opinion de certaines entreprises (type IBM).

Parmi les synergies intercanaux souvent mises en œuvre et qui s'avèrent particulièrement efficaces, je citerai par groupes de deux:
– représentatif-participatif: les représentants du personnel deviennent diffuseurs et stimulateurs des démarches participatives;

– médiatique-participatif: les groupes expérimentaux se sentent soutenus et valorisés par la diffusion de leurs résultats;
– participatif-encadrement: le rôle de coordonnateur ou de «facilitateur» redonne à une hiérarchie qui risquait la marginalisation l'occasion d'affirmer un leadership «compétentiel» reconnu de tous.

Il convient donc de s'orienter vers une articulation des différents canaux visant à optimiser leur synergie. Notons toutefois qu'il y a, sinon des incompatibilités, du moins des interférences à maîtriser: par exemple, on ne peut «renforcer l'encadrement» en remettant en cause ses décisions chaque fois que l'on négocie avec les représentants du personnel; à l'inverse, on ne peut demander à la hiérarchie de «faire la guerre» aux syndicats tout en cherchant à obtenir l'accord de ces derniers sur des enjeux majeurs. Il ne s'agit pas de tomber dans le travers des «jeux à somme nulle» où donner quelque chose à l'un des canaux est automatiquement l'ôter à l'autre.

Rappelons cependant qu'un canal fort, quel qu'il soit, ne redoute pas vraiment la concurrence des autres. Mieux, il la recherche... Par exemple, une ligne d'encadrement forte ne craint pas un canal représentatif puissant, ou un canal participatif développé. Redouter la concurrence, c'est toujours, peu ou prou, mal dissimuler sa propre faiblesse...

Dans cette voie vers l'intégration optimale des canaux, les entreprises ne se trouvent pas au même niveau de réalisation. Certaines sont plus avancées que d'autres. Tel semble être généralement le cas de nombreuses entreprises japonaises où la prise en compte des différents réseaux de communication, la recherche d'une régulation par consensus, font partie de la pratique courante. On se trouve là en face d'une conception très «enveloppante» et élastique de l'intégration et de la régulation, apparemment riche en redondances et très éloignée de nos concepts de stricte rationalité technique.

➢ *Bien articuler les trois modalités*

Nous avons vu précédemment (page 331) que le dirigeant qui souhaite agir sur le système social de son unité dispose de trois modalités ou «portes d'entrée» dans le système. Il peut intervenir à sa convenance sur:
– l'organisation (au sens large) en changeant par exemple certaines règles;

– la culture, en cherchant à influencer certaines représentations dominantes;
– le jeu des acteurs (négociation, marchandages) en manipulant un certain nombre d'enjeux.

Pour autant, ces trois modalités ne sont pas indépendantes mais se marient deux à deux pour constituer deux boucles de rétroaction que j'ai déjà présentées au chapitre 5 (page 269) et qu'il convient de traiter séparément au moment d'exercer une action:
– la première, que j'ai appelée boucle de Crozier, lie fortement acteurs et organisation;
– la seconde, que j'ai appelée boucle de d'Iribarne, lie culture et comportements d'acteurs.

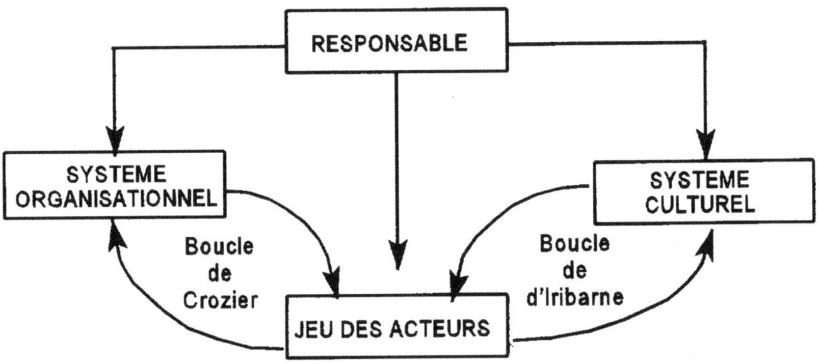

Dans une action de régulation de contrôle, conformément à la combinatoire du clavier du dirigeant, il faut savoir utiliser conjointement ces deux boucles. Mais il n'en reste pas moins que les mécanismes pour agir sur elles ne sont pas exactement les mêmes.

Action sur la boucle de Crozier

A règles du jeu inchangées, on peut s'efforcer d'abord d'utiliser les ressources dont on a le contrôle pour négocier avec les acteurs de meilleurs compromis. Ces ressources déterminent généralement des enjeux plus ou moins fortement valorisés par les acteurs: rémunération, classification, promotion, signes extérieurs de prestige social, pouvoir, intérêt du travail, autonomie, responsabilité, formations complémentaires, reconnaissance... Le marchandage sur ces enjeux permet de déplacer le point d'équilibre social. L'ennui est que le nouvel équilibre n'a rien de définitif, une fois arrêtés le marchandage et les concessions.

On peut aussi modifier la carte des acteurs par introduction d'acteurs nouveaux ou suppression de certains autres. C'est par exemple ce qui se produit au moment d'une fusion ou d'une réorganisation : certaines équipes sont dissoutes, d'autres sont remplacées. Attention cependant à ne pas se limiter à cela, en tombant dans le travers de la pratique bien connue du bouc émissaire dont les résultats s'avèrent décevants.

On peut enfin soumettre les acteurs à de nouvelles règles du jeu, avec bien entendu le risque qu'ils les détournent. Cette action sur l'organisation, mais aussi sur le système technique qui se trouve en amont, se traduit habituellement par des modifications au niveau :
– du système de règles et procédures (SRP). Par exemple, mise en place d'une nouvelle procédure d'appréciation, d'un nouveau dispositif de contrôle, d'un changement des gammes de fabrication...
– du système de fonctions (SF). Par exemple une nouvelle définition des postes, une réduction de la ligne hiérarchique...

Mais que l'action du responsable soit d'abord de nature organisationnelle ou de nature «jeu des acteurs», il importe de la considérer dans la globalité de son impact sur la boucle de Crozier.

Action sur la boucle de d'Iribarne

Comment agir sur les comportements en influençant les représentations et réciproquement comment faire bouger les représentations à partir des comportements ?

Dans un premier temps, on peut espérer influencer les représentations par la *force de conviction du discours* et la rigueur de l'argumentation. Un grand nombre d'actions d'information, de formation, de communication interne participent d'un tel postulat. Sans lui nier toute efficacité, force est de reconnaître que le pouvoir du verbe atteint vite ses limites. Il n'opère que si la modification recherchée n'est pas trop brutale et n'induit pas de bouleversement trop radical dans l'agencement originel des représentations. Ce type d'action est donc plutôt à utiliser en accompagnement des démarches visant à changer d'abord les comportements.

Agir sur les comportements suppose de prendre en compte l'expérience de l'acteur dans sa situation de travail. Une première réponse, issue des théories béhavioristes consiste alors en jouant sur les enjeux désirables à *renforcer* (par des récompenses) les comportements jugés bénéfiques et à *dissuader* (par des punitions) les comportements nuisibles. Il y a peu à dire sur ces préceptes qui retrouvent le bon sens le plus ordinaire sauf à noter qu'ils se situent entièrement au niveau du jeu des acteurs et que, d'après les bons auteurs, le renforcement positif serait plus efficace que le conditionnement négatif (dissuasion).

Beaucoup plus subtiles, en revanche, apparaissent les réponses issues des théories cognitivistes que j'ai présentées au chapitre 5 (pages 210 et suivantes).

• *Avec la théorie de la dissonance*, on met le sujet dans une situation où il se trouve dans l'obligation de donner sens à un comportement passé qui prend soudain une résonance nouvelle. Pour créer cette situation, on peut par exemple insérer le sujet dans un petit groupe convivial où va jouer une forte pression de conformité. Cercles de qualité, groupes de progrès, séminaires résidentiels... mettent en œuvre (consciemment ou non) de tels processus. On peut également soumettre le sujet au sentiment irrépressible d'une irréversibilité (cas par exemple d'une réorganisation) au travers de laquelle il a impérativement à retrouver ses marques.

• *Dans la théorie de l'engagement*, l'individu qui accepte un changement de comportement minime et peu coûteux (désigné par le terme d'inoculation) acceptera de proche en proche d'autres comportements de plus en plus impliquants. On en voit bien les applications possibles dans l'entreprise:
– progressivité des modifications pour créer un «effet de cliquet» embrayant sur des changements plus radicaux;
– actions d'inoculation en apparence anodines (par exemple stage dans un autre établissement ou service qui «fonctionne mieux»);
– effets de réverbération du travail en groupe à partir du moment où on a accepté de «jouer le jeu».

➣ *Quelques stratégies types*

La combinatoire du clavier du dirigeant étant en principe illimitée, il existe autant de stratégies de mise en œuvre de la régulation de contrôle que de situations d'entreprise. Pour autant, il n'est pas sans intérêt de décrire quelques stratégies «pures» ou de référence (au sens des idéaux types de Max Weber) dont bien des stratégies réelles se rapprochent souvent. Bien entendu, ces stratégies types ne sont données qu'à titre purement illustratif.

Le changement planifié

Il s'agit de la réponse traditionnelle donnée par les entreprises à un problème de changement. A partir d'une évolution constatée et prédictible de l'environnement technique et économique, on en tire les conséquences pour l'organisation. On suppose ensuite que les acteurs et leurs représentations culturelles s'ajusteront à ces changements de l'organisation, moyennant quelques mesures d'accompagnement du type formation, communication interne, avantages matériels.

Cette stratégie peut suffire lorsque les enjeux et les représentations des acteurs sont peu concernés par les effets du changement. Elle suppose une parfaite maîtrise des étapes du projet et la prédictibilité des comportements. Dans l'univers turbulent et incertain dans lequel évoluent les entreprises depuis les années 80, ces postulats sont de moins en moins vérifiés. D'où le caractère de plus en plus contre-productif de cette stratégie.

L'apprentissage organisationnel

Le point de départ se situe sur la boucle de Crozier avec ensuite la mise en jeu de la boucle de d'Iribarne.

On ouvre aux acteurs de larges possibilités de modifier l'organisation et ils ont des enjeux positifs à le faire. Les nouvelles façons de travailler font alors évoluer leurs représentations. Au bout d'un certain temps, celles-ci viennent consolider le nouvel équilibre indépendamment de toute considération d'intérêt. Pour que le mécanisme de résolution de la dissonance joue à plein, on a intérêt à ce que les enjeux mis en œuvre dans un premier temps aient un caractère transitoire.

La «conversion»

Tout commence par un brusque changement dans les représentations de quelques acteurs. Cette «conversion» du regard peut survenir à l'occasion d'une expérience forte lors d'un stage, d'une visite, d'un déplacement, d'un séminaire, etc. Ces acteurs modifient alors leurs comportements, ce qui entraîne une nouvelle appropriation de l'organisation, puis la modification progressive de cette dernière pour la rendre plus conforme aux nouveaux comportements.

Faut-il cependant que l'organisation présente assez de plasticité pour accepter ces modifications, sinon les acteurs finissent par se décourager, retrouvent leurs comportements anciens et deviennent réfractaires pour longtemps à toute nouvelle opération de changement (cela explique bien des échecs de cette stratégie).

La «transfusion»

L'accent est mis initialement sur les acteurs. Il s'agit de modifier la carte des acteurs en changeant brusquement un certain nombre d'entre eux (d'où le terme de transfusion) ou en en introduisant de nouveaux (des groupes participatifs par exemple ou un autre syndicat).

Ces nouveaux acteurs par leurs comportements:
– vont faire bouger l'organisation (faut-il encore qu'elle soit plastique);
– vont diffuser leurs valeurs et leur culture auprès des anciens (faut-il encore que ces derniers ne les rejettent pas).

La «tache d'huile»

Il s'agit d'une stratégie composite à deux volets. Dans un premier volet, qui se joue à un niveau purement local, on met en œuvre une des stratégies précédentes ou toute autre mieux adaptée. Dans le second volet, qui est celui qui nous intéresse, on va largement diffuser en direction de l'ensemble du corps social les acquis positifs (pour l'entreprise et pour les salariés) de l'expérience et la mettre en valeur. La démarche vise donc, à partir d'acteurs témoins, à faire bouger les représentations de tous; elle emprunte pour une large part le canal médiatique mais aussi les contacts interpersonnels.

➢ *Conditions de réussite* (1)

Elles traduisent au niveau d'une stratégie de régulation sociale les conditions d'une action efficace sur les boucles de Crozier et de d'Iribarne. Elles peuvent être regroupées en six grandes rubriques.

1. Y a-t-il eu *création d'irréversibilité* dans le changement et sa perception? Cela peut passer par:
– des modifications organisationnelles importantes (réduction de niveaux hiérarchiques, changement de matériel, changement incontournable du process, fusion...) liées à des évolutions externes visibles;

*(1) Ces conditions sont tirées pour la plupart d'entre elles d'une étude à diffusion restreinte d'*Entreprise et Personnel, *«Conduite du changement: l'importance sous-estimée des représentations», Robert Bosquet, Gérard Layole, janvier 1996.*

– la cohérence entre le discours des promoteurs du changement et les réalités vécues par les acteurs concernés.

2. Y a-t-il eu mise en œuvre de *systèmes de renforcement* des nouveaux comportements?
– systèmes de reconnaissance, de valorisation, de promotion des personnes (management, GRH, formation);
– possibilité pour les acteurs d'expérimenter par eux-mêmes des comportements nouveaux et de constater leur réussite;
– contrôle des systèmes de jugement et de légitimation des pratiques (assurer notamment la cohérence de la rétribution avec les nouveaux comportements demandés).

3. Y a-t-il eu *engagement progressif*?
– un respect de la liberté de l'acteur (recours au volontariat, alternative possible);
– des exigences de départ minimes et acceptables en l'état, puis crescendo par élévation progressive de leur niveau;
– une prise en compte des enjeux négatifs éventuels.

4. Y a-t-il *possibilité de réélaboration des représentations?*
– opportunité, voire nécessité de confrontation et d'interaction avec d'autres acteurs impliqués dans le même processus (de la confrontation occasionnelle avec des pairs à l'immersion dans des équipes durables);
– adéquation dans la forme et dans le temps des apports de connaissances nouvelles, en relation avec les représentations initiales de l'acteur (ou des groupes d'acteurs);
– des ouvertures sur les environnements (et notamment les environnements proches des acteurs concernés);
– des possibilités d'expression (de verbalisation) des réticences et difficultés – et d'élaboration des raisons de modifier ses comportements. (Il y a une dimension d'efficacité dans la parole qui est souvent ignorée.)

5. Y a-t-il eu *soutien et respect des identités* dans la turbulence des transformations?
– mise en place d'accompagnements spécifiques (management, tutorat, réseau);
– possibilité de repérage et de reconstitution de réseaux d'appartenance;
– système de communication adapté au cadre de référence de l'acteur et non générateur de dissonance irréductible (contradiction des mes-

sages) et aidant les acteurs à trouver de «bonnes raisons» de modifier leurs représentations.

6. Y a-t-il eu *prise en compte du facteur temps* dans la gestion des actions de régulation?

Cette dernière condition, sans doute la plus importante, est à vérifier impérativement à l'issue de l'élaboration d'un plan d'action. Il s'agit de s'assurer que l'on a décliné de manière correcte dans le temps la mise en œuvre.

La combinatoire du clavier du dirigeant se développe en effet selon une dynamique temporelle, chaque acteur sur un canal venant en relayer un autre sur un autre canal, et de même pour ce qui concerne les actions à dominante organisationnelle, culturelle ou jeu des acteurs.

Plus un plan d'action est ambitieux, complexe, difficile, à fort enjeu, plus on doit s'attendre à une combinatoire riche, se déroulant sur la durée et multipliant les effets de synergie et de renforcement.

QUEL POSITIONNEMENT POUR LA FONCTION PERSONNEL?

«La gestion des ressources humaines n'est pas une compétence exclusive des hommes de personnel, mais investit, à des degrés divers, tout centre de responsabilité de l'entreprise... d'autre part les hommes de personnel doivent désormais, au-delà de leur spécialité, posséder des capacités de compréhension des problématiques des autres fonctions de l'entreprise et du sommet stratégique».

Dimitri Weiss.
Discours inaugural au 1er Congrès de l'AGRH, 1990.

Au début de cet ouvrage (chapitre 2, page 79), après avoir appliqué à l'entreprise la grille de lecture systémique, j'annonçais clairement la raison pour laquelle la prise en compte du social par le management me paraissait indispensable: *la nécessité du détour* au sens du grand psychologue Jean Piaget. Dans les situations à haute complexité, la stratégie la plus efficace pour aller d'un point à un autre est rarement la ligne droite mais plutôt la ligne brisée; l'art du détour, forme supérieure de l'intelligence, consiste justement à imaginer ce chemin. J'espère avoir démontré, tout au long des pages qui précèdent, qu'il en est bien ainsi. C'est pour réaliser les objectifs économiques de survie et de développement de l'entreprise qu'il faut impérativement passer par les hommes et se préoccuper du social.

La fonction personnel – il serait sans doute meilleur de parler de *fonction humaine* de l'entreprise – n'est donc pas contestable dans son existence et sa légitimité. En revanche, se posent les questions classiques: par qui doit-elle être exercée et comment? Les chapitres 6 et 7, en mettant en évidence la multiplicité des acteurs (dont un acteur clé: l'encadrement) et la nécessité d'un fonctionnement en

réseau, ont déjà en grande partie répondu à ces questions. Je me propose ici de reprendre cette problématique sous un angle un peu différent tournant pour l'essentiel autour de la place et du rôle d'une direction centrale de personnel dans le processus de gestion de la ressource humaine. J'articulerai ma réflexion en trois étapes:
– en premier, une petite histoire de la fonction personnel, cherchant à savoir comment le problème s'est posé et a été résolu au cours du temps;
– en second lieu, la photographie d'une fonction personnel fonctionnant selon une logique de réseau (aspect structural);
– pour conclure, je terminerai par la présentation de quelques défis qui se posent aujourd'hui à une DRH.

Petite histoire de la fonction personnel

Le danger de l'approche historique, et je n'y échapperai pas entièrement dans cette section, est de donner à penser qu'il existe au fil du temps une sorte de progrès irréversible où des formes primitives se trouvent remplacées par des formes plus élaborées et complexes. Cela n'est pas faux – les trois grandes périodes d'évolution de la fonction personnel que je vais présenter s'inscrivent dans cette vision historiciste – mais insuffisant. En réalité, à toutes les époques, des formes «avancées» cohabitent avec des formes primitives, quelquefois dans la même entreprise. Simplement, les proportions varient et il se trouve que des pratiques qui pouvaient être considérées comme marginales à une certaine époque finissent par envahir la totalité du champ social.

Cela explique pourquoi on peut trouver quelquefois dans le passé des textes de facture étonnamment moderne. J'en donnerai deux exemples, dont un fort ancien puisqu'il remonte à l'Antiquité romaine. Au 1er siècle avant J.C., Varron, un lieutenant de Pompée et écrivain à ses heures, se préoccupait de la gestion des esclaves employés dans les riches domaines patriciens. Il écrivait(1), à propos de la sélection des chefs d'équipe chargés de commander les esclaves de base: «*Prenez pour les diriger des esclaves qui ne soient ni insolents,*

(1) J.-C. Varron, De l'Agriculture, *Livre 1, chapitre 7.*

ni timides; qui aient une teinture d'instruction, de bonnes manières, de la probité, et qui soient plus âgés que ceux qu'ils surveillent: ils en seront mieux écoutés. Cette position, par dessus tout, exige l'intelligence des travaux rustiques; car l'esclave n'est pas là seulement pour donner des ordres: il doit mettre la main à l'œuvre; montrer par exemple ce qu'il sait faire, afin que ses subordonnés comprennent que ce sont ses talents et son expérience qui le placent au-dessus d'eux. Il ne faut pas permettre au chef d'employer les coups pour se faire obéir, quand il peut arriver au même but par de simples remontrances... Il est bon de stimuler, par des récompenses, le zèle des chefs; de leur former un pécule, de leur faire prendre des femmes parmi leurs compagnes de servitude... On fera bien de flatter leur amour-propre, en leur donnant de temps à autre quelques marques de considération. Il est bon également quand un ouvrier se distingue, de le consulter sur la direction des ouvrages. Cette déférence le relève à ses propres yeux, en lui prouvant qu'on fait cas de lui, qu'on le compte pour quelque chose.»

Il est possible de lire en filigrane dans ce texte l'annonce d'un système de gestion des personnes et d'un bon canal encadrement!

Sans remonter aux Romains, un second texte m'a paru également symptomatique. Publié(1) il y a cinquante ans, aux débuts de l'ANDCP (Association Nationale des Directeurs et Chefs de Personnel), il vise à définir le profil d'un «vrai chef du personnel»: «*On ne peut plus assimiler le chef du personnel au "rond de cuir", pas plus qu'au "garde-chiourme". Sa mission lui est tracée par l'évolution actuelle. Les deux objectifs essentiels qu'il ne doit pas perdre de vue sont: les hommes et la production. Il devient banal de dire que la prospérité d'une nation est fonction de son travail, mais qui dit travail dit aussi travailleurs. Si les services techniques ont une large part dans la bonne marche d'une entreprise, le service du personnel a également la sienne. Un outillage aussi perfectionné soit-il, une organisation aussi poussée soit-elle, sont insuffisants si le problème des hommes a été négligé.*

Il ne s'agit pas, bien entendu, de tomber dans une démagogie que nous rencontrons chez certains chefs et qui consiste à laisser faire pour ne pas avoir d'histoires. Cette démagogie peut d'ailleurs s'exercer dans les deux sens: vers le haut, c'est-à-dire en faisant sa cour à la direction; vers le bas, en laissant tout faire sous prétexte d'être social.

(1) Marcel Didier, «Un vrai chef du personnel», Personnel, *n° 11, décembre 1949.*

La véritable action sociale consiste à dégager une élite du travail, à former des valeurs et, dans ce domaine, le chef du personnel moderne a un rôle important à remplir.
Le chef du personnel qui s'efforce de perfectionner la main-d'œuvre et la hiérarchie contribue à améliorer la production; celui qui a su créer, dans l'entreprise, un climat de confiance qui se traduit par une bonne stabilité et un esprit d'équipe améliore la productivité; celui qui sait appliquer une discipline intelligente et évite des courts-circuitages est également dans la bonne voie».

Par delà un style qui a vieilli, ce texte conserve une saveur toute actuelle. On y trouve non seulement la gestion des personnes, mais aussi la régulation sociale, la culture d'entreprise...

Il me semblait indispensable de faire ces remarques préliminaires avant de présenter la typologie classique des trois champs distincts mais interdépendants de la fonction personnel qui correspondent chacun à une phase de son évolution.

De cette évolution, les appellations données depuis cinquante ans au responsable de personnel sont d'ailleurs révélatrices: chef de personnel, directeur du personnel, voire directeur des affaires administratives et sociales dans les années 50; puis dans les années 60/70, directeur des relations humaines, des relations sociales, voire des relations industrielles; enfin, à partir des années 80, directeur des ressources humaines parfois flanqué d'un directeur du développement social. Aux États-Unis, le titre devient même *Human resources productivity* ou *Human resources productivity and organizational performance.* Cette valse des étiquettes, si elle peut parfois recouvrir un contenu inchangé, reflète le plus souvent une évolution très profonde de la fonction.

Si on examine cette évolution historique, trois grandes phases apparaissent alors:
– la phase «administration du personnel» que l'on peut tout aussi bien qualifier de scientiste ou rationaliste et qui caractérise la première moitié du siècle;
– la phase «relations humaines» qui va se focaliser à la fois sur les relations interpersonnelles en matière de gestion des personnes et sur les relations sociales (canal représentatif) en matière collective. Cette conception domine, à partir des années 60, principalement dans les grandes entreprises;
– la phase «développement social» que la plupart appellent «ressources humaines», caractérisée par la prise en compte de l'ensemble du

système social dans son rapport à la globalité de l'entreprise. Pour cette raison, cette phase mériterait le qualificatif de systémique. Elle émerge dans la conscience des responsables à partir des années 80.

Je vais passer en revue le contenu de chacune de ces trois grandes conceptions en m'attachant chaque fois, à titre d'exemple, à la manière dont elles conçoivent la régulation sociale.

➢ *La conception «administration du personnel» (ou scientiste)*

Le service du personnel remplit les tâches d'administration suivantes selon une logique essentiellement comptable, administrative et juridique:
– gestion de la paie, incluant les cotisations de sécurité sociale, la retraite et prévoyance, les congés payés;
– gestion des conditions d'emploi et des modalités relatives au statut du personnel (contrat de travail à l'embauche, licenciement, respect des clauses conventionnelles et légales...);
– définition et maintenance des différents fichiers alimentant les bases de données ressources humaines (absentéisme, accidents du travail, effectifs, masse salariale...);
– fonctionnement des instances de représentation du personnel (élections professionnelles, activités du CE, réunions de DP...) mais dans une optique très formelle marquée par le juridisme du Code du travail.

Au fil des ans, cette charge de travail a crû de façon importante même si l'informatisation des procédures a permis des gains de productivité appréciables.

Les décisions importantes de gestion des personnes, par exemple en matière de recrutement, salaire, formation, sanction, mutation, promotion, sont prises par la hiérarchie supérieure, le plus souvent sans coordination avec le service du personnel. Le chef du personnel ne fait d'ailleurs pas partie du comité de direction.

En matière de régulation sociale, la conception régnante est fortement influencée par les thèses de Taylor et Fayol réduisant celle-ci à un problème d'organisation: l'élaboration de la meilleure règle qui solutionnera, dans chaque cas, le problème puisque toutes les anomalies auront été, en principe, prévues. Les seuls canaux qui puissent exister dans cette optique sont ceux de l'encadrement et des relations sociales, jouant sur leur registre le plus traditionnel. La régulation dirigeants/personnel s'inscrit dans un interactionnisme simple qui se ramène en fait à des «lâchers de lest» successifs vis-à-vis de revendications matérielles (salaires, primes, classifications).

Le canal participatif n'existe pas, il est même contradictoire avec les principes de l'organisation taylorienne. Quant au canal médiatique, il est inutile même si, accessoirement, le canal représentatif s'en empare à ses propres fins (affichage, tracts, meetings).

➢ *La conception «relations humaines» (ou «humaniste»)*

Le chef du personnel est toujours responsable des tâches précédemment décrites, mais deux dimensions nouvelles sont venues dynamiser sa fonction:

• **En matière de gestion des personnes**, son rôle s'est considérablement accru. Il participe à l'élaboration des politiques et des procédures en matière d'emploi, de formation, de promotion, de rémunération.

La fonction commence ici à acquérir une spécificité technique dans des domaines spécialisés dont le DRH sera souvent le chef d'orchestre:
– gestion prévisionnelle des emplois et des compétences;
– classification/qualification, évaluation des emplois;
– gestion des carrières avec notamment appréciation des potentiels et pilotage de la mobilité;
– élaboration des politiques de rémunération (avantages statutaires, primes, individualisation, intéressement...);
– gestion prévisionnelle de la masse salariale;
– etc.

• **En matière de relations sociales**, il a en charge le «dialogue avec les partenaires sociaux» et plus largement le maintien de la paix sociale. A cette fin, il dispose d'un certain nombre de moyens pour agir sur les attentes du personnel, aussi bien au niveau individuel que collectif. C'est de cette période que datent les formes élaborées d'avantages sociaux, de systèmes de rémunération, de communication interne (floraison de journaux d'entreprise, par exemple), pour intégrer le personnel et le «faire adhérer».

Relativement à la régulation sociale, les canaux encadrement et représentatifs restent essentiels, même s'ils sont mis davantage à contribution et reçoivent surtout une orientation plus ouverte au dialogue, à la négociation, au compromis. Le canal médiatique est très utilisé, mais principalement dans le sens descendant et selon la conception balistique (*cf.* chapitre 7, pages 353 et 354) issue des approches marketing (on parle d'ailleurs de marketing social). Le canal participatif en revanche a du mal à fonctionner car il est conçu selon la logique «humaniste» et inconsciemment manipulatoire du «faire participer». Sa présence participe plus de la mise en scène que d'une modification sur le fond.

Au final, le résultat habituel de cette conception est de déboucher sur une gestion du social comme «mal nécessaire». La nécessité du détour social est bien perçue, mais celui-ci est vécu davantage comme un devoir, une contrainte pesante que comme une opportunité pour dynamiser l'entreprise. Cela se traduit par une insistance assez artificielle sur la gestion du climat relationnel: faire s'exprimer le personnel pour «refroidir la chaudière», aménager les conditions et l'ambiance de travail sans toucher au système de prise de décisions, faire de la «fausse consultation», etc.

➢ *La conception «ressources humaines» (ou systémique)*

La fonction change assez radicalement de perspective. D'une approche centrée sur la contrainte (le social «mal nécessaire», le social «ça coûte») on passe à une approche où les hommes deviennent une opportunité, un avantage compétitif, un atout dans un univers de concurrence et d'innovation.

Les bonnes œuvres, le style «humaniste» sont dépassés. Il n'y a plus les affaires et la gestion d'un côté; l'humain avec un très grand H de l'autre. La gestion des ressources humaines est devenue centrale dans la gestion. C'est de la gestion tout court.

La fonction se trouve alors propulsée eu centre du dispositif stratégique de l'entreprise. Elle est partie prenante de tous les grands projets, que ceux-ci concernent la modernisation technique, l'allégement des structures, la restructuration de la ligne hiérarchique et le rôle de l'encadrant de premier niveau, la qualité totale, la rémunération globale et les nouvelles formes d'individualisation, le projet d'entreprise, etc.

L'énergie des dirigeants, et en particulier des responsables de personnel, n'est plus alors principalement tournée vers le contrôle du jeu relationnel, notamment vis-à-vis des syndicats, mais vers la mobilisation de la première ressource de l'entreprise, à savoir ses hommes. Développer les compétences et améliorer la motivation sont devenus les objectifs majeurs d'une fonction personnel devenue stratégique pour l'atteinte des objectifs de l'entreprise.

En matière de régulation sociale, on retrouve l'intégralité du dispositif que j'ai décrit au chapitre 7:
– l'encadrement devient «catalyseur de l'efficacité humaine»;
– les divers représentants du personnel sont associés, impliqués dans les décisions et leur suivi, voire délibérément incités à faire des propositions;
– les groupes participatifs sont encouragés, leurs recommandations prises en compte; on peut aller jusqu'à leur confier la gestion d'importants moyens pour mettre en œuvre leurs propositions;
– le canal médiatique impulse, accompagne, vérifie l'impact et diffuse largement les réalisations, changements, retards ou progrès, en visant à la plus grande «transparence».

➢ *Essai de synthèse*

Les conceptions que je viens de présenter peuvent cohabiter à des degrés divers dans une même entreprise. Le noyau de base du modèle «administration du personnel» se retrouve d'ailleurs dans toutes les configurations. Inversement, il ne faudrait pas penser que le modèle «ressources humaines» constitue le type idéal de la fonction, l'objectif à atteindre en toutes circonstances. Ce modèle est certes plus élaboré, adapté à un environnement complexe, plus respectueux de manière générale des hommes et de leurs attentes. Encore faut-il que ces données prévalent.

Ici, comme pour tout ce qui concerne les sciences de gestion, il n'existe pas de réponse idéale et normative mais seulement des réponses mieux adaptées que d'autres à chaque situation d'entreprise. Le principe de contingence prévaut. Pour reprendre l'exemple de la régulation sociale, tout dépend des données d'environnement économique et social, de l'histoire de l'entreprise, de sa structure et de sa culture, des buts poursuivis par les dirigeants. On pourrait ainsi rechercher comme J.C. Varron, la régulation sociale optimale convenant à une entreprise d'esclaves. Le problème conserve techniquement un sens même si l'on ne partage pas l'éthique d'une société esclavagiste.

On conçoit de même que la régulation d'une entreprise à personnel «mercenaire» puisse utiliser des moyens de négociation et de stimulation à très court terme (augmentations supérieures au marché, primes, etc.) qui marqueront durablement sa culture.

On peut également expliquer les divers types de *régulation sociale de contrôle* rencontrés dans les entreprises par les conceptions dominantes qui s'y sont succédées en matière de gestion du personnel et qui traduisent cinquante années d'évolution en matière de management.

Le tableau ci-dessous, relatif à la régulation sociale, explicite cette contingence des modèles montrant que pour chacun d'eux il existe une cohérence interne. Cela ne met pas bien entendu en cause la

Les conceptions de la régulation sociale

	Conception «Administration du personnel»	**Conception «Relations humaines»**	**Conception «Ressources humaines»**
Finalité	Rationalité technique	Paix sociale	Mobilisation des énergies
L'homme au travail	Un agent	Un «client»	Un acteur/partenaire
Mode de régulation	En situation habituelle : **disciplinaire** (par l'autorité du chef et l'obéissance des exécutants). En situation de conflit : **négociation** avec les syndicats	**psycho social** (par le conditionnement psychologique et la négociation)	**culturel** (par l'adhésion à des valeurs et objectifs communs)
Rôle de l'encadrement	Commandement	Relais	Catalyseur
Rôle des représentants du personnel	Traiter les conflits	Négocier préventivement des accords de paix sociale	De proposition et de contrôle
Rôle des groupes participatifs	Inutiles. N'existent pas	Poudre aux yeux	Propositionnel, voire décisionnel
Rôle des médias	Inutiles. N'existent pas	Conditionnement social	Information diversifiée et transparente

préférence légitime que l'on peut avoir, au nom de ses valeurs, pour l'un ou l'autre des modèles. La comparaison attentive des modèles montre cependant que la conception «ressources humaines» est sans doute la mieux à même de répondre aux défis des sociétés développées, à la fois au niveau des exigences de complexité et d'attente des personnes.

Fonction partagée et logique de réseau

Il y a déjà fort longtemps que l'on entend dire dans les colloques spécialisés que la fonction personnel est une fonction partagée. Et ce partage se noue bien entendu entre les professionnels de la fonction d'une part, l'encadrement et plus particulièrement les encadrants de premier niveau d'autre part. Dans un ouvrage collectif(1) récemment publié et dont il a assuré la direction, Jean-Marie Peretti reprend à nouveau cette affirmation. Il écrit: «*La fonction ressources humaines éclate et se répartit dans l'organisation générale. Le DRH devient le promoteur d'un nouveau concept: celui de fonction partagée. La notion de "partage" avait dès 1977 été proposée par l'ANDCP qui avait analysé les moyens de réduire les ambiguïtés et les conflits de rôle qui pourraient apparaître entre les spécialistes et les opérationnels... Ce partage nécessite un important effort de sensibilisation et de formation de la hiérarchie... Dès les années 80, les entreprises ont souhaité redonner à la hiérarchie une responsabilité sociale qui, souvent, leur avait échappé. Aujourd'hui tout cadre exerçant une fonction de commandement participe à la GRH dans le cadre du partage de la fonction. A partir du moment où la GRH est devenue très complexe, la décentralisation est devenue nécessaire. L'école de Harward, avec M. Beer et B. Spector, constate que les décisions qui ont une véritable influence sur les RH ne sont jamais prises par les DRH mais par les opérationnels. Le partage de la fonction Ressources Humaines est aujourd'hui souhaité et favorisé dans la plupart des entreprises. Il n'est possible que si les moyens alloués à chaque cadre lui permettent d'assurer un rôle réel.*»

(1) *Jean-Marie Peretti,* Tous DRH, *Éditions d'Organisation, Paris, 1996.*

Mais entre l'affirmation du principe et sa réalisation au niveau du terrain, il existe un fossé qui pour être comblé suppose le respect minutieux d'un certain nombre de conditions bien précises.

➢ *Le nécessaire appui logistique à l'encadrement*

Lorsqu'il y a partage de la fonction personnel, les deux premiers échelons d'encadrement et en particulier l'encadrement de terrain sont appelés à assurer une mission de gestion de leurs collaborateurs. Parmi les missions les plus fréquemment confiées, on peut identifier les suivantes:
– *choisir*, c'est-à-dire participer au recrutement de leurs collaborateurs;
– *gérer l'emploi*, en particulier en matière d'évolution des postes et de mobilité;
– *gérer les temps*, en mettant en œuvre les dispositifs de flexibilité des horaires dans la sauvegarde de la productivité;
– *orienter*, ce qui implique d'aider les collaborateurs dans la définition de leurs projets professionnels;
– *former* en identifiant les besoins de formation de chaque collaborateur et en participant à l'élaboration des plans individuels;
– *rémunérer* en mettant en œuvre les politiques d'individualisation;
– *mobiliser*, ce qui suppose animer, communiquer, informer, prêcher l'exemple;
– *négocier* et donc connaître les logiques d'action des partenaires sociaux;
– *observer*, ce qui suppose de construire un système d'information en matière RH (indicateurs, tableaux de bord).

Cette liste n'est qu'indicative et il est aujourd'hui essentiel d'établir, dans chacun des domaines de la GRH, ce qui relève de la responsabilité de la hiérarchie et de la responsabilité de la DRH. Le partage n'a en effet des chances de réussir que si les encadrants:
– fonctionnent dans un cadre de cohérence articulant la *microgestion* dont ils ont la charge avec la *macrogestion* qui incombe à la DRH;
– sont assurés de recevoir, en cas de difficulté, un soutien efficace et rapide de la part des professionnels de la fonction RH.

Investi de la responsabilité de la macrogestion et déchargé de la microgestion au profit des encadrants, la direction du personnel doit impérativement fournir à ceux-ci les ressources, les moyens, les informations leur permettant de réaliser leur tâche. Indépendamment des actions en matière de sélection de l'encadrement, de gestion des carrières, de formation au management des hommes, qui seront traitées dans les pages suivantes, la décentralisation de la microgestion sociale implique par exemple d'attribuer à l'encadrement le contrôle direct d'une part significative du contrat contribution/rétribution. Pour cela, il doit pouvoir agir sur la répartition des enjeux rares: la rémunération avec bonus, mais aussi les autres contreparties du travail (intérêt du poste avec fixation des nouveaux objectifs, formations qualifiantes, aménagements du temps, avancement de carrière, signes symboliques de considération, etc.).

Tout cela suppose de disposer d'un certain nombre d'outils dont la conception, l'utilisation harmonisée et l'intégration doivent avoir été pensées centralement, ne serait-ce que par souci de cohérence. Et la direction du personnel doit être capable de mettre en permanence ces outils à la disposition de l'encadrement. Elle doit en faciliter l'utilisation par la rédaction de guides bien conçus, par une information spécifique bien ciblée, par un conseil personnalisé auprès de chaque responsable d'encadrement en fonction de sa situation propre, par la création et le maintien des marges de liberté nécessaires à la microgestion sociale. Cet appui logistique est essentiel pour permettre à l'encadrement de bien jouer son rôle.

➢ *La gestion différenciée des encadrants*

La qualité de la microgestion sociale dépend de la manière dont l'entreprise aborde deux préalables:
– la sélection, la formation et la gestion des carrières des encadrants;
– la cohérence des décisions au sein du réseau d'acteurs (ce point sera vu au prochain paragraphe).

Il a été déjà beaucoup question du premier préalable au chapitre 7 (pages 348 à 352), à propos de l'action de régulation sociale attendue du canal encadrement. Nous avons vu que sur ces points décisifs de la gestion des encadrants, l'intervention permanente et persévérante d'une direction du personnel puissante s'avérait indispensable. Cette direction doit être présente dans les divers comités de sélection qui détectent, parmi les membres du personnel, ceux qui ont les capacités requises pour l'exercice d'une fonction d'encadrement. Elle joue le rôle de « mémoire longue » de l'entreprise en enregistrant les éléments de carrière de chaque cadre, par exemple en exploitant le contenu des entretiens d'appréciation. Elle intervient dans les comités de carrières qui décident des promotions et des affectations des emplois. Elle organise les diverses formations au management des hommes et s'assure que les membres de l'encadrement ont bien été touchés par ces actions.

Une gestion aussi élaborée des carrières doit-elle rester l'apanage des seuls membres de l'encadrement ou bien a-t-elle vocation à s'étendre également, sous une forme adaptée, à tout le personnel qualifié de l'entreprise? Pour Peter Drucker(1), la seconde réponse s'impose. Dans une entreprise où la majorité des salariés effectuent un travail hautement différencié et complexe, le personnel ne doit pas être considéré d'abord comme un coût mais comme une ressource dont il convient d'optimiser l'utilisation par une gestion de qualité.

L'encadrement ne constituerait ainsi qu'un cas particulier d'une pratique plus vaste de gestion des ressources humaines. On peut même estimer qu'une bonne gestion des «professionnels» et des experts leur offrant, dans le cadre de leur filière, des perspectives intéressantes de carrière, est une condition nécessaire pour bien identifier et gérer les responsables d'encadrement. Peter Drucker observe: «*Pour la plupart des techniciens supérieurs, une promotion à un poste d'encadrement n'est pas la bonne récompense. Les bons éléments préfèrent de beaucoup conserver leur travail de spécialiste ou de technicien: ils aiment ce travail et le font bien. Et, parmi eux, rares sont ceux qui sont spécialement bons aux postes d'encadrement.*»

Pour lui, la structure actuelle de l'entreprise qui vient de l'armée du XIXe siècle et considère les responsables d'encadrement comme des chefs omniscients, aptes à prendre toutes les décisions, n'est plus adaptée. Lorsque le travail est à base de savoirs étendus et complexes, les «professionnels» sont dans la plupart des cas les vrais décideurs techniques, et les managers sont en soutien comme animateurs, coordonnateurs, motivateurs, informateurs.

Cela signifie évidemment que les carrières d'experts et d'encadrants doivent être gérées par la direction du personnel avec le même soin, mais en tenant compte de leurs spécificités.

(1) Peter Drucker, «Good bye to old personnel», Wall Street Journal, *26 mai 1986.*

➢ *Faire exister un réseau d'acteurs*

Pour conduire ses trois missions de:
- maîtrise d'œuvre de la macrorégulation sociale;
- appui logistique à l'encadrement;
- gestion des carrières,

la direction du personnel doit pouvoir s'appuyer sur un réseau d'acteurs influents, s'étageant de la direction générale à l'encadrement de première ligne. Faute d'un tel «maillage», la direction du personnel court le grand risque d'être suspendue en l'air, de n'avoir prise sur aucune décision réellement importante et d'être mise à contribution *a posteriori*, dans un rôle curatif sans véritable enjeu.

La logique qui préside à la conception d'un tel réseau a déjà été présentée au chapitre 4 (pages 182 à 184) dans le cadre de l'analogie neuronale. Rappelons-en les principes: une ligne opérationnelle courte fonctionnant en pleine synergie avec la structure fonctionnelle grâce à l'articulation de trois triangles:
- *le triangle de la sécurité de fonctionnement* qui relie solidement ensemble, pour le traitement des problèmes concrets, l'encadrement de base, son directeur d'unité et le service fonctionnel de terrain;
- *le triangle du pilotage stratégique* qui sous la supervision du directeur général combine les apports des directeurs opérationnels et du service fonctionnel central en charge de la stratégie du domaine;
- entre les deux, un *triangle de la cohérence* qui permet d'organiser la coopération entre fonctionnels et opérationnels, base et sommet. C'est la solidité de ce triangle qui permet que les initiatives stratégiques se traduisent en décisions de terrain. Plus l'entreprise est grande et complexe, plus cette structure intermédiaire de régulation est appelée à avoir un rôle déterminant.

Le schéma qui suit décline ces principes relativement à l'agencement d'une hiérarchie opérationnelle avec la fonction personnel. Il visualise l'articulation des rôles et des responsabilités entre les divers niveaux de responsables opérationnels et des services du personnel. On note que dans la plupart des cas, le bon fonctionnement de l'organisation repose sur un jeu à trois, sinon à quatre acteurs. Cette dimension collégiale du management est sans aucun doute la caractéristique la plus marquante de l'évolution en cours dans les entreprises. Elle se trouve accentuée et rendue encore plus indispensable par la mise en place du canal encadrement tel qu'il a été défini au chapitre 7.

La direction du personnel a donc un rôle essentiel à jouer dans l'instauration puis l'entretien d'un système d'encadrement en charge de la microgestion sociale. Ce rôle suppose un véritable redéploiement de ses missions, la recentrant sur l'orientation stratégique, le soutien logistique aux opérationnels, la régulation sociale et la gestion à moyen/long terme des ressources humaines. Il s'agit pour elle d'un défi à relever et à gagner.

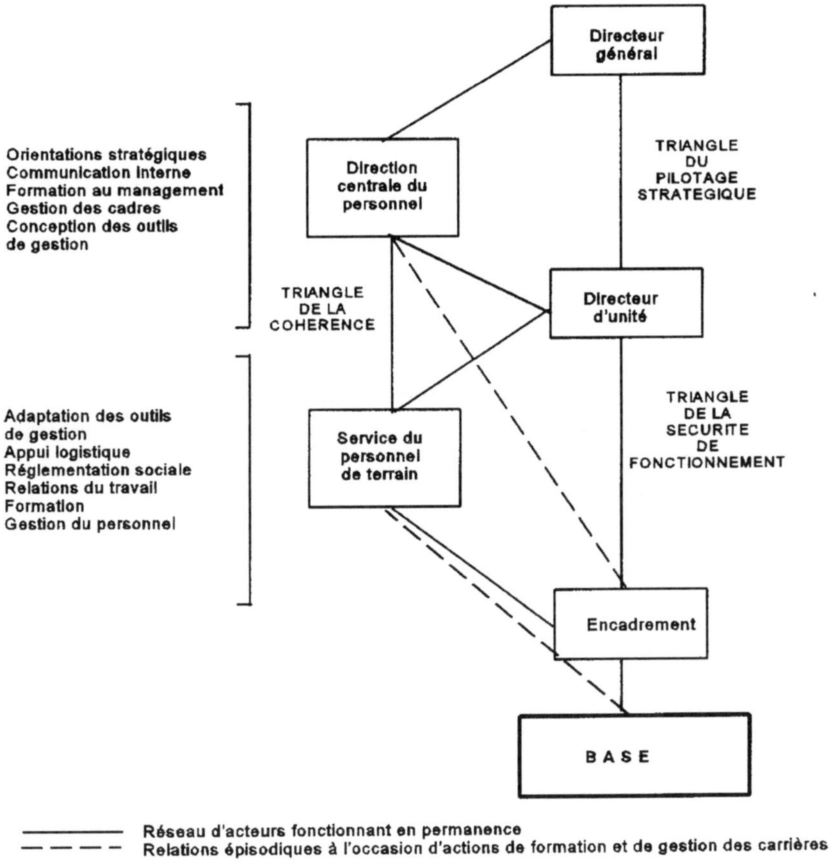

De quelques défis actuels pour les directions de personnel

Selon une enquête de la Cegos(1), réalisée en 1996, la fonction personnel représenterait aujourd'hui de l'ordre de 1,8 % des effectifs employés dans les entreprises et ses dépenses s'élèveraient à 4,2 % de la masse salariale + charges sociales. Ces chiffres sont à entendre relativement à l'ensemble des professionnels de la fonction, qu'ils travaillent dans les services centraux ou dans les unités locales conformément à l'organisation en réseau présentée à la page précédente. En revanche, n'est pas compris dans ces chiffres le temps passé par les encadrants à l'exercice de leurs responsabilités humaines.

Ces moyens sont à la fois faibles en valeur relative et élevés si on les considère en valeur absolue. D'où la nécessité de les utiliser avec mesure et de manière optimale.

Dans cette perspective, quels sont aujourd'hui les principaux défis qui se posent à une fonction personnel et pour lesquels il me semble souhaitable de mobiliser prioritairement les moyens existants? L'enquête Cegos fait apparaître cinq attentes principales:
- mobiliser le personnel sur les objectifs stratégiques de l'entreprise;
- préserver la paix sociale et la cohésion de l'entreprise;
- préparer le personnel aux activités et aux métiers de demain;
- développer les compétences;
- développer la qualité du management.

Les trois premières attentes, et tout particulièrement la première, se retrouvent, par taille et par secteur, en tête du classement des entreprises. Pour y répondre, les DRH se déclarent prêts à progresser dans trois directions: le partage de la fonction RH, son implication stratégique et le renforcement de son professionnalisme.

Concernant le partage de la fonction, j'en ai déjà largement parlé dans la section précédente. Restent alors la question de l'implication stratégique qui exige à elle seule un long développement et celle du professionnalisme des membres de la fonction qui doit être traitée dans le nouveau contexte d'un travail en réseau. A ces deux questions, j'en ajouterai deux autres: une de caractère conjoncturel concernant

(1) *La 2e enquête CEGOS sur la fonction RH,* Personnel, *n° 372, août/septembre 1996.*

l'emploi, l'autre de caractère plus technique relative au développement du SIRH, c'est-à-dire le système d'information des ressources humaines, lequel apparaît de plus en plus comme l'intermédiaire indispensable pour toute politique de personnel un peu élaborée.

➢ *Une volonté de positionnement stratégique*

Cette volonté se traduit par une triple présence sur des domaines qui jusqu'alors étaient relativement extérieurs à la fonction personnel: le fonctionnement de la direction générale, le rapport à l'organisation, le rapport à la culture.

Le DRH fait généralement partie à part entière du comité de direction de l'entreprise, ce qui lui vaut d'être informé des principales décisions. Mais il ne saurait se contenter d'une présence passive. Il doit avoir assez de force de conviction pour faire prendre en considération la dimension humaine et sociale dans les choix économiques et en persuader ses collègues. En ce domaine, il a également à jouer une fonction de mémoire, de gardien de la règle. Il est en effet très facile d'approuver dans l'enthousiasme des propositions ambitieuses puis d'en oublier très vite les conditions de réalisation. Le directeur du personnel doit porter alors la continuité et la cohérence de l'action; il ne doit pas hésiter à rappeler l'objectif à ceux dont la persévérance fléchit.

Traditionnellement, la direction du personnel considérait l'organisation comme une « donnée » et essayait de fournir des employés conformes aux exigences des cases de l'organigramme. Quant à la façon de concevoir et d'articuler ces cases, cela était du ressort des directions opérationnelles. En quelque sorte, les uns étaient responsables de l'offre, les autres de la demande.

Un tel partage des tâches justement ne convient plus. Impliquée dans la stratégie, la direction du personnel doit s'investir de plus en plus en amont. Participer activement à l'évolution des structures de l'entreprise fait partie de sa mission. Pas plus que la société, on ne change une entreprise par décret. Là réside la cause première d'échec de ces nombreux projets d'entreprise définis autoritairement par une direction générale et promulgués comme consigne pour exécution. Il faut que de manière concomitante aux modification de l'organisation et du fonctionnement, un changement soit impulsé et accompagné au niveau des mentalités et des comportements. La communication, l'information interne, sont des leviers indispensables, mais non suffisants, pour promouvoir ce changement.

La direction du personnel a donc un rôle déterminant à jouer en ce domaine en développant les outils de la communication, en coordonnant leur jeu, en s'assurant de la cohérence de leur contenu et en harmonisant leurs actions. Cela implique bien entendu que la direction du personnel soit responsable des politiques de communication et d'information internes, ou au minimum puisse peser sur elles.

➢ *Un professionnalisme élargi*

L'homme de ressources humaines pourra de moins en moins se limiter à un rôle de «facilitateur» du fonctionnement quotidien de l'entreprise. Il doit résolument se positionner comme le conseiller privilégié du dirigeant pour l'aider à anticiper et à accompagner le changement et faire évoluer les hommes et les organisations dans un environnement de plus en plus complexe. S'il ne réussit pas demain à se positionner comme un «architecte du social», il risque d'être relégué aux tâches d'intendance.

Déjà, dans un certain nombre d'entreprises, les hommes de la fonction RH au niveau central sont des experts. Ce professionnalisme toutefois ne se décrète pas, mais il se prépare. Pour piloter cette évolution, deux voies semblent prioritaires:

• *Élargir le parcours professionnel.* Il serait bon que l'homme de personnel puisse exercer une activité managériale sur le terrain au cours des dix premières années de sa vie professionnelle. Il devrait en retirer une meilleure capacité d'écoute pour entrer dans des coopérations avec les encadrants, conformément à la logique de réseau explicitée page 408. De même, si l'entreprise est transnationale, un séjour à l'étranger paraît souhaitable pour se former au management dans l'interculturel.

• *Élargir le champ de compétence.* Pendant très longtemps, le professionnel de la fonction RH est resté focalisé sur le maintien des grands équilibres de l'entreprise, sociaux notamment. Et cela déterminait son profil de compétences.

Avec l'accès aux responsabilités stratégiques, le champ s'élargit. L'objectif est d'aider l'entreprise à se transformer, ce qui implique pour les responsables RH d'assumer une sorte de mission de «recherche et développement» en matière sociale. Chantiers expérimentaux, organisations qualifiantes, rénovation du canal encadrement, communication interne, autant de leviers permettant à une DRH de dégager des voies nouvelles. Mais sur ces divers domaines, une formation s'impose pour transformer en catalyseurs de changement ceux qui jusqu'alors étaient plutôt positionnés en gardiens de l'ordre.

➢ *Un autre rôle face à l'emploi*

La question de l'emploi touche aujourd'hui la totalité des entreprises françaises, soit directement au travers des plans sociaux et de l'arrêt de l'embauche, soit indirectement par les effets induits sur l'environnement (morosité, insécurité...). Face à l'ampleur du chômage, les entreprises sont sollicitées pour apporter une contribution. Que faire?

A l'occasion de leur congrès de 1996, les directeurs de personnel(1) ont tenté d'ouvrir quelques voies de recherche en ce domaine. Rien de mieux que de citer les deux grandes orientations qui ressortent de leur travail.

• **La gestion des RH dépasse le cadre des effectifs internes**. En se recentrant sur ses métiers de base, l'entreprise a souvent externalisé nombre d'activités. Mais symétriquement les entreprises, notamment les PME, ont pu allier leurs forces et leurs spécificités dans des rapports de partenariat ou de cotraitance. La gestion des ressources humaines nécessaires au développement de l'entreprise dépasse donc de plus en plus le cadre des seuls effectifs internes, qu'ils soient CDI, CDD et intérimaires. Il faut désormais concevoir la fonction RH comme la gestion d'un réseau impliquant la maîtrise de:
– l'élaboration des contrats de sous-traitance et de partenariat, élargissant le champ du droit bien au-delà du seul droit du travail;
– la gestion de la coexistence sur un même site de salariés appartenant à des structures très diverses;
– l'organisation de la sécurité du travail dans le respect des dispositions du Code du travail (plan d'hygiène et sécurité, comité d'hygiène et de sécurité interentreprises, coordination de la sécurité sur les chantiers de construction...);

(1) Rapport de l'ANDCP, Pourquoi et comment la fonction RH peut-elle être un acteur stratégique de la transformation des entreprises?, *6 mai 1996.*

– les démarches de qualité et de certification, qui prennent en compte les ressources humaines des sous-traitants et des partenaires;
– la connaissance permanente des ressources offertes dans l'environnement par des travailleurs indépendants ou des entreprises susceptibles de répondre à des besoins de compétences ponctuels, aléatoires ou immédiats;
– la cohésion d'un corps social constitué avec du personnel venant d'horizons très divers, ce qui implique notamment une bonne circulation de l'information et le développement d'actions spécifiques de communication.

La fonction RH doit être capable de maîtriser cette gestion d'une organisation en réseaux – internes ou/et externes – et de conduire l'évolution des mentalités qu'elle implique. Nous assistons là à une véritable révolution de la fonction dont le champ des prérogatives franchit les frontières de l'entreprise.

• **Le consensus sur un travail flexible.** Il n'y a pas, à terme, d'antinomie entre la flexibilité recherchée par les entreprises et les attentes du personnel. Tout est affaire d'imagination et de courage pour dépasser certains archaïsmes. Aussi, la fonction RH devrait être à même de:
– utiliser le cadre législatif et réglementaire existant pour proposer des solutions concrètes et efficaces aux problèmes d'organisation du travail;
– convaincre les différentes parties prenantes des perspectives offertes par l'aménagement du temps de travail;
– favoriser une évolution des mentalités vers le temps choisi ainsi que l'appropriation par chacun des nouveaux comportements à adopter pour accompagner cette transformation;
– veiller à préserver la nécessaire cohésion du corps social de l'entreprise.

La flexibilité n'est pas un problème technique mais avant tout un problème d'ordre culturel: comment allons-nous passer d'un rythme séquentiel à l'enchevêtrement de nos rythmes de vie?

➢ *Le développement du SIRH (Système d'Information Ressources Humaines)*

J'ai montré au chapitre 4 (pages 124 et 129) l'importance croissante prise dans l'entreprise par le système d'information. Cette évolution ne peut bien sûr laisser à l'écart le pilotage du système social, que ce soit au niveau de la gestion des personnes ou de la régulation sociale.

Un certain nombre d'obligations légales, comme le bilan social, imposent d'ailleurs à l'entreprise le collationnement et le suivi d'une série d'indicateurs. Mais beaucoup plus que la contrainte légale, c'est au nom même de l'efficacité gestionnaire et pour éclairer la prise de décision des managers que les entreprises doivent développer ce type d'information. J'ai montré au chapitre 3 (pages 100 et 116), à propos du système de production, la nécessité de développer des indicateurs sociaux de plus en plus élaborés et spécifiques pour mesurer ce que Ph. Zarifian (1) appelle la physique de la performance.

A l'instar des autres systèmes d'information, le SIRH s'est développé au cours des années récentes en prenant appui sur les possibilités offertes par l'outil informatique. Les technologies en ce domaine ont fait des progrès gigantesques. La généralisation d'emploi des micro-ordinateurs reliés en réseau et accédant à des banques de données permet désormais à tout utilisateur d'avoir accès sur son poste de travail à toutes les informations dont il a besoin, sans se soucier de leur provenance et de leur mode d'acheminement, avec une bonne convivialité des outils et un temps d'apprentissage réduit. Parallèlement, ont été conçus et se sont répandus pratiquement dans tous les domaines de la gestion des ressources humaines des logiciels de plus en plus performants. On dispose aujourd'hui d'outils bien adaptés à chaque grande mission de la fonction personnel: rémunération, connaissance des emplois, formation, gestion des carrières, recrutement, mais aussi observation sociale (*cf.* chapitre 7, page 356).

Sur tous ces champs d'intervention, il importe bien entendu que la direction du personnel ne se laisse pas dépasser et se montre au contraire un chef de file efficace et dynamique. A refuser de s'y engager, le risque serait pour elle que le développement du SIRH s'effectue sous l'égide d'autres fonctions, comme le contrôle de gestion, dont les préoccupations sont à coup sûr moins marquées par le souci de l'humain.

Les années qui viennent seront sans doute décisives en ce domaine et je ferai mien le jugement porté par un spécialiste dans un article

(1) *Philippe Zarifian, Communication au séminaire interne Entreprise et Personnel,* L'efficacité socio-économique, *des 7 et 9 mars 1994.*

récent(1): «*Nous avons aujourd'hui une vision claire de la notion de système d'information. Nous pouvons constater dans nos contacts avec les spécialistes de ces questions une grande convergence vers ce qui apparaît comme souhaitable et réalisable. Il reste, cependant, des étapes à franchir pour que le SIRH "idéal" devienne réalité. La technique ne posera d'ici peu pratiquement plus de difficulté. L'essentiel réside dans la réelle implication des managers de l'entreprise. Ceci est un constat général. Le système d'information devant assurer ce rôle de système nerveux dans l'élaboration et la transmission de l'information, encore faut-il que soit clairement déterminée cette information. Lorsqu'il s'agit d'appliquer des textes, l'analyse suffit. Lorsqu'il s'agit d'éclairer des décisions, et de construire les indicateurs nécessaires, qui d'autre que le dirigeant peut exprimer le pertinent au regard des finalités recherchées. L'efficacité d'un système d'information, qui, rappelons-le, n'est pas autre chose qu'une organisation, suppose une appropriation par tous ses acteurs. Et, dans la fonction personnel "moderne", fonction transverse par excellence, tous les responsables de l'entreprise sont concernés.*»

➢ *Pour conclure: une recherche obsessionnelle de cohérence*

Revenant à nouveau sur ce que j'écrivais dans le chapitre 6 (pages 272 à 274) à propos du système général de gestion des personnes, la qualité d'une politique RH ne se mesure pas par le degré de sophistication des outils et méthodes utilisés mais au travers de la cohérence des actions engagées. Une GRH bien ciblée, jouant à fond la synergie des acteurs, aura besoin de beaucoup moins de moyens pour fonctionner et elle sera plus puissante et plus influente.

Dans le foisonnement quelquefois anarchique des projets qui caractérise aujourd'hui nombre d'entreprises, il importe donc de retrouver le fil de la cohérence. La DRH ne peut réclamer sans cesse des moyens humains, financiers supplémentaires afin d'entreprendre davantage... pour des résultats toujours plus hypothétiques. Dire cela n'est pas remettre en cause l'importance de la gestion des ressources humaines, ni le rôle qu'elle doit jouer dans l'entreprise, bien au contraire. Mais sa légitimité actuelle et future reposera de plus en plus sur sa capacité à construire et à faire fonctionner un réseau d'acteurs.

(1) Jacques Joubrel, «Le système d'information ressources humaines des années 2000», Personnel, *n° 362, juillet 1995.*

QUAND LA PERFORMANCE DE L'ENTREPRISE PASSE PAR LE SOCIAL

Tout le propos de ce livre aura été de montrer que la réussite de l'entreprise ne dépend pas seulement de la qualité de son outil technique ni de la rationalité de son organisation, comme on le croyait aux beaux jours du taylorisme, mais aussi et sans doute davantage de la valeur de sa ressource humaine à la fois en termes individuel de compétence des personnes et collectif de capacité à coopérer et à travailler en réseaux. Michel Crozier, après avoir longtemps défendu une vision purement interactionniste du jeu social, reconnaît aujourd'hui l'importance de cette coopération fondée sur un minimum de valeurs communes(1): «*La réflexion sur l'organisation ne peut plus être une réflexion logique a priori sur la meilleure façon rationnelle, scientifique, d'organiser le travail, d'allouer les ressources et même de hiérarchiser les pouvoirs et de les contrôler. C'est une réflexion sur la capacité des groupes humains à coopérer dans des systèmes beaucoup plus complexes et sur les meilleurs moyens de développer et d'utiliser cette capacité.*

Le problème est désormais sociologique. Il s'agit de susciter une coopération efficace entre les membres d'une organisation dans le cadre des contraintes techniques et économiques. Etant entendu par ailleurs qu'il n'y a pas de coopération sans conflit.»

Dans cette perspective, la ressource humaine devient bien entendu le facteur déterminant du succès. On peut même considérer avec Michel Crozier qu'elle sera, dans l'entreprise du XXIe siècle, une *ressource structurante*, parfois la principale, voire la seule. L'investissement immatériel dans le développement des hommes par la connaissance, la formation et l'expérience prendra de plus en plus de place

(1) *Michel Crozier,* L'entreprise à l'écoute: apprendre le management post-industriel, *Interéditions, 1989.*

par rapport à l'investissement matériel. De la même manière, la meilleure rationalité de l'organisation sera celle obtenue en la fondant sur une compréhension et une bonne utilisation des éléments humains.

Comme l'écrit toujours Michel Crozier: «*Ce renversement entraîne en même temps une transformation radicale de la conception du social. L'homme, ressource rare, est valorisé dans ce qu'il a de spécifique et de qualitatif, c'est-à-dire sa capacité à faire des arbitrages, à prendre des décisions. Il est un contributeur indispensable avant d'être un bénéficiaire.*»

Alors que pendant longtemps, trop longtemps, on a pensé pouvoir manager l'entreprise sans le social, voire malgré lui ou contre lui, il faut désormais apprendre à manager avec lui. Manager avec le social, perçu non pas comme une contrainte, un «mal nécessaire» auquel on ne peut se soustraire, voire une sorte d'obligation morale en forme d'impératif humaniste... mais tout simplement parce que c'est la seule manière efficace de faire gagner l'entreprise et de gagner avec elle.

L'efficacité globale de l'entreprise, une efficacité fondée sur la qualité de la coopération des hommes et des équipes, voilà la pierre de touche du discours managérial qu'il convient de promouvoir. Peut-on en guise de conclusion, et reprenant ce que j'ai déjà écrit à la fin du chapitre 2 quant à l'efficacité de l'entreprise, tenter une ultime synthèse prenant appui sur les riches matériaux recueillis tout au long de ce parcours au travers des théories et des pratiques sociologiques et gestionnaires?

Je le crois possible à condition pour cela de prendre un peu de hauteur. A cette fin, je m'appuyerai sur les réflexions relatives à l'action humaine d'un philosophe allemand contemporain Jürgen Habermas(1). Pour celui-ci, l'action menée ensemble «*présuppose le langage comme un médium d'inter compréhension... où locuteur et auditeur, partant de leur monde vécu interprété, se rapportent à quelque chose à la fois dans le monde objectif, social et subjectif, afin de négocier des définitions communes des situations.*» Selon Habermas, un agir efficace implique donc le débat entre les acteurs et leur rencontre autour de trois mondes de référence:

• Un *monde objectif* où l'action est tenue de se soumettre au principe de réalité, c'est-à-dire à la mise en œuvre des moyens requis par le

(2) Jürgen Habermas, Théorie de l'agir communicationnel, *Fayard, 1987.*

but à atteindre. Dans l'entreprise, un tel monde objectif est celui du système technique et de l'organisation (on peut y ajouter les stratégies d'acteurs dans la mesure où elles sont «non communicantes» ce qui est l'hypothèse de la théorie des jeux).

• Un *monde social* où l'action doit se référer à des normes, des valeurs tenues comme justes et légitimes par le groupe d'appartenance des acteurs. On reconnaît là l'univers symbolique des représentations désigné en anthropologie par le terme de culture. Ce monde repose, par hypothèse, sur l'intercommunication des consciences.

• Un *monde subjectif* où chaque acteur exprime son vécu, projette ses désirs, et engage sa parole auprès des autres (principe de confiance ou de véracité). Dans l'entreprise, un tel monde subjectif transparaît inévitablement dans les jeux d'acteurs.

Reprenant la réflexion de Habermas, Pierre Vettz et Philippe Zarifian (1) en déduisent que l'efficacité résulte pour l'essentiel de la qualité de la coopération entre les différents acteurs concernés par une action à réaliser ensemble. Pour eux, dans le modèle taylorien classique, il n'existe «*aucune théorie, aucune formalisation de la coopération, alors que la division des tâches fait l'objet de méthodologies sophistiquées*». Ici, au contraire, «*le principe de coopération active a pour effet d'installer l'activité de communication non plus à la périphérie mais au cœur même de l'activité industrielle*». Et il ne s'agit pas d'une simple circulation d'informations, telle que s'en accommoderait volontiers l'ingénieur ou l'informaticien, ni non plus d'une communication simulacre à la sauce médiatique, mais bien d'une «*authentique communication interpersonnelle avec tout ce qu'elle implique d'ambiguïtés et d'imprécisions irréductibles*». Vettz et Zarifian retrouvent là toute la complexité des jeux d'acteurs, dont l'intercommunication porte bien davantage sur la nature de la relation que sur le message ainsi que l'a mis en évidence l'école systémique de Palo Alto (2).

On ne peut qu'être frappé par la similitude d'une telle approche avec la théorie de la régulation sociale telle que je l'ai exposée dans les pages qui précèdent. La *bonne coopération* (on ne peut éviter non plus de faire le lien avec la bonne réciprocité de René Girard) y appa-

(1) Pierre Vettz, Philippe Zarifian, «De la productivité des ressources à la productivité par l'organisation», Revue française de gestion, *n° 97, janvier/février 1994.*

(2) Paul Watzlawick, Une logique de la communication, *Seuil, 1972.*

raît comme la stratégie émergente d'un jeu d'acteurs préalablement conditionnés par l'organisation et par la culture.

Rappelons l'articulation du modèle. Le système social est initialement conçu comme un jeu entre plusieurs acteurs, chacun cherchant à satisfaire au mieux ses intérêts (enjeux) et développant à cet effet des stratégies. Le vouloir-faire collectif (la coopération) par rapport à une proposition d'action provenant des dirigeants est normalement le résultat de ces jeux d'acteurs. Le jeu toutefois n'est pas entièrement libre, mais se déroule sous une double famille de contraintes:
– celles provenant de l'organisation (boucle de Crozier) et qui renvoient au monde objectif de Habermas;
– celles qui expriment la culture d'appartenance des acteurs, la manière dont ils se représentent les choses (boucle de d'Iribarne). C'est le monde social de Habermas.

Au final, les stratégies individuelles, et donc la coopération, se développent dans un cadre de liberté (au moins partielle) procuré par l'indétermination des jeux d'acteur (monde subjectif de Habermas). Et cela rend bien compte du caractère «libre» et jamais entièrement prévisible des rapports humains.

Peut-on alors, revenant sur le schéma de synthèse déjà présenté à la fin du chapitre 2 (page 87), imaginer une autre articulation pour rendre le modèle scientifiquement plus rigoureux? Le pari mérite à coup sûr d'être tenté, même si la réponse que je vais présenter maintenant ne constitue sans doute qu'une étape dans une réflexion qui n'a pas fini de s'enrichir.

Le nouveau schéma systémique donné ci-après reprend les grandes articulations de celui du chapitre 2, notamment quant à la combinaison des trois efficacités partielles: stratégique, organisationnelle et humaine. En revanche, il est plus complet et plus souple dans sa manière de concevoir le rapport des hommes à l'organisation et à la culture.

Concernant le rapport à l'organisation, l'explicitation de la boucle de Crozier permet de comprendre la possibilité pour les hommes d'interférer avec cette organisation pour la flexibiliser et l'améliorer: d'abord à la marge et de manière occulte dans le taylorisme puis de plus en plus intensément et officiellement dans ce que l'on appelle les organisations qualifiantes. C'est notamment dans ce rapport, devenu de plus en plus interactif, que se joue aujourd'hui le développement des compétences.

Concernant le rapport à la culture, l'explicitation de la boucle d'Iribarne permet de comprendre la complexité du process de communication que l'on ne saurait ramener à une série de recettes, voire de pratiques de manipulation.

Dans un cadre ainsi élargi, où compétence et culture partagée sont des données du jeu des acteurs, la bonne coopération (concept plus large que celui de motivation utilisé dans le modèle du chapitre 2) émerge comme la réponse naturelle des acteurs aux sollicitations venues de l'environnement (via la stratégie et l'organisation).

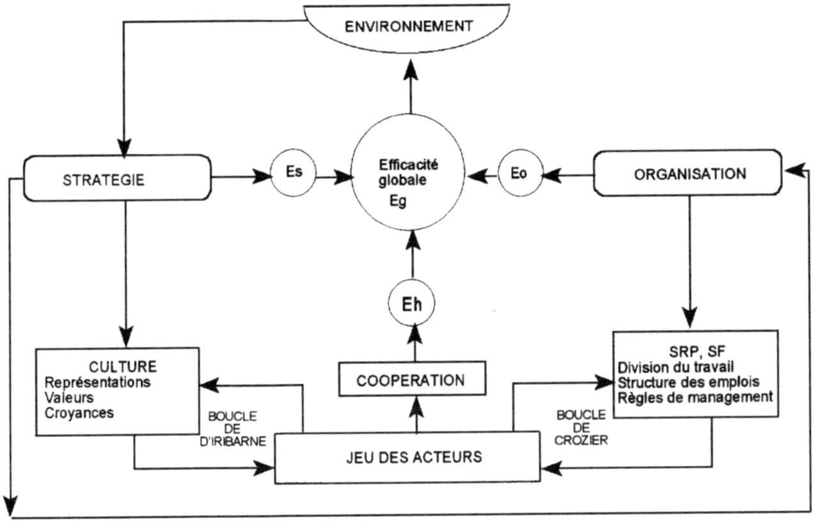

Au final, le jugement déjà formulé à la fin du chapitre 2 se trouve confirmé et même renforcé : des trois efficacités, l'efficacité humaine est la plus importante car elle conditionne directement à court terme la réussite opérationnelle (qui se joue pour une large part sur la qualité de la coopération) et à long terme la créativité stratégique et la capacité d'adaptation de l'organisation. L'homme est bien au cœur de la réussite de l'entreprise. Le détour par le social s'impose au nom même de la vision économique la plus stricte.

NOTES

NOTES

NOTES

NOTES

NOTES

NOTES

Photocomposition AZIMUT LENS – 184775L
Imprimé en France – JOUVE, 18 rue Saint-Denis, 75001 PARIS
N° 249268W. Dépôt légal: Septembre 1997